LE

LIVRE DES ESPRITS

DU MÊME AUTEUR
AUX ÉDITIONS DERVY

LE LIVRE DES MÉDIUMS ou guide des médiums et des évocateurs

LE CIEL ET L'ENFER ou la justice divine selon le spiritisme

ŒUVRES POSTHUMES

LE LIVRE
DES ESPRITS

CONTENANT

LES PRINCIPES DE LA DOCTRINE SPIRITE

SUR L'IMMORTALITE DE L'AME LA NATURE DES ESPRITS
ET LEURS RAPPORTS AVEC LES HOMMES.
LES LOIS MORALES. LA VIE PRESENTE. LA VIE FUTURE
ET L'AVENIR DE L'HUMANITE

Selon l'enseignement donné par les Esprits supérieurs
à l'aide de divers médiums

RECUEILLIS ET MIS EN ORDRE

PAR

ALLAN KARDEC

Pseudonyme de **H.-L. RIVAIL**

PREMIERE EDITION EN 1857

ÉDITIONS DERVY
91, boulevard Saint-Germain
75006 PARIS

ALLAN KARDEC

H.-L. RIVAIL est né à Lyon en 1804. On aurait cru que comme tous les membres de sa famille, il serait entré au barreau ou dans la magistrature. Mais il n'en fut rien. Dès sa première jeunesse, il se sentit attiré vers les sciences et la philosophie. Il fit ses premières études à Lyon, puis il compléta son bagage scolaire à Yverdun (Suisse) auprès du célèbre professeur *Pestallozzi*, dont il devint bientôt le collaborateur intelligent et dévoué. Il avait son diplôme de *professeur* et celui de *docteur en médecine*. Plus tard il s'installa à Paris et fonda un institut semblable à celui d'Yverdun. Des revers de fortune l'obligèrent à un travail opiniâtre ; il dut donner des leçons, tenir des comptabilités. Travailleur infatigable, il fit dès cette époque de nombreux livres d'études qui furent très remarqués.

C'est en 1854 que Rivail entendit parler pour la première fois des tables tournantes. Sollicité par des amis d'assister à des séances, il ne s'y refusa pas et commença à s'y intéresser vivement. Il reçut un jour une communication d'un esprit protecteur qui lui disait entre autres l'avoir connu dans une existence précédente, alors qu'au temps des Druides, ils vivaient ensemble dans les Gaules ; il s'appelait alors Allan Kardec, et il lui promit de le seconder dans la tâche très importante qui lui était assignée. Les renseignements recueillis par Rivail au cours des séances furent réunis en un livre *Le Livre des Esprits* qu'il signa du nom d'Allan Kardec. En 1858, il créa un journal *La revue Spirite* qui est encore aujourd'hui l'organe le plus important du spiritisme en France. La tâche fut rude ; en butte à toutes les calomnies, au ridicule dont on voulait le couvrir, il avança courageusement, se mit en rapport avec les spirites du monde entier, et réunissant toutes les communications reçues, il publia successivement : *Le livre des médiums, l'Evangile, La Genèse, Le ciel et l'enfer,* qui sont restés les livres fondamentaux du spiritisme. Atteint d'une maladie de cœur, fatigué par tant d'efforts, Allan Kardec mourut le 31 mars 1869 à l'âge de 65 ans. Ayons de la reconnaissance pour celui qui bravant les risées, le ridicule, sut sacrifier toute sa vie pour le triomphe d'une si belle idée : *Prouver que les morts vivent au delà du tombeau.*

D'après Henri Sausse. (Biographie d'Allan Kardec).

ALLAN KARDEC

ISBN 2-85076-100-1

INTRODUCTION
A L'ETUDE
DE LA DOCTRINE SPIRITE

I

Pour les choses nouvelles il faut des mots nouveaux, ainsi le veut la clarté du langage, pour éviter la confusion inséparable du sens multiple des mêmes termes. Les mots *spirituel, spiritualiste, spiritualisme* ont une acception bien définie ; leur en donner une nouvelle pour les appliquer à la doctrine des Esprits serait multiplier les causes déjà si nombreuses d'amphibologie. En effet, le spiritualisme est l'opposé du matérialisme ; quiconque croit avoir en soi autre chose que la matière est spiritualiste ; mais il ne s'en suit pas qu'il croie à l'existence des Esprits ou à leurs communications avec le monde visible. Au lieu des mots *spirituel, spiritualisme,* nous employons pour désigner cette dernière croyance ceux de *spirite et de spiritisme,* dont la forme rappelle l'origine et le sens radical, et qui par cela même ont l'avantage d'être parfaitement intelligibles, réservant au mot *spiritualisme* son acception propre. Nous dirons donc que la doctrine *spirite* ou le *spiritisme* a pour principes les relations du monde matériel avec les Esprits ou êtres du monde invisible. Les adeptes du spiritisme seront *les spirites* ou, si l'on veut, *les spiritistes.*

Comme spécialité, le *Livre des Esprits* contient la doctrine *spirite ;* comme généralité, il se rattache à la doctrine *spiritualiste* dont il présente l'une des phases. Telle est la raison pour laquelle il porte en tête de son titre les mots : *Philosophie spiritualiste.*

II

Il est un autre mot sur lequel il importe également de s'entendre, parce que c'est une des clefs de voûte de toute doctrine morale, et qu'il est le sujet de nombreuses controverses, faute d'une acception bien déterminée, c'est le mot *âme.* La divergence d'opinions sur la nature de l'âme vient de l'application particulière que chacun fait de ce mot. Une langue parfaite, où chaque idée aurait sa représentation par un terme propre, éviterait bien des discussions ; avec un mot pour chaque chose, tout le monde s'entendrait.

Selon les uns, l'âme est le principe de la vie matérielle organique ; elle n'a point d'existence propre et cesse avec la vie : c'est le matérialisme pur. Dans ce sens, et par comparaison, ils disent d'un instrument fêlé qui ne rend plus de son : qu'il n'a pas d'âme. D'après cette opinion, l'âme serait un effet et non une cause.

D'autres pensent que l'âme est le principe de l'intelligence, agent universel dont chaque être absorbe une portion. Selon eux, il n'y aurait pour tout l'univers qu'une seule âme qui distribue des étincelles entre les divers êtres intelligents pendant leur vie ; après la mort, chaque étincelle retourne à la source commune où elle se confond dans le tout, comme les ruisseaux et les fleuves retournent à la mer d'où ils sont sortis. Cette opinion diffère de la précédente en ce que, dans cette hypothèse, il y a en nous plus que la matière et qu'il reste quelque chose après la mort ; mais c'est à peu près comme s'il ne restait rien, puisque, n'ayant plus d'individualité, nous n'aurions plus conscience de nous-même. Dans cette opinion, l'âme universelle serait Dieu et chaque être une portion de la Divinité, c'est une variété du *panthéisme*.

Selon d'autres enfin, l'âme est un être moral, distinct, indépendant de la matière et qui conserve son individualité après la mort. Cette acception est, sans contredit, la plus générale, parce que, sous un nom ou sous un autre, l'idée de cet être qui survit au corps se trouve à l'état de croyance instinctive et indépendante de tout enseignement, chez tous les peuples, quel que soit le degré de leur civilisation. Cette doctrine, selon laquelle l'âme est *la cause et non l'effet*, est celle des *spiritualistes*.

Sans discuter le mérite de ces opinions, et en ne considérant que le côté linguistique de la chose, nous dirons que ces trois applications du mot *âme* constituent trois idées distinctes qui demanderaient chacune un terme différent. Ce mot a donc une triple acception, et chacun a raison à son point de vue, dans la définition qu'il en donne ; le tort est à la langue de n'avoir qu'un mot pour trois idées. Pour éviter toute équivoque, il faudrait restreindre l'acception du mot *âme* à l'une de ces trois idées ; le choix est indifférent, le tout est de s'entendre, c'est une affaire de convention. Nous croyons plus logique de le prendre dans son acception la plus vulgaire ; c'est pourquoi nous appelons AME *l'être immatériel et individuel qui réside en nous et qui survit au corps*. Cet être n'existerait-il pas, et ne serait-il qu'un produit de l'imagination, qu'il faudrait encore un terme pour le désigner.

A défaut d'un mot spécial pour chacun des deux autres points nous appelons :

Principe vital le principe de la vie matérielle et organique, quelle qu'en soit la source, et qui est commun à tous les êtres vivants, depuis les plantes jusqu'à l'homme. La vie pouvant exister abstraction faite de la faculté de penser, le principe vital est une chose distincte et indépendante. Le mot *vitalité* ne rendrait pas la même idée. Pour les uns, le principe vital est une propriété de la matière, un effet qui se produit lorsque la matière se trouve dans certaines circonstances données ; selon d'autres, et c'est l'idée la plus commune, il réside dans un fluide spécial, universellement répandu et dont chaque être absorbe et s'assimile une partie pendant la vie, comme nous voyons les corps inertes absorber la lumière ; ce serait alors le *fluide vital,* qui, selon certaines opinions, ne serait autre que le fluide électrique animalisé, désigné aussi sous les noms de fluide magnétique, fluide nerveux, etc.

Quoi qu'il en soit, il est un fait que l'on ne saurait contester, car c'est un résultat d'observation, c'est que les êtres organiques ont en eux une force intime qui produit le phénomène de la vie, tant que cette force existe ; que la vie matérielle est commune à tous les êtres organiques, et qu'elle est indépendante de l'intelligence et de la pensée ; que l'intelligence et la pensée sont les facultés propres à certaines espèces organiques ; enfin que, parmi les espèces organiques douées de l'intelligence et de la pensée, il en est une douée d'un sens moral spécial qui lui donne une incontestable supériorité sur les autres, c'est l'espèce humaine.

On conçoit qu'avec une acception multiple, l'âme n'exclut ni le matérialisme, ni le panthéisme. Le spiritualiste lui-même peut très bien entendre l'âme selon l'une ou l'autre des deux premières définitions, sans préjudice de l'être immatériel distinct auquel il donnera alors un nom quelconque. Ainsi ce mot n'est point le représentant d'une opinion : c'est un protée que chacun accommode à sa guise ; de là, la source de tant d'interminables disputes.

On éviterait également la confusion, tout en se servant du mot âme dans les trois cas, en y ajoutant un qualificatif qui spécifierait le point de vue sous lequel on l'envisage, ou l'application qu'on en fait. Ce serait alors un mot générique, représentant à la fois le principe de la vie matérielle, de l'intelligence et du sens moral, et que l'on distinguerait par un attribut, comme les *gaz,* par exemple, que l'on distingue en ajoutant les mots *hydrogène, oxygène* ou *azote*. On pourrait donc dire, et ce serait peut-être le mieux, *l'âme* vitale pour le principe de l'intelligence et *l'âme spirite* pour le principe de notre individualité après la mort. Comme on le voit, tout cela est une question de mots, mais une question très importante pour s'entendre. D'après cela *l'âme vitale* serait commune à tous les êtres organiques : plantes, animaux et hommes : *l'âme intellectuelle* serait le propre des animaux et des hommes, et *l'âme spirite* appartiendrait à l'homme seul.

Nous avons cru devoir insister d'autant plus sur ces explications que la doctrine spirite repose naturellement sur l'existence en nous d'un être indépendant de la matière et survivant au corps Le mot *âme* devant se produire fréquemment dans le cours de cet ouvrage, il importait d'être fixé sur le sens que nous y attachons afin d'éviter toute méprise.

Venons maintenant à l'objet principal de cette instruction préliminaire.

III

La doctrine spirite, comme toute chose nouvelle, a ses adeptes et ses contradicteurs. Nous allons essayer de répondre à quelques-unes des objections de ces derniers, en examinant la valeur des motifs sur lesquels ils s'appuient sans avoir toutefois la prétention de convaincre tout le monde, car il est des gens qui croient que la lumière a été faite pour eux seuls. Nous nous adressons aux personnes de bonne foi, sans idées préconçues ou arrêtées quand même, mais sincèrement désireuses de s'instruire, et nous leur démontrerons que la plupart des objections que l'on oppose à la doctrine proviennent d'une observation incomplète des faits et d'un jugement porté avec trop de légèreté et de précipitation.

Rappelons d'abord en peu de mots la série progressive des phénomènes qui ont donné naissance à cette doctrine.

Le premier fait observé a été celui d'objets divers mis en mouvement ; on l'a désigné vulgairement sous le nom de *tables tournantes* ou *danse des tables*. Ce phénomène, qui paraît avoir été observé d'abord en Amérique, ou plutôt qui s'est renouvelé dans cette contrée, car l'histoire prouve qu'il remonte à la plus haute antiquité, s'est produit accompagné de circonstances étranges, telles que bruits insolites, coups frappés sans cause ostensible connue. De là, il s'est rapidement propagé en Europe et dans les autres parties du monde ; il a d'abord soulevé beaucoup d'incrédulité, mais la multiplicité des expériences n'a bientôt plus permis de douter de la réalité.

Si ce phénomène eut été borné au mouvement des objets matériels, il pourrait s'expliquer par une cause purement physique. Nous sommes loin de connaître tous les agents occultes de la nature, ni toutes les propriétés de ceux que nous connaissons : l'électricité, d'ailleurs, multiplie chaque jour à l'infini les ressources qu'elle procure à l'homme, et semble devoir éclairer la science d'une lumière nouvelle. Il n'y avait donc rien d'impossible à ce que l'électricité, modifiée par certaines circonstances, ou tout autre agent inconnu, fût la cause de ce mouvement. La réunion de plusieurs personnes augmentant la puissance d'action semblait appuyer cette théorie, car on pouvait considérer cet ensemble comme une pile multiple dont la puissance est en raison du nombre des éléments.

Le mouvement circulaire n'avait rien d'extraordinaire : il est dans la nature ; tous les astres se meuvent circulairement ; nous pourrions donc avoir en petit un reflet du mouvement général de l'univers, où, pour mieux dire, une cause jusqu'alors inconnue pouvait produire accidentellement pour les petits objets et dans des circonstances données un courant analogue à celui qui entraîne les mondes.

Mais le mouvement n'était pas toujours circulaire ; il était souvent saccadé, désordonné, l'objet violemment secoué, renversé, emporté dans une direction quelconque, et, contrairement à toutes les lois de la statique, soulevé de terre et maintenu dans l'espace. Rien encore dans ces faits qui ne puisse s'expliquer par la puissance d'un agent physique invisible. Ne voyons-nous pas l'électricité renverser les édifices, déraciner les arbres, lancer au loin les corps les plus lourds, les attirer ou les repousser ?

Les bruits insolites, les coups frappés, en supposant qu'ils ne fussent pas un des effets ordinaires de la dilatation du bois ou de toute autre cause accidentelle, pouvaient encore très bien être produits par l'accumulation du fluide occulte : l'électricité ne produit-elle pas les bruits les plus violents ?

Jusque-là, comme on le voit, tout peut rentrer dans le domaine des faits purement physiques et physiologiques. Sans sortir de ce cercle d'idées, il y avait là la matière d'études sérieuses et dignes de fixer l'attention des savants. Pourquoi n'en a-t-il pas été ainsi ? Il est pénible de le dire, mais celà tient à des causes qui prouvent entre mille faits semblables la légèreté de l'esprit humain. D'abord la vulgarité de l'objet principal qui a servi de base aux premières expérimentations n'y est peut-être pas étrangère. Quelle influence un mot n'a-t-il pas souvent eue sur les choses les plus graves ! Sans considérer que le mouvement pouvait être imprimé à un objet quelconque, l'idée des tables a prévalu, sans doute parce que c'était l'objet le plus commode et qu'on s'assied plus naturellement autour d'une table qu'autour de tout autre meuble. Or, les hommes supérieurs sont quelquefois si puérils qu'il n'y aurait rien d'impossible à ce que certains esprits d'élite aient cru au-dessous d'eux de s'occuper de ce que l'on était convenu d'appeler *la danse des tables*. Il est même probable que, si le phénomène observé par Galvani l'eût été par des hommes vulgaires et fût resté caractérisé par un nom burlesque, il serait encore relégué à côté de la baguette divinatoire. Quel est, en effet, le savant qui n'aurait pas cru déroger en s'occupant de la *danse des grenouilles* ?

Quelques-uns cependant, assez modestes pour convenir que la nature pourrait bien n'avoir pas dit son dernier mot pour eux, ont voulu voir, pour l'acquit de leur conscience ; mais il est arrivé que le phénomène n'a pas toujours répondu à leur attente, et de ce qu'il ne s'était pas constamment produit à leur volonté, et selon leur mode d'expérimentation, ils ont conclu à la négative ; malgré leur arrêt, les tables, puisque tables il y a, continuent à tourner, et nous pouvons dire avec Galilée : *et pourtant elles se meuvent !* Nous dirons plus : « c'est que les faits se sont tellement multipliés qu'ils ont aujourd'hui droit de cité, et qu'il ne s'agit plus que d'en trouver une explication rationnelle ». Peut-on introduire quelque chose contre la réalité du phénomène de ce qu'il ne se produit pas d'une manière toujours identique selon la volonté et les exigences de l'observateur ? Est-ce que les phénomènes d'électricité et de chimie ne sont pas subordonnés à certaines conditions et doit-on les nier parce qu'ils ne se produisent pas en dehors de ces conditions ? Y a-t-il donc rien d'étonnant que le phénomène du mouvement des objets par le fluide humain ait aussi ses conditions d'être et cesse de se produire lorsque l'observateur, se plaçant à son propre point de vue, prétend le faire marcher au gré de son caprice, ou l'assujettir aux lois des phénomènes connus, sans considérer que pour des faits nouveaux, il peut et doit y avoir des lois nouvelles ? Or, pour connaître ces lois, il faut étudier les circonstances dans lesquelles les faits se produisent, et cette étude ne peut être que le fruit d'une observation soutenue, attentive et souvent fort longue.

Mais, objectent certaines personnes, il y a souvent supercherie évidente. Nous leur demanderons d'abord si elles sont bien certaines qu'il y ait supercherie, et si elle n'ont pas pris pour telle des effets dont elles ne pouvaient se rendre compte, à peu près comme ce paysan qui prenait un savant professeur de physique faisant des expériences, pour un adroit escamoteur. En supposant même que cela ait pu avoir lieu quelquefois, serait-ce une raison pour nier le fait ? Faut-il nier la physique parce qu'il y a des prestidigitateurs qui se décorent du titre de physiciens ? Il faut d'ailleurs tenir compte du caractère des personnes et de l'intérêt qu'elles pourraient avoir à tromper. Ce serait donc une plaisanterie ? On peut bien s'amuser un instant, mais une plaisanterie indéfiniment prolongée serait aussi fastidieuse pour le mystificateur que pour le mystifié. Il y aurait, au reste, dans une mystification qui se propage d'un bout du monde à l'autre, et parmi les personnes les plus graves, les plus honorables et les plus éclairées, quelque chose d'au moins aussi extraordinaire que le phénomène lui-même.

IV

Si les phénomènes qui nous occupent se fussent bornés au mouvement des objets, ils seraient restés comme nous l'avons dit, dans le domaine des sciences physiques ; mais il n'en est point ainsi : il leur était donné de nous mettre sur la voie de faits d'un ordre étrange. On crut découvrir, nous ne savons par quelle initiative, que l'impulsion donnée aux objets n'était pas seulement le produit d'une force mécanique aveugle, mais qu'il y avait dans ce mouvement l'intervention d'une cause intelligente. Cette voie une fois ouverte, c'était un champ tout nouveau d'observations ; c'était le voile levé sur bien des mystères. Y a-t-il, en effet, une puissance intelligente ? Telle est la question. Si cette puissance existe, quelle est-elle, quelle est sa nature, son origine ? Est-elle au-dessus de l'humanité ? Telles sont les autres questions qui découlent de la première.

Les premières manifestations intelligentes eurent lieu au moyen de tables se levant et frappant, avec un pied, un nombre déterminé de coups et répondant ainsi par *oui* ou par *non*, suivant la convention, à une question posée. Jusque-là rien de convaincant assurément pour les sceptiques, car on pouvait croire à une effet du hasard. On obtint ensuite des réponses plus développées par les lettres de l'alphabet : l'objet mobile, frappant un nombre de coups correspondant au numéro d'ordre de chaque lettre, on arrivait ainsi à formuler des mots et des phrases répondant à des questions posées. La justesse des réponses, leur corrélation avec la question excitèrent l'étonnement. L'être mystérieux qui répondait ainsi, interrogé sur sa nature, déclara qu'il était *Esprit* ou *génie*, se donna un nom et fournit divers renseignements sur son compte. Ceci est une circonstance très importante à noter. Personne n'a donc imaginé les Esprits comme un moyen d'expliquer le phénomène ; c'est le phénomène lui-même qui révèle le mot. On fait souvent, dans les sciences exactes, des hypothèses pour avoir une base de raisonnement, or, ce n'est point ici le cas.

Ce moyen de correspondance était long et incommode. L'Esprit, et ceci est encore une circonstance digne de remarque, en indiqua un autre. C'est l'un de ces êtres invisibles qui donna le conseil d'adapter un crayon à une corbeille ou à un autre objet. Cette corbeille, posée sur une feuille de papier, est mise en mouvement par la même puissance occulte qui fait mouvoir les tables ; mais au lieu d'un simple mouvement régulier, le crayon trace de lui-même des caractères formant des mots, des phrases et des discours entiers de plusieurs pages, traitant les plus hautes questions de philosophie, de morale, de métaphysique, de psychologie, etc., et cela avec autant de rapidité que si l'on écrivait avec la main.

Ce conseil fut donné simultanément en Amérique, en France et dans diverses contrées. Voici les termes dans lesquels il fut donné à Paris, le 10 juin 1853, à l'un des plus fervents adeptes de la doctrine, qui, déjà depuis plusieurs années et dès 1849, s'occupait de l'évocation des Esprits : « Va prendre, dans » la chambre à côté, la petite corbeille ; attaches-y un crayon ; » place-le sur un papier ; mets les doigts sur le bord ». Puis, quelques instants après, la corbeille s'est mise en mouvement et le crayon a écrit très lisiblement cette phrase : « Ce que je » vous dis là, je vous défends expressément de le dire à » personne ; la première fois que j'écrirai, j'écrirai mieux ».

L'objet auquel on adapte le crayon n'étant qu'un instrument, sa nature et sa forme sont complètement indifférentes ; on a cherché sa disposition la plus commode ; c'est ainsi que beaucoup de personnes font usage d'une petite planchette.

La corbeille, ou la planchette, ne peut être mise en mouvement que sous l'influence de certaines personnes douées, à cet égard, d'une puissance spéciale et que l'on désigne sous le nom de *médiums,* c'est-à-dire milieu, ou intermédiaires entre les Esprits et les hommes. Les conditions qui donnent cette puissance spéciale tiennent à des causes tout à la fois physiques et morales encore imparfaitement connues, car on trouve des médiums de tout âge, de tout sexe et dans tous les degrés de développement intellectuel. Cette faculté, du reste, se développe par l'exercice.

V

Plus tard on reconnut que la corbeille et la planchette ne formaient, en réalité, qu'un appendice de la main, et le médium, prenant directement le crayon, se mit à écrire par une impulsion involontaire et presque fébrile. Par ce moyen, les communications devinrent plus rapides, plus faciles et plus complètes ; c'est aujourd'hui le plus répandu, d'autant plus que le nombre des personnes douées de cette aptitude est très considérable et se multiplie tous les jours. L'expérience enfin fit connaître plusieurs autres variétés dans la faculté médiatrice, et l'on sut que les communications pouvaient également avoir lieu par la parole, l'ouïe, la vue, le toucher, etc., et même par l'écriture directe des Esprits, c'est-à-dire sans le concours de la main du médium ni du crayon.

Le fait obtenu, un point esssentiel restait à constater, c'est le rôle du médium dans les réponses et la part qu'il peut y prendre mécaniquement et moralement. Deux circonstances capitales, qui ne sauraient échapper à un observateur attentif, peuvent résoudre la question. La première est la manière dont la corbeille se meut sous son influence, par la seule imposition des doigts sur le bord ; l'examen démontre l'impossibilité d'une direction quelconque. Cette impossibilité devient surtout patente lorsque deux ou trois personnes se placent en même temps à la même corbeille ; il faudrait entre elles une concordance de mouvement vraiment phénoménale ; il faudrait, de plus, concordance de pensées pour qu'elles pussent s'entendre sur la réponse à faire à la question posée. Un autre fait, non moins singulier, vient encore ajouter à la difficulté, c'est le changement radical de l'écriture selon l'Esprit qui se manifeste, et chaque fois que le même esprit revient, son écriture se reproduit. Il faudrait donc que le médium se fût appliqué à changer sa propre écriture de vingt manières différentes et surtout qu'il pût se souvenir de celle qui appartient à tel ou tel Esprit.

La seconde circonstance résulte de la nature même des réponses qui sont, la plupart du temps, surtout lorsqu'il s'agit de questions abstraites ou scientifiques, notoirement en dehors des connaissances et quelquefois de la portée intellectuelle du médium, qui, du reste, le plus ordinairement, n'a point conscience de ce qui s'écrit sous son influence ; qui, très souvent même, n'entend pas ou ne comprend pas la question posée, puisqu'elle peut l'être dans une langue qui lui est étrangère, ou même mentalement, et que la réponse peut être faite dans cette langue. Il arrive souvent enfin que la corbeille écrit spontanément, sans question préalable, sur un sujet quelconque et tout à fait inattendu.

Ces réponses, dans certains cas, ont un tel cachet de sagesse, de profondeur et d'à-propos ; elles révèlent des pensées si élevées, si sublimes, qu'elles ne peuvent émaner que d'une intelligence supérieure, empreinte de la moralité la plus pure ; d'autres fois elles sont si légères, si frivoles, si triviales même, que la raison se refuse à croire qu'elles puissent procéder de la même source. Cette diversité de langage ne peut s'expliquer que par la diversité des intelligences qui se manifestent. Ces intelligences sont-elles dans l'humanité ou hors de l'humanité ? Tel est le point à éclaircir et dont on trouvera l'explication complète dans cet ouvrage, telle qu'elle est donnée par les Esprits eux-mêmes.

Voilà donc des effets patents qui se produisent en dehors du cercle habituel de nos observations, qui ne se passent point avec mystère, mais au grand jour, que tout le monde peut voir et constater, qui ne sont pas le privilège d'un seul individu, mais que des milliers de personnes répètent tous les jours à volonté. Ces effets ont nécessairement une cause et du moment qu'il révèlent l'action d'une intelligence et d'une volonté, ils sortent du domaine purement physique.

Plusieurs théories ont été émises à ce sujet : nous les examinerons tout à l'heure et nous verrons si elles peuvent rendre raison de tous les faits qui se produisent. Admettons, en attendant, l'existence d'êtres distincts de l'humanité, puisque telle est l'explication fournie par les intelligences qui se révèlent, et voyons ce qu'il nous disent.

VI

Les êtres qui se communiquent ainsi se désignent eux-mêmes, comme nous l'avons dit, sous le nom d'Esprits ou de génies, et comme ayant appartenu, pour quelques-uns du moins, aux hommes qui ont vécu sur la terre. Ils constituent le monde spirituel, comme nous constituons pendant notre vie le monde corporel.

Nous résumons ici, en peu de mots, les points les plus saillants de la doctrine qu'ils nous ont transmise, afin de répondre plus facilement à certaines objections.

« Dieu est éternel, immuable, immatériel, unique, tout-puissant, » souverainement juste et bon.

» Il a créé l'univers qui comprend tous les êtres animés et » inanimés, matériels et immatériels.

» Les êtres matériels constituent le monde visible ou corporel, » et les êtres immatériels le monde invisible ou spirite, c'est-» à-dire des Esprits.

» Le monde spirite est le monde normal, primitif, éternel, » préexistant et survivant à tout.

» Le monde corporel n'est que secondaire ; il pourrait cesser » d'exister, ou n'avoir jamais existé, sans altérer l'essence du » monde spirite.

» Les Esprits revêtent temporairement une enveloppe maté-» rielle périssable, dont la destruction, par la mort, les rend » à la liberté.

» Parmi les différentes espèces d'êtres corporels, Dieu a » choisi l'espèce humaine pour l'incarnation des Esprits arrivés » à un certain degré de développement, c'est ce qui lui donne » la supériorité morale et intellectuelle sur les autres.

» L'âme est un Esprit incarné dont le corps n'est que l'en-» veloppe.

» Il y a dans l'homme trois choses : 1° le corps ou être » matériel analogue aux animaux, et animé par le même principe » vital ; 2° l'âme ou être immatériel, Esprit incarné dans le » corps ; 3° le lien qui unit l'âme et le corps, principe intermé-» diaire entre la matière et l'Esprit.

» L'homme a ainsi deux natures : par son corps, il participe » de la nature des animaux dont il a les instincts ; par son » âme il participe de la nature des Esprits.

» Le lien ou *périsprit* qui unit le corps et l'Esprit est une » sorte d'enveloppe semi-matérielle. La mort est la destruction » de l'enveloppe la plus grossière, l'Esprit conserve la seconde, » qui constitue pour lui un corps éthéré, invisible pour nous » dans l'état normal, mais qu'il peut rendre accidentellement » visible et même tangible, comme cela a lieu dans le phéno-» mène des apparitions.

» L'Esprit n'est point ainsi un être abstrait, indéfini, que » la pensée seule peut concevoir ; c'est un être réel, circonscrit, » qui, dans certains cas, est appréciable par les sens de *la vue,* » *de l'ouïe et du toucher*.

» Les Esprits appartiennent à différentes classes et ne sont » égaux ni en puissance, ni en intelligence, ni en savoir, ni en » moralité. Ceux du premier ordre sont les Esprits supérieurs qui » se distinguent des autres par leur perfection, leurs connais-» sances, leur rapprochement de Dieu, la pureté de leurs senti-» ments et leur amour du bien : ce sont les anges ou purs » Esprits. Les autres classes s'éloignent de plus en plus de » cette perfection ; ceux des rangs inférieurs sont enclins à la

» plupart de nos passions : la haine, l'envie, la jalousie, l'orgueil, » etc. ; ils se plaisent au mal. Dans le nombre, il en est qui ne » sont ni très bons ni très mauvais, plus brouillons et tracas- » siers que méchants, la malice et les inconséquences semblent » être leur partage : ce sont les Esprits follets ou légers.

« Les Esprits n'appartiennent pas perpétuellement au même » ordre. Tous s'améliorent en passant par les différents degrés » de la hiérarchie spirite. Cette amélioration a lieu par l'incar- » nation qui est imposée aux uns comme expiation et aux autres » comme mission. La vie matérielle est une épreuve qu'ils doi- » vent subir à plusieurs reprises jusqu'à ce qu'ils aient atteint » la perfection absolue ; c'est une sorte d'étamine ou d'épura- » toire d'où ils sortent plus ou moins purifiés.

» En quittant le corps, l'âme rentre dans le monde des » Esprits d'où elle était sortie, pour reprendre une nouvelle » existence matérielle, après un laps de temps plus ou moins » long pendant lequel elle est à l'état d'Esprit errant.

» L'Esprit devant passer par plusieurs incarnations, il en » résulte que nous tous avons eu plusieurs existences, et que » nous en aurons encore d'autres plus ou moins perfectionnées, » soit sur cette terre, soit dans d'autres mondes.

» L'incarnation des Esprits a toujours lieu dans l'espèce » humaine ; ce serait une erreur de croire que l'âme ou Esprit » peut s'incarner dans le corps d'un animal (1).

» Les différentes existences corporelles de l'Esprit sont tou- » jours progressives et jamais rétrogrades ; mais la rapidité » du progrès dépend des efforts que nous faisons pour arriver » à la perfection.

» Les qualités de l'âme sont celles de l'Esprit qui est incarné » en nous ; ainsi l'homme de bien est l'incarnation du bon » Esprit, et l'homme pervers celle d'un Esprit impur.

» L'âme avait son individualité avant son incarnation ; elle » la conserve après sa séparation du corps.

» A sa rentrée dans le monde des Esprits, l'âme y retrouve » tous ceux qu'elle a connus sur terre, et toutes ses existences » antérieures se retracent à sa mémoire avec le souvenir de tout » le bien et de tout le mal qu'elle a fait.

» L'Esprit incarné est sous l'influence de la matière ; l'hom- » me qui surmonte cette influence par l'élévation et l'épuration » de son âme se rapproche des bons Esprits avec lesquels il » sera un jour. Celui qui se laisse dominer par les mauvaises » passions et place toutes ses joies dans la satisfaction des » appétits grossiers, se rapproche des Esprits impurs en donnant

(1) Il y a entre cette doctrine de la réincarnation et celle de la métempsycose, telle que l'admettent certaines sectes, une différence caractéristique qui est expliquée dans la suite de l'ouvrage.

» la prépondérance à la nature animale.

» Les Esprits incarnés habitent les différents globes de l'uni-
» vers.

» Les Esprits non incarnés ou errants n'occupent point une
» région déterminée et circonscrite ; ils sont partout dans l'es-
» pace et à nos côtés, nous voyant et nous coudoyant sans
» cesse ; c'est toute une population invisible qui s'agite autour
» de nous.

« Les Esprits exercent sur le monde moral, et même sur le
» monde physique, une action incessante ; ils agissent sur la
» matière et sur la pensée et constituent une des puissances
» de la nature, cause efficiente d'une foule de phénomènes
» jusqu'alors inexpliqués ou mal expliqués et qui ne trouvent
» une solution rationnelle que dans le spiritisme.

» Les relations des Esprits avec les hommes sont constantes.
» Les bons Esprits nous sollicitent au bien, nous soutiennent
» dans les épreuves de la vie, et nous aident à les supporter
» avec courage et résignation ; les mauvais nous sollicitent au
» mal : c'est pour eux une jouissance de nous voir succomber
» et de nous assimiler à eux.

» Les communications des Esprits avec les hommes sont oc-
» cultes ou ostensibles. Les communications occultes ont lieu
» par l'influence bonne ou mauvaise qu'ils exercent sur nous
» à notre insu ; c'est à notre jugement de discerner les bonnes
» et les mauvaises inspirations. Les communications ostensibles
» ont lieu au moyen de l'écriture, de la parole ou autres mani-
» festations matérielles, le plus souvent par l'intermédiaire des
» médiums qui leur servent d'instruments.

» Les Esprits se manifestent spontanément ou sur évocation.
» On peut évoquer tous les Esprits : ceux qui ont animé des
» hommes obscurs, comme ceux des personnages les plus il-
» lustres, quelle que soit l'époque à laquelle ils ont vécu ; ceux
» de nos parents, de nos amis ou de nos ennemis, et en obtenir,
» par des communications écrites ou verbales, des conseils, des
» renseignements sur leur situation d'outre-tombe, sur leurs
» pensées à notre égard, ainsi que les révélations qu'il leur est
» permis de nous faire.

» Les Esprits sont attirés en raison de leur sympathie pour la
» nature morale du milieu qui les évoque. Les Esprits supérieurs
» se plaisent dans les réunions sérieuses où dominent l'amour du
» bien et le désir sincère de s'instruire et de s'améliorer. Leur
» présence en écarte les Esprits inférieurs qui y trouvent au
» contraire un libre accès, et peuvent agir en toute liberté parmi
» les personnes frivoles ou guidées par la seule curiosité, et
» partout où se rencontrent de mauvais instincts. Loin d'en obte-
» nir ni bons avis, ni renseignements utiles, on ne doit en atten-
» dre que des futilités, des mensonges, de mauvaises plaisante-

» ries ou des mystifications, car ils empruntent souvent des » noms vénérés pour mieux induire en erreur.

» La distinction des bons et des mauvais Esprits est extrê» mement facile ; le langage des Esprits supérieurs est cons» tamment digne, noble, empreint de la plus haute moralité, » dégagé de toute basse passion ; leurs conseils respirent la » sagesse la plus pure, et ont toujours pour but notre améliora» tion et le bien de l'humanité. Celui des Esprits inférieurs, au » contraire, est inconséquent, souvent trivial et même grossier ; » s'ils disent parfois des choses bonnes et vraies, ils en disent » plus souvent de fausses et d'absurdes par malice ou par igno» rance ; ils se jouent de la crédulité et s'amusent aux dépens » de ceux qui les interrogent en flattant leur vanité, en berçant » leurs désirs de fausses espérances. En résumé, les communi» cations sérieures, dans toute l'acception du mot, n'ont lieu que » dans les centres sérieux, dans ceux dont les membres sont » unis par une communion intime de pensées en vue du bien.

» La morale des Esprits supérieurs se résume comme celle » du Christ en cette maxime évangélique : « Agir envers les » autres comme nous voudrions que les autres agissent envers » nous-mêmes » ; c'est-à-dire faire le bien et ne point faire le » mal. L'homme trouve dans ce principe la règle universelle de » conduite pour ses moindres actions.

» Ils nous enseignent que l'égoïsme, l'orgueil, la sensualité » sont des passions qui nous rapprochent de la nature animale » en nous attachant à la matière ; que l'homme qui, dès ici-bas, » se détache de la matière par le mépris des futilités mondaines » et l'amour du prochain, se rapproche de la nature spirituelle ; » que chacun de nous doit se rendre utile selon les facultés et » les moyens que Dieu a mis entre ses mains pour l'éprouver ; » que le Fort et le Puissant doivent appui et protection au Fai» ble, car celui qui abuse de sa force et de sa puissance pour » opprimer son semblable viole la loi de Dieu. Ils enseignent » enfin, que dans le monde des Esprits, rien ne pouvant être » caché, l'hypocrite sera démasqué et toutes ses turpitudes dévoi» lées ; que la présence inévitable et de tous les instants de ceux » envers lesquels nous aurons mal agi est un des châtiments » qui nous sont réservés ; qu'à l'état d'infériorité et de supério» rité des Esprits sont attachées des peines et des jouissances » qui nous sont inconnues sur la terre.

» Mais ils nous enseignent aussi qu'il n'est pas de fautes » irrémissibles et qui ne puissent être effacées par l'expiation. » L'homme en trouve le moyen dans les différentes existences » qui lui permettent d'avancer, selon son désir et ses efforts, » dans la voie du progrès et vers la perfection qui est son but » final ».

Tel est le résumé de la doctrine spirite, ainsi qu'elle résulte de l'enseignement donné par les Esprits supérieurs. Voyons maintenant les objections qu'on y oppose.

VII

Pour beaucoup de gens, l'opposition des corps savants est, sinon une preuve, du moins une forte présomption contraire. Nous ne sommes pas de ceux qui crient haro sur les savants, car nous ne voulons pas faire dire de nous que nous donnons le coup de pied de l'âne : nous les tenons, au contraire, en grande estime, et nous serions fort honoré de compter parmi eux ; mais leur opinion ne saurait être en toutes circonstances un jugement irrévocable.

Dès que la science sort de l'observation matérielle des faits, qu'il s'agit d'apprécier et d'expliquer ces faits, le champ est ouvert aux conjectures ; chacun apporte son petit système qu'il veut faire prévaloir et soutient avec acharnement. Ne voyons-nous pas tous les jours les opinions les plus divergentes tour à tour préconisées et rejetées, tantôt repoussées comme erreurs absurdes, puis proclamées comme vérités incontestables ? Les faits, voilà le véritable critérium de nos jugements, l'argument sans réplique ; en l'absence de faits, le doute est l'opinion du sage.

Pour les choses de notoriété, l'opinion des savants fait foi à juste titre, parce qu'ils savent plus et mieux que le vulgaire ; mais en fait de principes nouveaux, de choses inconnues, leur manière de voir n'est toujours qu'hypothétique, parce qu'ils ne sont pas plus que d'autres exempts de préjugés ; je dirai même que le savant a peut-être plus de préjugés qu'un autre, parce qu'une propension naturelle le porte à tout subordonner au point de vue qu'il a approfondi : le mathématicien ne voit de preuve que dans une démonstration algébrique, le chimiste rapporte tout à l'action des éléments, etc. Tout homme qui s'est fait une spécialité y cramponne toutes ses idées : sortez-le de là, souvent il déraisonne, parce qu'il veut tout soumettre au même creuset : c'est une conséquence de la faiblesse humaine. Je consulterai donc volontiers et en toute confiance un chimiste sur une question d'analyse, un physicien sur la puissance électrique, un mécanicien sur une force motrice ; mais ils me permettront, et sans que cela porte atteinte à l'estime que commande leur savoir spécial, de ne pas tenir le même compte de leur opinion négative en fait de spiritisme, pas plus que du jugement d'un architecte sur une question de musique.

Les sciences vulgaires reposent sur les propriétés de la matière qu'on peut expérimenter et manipuler à son gré ; les phénomènes spirites reposent sur l'action d'intelligences qui ont leur volonté et nous prouvent à chaque instant qu'elles ne sont pas à notre caprice. Les observations ne peuvent donc se faire de la même manière ; elles requièrent des conditions spéciales et un autre point de départ ; vouloir les soumettre à nos procédés ordinaires d'investigation, c'est établir des analogies qui n'existent pas. La science proprement dite, comme science, est donc incompétente pour se prononcer dans la question du spiritisme : elle n'a pas à s'en occuper, et son jugement quel qu'il soit, favorable ou non, ne saurait être d'aucun poids. Le spiritisme est le résultat d'une conviction personnelle que les savants peuvent avoir comme individus, abstraction faite de leur qualité de savants ; mais, vouloir déférer la question à la science, autant vaudrait faire décider l'existence de l'âme par une assemblée de physiciens ou d'astronomes ; en effet, le spiritisme est tout entier dans l'existence de l'âme et dans son état après la mort ; or, il est souverainement illogique de penser qu'un homme doive être un grand psychologiste, parce qu'il est un grand mathématicien ou un grand anatomiste. L'anatomiste, en disséquant le corps humain, cherche l''âme, et parce qu'il ne la trouve pas sous son scalpel, comme il y trouve un nerf, ou parce qu'il ne la voit pas s'envoler comme un gaz, en conclut qu'elle n'existe pas, parce qu'il se place au point de vue exclusivement matériel ; s'ensuit-il qu'il ait raison contre l'opinion universelle ? Non. Vous voyez donc que le spiritisme n'est pas du ressort de la science.

Quand les croyances spirites seront vulgarisées, quand elles seront acceptées par les masses, et, si l'on en juge par la rapidité avec laquelle elles se propagent, ce temps ne saurait être fort éloigné, il en sera de cela comme de toutes les idées nouvelles qui ont rencontré de l'opposition, les savants se rendront à l'évidence ; ils y arriveront individuellement par la force des choses : jusque-là il est intempestif de les détourner de leurs travaux spéciaux, pour les contraindre à s'occuper d'une chose étrangère qui n'est ni dans leurs attributions, ni dans leur programme. En attendant, ceux qui, sans une étude préalable et approfondie de la matière, se prononcent pour la négative et bafouent quiconque n'est pas de leur avis, oublient qu'il en a été de même de la plupart des grandes découvertes qui honorent l'humanité ; ils s'exposent à voir leurs noms augmenter la liste des illustres proscripteurs des idées nouvelles, et inscrits à côté de ceux des membres de la docte assemblée qui, en 1752, accueillit avec un immense éclat de rire le mémoire de Franklin sur les paratonnerres, le jugeant indigne de figurer au nombre des communications qui lui étaient adressées ; et de cette autre qui fit perdre à la France le bénéfice de l'initiative de la marine à vapeur, en déclarant le système de Fulton un rêve impraticable ; et pourtant c'étaient des questions de leur ressort. Si donc ces assemblées, qui comptaient dans leur sein l'élite des savants du monde, n'ont eu que la raillerie et le sarcasme pour des idées qu'elles ne comprenaient pas, idées qui, quelques années plus tard, devaient révolutionner la science, les mœurs et l'industrie, comment espérer qu'une question étrangère à leurs travaux obtienne plus de faveur ?

Ces erreurs de quelques-uns, regrettables pour leur mémoire, ne sauraient leur enlever les titres qu'à d'autres égards ils ont acquis à notre estime, mais est-il besoin d'un diplôme officiel pour avoir du bon sens, et ne compte-t-on en dehors des fauteuils académiques que des sots et des imbéciles ? Qu'on veuille bien jeter les yeux sur les adeptes de la doctrine spirite, et l'on verra si l'on n'y rencontre que des ignorants et si le nombre immense d'hommes de mérite qui l'ont embrassée permet de la reléguer au rang des croyances de bonnes femmes. Leur caractère et leur savoir valent bien la peine qu'on dise : puisque de tels hommes affirment, il faut au moins qu'il y ait quelque chose.

Nous répétons encore que si les faits qui nous occupent se fussent renfermés dans le mouvement mécanique des corps, la recherche de la cause physique de ce phénomène rentrait dans le domaine de la science ; mais dès qu'il s'agit d'une manifestation en dehors des lois de l'humanité, elle sort de la compétence de la science matérielle, car elle ne peut s'exprimer ni par les chiffres, ni par la puissance mécanique. Lorsque surgit un fait nouveau qui ne ressort d'aucune science connue, le savant, pour l'étudier, doit faire abstraction de sa science et se dire que c'est pour lui une étude nouvelle qui ne peut se faire avec des idées préconçues.

L'homme qui croit sa raison infaillible est bien près de l'erreur ; ceux-mêmes qui ont les idées les plus fausses s'appuient sur leur raison, et c'est en vertu de cela qu'ils rejettent tout ce qui leur semble impossible. Ceux qui ont jadis repoussé les admirables découvertes dont l'humanité s'honore faisaient tous appel à ce juge pour les rejeter ; ce que l'on appelle raison n'est souvent que de l'orgueil déguisé, et quiconque se croit infaillible se pose comme l'égal de Dieu. Nous nous adressons donc à ceux qui sont assez sages pour douter de ce qu'ils n'ont pas vu, et qui, jugeant l'avenir par le passé, ne croient pas que l'homme soit arrivé à son apogée, ni que la nature ait tourné pour lui la dernière page de son livre.

VIII

Ajoutons que l'étude d'une doctrine, telle que la doctrine spirite, qui nous lance tout à coup dans un ordre de choses si nouveau et si grand, ne peut être faite avec fruit que par des hommes sérieux, persévérants, exempts de préventions et animés d'une ferme et sincère volonté d'arriver à un résultat. Nous ne saurions donner cette qualification à ceux qui jugent, *a priori*, légèrement et sans avoir tout vu ; qui n'apportent à leurs études ni la suite, ni la régularité, ni le recueillement nécessaires ; nous saurions encore moins la donner à certaines personnes qui, pour ne pas faillir à leur réputation de gens d'esprit, s'évertuent à trouver un côté burlesque aux choses les plus vraies ou jugées telles par des personnes dont le savoir, le caractère et les convictions ont droit aux égards de quiconque se pique de savoir -vivre. Que ceux donc qui ne jugent pas les faits dignes d'eux et de leur attention s'abstiennent ; personne ne songe à violenter leur croyance, mais qu'ils veuillent bien respecter celles des autres.

Ce qui caractérise une étude sérieuse, c'est la suite que l'on y apporte. Doit-on s'étonner de n'obtenir souvent aucune réponse sensée à des questions, graves par elles-mêmes, alors qu'elles sont faites au hasard et jetées à brûle-pourpoint au milieu d'une foule de questions saugrenues ? Une question, d'ailleurs, est souvent complexe et demande, pour être éclaircie, des questions préliminaires ou complémentaires. Quiconque veut acquérir une science doit en faire une étude méthodique, commencer par le commencement et suivre l'enchainement et le développement des idées. Celui qui adresse par hasard à un savant une question sur une science dont il ne sait pas le premier mot, sera-t-il plus avancé ? Le savant lui-même pourra-t-il, avec la meilleure volonté, lui donner une réponse satisfaisante ? Cette réponse isolée sera forcément incomplète, et souvent, par cela même, inintelligible, ou pourra paraitre absurde et contradictoire. il en est exactement de même dans les rapports que nous établissons avec les Esprits. Si l'on veut s'instruire à leur école, ,c'est un cours qu'il faut faire avec eux ; mais, comme parmi nous, il faut choisir ses professeurs et travailler avec assiduité.

Nous avons dit que les Esprits supérieurs ne viennent que dans les réunions sérieuses et dans celles surtout où règne une parfaite communion de pensées et de sentiments pour le bien. La légèreté et les questions oiseuses les éloignent, comme, chez les hommes, elles éloignent les gens raisonnables ; le champ reste alors libre à la tourbe des Esprits menteurs et frivoles, toujours à l'affût des occasions de se railler et de s'amuser à nos dépens. Que devient dans une telle réunion une question sérieuse ? Il y sera répondu : mais par qui ? C'est comme si au milieu d'une troupe de joyeux vivants vous alliez jeter ces questions : Qu'est-ce que l''âme ? Qu'est-ce que la mort ? et d'autres choses aussi récréatives. Si vous voulez des réponses sérieuses, soyez sérieux vous-mêmes dans toute l'acception du mot et placez-vous dans toutes les conditions voulues : alors seulement vous obtiendrez de grandes choses ; soyez de plus laborieux et persévérants dans vos études, sans cela les Esprits supérieurs vous délaissent, comme le fait un professeur pour ses écoliers négligents.

IX

Le mouvement des objets est un fait acquis ; la question est de savoir si, dans ce mouvement, il y a ou non une manifestation intelligente, et en cas d'affirmative, quelle est la source de cette manifestation.

Nous ne parlons pas du mouvement intelligent de certains objets ni de communications verbales, ni même de celles qui sont écrites directement par le médium ; ce genre de manifestation, évident pour ceux qui ont vu et approfondi la chose, n'est point, au premier aspect, assez indépendant de la volonté pour asseoir la conviction d'un observateur novice. Nous ne parlerons donc que de l'écriture obtenue à l'aide d'un objet quelconque muni d'un crayon, tel que corbeille, planchette, etc. ; la manière dont les doigts du médium sont posés sur l'objet défie, comme nous l'avons dit, l'adresse la plus consommée de pouvoir participer en quoi que ce soit au tracé des caractères. Mais admettons encore que, par une adresse merveilleuse, il puisse tromper l'œil le plus scrutateur ,comment expliquer la nature des réponses, alors qu'elles sont en dehors de toutes les idées et de toutes les connaissances du médium ? Et qu'on veuille bien remarquer qu'il ne s'agit pas de réponses monosyllabiques, mais souvent de plusieurs pages écrites avec la plus étonnante rapidité, soit spontanément, soit sur un sujet déterminé ; sous la main du médium le plus étranger à la littérature, naissent quelquefois des poésies d'une sublimité et d'une pureté irréprochables, et que ne désavoueraient pas les meilleurs poètes humains ; ce qui ajoute encore à l'étrangeté de ces faits, c'est qu'ils se produisent partout et que les médiums se multiplient à l'infini. Ces faits sont-ils réels ou non ? A cela nous n'avons qu'une chose à répondre : voyez et observez ; les occasions ne vous manqueront pas ; mais surtout observez souvent, longtemps et selon les conditions voulues.

A l'évidence, que répondent les antagonistes ? Vous êtes, disent-ils, dupes du charlatanisme ou le jouet d'une illusion. Nous dirons d'abord qu'il faut écarter le mot *charlatanisme* là où il n'y a pas de profits ; les charlatans ne font pas leur métier gratis. Ce serait donc tout au plus une mystification. Mais par quelle étrange coïncidence ces mystificateurs se seraient-ils entendus d'un bout du monde à l'autre pour agir de même, produire les mêmes effets et donner sur les mêmes sujets et dans des langues diverses des réponses identiques, sinon quant aux mots, du moins quant au sens ? Comment des personnes graves, sérieuses, honorables, instruites se prêteraient-elles à de pareilles manœuvres et dans quel but ? Comment trouverait-on chez des enfants la patience et l'habileté nécessaires ? Car si les médiums ne sont pas des instruments passifs, il leur faut une habileté et des connaissances incompatibles avec un certain âge et certaines positions sociales.

Alors on ajoute que, s'il n'y a pas supercherie, des deux côtés on peut être dupe d'une illusion. En bonne logique, la qualité des témoins est d'un certain poids ; or c'est ici le cas de demander si la doctrine spirite, qui compte aujourd'hui ses adhérents par milliers, ne les recrute que parmi les ignorants ? Les phénomènes sur lesquels elle s'appuie sont si extraordinaires que nous concevons le doute ; mais ce que l'on ne saurait admettre, c'est la prétention de certains incrédules au monopole du bon sens, et qui, sans respect pour les convenances ou la valeur morale de leurs adversaires, taxent sans façon d'ineptie tous ceux qui ne sont pas de leur avis. Aux yeux de toute personne judicieuse, l'opinion des gens éclairés qui ont longtemps vu, étudié et médité une chose, sera toujours, sinon une preuve, du moins une présomption en sa faveur, puisqu'elle a pu fixer l'attention d'hommes sérieux n'ayant ni un intérêt à propager une erreur, ni du temps à perdre à des futilités.

X

Parmi les objections, il en est de plus spécieuses, du moins en apparence, parce qu'elles sont tirées de l'observation et qu'elles sont faites par des personnes graves.

Une de ces objections est tirée du langage de certains Esprits qui ne paraît pas digne de l'élévation qu'on suppose à des êtres surnaturels. Si l'on veut bien se reporter au résumé de la doctrine que nous avons présentée ci-dessus, on y verra que les Esprits eux-mêmes nous apprennent qu'ils ne sont égaux ni en connaissances, ni en qualités morales, et que l'on ne doit point prendre au pied de la lettre tout ce qu'ils disent. C'est aux gens sensés à faire la part du bon et du mauvais. Assurément ceux qui tirent de ce fait la conséquence que nous n'avons affaire qu'à des êtres malfaisants dont l'unique occupation est de nous mystifier, n'ont pas connaissance des communications qui ont lieu dans les réunions où ne se manifestent que des Esprits supérieurs, autrement ils ne penseraient pas ainsi. Il est fâcheux que le hasard les ait assez mal servis pour ne leur montrer que le mauvais côté du monde spirite, car nous voulons bien ne pas supposer qu'une tendance sympathique attire vers eux les mauvais Esprits plutôt que les bons, les Esprits menteurs ou ceux dont le langage est révoltant de grossièreté. On pourrait tout au plus en conclure que la solidité de leurs principes n'est pas assez puissante pour écarter le mal, et que, trouvant un certain plaisir à satisfaire leur curiosité à cet égard, les mauvais Esprits en profitent pour se glisser parmi eux, tandis que les bons s'éloignent.

Juger la question des Esprits sur ces faits serait aussi peu logique que de juger le caractère d'un peuple par ce qui se dit et se fait dans l'assemblée de quelques étourdis ou de gens mal famés que ne fréquentent ni les sages, ni les gens sensés. Ces personnes se trouvent dans la situation d'un étranger qui, arrivant dans une grande capitale par le plus vilain faubourg, jugerait tous les habitants par les mœurs et le langage de ce quartier infime. Dans le monde des Esprits, il y a aussi une bonne et une mauvaise société ; que ces personnes veuillent bien étudier ce qui se passe parmi les Esprits d'élite, et elles seront convaincues que la cité céleste renferme autre chose que la lie du peuple. Mais, disent-elles, les Esprits d'élite viennent-ils parmi nous ? A cela nous leur répondrons : Ne restez pas dans le faubourg ; voyez, observez et vous jugerez ; les faits sont là pour tout le monde ; à moins que ce ne soit à elles que s'appliquent ces paroles de Jésus : *Ils ont des yeux et ils ne voient point, des oreilles et ils n'entendent point.*

Une variante de cette opinion consiste à ne voir dans les communications spirites et dans tous les faits matériels auxquels elles donnent lieu, que l'intervention d'une puissance diabolique, nouveau Protée qui revêtirait toutes les formes pour mieux nous abuser. Nous ne la croyons pas susceptible d'un examen sérieux, c'est pourquoi nous ne nous y arrêterons pas : elle se trouve réfutée par ce que nous venons de dire ; nous ajouterons seulement que s'il en était ainsi, il faudrait convenir que le diable est quelquefois bien sage, bien raisonnable et surtout bien moral, ou bien qu'il y a aussi de bons diables.

Comment croire, en effet, que Dieu ne permette qu'à l'Esprit du mal de se manifester pour nous perdre, sans nous donner pour contrepoids les conseils des bons Esprits ? S'il ne le peut pas, c'est impuissance ; s'il le peut et ne le fait pas, c'est incompatible avec sa bonté ; l'une et l'autre supposition seraient un blasphème. Remarquez qu'admettre la communication des mauvais Esprits, c'est reconnaître le principe des manifestations ; or, du moment qu'elles existent, ce ne peut être qu'avec la permission de Dieu ; comment croire, sans impiété, qu'il ne permette que le mal à l'exclusion du bien ? Une telle doctrine est contraire aux plus simples notions du bon sens et de la religion.

XI

Une chose bizarre, ajoute-t-on, c'est qu'on ne parle que des Esprits de personnages connus, et l'on se demande pourquoi ils sont seuls à se manifester. C'est là une erreur provenant, comme beaucoup d'autres, d'une observation superficielle. Parmi les Esprits qui viennent spontanément, il en est plus encore d'inconnus pour nous que d'illustres, qui se désignent par un nom quelconque et souvent par un nom allégorique ou caractéristique. Quant à ceux que l'on évoque, à moins que ce ne soit un parent ou un ami, il est assez naturel de s'adresser à ceux que l'on connaît plutôt qu'à ceux que l'on ne connaît pas ; le nom des personnages illustres frappe davantage, c'est pour cela qu'ils sont plus remarqués.

On trouve encore singulier que les Esprits d'hommes éminents viennent familièrement à notre appel et s'occupent quelquefois de choses minutieuses en comparaison de celles qu'ils ont accomplies pendant leur vie. A cela, il n'est rien d'étonnant pour ceux qui savent que la puissance ou la considération dont ces hommes ont joui ici-bas ne leur donne aucune suprématie dans le monde spirite ; les Esprits confirment en ceci ces paroles de l'Evangile : « Les grands seront abaissés et les petits élevés », ce qui doit s'entendre du rang que chacun de nous occupera parmi eux ; c'est ainsi que celui qui a été le premier sur la terre peut s'y trouver l'un des derniers ; celui devant lequel nous courbions la tête pendant sa vie peut donc venir parmi nous comme le plus humble artisan, car, en quittant la vie, il a laissé toute sa grandeur, et le plus puissant monarque y est peut-être au-dessous du dernier de ses soldats.

XII

Un fait démontré par l'observation et confirmé par les Esprits eux-mêmes, c'est que les Esprits inférieurs empruntent souvent des noms connus et révérés. Qui donc peut nous assurer que ceux qui disent avoir été, par exemple, Socrate, Jules César, Charlemagne, Fénelon, Napoléon, Washington, etc., aient réellement animé ces personnages ? Ce doute existe parmi certains adeptes très fervents de la doctrine spirite ; ils admettent l'intervention et la manifestation des Esprits, mais ils se demandent quel contrôle on peut avoir de leur identité. Ce contrôle est, en effet, assez difficile à établir ; s'il ne peut l'être d'une manière aussi authentique que par un acte d'état civil, on le peut au moins par présomption, d'après certains indices.

Lorsque l'Esprit de quelqu'un qui nous est personnellement connu se manifeste, d'un parent ou d'un ami par exemple, surtout s'il est mort depuis peu de temps, il arrive, en général, que son langage est en rapport parfait avec le caractère que nous lui connaissions ; c'est déjà un indice d'identité ; mais le doute n'est presque plus permis quand cet Esprit parle de choses privées, rappelle des circonstances de famille qui ne sont connues que de l'interlocuteur. Un fils ne se méprendra pas assurément au langage de son père et de sa mère, ni des parents sur celui de leur enfant. Il se passe quelquefois dans ces sortes d'évocations intimes des choses saisissantes, de nature à convaincre le plus incrédule .Le sceptique le plus endurci est souvent terrifié des révélations inattendues qui lui sont faites.

Une autre circonstance très caractéristique vient à l'appui de l'identité. Nous avons dit que l'écriture du médium change généralement avec l'Esprit évoqué, et que cette écriture se reproduit exactement la même chaque fois que le même Esprit se présente ; on a constaté maintes fois que, pour les personnes mortes depuis peu surfout, cette écriture a une ressemblance frappante avec celle de la personne en son vivant ; on a vu des signatures d'une exactitude parfaite. Nous sommes, du reste, loin de donner ce fait comme une règle et surtout comme constant ; nous le mentionnons comme une chose digne de remarque.

Les Esprits arrivés à un certain degré d'épuration sont seuls dégagés de toute influence corporelle ; mais lorsqu'ils ne sont pas complètement dématérialisés (c'est l'expression dont ils se servent), ils conservent la plupart des idées, des penchants et même des *manies* qu'ils avaient sur la terre, et c'est encore là un moyen de reconnaissance ; mais on en trouve surtout dans une foule de faits de détail que peut seule révéler une observation attentive et soutenue. On voit des écrivains discuter leurs propres ouvrages ou leurs doctrines, en approuver ou condamner certaines parties ; d'autres Esprits rappeler des circonstances ignorées ou peu connues de leur vie ou de leur mort, toutes choses enfin qui sont tout au moins des preuves morales d'identité, les seules que l'on puisse invoquer en fait de choses abstraites.

Si donc l'identité de l'Esprit évoqué peut être, jusqu'à un certain point, établie dans quelques cas, il n'y a pas de raison pour qu'elle ne le soit pas dans d'autres, et si l'on n'a pas, pour les personnes dont la mort est plus ancienne, les mêmes moyens de contrôle, on a toujours celui du langage et du caractère ; car assurément l'Esprit d'un homme de bien ne parlera pas comme celui d'un homme pervers ou d'un débauché. Quant aux Esprits qui se parent de noms respectables, ils se trahissent bientôt par leur langage et leurs maximes ; celui qui se dirait Fénelon, par exemple, et qui blesserait, ne fût-ce qu'accidentellement, le bon sens et la morale, montrerait par cela même la supercherie. Si ,au contraire, les pensées qu'il exprime sont toujours pures, sans contradictions et constamment à la hauteur du caractère de Fénelon, il n'y a pas de motifs pour douter de son identité ; autrement, il faudrait supposer qu'un Esprit qui ne prêche que le bien peut sciemment employer le mensonge, et cela sans utilité. L'expérience nous apprend que les Esprits du même degré, du même caractère et animés des mêmes sentiments se réunissent en groupes et en familles ; or, le nombre des Esprits est incalculable, et nous sommes loin de les connaître tous ; la plupart même n'ont pas de noms pour nous. Un Esprit de la catégorie de Fénelon peut donc venir en son lieu et place, souvent même envoyé par lui comme mandataire ; il se présente sous son nom, parce qu'il lui est identique et peut le suppléer, et parce qu'il nous faut un nom pour fixer nos idées ; mais qu'importe, en définitive, qu'un Esprit soit réellement ou non celui de Fénelon ! Du moment qu'il ne dit que de bonnes choses et qu'il parle comme l'aurait dit Fénelon lui-même, c'est un bon Esprit ; le nom sous lequel il se fait connaître est indifférent, et n'est souvent qu'un moyen de fixer nos idées. Il n'en saurait être de même dans les évocations intimes ; mais là, comme nous l'avons dit, l'identité peut être établie par des preuves en quelque sorte patentes.

Au reste, il est certain que la substitution des Esprits peut donner lieu à une foule de méprises, et qu'il peut en résulter des erreurs, et souvent des mystifications ; c'est là une difficulté du *spiritisme pratique ;* mais nous n'avons jamais dit que cette science fut une chose facile, ni qu'on put l'apprendre en se jouant, pas plus qu'aucune autre science. Nous ne saurions trop le répéter, elle demande une étude assidue et souvent fort longue, ne pouvant provoquer les faits il faut attendre qu'ils se présentent d'eux-mêmes et souvent ils sont amenés par les circonstances auxquelles on songe le moins. Pour l'observateur attentif et patient, les faits abondent, parce qu'il découvre des milliers de nuances caractéristiques qui sont, pour lui, des traits de lumière. Il en est ainsi dans les sciences vulgaires, tandis que l'homme superficiel ne voit dans une fleur qu'une forme élégante, le savant y découvre des trésors pour la pensée.

XIII

Les observations ci-dessus nous conduisent à dire quelques mots d'une autre difficulté, celle de la divergence qui existe dans le langage des Esprits.

Les Esprits étant très différents les uns des autres au point de vue des connaissances et de la moralité, il est évident que la même question peut être résolue dans un sens opposé, selon le rang qu'ils occupent, absolument comme si elle était posée parmi les hommes alternativement à un savant, à un ignorant ou à un mauvais plaisant. Le point essentiel, nous l'avons dit, est de savoir à qui l'on s'adresse.

Mais ajoute-t-on, comment se fait-il que les Esprits reconnus pour être supérieurs ne soient pas toujours d'accord ? Nous dirons d'abord qu'indépendamment de la cause que nous venons de signaler, il en est d'autres qui peuvent exercer une certaine influence sur la nature des réponses, abstraction faite de la qualité des Esprits ; ceci est un point capital dont l'étude donnera l'explication ; c'est pourquoi nous disons que ces études requièrent une attention soutenue, une observation profonde, et surtout, comme du reste toutes les sciences humaines, de la suite et de la persévérance. Il faut des années pour faire un médiocre médecin, et les trois quarts de la vie pour faire un savant, et l'on voudrait, en quelques heures, acquérir la science de l'infini ! Qu'on ne s'y trompe donc pas : l'étude du spiritisme est immense ; elle touche à toutes les questions de la métaphysique et de l'ordre social ; c'est tout un monde qui s'ouvre devant nous ; doit-on s'étonner qu'il faille du temps, et beaucoup de temps, pour l'acquérir ?

La contradiction, d'ailleurs, n'est pas toujours aussi réelle qu'elle peut le paraître. Ne voyons nous pas tous les jours des hommes professant la même science varier dans la définition qu'ils donnent d'une chose, soit qu'ils emploient des termes différents, soit qu'ils l'envisagent sous un autre point de vue, quoique l'idée fondamentale soit toujours la même ? Que l'on compte si l'on peut, le nombre des définitions qui ont été données de la grammaire ! Ajoutons encore que la forme de la réponse dépend souvent de la forme de la question. Il y aurait donc de la puérilité à trouver une contradiction là où il n'y a le plus souvent qu'une différence de mots. Les Esprits supérieurs ne tiennent nullement à la forme ; pour eux, le fond de la pensée est tout.

Prenons pour exemple la définition de l'âme. Ce mot n'ayant pas d'acception fixe, les Esprits peuvent donc, ainsi que nous, différer dans la définition qu'ils en donnent : l'un pourra dire qu'elle est le principe de la vie, un autre l'appeler étincelle animique, un troisième dire qu'elle est interne, un quatrième qu'elle est externe, etc., et tous auront raison à leur point de vue. On pourrait même croire que certains d'entre eux professent des théories matérialistes, et pourtant il n'en est rien. Il en est de même de *Dieu ;* ce sera : le principe de toutes choses, le Créateur de l'univers, la souveraine intelligence, l'infini, le grand Esprit, etc., etc., et en définitive, ce sera toujours Dieu. Citons enfin la classification des Esprits. Ils forment une suite non interrompue depuis le degré inférieur jusqu'au degré supérieur ; la classification est donc arbitraire, l'un pourra en faire trois classes, un autre cinq, dix ou vingt à volonté, sans être pour cela dans l'erreur ; toutes les sciences humaines nous en offrent l'exemple ; chaque savant a son système ; les systèmes changent, mais la science ne change pas. Qu'on apprenne la botanique par le système de Linné, de Jussieu ou de Tournefort, on n'en saura pas moins la botanique. Cessons donc de donner aux choses de pure convention plus d'importance qu'elles n'en méritent pour nous attacher à ce qui est seul véritablement sérieux, et souvent la réflexion fera découvrir dans ce qui semble le plus disparate une similitude qui avait échappé à une première inspection.

XIV

Nous passerions légèrement sur l'objection de certains sceptiques au sujet des fautes d'orthographe commises par quelques Esprits, si elle ne devait donner lieu à une remarque essentielle. Leur orthographe, il faut le dire, n'est pas toujours irréprochable ; mais il faut être bien à court de raisons pour en faire l'objet d'une critique sérieuse, en disant que, puisque les Esprits savent tout, ils doivent savoir l'orthographe. Nous pourrions leur opposer les nombreux péchés de ce genre commis par plus d'un savant de la terre, ce qui n'ôte rien de leur mérite ; mais il y a dans ce fait une question plus grave. Pour les Esprits, et surtout pour les Esprits supérieurs, l'idée est tout, la forme n'est rien. Dégagés de la matière, leur langage entre eux est rapide comme la pensée ,puisque c'est la pensée même qui se communique sans intermédiaire ; ils doivent donc se trouver mal à l'aise quand ils sont obligés, pour se communiquer à nous, de se servir des formes longues et embarrassées du langage humain, et surtout de l'insuffisance et de l'imperfection de ce langage pour rendre toutes les idées ; c'est ce qu'ils disent eux-mêmes ; aussi est-il curieux de voir les moyens qu'ils emploient souvent pour atténuer cet inconvénient. Il en serait ainsi de nous si nous avions à nous exprimer dans une langue plus longue dans ses mots et dans ses tournures, et plus pauvre dans ses expressions que celle dont nous faisons usage. C'est l'embarras qu'éprouve l'homme de génie s'impatientant de la lenteur de sa plume qui est toujours en arrière de sa pensée. On conçoit d'après cela que les Esprits attachent peu d'importance à la puérilité de l'orthographe, lorsqu'il s'agit surtout d'un enseignement grave et sérieux ; n'est-il pas déjà merveilleux d'ailleurs qu'ils s'expriment indifféremment dans toutes les langues et qu'ils les comprennent toutes ? Il ne faut pas en conclure de là pourtant que la correction conventionnelle du langage leur soit inconnue ; ils l'observent quand cela est nécessaire ; c'est ainsi, par exemple, que la poésie dictée par eux défierait souvent la critique du plus méticuleux puriste, et cela *malgré l'ignorance du médium.*

XV

Il y a ensuite des gens qui trouvent du danger partout, et à tout ce qu'ils ne connaissent pas ; aussi ne manquent-ils pas de tirer une conséquence défavorable de ce que certaines personnes, en s'adonnant à ces études, ont perdu la raison. Comment des hommes sensés peuvent-ils voir dans ce fait une objection sérieuse ? N'en est-il pas de même de toutes les préoccupations intellectuelles sur un cerveau faible ? Sait-on le nombre des fous et des maniaques produit par les études mathématiques, médicales, musicales, philosophiques et autres ? Faut-il pour cela bannir ces études ? Qu'est-ce que cela prouve ? Par les travaux corporels on s'estropie les bras et les jambes, qui sont les instruments de l'action matérielle ; pour les travaux de l'intelligence on s'estropie le cerveau, qui est l'instrument de la pensée. Mais si l'instrument est brisé, l'esprit ne l'est pas pour cela : il est intact ; et lorsqu'il est dégagé de la matière, il n'en jouit pas moins de la plénitude de ses facultés. C'est dans son genre, comme homme, un martyr du travail.

Toutes les grandes préoccupations de l'esprit peuvent occasionner la folie ; les sciences, les arts, la religion même fournissent leur contingent. La folie a pour cause première une prédisposition organique du cerveau qui le rend plus ou moins accessible à certaines impressions. Etant donné une prédisposition à la folie, celle-ci prendra le caractère de la préoccupation principale qui devient alors une idée fixe. Cette idée fixe pourra être celle des Esprits chez celui qui s'en est occupé, comme elle pourra être celle de Dieu, des anges, du diable, de la fortune, de la puissance, d'un art, d'une science, de la maternité, d'un système politique social. Il est probable que le fou religieux fut devenu un fou spirite, si le spiritisme eut été sa préoccupation dominante, comme le fou spirite l'eut été sous une autre forme suivant les circonstances.

Je dis donc que le spiritisme n'a aucun privilège sous ce rapport : mais je vais plus loin : je dis que, bien compris, c'est un préservatif contre la folie.

Parmi les causes les plus nombreuses de surexcitation cérébrale, il faut compter les déceptions, les malheurs, les affections contrariées, qui sont en même temps les causes les plus fréquentes de suicide. Or, le vrai spirite voit les choses de ce monde d'un point de vue si élevé ; elles lui paraissent si petites, si mesquines auprès de l'avenir qui l'attend ; la vie est pour lui si courte, si fugitive, que les tribulations ne sont à ses yeux que les incidents désagréables d'un voyage. Ce qui, chez un autre, produirait une violente émotion, l'affecte médiocrement ; il sait d'ailleurs que les chagrins de la vie sont des épreuves qui servent à son avancement s'il les subit sans murmure, parce qu'il sera récompensé selon le courage avec lequel il les aura supportées. Ses convictions lui donnent donc une résignation qui le préserve du désespoir et, par conséquent, d'une cause incessante de folie et de suicide. Il sait, en outre, par le spectacle que lui donnent les communications avec les Esprits, le sort de ceux qui abrègent volontairement leurs jours, et ce tableau est bien fait pour le faire réfléchir ; aussi le nombre de ceux qui ont été arrêtés sur cette pente funeste est-il considérable. C'est là un des résultats du spiritisme. Que les incrédules en rient tant qu'ils voudront ; je leur souhaite les consolations qu'il procure à tous ceux qui se sont donné la peine d'en sonder les mystérieuses profondeurs.

Au nombre des causes de folie, il faut encore placer la frayeur, et celle du diable a dérangé plus d'un cerveau. Sait-on le nombre de victimes que l'on a faites en frappant de faibles imaginations avec ce tableau que l'on s'ingénie à rendre plus effrayant par de hideux détails ? Le diable, dit-on, n'effraye que les petits enfants ; c'est un frein pour les rendre sages ; oui, comme Croquemitaine et le loup-garou, et quand ils n'en ont plus peur, ils sont pires qu'avant ; et pour ce beau résultat on ne compte pas le nombre des épilepsies causées par l'ébranlement d'un cerveau délicat. La religion serait bien faible si, faute de crainte, sa puissance pouvait être compromise ; heureusement, il n'en est pas ainsi ; elle a d'autres moyens d'agir sur les âmes ; le spiritisme lui en fournit de plus efficaces et de plus sérieux, si elle sait les mettre à profit ; il montre la réalité des choses, et par là neutralise les funestes effets d'une crainte exagérée.

XVI

Il nous reste à examiner deux objections ; les seules qui méritent véritablement ce nom, parce qu'elles sont basées sur des théories raisonnées. L'une et l'autre admettent la réalité de tous les phénomènes. matériels et moraux, mais elles excluent l'intervention des Esprits.

Selon la première de ces théories, toutes les manifestations attribuées aux Esprits ne seraient autre chose que des effets magnétiques. Les médiums seraient dans un état qu'on pourrait appeler somnambulisme éveillé, phénomène dont toute personne qui a étudié le magnétisme a pu être témoin. Dans cet état, les facultés intellectuelles acquièrent un développement anormal ; le cercle des perceptions intuitives s'étend hors des limites de notre conception ordinaire. Dès lors ,le médium puiserait en lui-même et par le fait de sa lucidité tout ce qu'il dit et toutes les notions qu'il transmet, même sur les choses qui lui sont le plus étrangères dans son état habituel.

Ce n'est pas nous qui contesterons la puissance du somnambulisme dont nous avons vu les prodiges et étudié toutes les phases pendant plus de trente-cinq ans ; nous convenons qu'en effet beaucoup de manifestations spirites peuvent s'expliquer par ce moyen ; mais une observation soutenue et attentive montre une foule de faits où l'intervention du médium, autrement que comme instrument passif, est matériellement impossible. A ceux qui partagent cette opinion, nous dirons comme aux autres : « Voyez et observez, car assurément vous n'avez pas tout vu ». Nous leur opposerons ensuite deux considérations tirées de leur propre doctrine. D'où est venue la théorie spirite ? Est-ce un système imaginé par quelques hommes pour expliquer les faits ? Nullement .Qui donc l'a révélée ? Précisément ces mêmes médiums dont vous exaltez la lucidité. Si donc cette lucidité est telle que vous la supposez, pourquoi auraient-ils attribué à des Esprits ce qu'ils auraient puisé en eux-mêmes ? Comment auraient-ils donné ces renseignements si précis, si logiques, si sublimes sur la nature de ces intelligences extra-humaines ? De deux choses l'une, ou ils sont lucides ou ils ne le sont pas : « s'ils le sont et si l'on a confiance en leur véracité, on ne saurait sans contradiction admettre qu'ils ne sont pas dans le vrai. En second lieu, si tous les phénomènes avaient leur source dans le médium, ils seraient identiques chez le même individu, et l'on ne verrait pas la même personne tenir un langage disparate ni exprimer tour à tour les choses les plus contradictoires. Ce défaut d'unité dans les manifestations obtenues par le médium prouve la diversité des sources ; si donc on ne peut les trouver toutes dans le médium, il faut bien les chercher hors de lui.

Selon une autre opinion, le médium est bien la source des manifestations, mais au lieu de les puiser en lui-même, ainsi que le prétendent les artisans de la théorie somnambulique, il les puise dans le milieu ambiant. Le médium serait ainsi une sorte de miroir reflétant toutes les idées, toutes les pensées et toutes les connaissances des personnes qui l'entourent ; il ne dirait rien qui ne soit connu au moins de quelques-unes. On ne saurait nier, et c'est même là un principe de la doctrine, l'influence exercée par les assistants sur la nature des manifestations ; mais cette influence est tout autre que celle qu'on suppose exister, et, de là à ce que le méduim soit l'écho de leurs pensées, il y a fort loin, car des milliers de faits établissent péremptoirement le contraire. C'est donc là une erreur grave qui prouve une fois de plus le danger des conclusions prématurées. Ces personnes ne pouvant nier l'existence d'un phénomène dont la science vulgaire ne peut rendre compte et ne voulant pas admettre la présence des Esprits, l'expliquent à leur manière. Leur théorie serait spécieuse si elle pouvait embrasser tous les faits, mais il n'en est point ainsi. Lorsqu'on leur démontre jusqu'à l'évidence que certaines communications du médium sont complètement étrangères aux pensées, aux connaissances, aux opinions même de tous les assistants, que ces communications sont souvent spontanées et contredisent toutes les idées préconçues, elles ne sont pas arrêtées pour si peu de chose. Le rayonnement, disent-elles, s'étend bien au delà du cercle immédiat qui nous entoure ; le médium est le reflet de l'humanité tout entière, de telle sorte que, s'il ne puise pas ses inspirations à côté de lui, il va les chercher au dehors, dans la ville, dans la contrée, dans tout le globe et même dans les autres sphères.

Je ne pense pas que l'on trouve dans cette théorie une explication plus simple et plus probable que celle du spiritisme, car elle suppose une cause bien autrement merveilleuse. L'idée que des êtres peuplant les espaces, et qui, étant en contact permanent avec nous, nous communiquent leurs pensées, n'a rien qui choque plus la raison que la supposition de ce rayonnement universel venant de tous les points de l'univers se concentrer dans le cerveau d'un individu.

Encore une fois, et c'est là un point capital sur lequel nous ne saurions trop insister, la théorie somnambulique, et celle qu'on pourrait appeler *réflective*, ont été imaginées par quelques hommes ; ce sont des opinions individuelles créées pour expliquer un fait, tandis que la doctrine des Esprits n'est point de conception humaine ; elle a été dictée par les intelligences mêmes qui se manifestent alors que nul n'y songeait, que l'opinion générale même la repoussait ; or, nous demandons, où les médiums ont été puiser une doctrine qui n'existait dans la pensée de personne sur la terre ; nous demandons, en outre, par quelle étrange coïncidence des milliers de médiums disséminés sur tous les points du globe, qui ne se sont jamais vus, s'accordent pour dire la même chose. Si le premier médium qui parut en France a subi l'influence d'opinions déjà accréditées en Amérique, par quelle bizarrerie a-t-il été chercher ces idées à 2.000 lieues au delà des mers, chez un peuple étranger de mœurs et de langage, au lieu de les prendre autour de lui ?

Mais il est une autre circonstance à laquelle on n'a point assez songé. Les premières manifestations, en France comme en Amérique, n'ont eu lieu ni par l'écriture, ni par la parole, mais par les coups frappés concordant avec les lettres de l'alphabet, et formant des mots et des phrases. C'est par ce moyen que les intelligences qui se sont révélées ont déclaré être des Esprits. Si donc on pouvait supposer l'intervention de la pensée des médiums dans les communications verbales ou écrites, il ne saurait en être ainsi des coups frappés dont la signification ne pouvait être connue d'avance.

Nous pourrions citer nombre de faits qui démontrent, dans l'intelligence qui se manifeste, une individualité évidente et une indépendance absolue de volonté. Nous renvoyons donc les dissidents à une observation plus attentive, et s'ils veulent bien étudier sans prévention et ne pas conclure avant d'avoir tout vu, ils reconnaîtront l'impuissance de leur théorie pour rendre raison de tout. Nous nous bornerons à poser les questions suivantes : Pourquoi l'intelligence qui se manifeste, quelle qu'elle soit, refuse-t-elle de répondre à certaines questions sur des sujets parfaitement connus, comme, par exemple, sur le nom ou l'âge de l'interrogateur, sur ce qu'il a dans la main, ce qu'il a fait la veille, son projet du lendemain, etc. ? Si le médium est le miroir de la pensée des assistants, rien ne lui serait plus aisé que de répondre.

Les adversaires rétorquent l'argument en demandant à leur tour pourquoi des Esprits qui doivent tout savoir ne peuvent dire des choses aussi simples, selon l'axiome : *Qui peut le plus peut le moins ;* d'où ils concluent que ce ne sont pas des Esprits. Si un ignorant ou un mauvais plaisant, se présentant devant une docte assemblée, demandait, par exemple, pourquoi il fait jour en plein midi, croit-on qu'elle se donnât la peine de répondre sérieusement, et serait-il logique de conclure de son silence, ou des railleries dont elle gratifierait le questionneur, que ses membres ne sont que des ânes ? Or, c'est précisément parce que les Esprits sont supérieurs qu'ils ne répondent pas à des questions oiseuses et ridicules et ne veulent pas être mis sur la sellette ; c'est pourquoi ils se taisent ou disent de s'occuper de choses plus sérieuses.

Nous demanderons, enfin, pourquoi les Esprits viennent et

s'en vont souvent à un moment donné, et pourquoi, ce moment passé, il n'y a ni prières, ni supplications qui puissent les ramener ? Si le médium n'agissait que par l'impulsion mentale des assistants, il est évident que, dans cette circonstance, le concours de toutes les volontés réunies devrait stimuler sa clairvoyance. Si donc il ne cède pas au désir de l'assemblée, corroboré par sa propre volonté, c'est qu'il obéit à une influence étrangère à lui-même et à ceux qui l'entourent, et que cette influence accuse par là son indépendance et son individualité.

XVII

Le scepticisme, touchant la doctrine spirite, lorsqu'il n'est pas le résultat d'une opposition systématique intéressée, a presque toujours sa source dans une connaissance incomplète des faits, ce qui n'empêche pas certaines gens de trancher la question comme s'ils la connaissaient parfaitement. On peut avoir beaucoup d'esprit, de l'instruction même, et manquer de jugement ; or, le premier indice d'un défaut dans le jugement, c'est de croire le sien infaillible. Beaucoup de personnes aussi ne voient dans les manifestations spirites qu'un objet de curiosité ; nous espérons que, par la lecture de ce livre, elles trouveront dans ces phénomènes étranges autre chose qu'un simple passe-temps.

La science spirite comprend deux parties : l'une expérimentale sur les manifestations en général, l'autre philosophique sur les manifestations intelligentes. Quiconque n'a observé que la première est dans la position de celui qui ne connaîtrait la physique que par des expériences récréatives, sans avoir pénétré dans le fond de la science. La véritable doctrine spirite est dans l'enseignement donné par les Esprits, et les connaissances que cet enseignement comporte sont trop graves pour pouvoir être acquises autrement que par une étude sérieuse et suivie, faite dans le silence et le recueillement ; car dans cette condition seule on peut observer un nombre infini de faits et de nuances qui échappent à l'observateur superficiel et permettent d'asseoir une opinion. Ce livre n'aurait-il pour résultat que de montrer le côté sérieux de la question, et de provoquer des études dans ce sens, ce serait déjà beaucoup, et nous nous applaudirions d'avoir été choisi pour accomplir une œuvre dont nous ne prétendons, du reste, nous faire aucun mérite personnel, puisque les principes qu'il renferme ne sont pas notre création ; le mérite en est donc tout entier aux Esprits qui l'ont dicté. Nous espérons qu'il aura un autre résultat, c'est de guider les hommes désireux de s'éclairer, en leur montrant, dans ces études, un but grand et sublime : celui du progrès individuel et social, et de leur indiquer la route à suivre pour l'atteindre.

Terminons par une dernière considération. Des astronomes, en sondant les espaces, ont trouvé, dans la répartition des corps célestes, des lacunes non justifiées et en désaccord avec les lois de l'ensemble ; ils ont soupçonné que ces lacunes devaient être remplies par des globes échappés à leurs regards ; d'un autre côté, ils ont observé certains effets dont la cause leur était inconnue ,et ils se sont dit : Là, il doit y avoir un monde, car cette lacune ne peut exister, et ces effets doivent avoir une cause. Jugeant alors de la cause par l'effet, ils en ont pu calculer les éléments, et plus tard les faits sont venus justifier leurs prévisions. Appliquons ce raisonnement à un autre ordre d'idées. Si l'on observe la série des êtres, on trouve qu'ils forment une chaîne sans solution de continuité depuis la matière brute jusqu'à l'homme le plus intelligent. Mais entre l'homme et Dieu, qui est l'alpha et l'oméga de toutes choses, quelle immense lacune ! Est-il rationnel de penser qu'à lui s'arrêtent les anneaux de cette chaîne ? Qu'il franchisse sans transition la distance qui le sépare de l'infini ? La raison nous dit qu'entre l'homme et Dieu il doit y avoir d'autres échelons, comme elle a dit aux astronomes qu'entre les mondes connus il devait y avoir des mondes inconnus. Quelle est la philosophie qui a comblé cette lacune ? Le spiritisme nous la montre remplie par les êtres de tous rangs du monde invisible, et ces êtres ne sont autres que les Esprits des hommes arrivés aux différents degrés qui conduisent à la perfection : alors tout se lie, tout s'enchaîne, depuis l'alpha jusqu'à l'oméga. Vous qui niez l'existence des Esprits, remplissez donc le vide qu'ils occupent ; et vous qui en riez, osez donc rire des œuvres de Dieu et de sa toute-puissance !

ALLAN KARDEC.

PROLEGOMENES

Des phénomènes qui sortent des lois de la science vulgaire se manifestent de toutes parts et révèlent dans leur cause l'action d'une volonté libre et intelligente.

La raison dit qu'un effet intelligent doit avoir pour cause une puissance intelligente, et des faits ont prouvé que cette puissance peut entrer en communication avec les hommes par des signes matériels.

Cette puissance, interrogée sur sa nature, a déclaré appartenir au monde des êtres spirituels qui ont dépouillé l'enveloppe corporelle de l'homme. C'est ainsi que fut révélée la doctrine des Esprits.

Les communications entre le monde spirite et le monde corporel sont dans la nature des choses et ne constituent aucun fait surnaturel ; c'est pourquoi on en trouve la trace chez tous les peuples et à toutes les époques ; aujourd'hui, elles sont générales et patentes pour tout le monde.

Les Esprits annoncent que les temps marqués par la Providence pour une manifestation universelle sont arrivés, et qu'étant les ministres de Dieu et les agents de sa volonté, leur mission est d'instruire et d'éclairer les hommes en ouvrant une nouvelle ère pour la régénération de l'humanité.

Ce livre est le recueil de leurs enseignements ; il a été écrit par l'ordre et sous la dictée d'Esprits supérieurs pour établir les fondements d'une philosophie rationnelle, dégagée des préjugés de l'esprit de système ; il ne renferme rien qui ne soit l'expression de leur pensée et qui n'ait subit leur contrôle. L'ordre et la distribution méthodique des matières, ainsi que les remarques et la forme de quelques parties de la rédaction sont seuls l'œuvre de celui qui a reçu mission de le publier.

Dans le nombre des Esprits qui ont concouru à l'accomplissement de cette œuvre, plusieurs ont vécu à diverses époques sur la terre où ils ont prêché et pratiqué la vertu et la sagesse ; d'autres n'appartiennent, par leur nom, à aucun personnage dont l'histoire ait gardé le souvenir, mais leur élévation est attestée par la pureté de leur doctrine, et leur union avec ceux qui portent des noms vénérés.

Voici les termes dans lesquels ils ont donné par écrit, et par l'intermédiaire de plusieurs médiums, la mission d'écrire ce livre :

« Occupe-toi avec zèle et persévérance du travail que tu as » entrepris avec notre concours, car ce travail est le nôtre. » Nous y avons posé les bases du nouvel édifice qui s'élève » et doit un jour réunir tous les hommes dans un même senti- » ment d'amour et de charité ; mais avant de le répandre, nous » le reverrons ensemble, afin d'en contrôler tous les détails.

» Nous serons avec toi toutes les fois que tu le demanderas » et pour t'aider dans tes autres travaux, car ce n'est là qu'une » partie de la mission qui t'est confiée, et qui t'a déjà été révé- » lée par l'un de nous.

» Dans le nombre des enseignements qui te sont donnés, il » en est que tu dois garder pour toi seul jusqu'à nouvel ordre ; » nous t'indiquerons quand le moment de les publier sera venu ; » en attendant, médite-les, afin d'être prêt quand nous te le » dirons.

» Tu mettras en tête du livre le cep de vigne que nous » t'avons dessiné [1], parce qu'il est l'emblème du travail du » Créateur ; tous les principes matériels qui peuvent le mieux » représenter le corps et l'esprit s'y trouvent réunis : le corps, » c'est le cep ; l'esprit, c'est la liqueur ; l'âme ou l'esprit unis » à la matière, c'est le grain. L'homme quintessencie l'esprit » par le travail et tu sais que ce n'est que par le travail du » corps que l'esprit acquiert des connaissances.

» Ne te laisse pas décourager par la critique. Tu trouveras » des contradicteurs acharnés, surtout parmi les gens intéressés » aux abus. Tu en trouveras même parmi les Esprits, car ceux » qui ne sont pas complètement dématérialisés cherchent sou- » vent à semer le doute par malice ou par ignorance ; mais va » toujours ; crois en Dieu, et marche avec confiance : nous » serons là pour te soutenir, et le temps est proche où la » vérité éclatera de toutes parts.

» La vanité de certains hommes qui croient tout savoir et » veulent tout expliquer à leur manière fera naître des opinions » dissidentes ; mais tous ceux qui auront en vue le grand prin- » cipe de Jésus se confondront dans le même sentiment de » l'amour du bien, et s'uniront par un lien fraternel qui embras- » sera le monde entier ; ils laisseront de côté les misérables » disputes de mots pour ne s'occuper que des choses essentielles,

(1) Le cep ci-dessus est le fac-similé de celui qui a été dessiné par les Esprits.

» et la doctrine sera toujours la même, quant au fond, pour
» tous ceux qui recevront les communications des Esprits supé-
» rieurs.

» C'est avec la persévérance que tu parviendras à recueillir
» le fruit de tes travaux. Le plaisir que tu éprouveras en voyant
» la doctrine se propager et bien comprise te sera une récom-
» pense dont tu connaîtras toute la valeur, peut-être plus dans
» l'avenir que dans le présent. Ne t'inquiète donc pas des ronces
» et des pierres que des incrédules ou des méchants sèmeront
» sur ta route ; conserve la confiance : avec la confiance tu
» parviendras au but, et tu mériteras d'être toujours aidé.

» Souviens-toi que les Bons Esprits n'assistent que ceux qui
» servent Dieu avec humilité et désintéressement et qu'ils répu-
» dient quiconque cherche dans la voie du ciel un marchepied
» pour les choses de la terre ; ils se retirent de l'orgueilleux et
» de l'ambitieux. L'orgueil et l'ambition seront toujours une
» barrière entre l'homme et Dieu ; c'est un voile jeté sur les
» célestes clartés, et Dieu ne peut se servir de l'aveugle pour
» faire comprendre la lumière. »

SAINT JEAN L'EVANGELISTE, SAINT AUGUSTIN, SAINT VINCENT DE PAUL, SAINT LOUIS, L'ESPRIT DE VERITE, SOCRATE, PLATON, FENELON, FRANKLIN, SWEDENBORG, ETC., ETC.

LE
LIVRE DES ESPRITS

LIVRE PREMIER

LES CAUSES PREMIERES

CHAPITRE PREMIER

DIEU

**1. Dieu et l'infini. — 2. Preuves de l'existence de Dieu.
3. Attributs de la Divinité. — 4. Panthéisme.**

Dieu et l'infini.

1. Qu'est-ce que Dieu ?

« Dieu est l'intelligence suprême, cause première de toutes choses (1). »

2. Que doit-on entendre par l'infini ?

« Ce qui n'a ni commencement ni fin ; l'inconnu ; tout ce qui est inconnu est infini. »

(1) Le texte placé entre guillemets à la suite des questions est la réponse même donnée par les Esprits. On a distingué par un autre caractère les remarques et développements ajoutés par l'auteur, lorsqu'il y aurait eu possibilité de les confondre avec le texte de la réponse. Quand ils forment des chapitres entiers, la confusion n'étant pas possible, on a conservé le caractère ordinaire.

3. Pourrait-on dire que Dieu c'est l'infini ?

« Définition incomplète. Pauvreté de la langue des hommes qui est insuffisante pour définir les choses qui sont au-dessus de leur intelligence. »

Dieu est infini dans ses perfections, mais l'infini est une abstraction ; dire que Dieu est l'*infini,* c'est prendre l'attribut pour la chose même, et définir une chose qui n'est pas connue par une chose qui ne l'est pas davantage.

Preuves de l'existence de Dieu.

4. Où peut-on trouver la preuve de l'existence de Dieu ?

« Dans un axiome que vous appliquez à vos sciences : il n'y a pas d'effet sans cause. Cherchez la cause de tout ce qui n'est pas l'œuvre de l'homme, et votre raison vous répondra. »

Pour croire en Dieu, il suffit de jeter les yeux sur les œuvres de la création. L'univers existe, il a donc une cause. Douter de l'existence de Dieu, serait nier que tout effet a une cause, et avancer que rien a pu faire quelque chose.

5. Quelle conséquence peut-on tirer du sentiment intuitif que tous les hommes portent en eux-mêmes de l'existence de Dieu ?

« Que Dieu existe ; car d'où lui viendrait ce sentiment s'il ne reposait sur rien ? C'est encore une suite du principe qu'il n'y a pas d'effet sans cause. »

6. Le sentiment intime que nous avons en nous-mêmes de l'existence de Dieu ne serait-elle pas le fait de l'éducation et le produit d'idées acquises ?

« Si cela était, pourquoi vos sauvages auraient-ils ce sentiment ? »

Si le sentiment de l'existence d'un être suprême n'était que le produit d'un enseignement, il ne serait pas universel, et n'existerait, comme les notions des sciences, que chez ceux qui auraient pu recevoir cet enseignement.

7. Pourrait-on trouver la cause première de la formation des choses dans les propriétés intimes de la matière ?

« Mais alors, quelle serait la cause de ces propriétés ? Il faut toujours une cause première. »

Attribuer la formation première des choses aux propriétés intimes de la matière serait prendre l'effet pour la cause, car ces propriétés sont elles-mêmes un effet qui doit avoir une cause.

8. Que penser de l'opinion qui attribue la formation première à une combinaison fortuite de la matière, autrement dit au hasard ?

« Autre absurdité ! Quel homme de bon sens peut regarder le hasard comme un être intelligent ? Et puis, qu'est-ce que le hasard ? Rien. »

L'harmonie qui règle les ressorts de l'univers décèle des combinaisons et des vues déterminées, et, par cela même, révèle la puissance intelligente. Attribuer la formation première au hasard serait un non-sens, car le hasard est aveugle et ne peut produire les effets de l'intelligence. Un hasard intelligent ne serait plus le hasard.

9. Où voit-on dans la cause première une intelligence suprême et supérieure à toutes les intelligences ?

« Vous avez un proverbe qui dit ceci : « A l'œuvre on reconnaît l'ouvrier. » Eh bien ! regardez l'œuvre et cherchez l'ouvrier. C'est l'orgueil qui engendre l'incrédulité. L'homme orgueilleux ne veut rien au-dessus de lui, c'est pourquoi il s'appelle esprit fort. Pauvre être, qu'un souffle de Dieu peut abattre ! »

On juge la puissance d'une intelligence par ses œuvres ; nul être humain ne pouvant créer ce que produit la nature, la cause première est donc une intelligence supérieure à l'humanité.

Quels que soient les prodiges accomplis par l'intelligence humaine, cette intelligence a elle-même une cause, et plus ce qu'elle accomplit est grand, plus la cause première doit être grande. C'est cette intelligence qui est la cause première de toutes choses, quel que soit le nom sous lequel l'homme l'a désignée.

Attributs de la Divinité.

10. L'homme peut-il comprendre la nature intime de Dieu ?

« Non ; c'est un sens qui lui manque. »

11. Sera-t-il un jour donné à l'homme de comprendre le mystère de la Divinité ?

« Quand son esprit ne sera plus obscurci par la matière et que, par sa perfection, il se sera rapproché de lui, alors il le verra et il le comprendra. »

L'infériorité des facultés de l'homme ne lui permet pas de comprendre la nature intime de Dieu. Dans l'enfance de l'humanité, l'homme le confond souvent avec la créature dont il lui attribue les imperfections ; mais à mesure que le sens moral se développe en lui, sa pensée pénètre mieux le fond des choses, et il s'en fait une idée plus juste et plus conforme à la saine raison, quoique toujours incomplète.

12. Si nous ne pouvons comprendre la nature intime de Dieu, pouvons-nous avoir une idée de quelques-unes de ses perfections ?

« Oui, de quelques-unes. L'homme les comprend mieux à mesure qu'il s'élève au-dessus de la matière ; il les entrevoit par la pensée. »

13. Lorsque nous disons que Dieu est éternel, infini, immuable, immatériel, unique, tout-puissant, souverainement juste et bon, n'avons-nous pas une idée complète de ses attributs ?

« A votre point de vue, oui, parce que vous croyez tout embrasser ; mais sachez bien qu'il est des choses au-dessus de l'intelligence de l'homme le plus intelligent, et pour lesquelles votre langage, borné à vos idées et à vos sensations, n'a point d'expression. La raison vous dit, en effet, que Dieu doit avoir ces perfections au suprême degré, car s'il en avait une seule de moins, ou bien qui ne fût pas à un degré infini, il ne serait pas supérieur à tout et, par conséquent, ne serait pas Dieu. Pour être au-dessus de toutes choses, Dieu ne doit subir aucune vicissitude et n'avoir aucune des imperfections que l'imagination peut concevoir. »

Dieu est *éternel ;* s'il avait eu un commencement il serait sorti du néant, ou bien il aurait été créé lui-même par un être antérieur. C'est ainsi que de proche en proche nous remontons à l'infini et à l'éternité.

Il est *immuable ;* s'il était sujet à des changements, les lois qui régissent l'univers n'auraient aucune stabilité.

Il est *immatériel ;* c'est-à-dire que sa nature diffère de tout ce que nous appelons matière, autrement il ne serait pas immuable, car il serait sujet aux transformations de la matière.

Il est *unique ;* s'il y avait plusieurs Dieux, il n'y aurait ni unité de vues, ni unité de puissance dans l'ordonnance de l'univers.

Il est *tout-puissant ;* parce qu'il est unique. S'il n'avait pas la souveraine puissance, il y aurait quelque chose de plus puissant ou d'aussi puissant que lui ; il n'eut pas fait toutes choses, et celles qu'il n'aurait pas faites seraient l'œuvre d'un autre Dieu.

Il est *souverainement juste et bon.* La sagesse providentielle des lois divines se révèle dans les plus petites choses comme dans les plus grandes, et cette sagesse ne permet de douter ni de sa justice, ni de sa bonté.

Panthéisme.

14. Dieu est-il un être distinct, ou bien serait-il, selon l'opinion de quelques-uns, la résultante de toutes les forces et de toutes les intelligences de l'univers réunies ?

« S'il en était ainsi, Dieu ne serait pas, car il serait l'effet et non la cause ; il ne peut être à la fois l'un et l'autre. »

« Dieu existe, vous n'en pouvez douter, c'est l'essentiel ; croyez-moi, n'allez pas au delà ; ne vous égarez pas dans un labyrinthe d'où vous ne pourriez sortir ; cela ne vous rendrait pas meilleurs, mais peut-être un peu plus orgueilleux, parce que vous croiriez savoir, et qu'en réalité vous ne sauriez rien. Laissez donc de côté tous ces systèmes ; vous avez assez de choses qui vous touchent plus directement, à commencer par vous-mêmes ; étudiez vos propres imperfections afin de vous en débarrasser, cela vous sera plus utile que de vouloir pénétrer ce qui est impénétrable. »

15. Que penser de l'opinion d'après laquelle tous les corps de la nature, tous les êtres, tous les globes de l'univers seraient des parties de la Divinité et constitueraient, par leur ensemble, la Divinité elle-même : autrement dit, de la doctrine panthéiste ?

« L'homme ne pouvant se faire Dieu, veut tout au moins être une partie de Dieu. »

16. Ceux qui professent cette doctrine prétendent y trouver la démonstration de quelques-uns des attributs de Dieu. Les mondes étant infinis, Dieu est, par cela même, infini ; le vide ou néant n'étant nulle part, Dieu est partout ; Dieu étant partout, puisque tout est partie intégrante de Dieu, il donne à tous les phénomènes de la nature une raison d'être intelligente. Que peut-on opposer à ce raisonnement ?

« La raison ; réfléchissez mûrement, et il ne vous sera pas difficile d'en reconnaître l'absurdité. »

Cette doctrine fait de Dieu un être matériel qui, bien que doué d'une intelligence suprême, serait en grand ce que nous sommes en petit. Or, la matière se transformant sans cesse, s'il en était ainsi Dieu n'aurait aucune stabilité ; il serait sujet à toutes les vicissitudes, à tous les besoins même de l'humanité ; il manquerait d'un des attributs essentiels de la Divinité : l'immuabilité. Les propriétés de la matière ne peuvent s'allier à l'idée de Dieu sans le rabaisser dans notre pensée, et toutes les subtilités du sophisme ne parviendront pas à résoudre le problème de sa nature intime. Nous ne savons pas tout ce qu'il est, mais nous savons ce qu'il ne peut pas ne pas être, et ce système est en contradiction avec ses propriétés les plus essentielles ; il confond le créateur avec la créature, absolument comme si l'on voulait qu'une machine ingénieuse fût une partie intégrante du mécanicien qui l'a conçue.

L'intelligence de Dieu se révèle dans ses œuvres comme celle d'un peintre dans son tableau ; mais les œuvres de Dieu ne sont pas plus Dieu lui-même que le tableau n'est le peintre qui l'a conçu et exécuté.

CHAPITRE II

ELEMENTS GENERAUX DE L'UNIVERS

1. Connaissance du principe des choses. — 2. Esprit et matière. — 3. Propriétés de la matière. — 4. Espace universel.

Connaissance du principe des choses.

17. Est-il donné à l'homme de connaître le principe des choses ?

« Non, Dieu ne permet pas que tout soit révélé à l'homme ici-bas. »

18. L'homme pénétrera-t-il un jour le mystère des choses qui lui sont cachées ?

« Le voile se lève pour lui à mesure qu'il s'épure ; mais pour comprendre certaines choses, il lui faut des facultés qu'il ne possède pas encore. »

19. L'homme ne peut-il pas, par les investigations de la science, pénétrer quelques-uns des secrets de la nature ?

« La science lui a été donnée pour son avancement en toutes choses, mais il ne peut dépasser les limites fixées par Dieu. »

Plus il est donné à l'homme de pénétrer avant dans ces mystères, plus son admiration doit être grande pour la puissance et la sagesse du Créateur ; mais, soit par orgueil, soit par faiblesse, son intelligence même le rend souvent le jouet de l'illusion ; il entasse système sur système, et chaque jour lui montre combien d'erreurs il a prises pour des vérités, et combien de vérités il a repoussées comme des erreurs. Ce sont autant de déceptions pour son orgueil.

20. En dehors des investigations de la science, est-il donné à l'homme de recevoir des communications d'un ordre plus élevé sur ce qui échappe au témoignage de ses sens ?

« Oui, si Dieu le juge utile, il peut révéler ce que la science ne peut apprendre. »

C'est par ces communications que l'homme puise, dans certaines limites, la connaissance de son passé et de sa destinée future.

Esprit et matière.

21. La matière est-elle de toute éternité comme Dieu, ou bien a-t-elle été créée par lui dans un temps quelconque ?

« Dieu seul le sait. Cependant, il est une chose que votre raison doit vous indiquer, c'est que Dieu, type d'amour et de charité, n'a jamais été inactif. Quelque éloigné que vous puissiez vous représenter le début de son action, pouvez-vous le comprendre une seconde dans l'oisivité ? »

22. On définit généralement la matière : ce qui a de l'étendue ; ce qui peut faire impression sur nos sens ; ce qui est impénétrable ; ces définitions sont-elles exactes ?

« A votre point de vue, cela est exact parce que vous ne parlez que d'après ce que vous connaissez ; mais la matière existe à des états qui vous sont inconnus ; elle peut être, par exemple, tellement éthérée et subtile, qu'elle ne fasse aucune impression sur vos sens ; cependant c'est toujours de la matière, mais pour vous ce n'en serait pas. »

— Quelle définition pouvez-vous donner de la matière ?

« La matière est le lien qui enchaîne l'esprit ; c'est l'instrument qui le sert et sur lequel, en même temps, il exerce son action. »

A ce point de vue, on peut dire que la matière est l'agent, l'intermédiaire à l'aide duquel et sur lequel agit l'esprit.

23. Qu'est-ce que l'esprit ?

« Le principe intelligent de l'univers. »

— Quelle est la nature intime de l'esprit ?

« L'esprit n'est pas facile à analyser dans votre langage. Pour vous, ce n'est rien, parce que l'esprit n'est pas une chose palpable ; mais pour nous c'est quelque chose. Sachez-le bien, rien, c'est le néant, et le néant n'existe pas. »

24. L'esprit est-il synonyme d'intelligence ?

« L'intelligence est un attribut essentiel de l'esprit ; mais l'un et l'autre se confondent dans un principe commun, de sorte que pour vous c'est une même chose. »

25. L'esprit est-il indépendant de la matière ou n'en est-il qu'une propriété, comme les couleurs sont des propriétés de la lumière et le son une propriété de l'air ?

« L'un et l'autre sont distincts ; mais il faut l'union de l'esprit et de la matière pour intelligenter la matière. »

— Cette union est-elle également nécessaire pour la manifestation de l'esprit ? (Nous entendons, ici, par esprit le principe de l'intelligence, abstraction faite des individualités désignées sous ce nom).

« Elle est nécessaire pour vous, parce que vous n'êtes pas organisés pour percevoir l'esprit sans la matière ; vos sens ne sont pas faits pour cela. »

26. Peut-on concevoir l'esprit sans la matière, et la matière sans l'esprit ?

« On le peut, sans doute, par la pensée. »

27. Il y aurait ainsi deux éléments généraux de l'univers : la matière et l'esprit ?

« Oui, et par-dessus tout cela Dieu, le créateur, le père de toutes choses ; ces trois choses sont le principe de tout ce qui existe, la trinité universelle. Mais à l'élément matériel, il faut ajouter le fluide universel qui joue le rôle d'intermédiaire entre l'esprit et la matière proprement dite, trop grossière pour que l'esprit puisse avoir une action sur elle. Quoique, à un certain point de vue, on puisse le ranger dans l'élément matériel, il se distingue par des propriétés spéciales ; s'il était matière positivement, il n'y aurait pas de raison pour que l'Esprit ne le fût pas aussi. Il est placé entre l'esprit et la matière ; il est fluide, comme la matière est matière ; susceptible, par ses innombrables combinaisons avec celle-ci, et sous l'action de l'esprit, de produire l'infinie variété des choses dont vous ne connaissez qu'une faible partie. Ce fluide universel, ou primitif, ou élémentaire, étant l'agent qu'emploie l'esprit, est le principe sans lequel la matière serait en état perpétuel de division et n'acquerrait jamais les propriétés que lui donne la pesanteur. »

— Ce fluide serait-il celui que nous désignons sous le nom d'électricité ?

« Nous avons dit qu'il est susceptible d'innombrables combinaisons ; ce que vous appelez fluide électrique, fluide magnétique, sont des modifications du fluide universel, qui n'est, à proprement parler, qu'une matière plus parfaite, plus subtile, et que l'on peut regarder comme indépendante. »

28. Puisque l'esprit est lui-même quelque chose, ne serait-il pas plus exact et moins sujet à confusion de désigner ces deux éléments généraux par les mots : *matière inerte* et *matière intelligente ?*

« Les mots nous importent peu ; c'est à vous de formuler votre langage de manière à vous entendre. Vos disputes viennent presque toujours de ce que vous ne vous entendez pas sur les mots, parce que votre langage est incomplet pour les choses qui ne frappent pas vos sens. »

Un fait patent domine toutes les hypothèses ; nous voyons de la matière qui n'est pas intelligente ; nous voyons un principe intelligent indépendant de la matière. L'origine et la connexion de ces deux choses nous sont inconnues. Qu'elles aient ou non une source commune, des points de contact nécessaires ; que l'intelligence ait son existence propre, ou qu'elle soit une propriété, un effet ; qu'elle soit même, selon l'opinion de quelques-uns, une émanation de la Divinité, c'est ce que nous ignorons, elles nous apparaissent distinctes, c'est pourquoi nous les admettons comme formant deux principes constituants de l'univers. Nous voyons au-dessus de tout cela une intelligence qui domine toutes les autres, qui les gouverne toutes, qui s'en distingue par des attributs essentiels : c'est cette intelligence suprême que l'on appelle Dieu.

Propriétés de la matière.

29. La pondérabilité est-elle un attribut essentiel de la matière ?

« De la matière telle que vous l'entendez, oui ; mais non de la matière considérée comme fluide universel. La matière éthérée et subtile qui forme ce fluide est impondérable pour vous, et ce n'en est pas moins le principe de votre matière pesante. »

La pesanteur est une propriété relative ; en dehors des sphères d'attraction des mondes, il n'y a pas de poids, de même qu'il n'y a ni haut ni bas.

30. La matière est-elle formée d'un seul ou de plusieurs éléments ?

« Un seul élément primitif. Les corps que vous regardez comme des corps simples ne sont pas de véritables éléments, mais des transformations de la matière primitive. »

31. D'où viennent les différentes propriétés de la matière ?

« Ce sont des modifications que les molécules élémentaires subissent par leur union et dans certaines circonstances. »

32. D'après cela, les saveurs, les odeurs, les couleurs, le son, les qualités vénéneuses ou salutaires des corps, ne seraient que les modifications d'une seule et même substance primitive ?

« Oui, sans doute, et qui n'existent que par la disposition des organes destinés à les percevoir. »

Ce principe est démontré par le fait que tout le monde ne perçoit pas les qualités des corps de la même manière :

l'un trouve une chose agréable au goût, un autre la trouve mauvaise ; les uns voient bleu ce que d'autres voient rouge ; ce qui est un poison pour les uns est inoffensif ou salutaire pour d'autres.

33. La même matière élémentaire est-elle susceptible de recevoir toutes les modifications et d'acquérir toutes les propriétés ?

« Oui, et c'est ce que l'on doit entendre quand nous disons que *tout est dans tout* (1). »

L'oxygène, l'hydrogène, l'azote, le carbone et tous les corps que nous regardons comme simples ne sont que des modifications d'une substance primitive. Dans l'impossibilité où nous sommes jusqu'à présent de remonter autrement que par la pensée à cette matière première, ces corps sont pour nous de véritables éléments, et nous pouvons, sans que cela tire à conséquence, les considérer comme tels jusqu'à nouvel ordre.

— Cette théorie semble donner raison à l'opinion de ceux qui n'admettent dans la matière que deux propriétés essentielles : la force et le mouvement, et qui pensent que toutes les autres propriétés ne sont que des effets secondaires variant selon l'intensité de la force et la direction du mouvement ?

---

(1) Ce principe explique le phénomène connu de tous les magnétiseurs et qui consiste à donner, par la volonté, à une substance quelconque, à l'eau, par exemple, des propriétés très diverses : un goût déterminé, et même les qualités actives d'autres substances. Puisqu'il n'y a qu'un élément primitif, et que les propriétés des différents corps ne sont que des modifications de cet élément, il en résulte que la substance la plus inoffensive a le même principe que la plus délétère. Ainsi l'eau, qui est formée d'une partie d'oxygène et de deux d'hydrogène, devient corrosive si l'on double la proportion d'oxygène. Une transformation analogue peut se produire par l'action magnétique dirigée par la volonté.

« Cette opinion est exacte. Il faut ajouter aussi selon la disposition des molécules, comme tu le vois, par exemple, dans un corps opaque qui peut devenir transparent, et réciproquement. »

34. Les molécules ont-elles une forme déterminée ?

« Sans doute, les molécules ont une forme, mais qui n'est pas appréciable pour vous. »

— Cette forme est-elle constante ou variable ?

« Constante pour les molécules élémentaires primitives, mais variable pour les molécules secondaires qui ne sont elles-mêmes que des agglomérations des premières ; car ce que vous appelez molécule est encore loin de la molécule élémentaire. »

Espace universel.

35. L'espace universel est-il infini ou limité ?

« Infini. Suppose-lui des bornes, qu'y aurait-il au-delà ? Cela confond ta raison, je le sais bien, et pourtant ta raison te dit qu'il n'en peut être autrement. Il en est de même de l'infini en toutes choses ; ce n'est pas dans votre petite sphère que vous pouvez le comprendre. »

Si l'on suppose une limite à l'espace, quelque éloignée que la pensée puisse la concevoir, la raison dit qu'au delà de cette limite il y a quelque chose, et ainsi de proche en proche jusqu'à l'infini ; car ce quelque chose, fût-il le vide absolu, serait encore de l'espace.

36. Le vide absolu existe-t-il quelque part dans l'espace universel ?

« Non, rien n'est vide ; ce qui est vide pour toi est occupé par une matière qui échappe à tes sens et à tes instruments. »

CHAPITRE III

CREATION

1. — Formation des mondes. — 2. Formation des êtres vivants. — 3. Peuplement de la terre. Adam. — 4. Diversité des races humaines. — 5. Pluralité des mondes. — 6. Considérations et concordances bibliques touchant la création.

Formation des mondes.

L'univers comprend l'infinité des mondes que nous voyons et ceux que nous ne voyons pas, tous les êtres animés et inanimés, tous les astres qui se meuvent dans l'espace ainsi que les fluides qui le remplissent.

37. L'univers a-t-il été créé, ou bien est-il de toute éternité comme Dieu ?

« Sans doute, il n'a pu se faire tout seul, et s'il était de toute éternité comme Dieu, il ne pourrait pas être l'œuvre de Dieu. »

La raison nous dit que l'univers n'a pu se faire lui-même, et que, ne pouvant être l'œuvre du hasard, il doit être l'œuvre de Dieu.

38. Comment Dieu a-t-il créé l'univers ?

« Pour me servir d'une expression : sa Volonté. Rien ne peint mieux cette volonté toute puissante que ces belles paroles de la Genèse : Dieu dit : Que la lumière soit : et la lumière fut. »

39. Pouvons-nous connaître le mode de la formation des mondes ?

« Tout ce que l'on peut dire, et ce que vous pouvez comprendre, c'est que les mondes se forment par la condensation de la matière disséminée dans l'espace. »

40. Les comètes seraient-elles, comme on le pense maintenant, un commencement de condensation de la matière et des mondes en voie de formation ?

« Cela est exact ; mais ce qui est absurde, c'est de croire à leur influence. Je veux dire cette influence qu'on leur attribue vulgairement ; car tous les corps célestes ont leur part d'influence dans certains phénomènes physiques. »

41. Un monde complètement formé peut-il disparaître, et la matière qui le compose disséminée de nouveau dans l'espace ?

« Oui, Dieu renouvelle les mondes comme il renouvelle les êtres vivants. »

42. Pouvons-nous connaître la durée de la formation des mondes : de la terre, par exemple ?

« Je ne peux pas te le dire, car le Créateur seul le sait, et bien fou qui prétendrait le savoir ou connaître le nombre des siècles de cette formation. »

Formation des êtres vivants.

43. Quand la terre a-t-elle commencé à être peuplée ?

« Au commencement tout était chaos ; les éléments étaient confondus. Peu à peu, chaque chose a pris sa place ; alors ont paru les êtres vivants appropriés à l'état du globe. »

44. D'où sont venus les êtres vivants sur la terre ?

« La terre en renfermait les germes qui attendaient

le moment favorable pour se développer. Les principes organiques se rassemblèrent dès que cessa la force qui les tenait écartés, et ils formèrent les germes de tous les êtres vivants. Les germes restèrent à l'état latent et inerte, comme la chrysalide et les graines des plantes jusqu'au moment propice pour l'éclosion de chaque espèce ; alors, les êtres de chaque espèce se rassemblèrent et se multiplièrent. »

45. — Où étaient les éléments organiques avant la formation de la terre ?

« Ils se trouvaient, pour ainsi dire, à l'état de fluide dans l'espace, au milieu des Esprits, ou dans d'autres planètes, attendant la création de la terre pour commencer une nouvelle existence sur un globe nouveau. »

La chimie nous montre les molécules des corps inorganiques s'unissant pour former des cristaux d'une régularité constante, selon chaque espèce, dès qu'ils sont dans les conditions voulues. Le moindre trouble dans ces conditions suffit pour empêcher la réunion des éléments ou, tout au moins, la disposition régulière qui constitue le cristal. Pourquoi n'en serait-il pas de même des éléments organiques ? Nous conservons pendant des années des semences de plantes et d'animaux qui ne se développent qu'à une température donnée et dans un milieu propice ; on a vu des grains de blé germer après plusieurs siècles. Il y a donc dans ces semences un principe *latent* de vitalité qui n'attend qu'une circonstance favorable pour se développer. Ce qui se passe journellement sous nos yeux ne peut-il avoir existé dès l'origine du globe ? Cette formation des êtres vivants sortant du chaos par la force même de la nature ôte-t-elle quelque chose à la grandeur de Dieu ? Loin de là, elle répond mieux à l'idée que nous nous faisons de sa puissance s'exerçant sur des mondes infinis par des lois éternelles. Cette théorie ne résout pas, il est vrai, la question de l'origine des éléments vitaux ; mais Dieu a ses mystères et a posé des bornes à nos investigations.

46. Y a-t-il encore des êtres qui naissent spontanément ?

« Oui, mais le germe primitif existait déjà à l'état latent. Vous êtes tous les jours témoins de ce phénomène. Les tissus de l'homme et des animaux ne renferment-ils pas les germes d'une multitude de vers qui attendent pour éclore la fermentation putride nécessaire à leur existence ? C'est un petit monde qui sommeille et qui se crée. »

47. L'espèce humaine se trouvait-elle parmi les éléments organiques contenus dans le globe terrestres ?

« Oui, et elle est venue en son temps ; c'est ce qui a fait dire que l'homme avait été formé du limon de la terre. »

48. Pouvons-nous connaître l'époque de l'apparition de l'homme et des autres êtres vivants sur la terre ?

« Non, tous vos calculs sont des chimères. »

49. Si le germe de l'espèce humaine se trouvait parmi les éléments organiques du globe, pourquoi ne se forme-t-il pas spontanément des hommes comme à leur origine ?

« Le principe des choses est dans les secrets de Dieu ; cependant on peut dire que les hommes une fois répandus sur la terre ont absorbé en eux les éléments nécessaires à leur formation pour les transmettre selon les lois de la reproduction. Il en est de même des différentes espèces des êtres vivants. »

Peuplement de la terre. Adam.

50. L'espèce humaine a-t-elle commencé par un seul homme ?

« Non ; celui que vous appelez Adam ne fut ni le premier, ni le seul qui peupla la Terre. »

51. Pouvons-nous savoir à quelle époque vivait Adam ?

« A peu près celle que vous lui assignez ; environ 4.000 ans avant le Christ. »

L'homme, dont la tradition s'est conservée sous le nom d'Adam, fut un de ceux qui survécurent, dans une contrée, après quelques-uns des grands cataclysmes qui ont, à diverses époques, bouleversé la surface du globe, et il est devenu la souche d'une des races qui le peuplent aujourd'hui. Les lois de la nature s'opposent à ce que les progrès de l'humanité, constatés longtemps avant le Christ, aient pu s'accomplir en quelques siècles, si l'homme n'était sur la terre que depuis l'époque assignée à l'existence d'Adam. Quelques-uns considèrent, et cela avec plus de raison, Adam comme un mythe ou une allégorie personnifiant les premiers âges du monde.

Diversité des races humaines.

52. D'où viennent les différences physiques et morales qui distinguent les variétés de races d'hommes sur la terre ?

« Le climat, la vie et les habitudes. Il en est de même de deux enfants de la même mère qui, élevés loin de l'autre et différemment, ne se ressembleront en rien au moral. »

53. L'homme a-t-il pris naissance sur plusieurs points du globe ?

« Oui, et à diverses époques, et c'est là une des causes de la diversité des races ; puis les hommes, en se dispersant sous différents climats et en s'alliant à d'autres races, ont formé de nouveaux types. »

— Ces différences constituent-elles des espèces distinctes ?

« Certainement non, tous sont de la même famille : les différentes variétés du même fruit l'empêchent-elles d'appartenir à la même espèce ? »

54. Si l'espèce humaine ne procède pas d'un seul, les hommes doivent-ils cesser pour cela de se regarder comme frères ?

« Tous les hommes sont frères en Dieu, parce qu'ils sont animés par l'esprit et qu'ils tendent au même but. Vous voulez toujours prendre les mots à la lettre. »

Pluralité des Mondes.

55. Tous les globes qui circulent dans l'espace sont-ils habités ?

« Oui, et l'homme de la terre est loin d'être, comme il le croit, le premier en intelligence, en bonté et en perfection. Il y a pourtant des hommes qui se croient bien forts, qui s'imaginent que ce petit globe a seul le privilège d'avoir des êtres raisonnables. Orgueil et vanité ! Ils croient que Dieu a créé l'univers pour eux seuls. »

Dieu a peuplé les mondes d'êtres vivants, qui tous concourent au but final de la Providence. Croire les êtres vivants limités au seul point que nous habitons dans l'univers, serait mettre en doute la sagesse de Dieu qui n'a rien fait d'inutile ; il a dû assigner à ces mondes un but plus sérieux que celui de récréer notre vue. Rien d'ailleurs, ni dans la position, ni dans le volume, ni dans la constitution physique de la terre, ne peut raisonnablement faire supposer qu'elle a seule le privilège d'être habitée à l'exclusion de tant de milliers de mondes semblables.

56. La constitution physique des différents globes est-elle la même ?

« Non ; ils ne se ressemblent nullement. »

57. La constitution physique des mondes n'étant pas la même pour tous, s'ensuit-il pour les êtres qui les habitent une organisation différente ?

« Sans doute, comme chez vous les poissons sont faits pour vivre dans l'eau et les oiseaux dans l'air. »

58. Les mondes qui sont le plus éloignés du soleil sont-ils privés de lumière et de chaleur, puisque le soleil ne se montre à eux que sous l'apparence d'une étoile ?

« Croyez-vous donc qu'il n'y ait pas d'autres sources de lumière et de chaleur que le soleil ; et comptez-vous pour rien l'électricité qui, dans certains mondes, joue un rôle qui vous est inconnu, et bien autrement important que sur la terre ? D'ailleurs, il n'est pas dit que tous les êtres soient de la même matière que vous, et avec des organes conformés comme les vôtres. »

Les conditions d'existence des êtres qui habitent les différents mondes doivent être appropriées au milieu dans lequel ils sont appelés à vivre. Si nous n'avions jamais vu de poissons, nous ne comprendrions pas que des êtres pussent vivre dans l'eau. Il en est ainsi des autres mondes qui renferment sans doute des éléments qui nous sont inconnus. Ne voyons-nous pas, sur la terre, les longues nuits polaires éclairées par l'électricité des aurores boréales ? Y a-t-il rien d'impossible à ce que, dans certains mondes, l'électricité soit plus abondante que sur la terre et y joue un rôle général dont nous ne pouvons comprendre les effets ? Ces mondes peuvent donc renfermer en eux-mêmes les sources de chaleur et de lumière nécessaires à leurs habitants.

Considérations et concordances bibliques touchant la création.

59. Les peuples se sont fait des idées très divergentes sur la création, selon le degré de leurs lumières. La raison appuyée sur la science a reconnu l'invraisemblance de certaines théories. Celle qui est donnée par les Esprits confirme l'opinion depuis longtemps admise par les hommes les plus éclairés.

L'objection que l'on peut faire à cette théorie, c'est qu'elle est en contradiction avec le texte des livres sacrés ; mais un examen sérieux fait reconnaître que cette contradiction est plus apparente que réelle, et qu'elle résulte de l'interprétation donnée à un sens souvent allégorique.

La question du premier homme dans la personne d'Adam, comme unique souche de l'humanité, n'est point la seule sur laquelle les croyances religieuses aient dû se modifier. Le mouvement de la terre a paru, à une certaine époque, tellement opposé au texte sacré, qu'il n'est sorte de persécutions dont cette théorie n'ait été le prétexte, et pourtant la terre tourne malgré les anathèmes, et nul aujourd'hui ne pourrait le contester sans faire tort à sa propre raison.

La Bible dit également que le monde fut créé en six jours et en fixe l'époque à environ 4.000 ans avant l'ère chrétienne. Avant cela la terre n'existait pas ; elle a été tirée du néant : le texte est formel ; et voilà que la science positive, la science inexorable vient prouver le contraire. La formation du globe est écrite en caractères imprescriptibles dans le monde fossile, et il est prouvé que les six jours de la création sont autant de périodes, chacune peut-être de plusieurs centaines de milliers d'années. Ceci n'est point un système, une doctrine, une opinion isolée, c'est un fait aussi constant que celui du mouvement de la terre, et que la théologie ne peut se refuser d'admettre, preuve évidente de l'erreur dans laquelle on peut tomber en prenant à la lettre les expressions d'un langage souvent figuré. Faut-il en conclure que la Bible est une erreur ? Non ; mais que les hommes se sont trompés en l'interprétant.

La science, en fouillant les archives de la terre, a reconnu l'ordre dans lequel les différents êtres vivants ont paru à sa surface, et cet ordre est d'accord avec celui qui est indiqué dans la Genèse, avec cette différence que cette œuvre, au lieu d'être sortie miraculeusement des mains de Dieu en quelques heures, s'est accomplie, toujours par sa volonté, mais selon la loi des forces de la nature, en quelques millions d'années. Dieu en est-il moins grand et moins puissant ? Son œuvre en est-elle moins sublime pour n'avoir pas le prestige de l'instantanéité ? Evidemment non ; il faudrait se faire de la Divinité une idée bien mesquine pour ne pas reconnaître sa toute-puissance dans les lois éternelles qu'il a établies pour régir les mondes. La science, loin d'amoindrir l'œuvre divine, nous la montre sous un aspect plus grandiose et plus conforme aux notions que nous avons de la puissance et de la majesté de Dieu, par cela même qu'elle s'est accomplie sans déroger aux lois de la nature.

La science d'accord en cela avec Moïse, place l'homme en dernier dans l'ordre de la création des êtres vivants ; mais Moïse place le déluge universel l'an du monde 1654, tandis que la géologie nous montre le grand cataclysme antérieur à l'apparition de l'homme, attendu que, jusqu'à ce jour, on ne trouve dans les couches primitives aucune trace de sa présence, ni de celle des animaux de la même catégorie au point de vue physique ; mais rien ne prouve que cela soit impossible ; plusieurs découvertes ont déjà jeté des doutes à cet égard ; il se peut donc que d'un moment à l'autre on acquière la certitude matérielle de cette antériorité de la race humaine, et alors on reconnaîtra que, sur ce point, comme sur d'autres, le texte biblique est une figure. La question est de savoir si le cataclysme géologique est le même que celui de Noé ; or, la durée nécessaire à la formation des couches fossiles ne permet pas de les confondre, et du moment qu'on aura trouvé les traces de l'existence de l'homme avant la grande catastrophe, il demeurera prouvé, ou qu'Adam n'est pas le premier homme, ou que sa création se perd dans la nuit des temps. Contre l'évidence, il n'y a pas de raisonnements possibles, et il faudra accepter ce fait, comme on a accepté celui du mouvement de la terre et les six périodes de la création.

L'existence de l'homme avant le déluge géologique est, il est vrai, encore hypothétique, mais voici qui l'est moins. En admettant que l'homme ait paru pour la première fois sur la terre, 4.000 ans avant le Christ, si 1650 ans plus tard toute la race humaine a été détruite à l'exception d'une seule famille, il en résulte que le peuplement de la terre ne date que de Noé, c'est-à-dire de 2.350 avant notre ère. Or, lorsque les Hébreux émigrèrent en Egypte au dix-huitième siècle, ils trouvèrent ce pays très peuplé et déjà fort avancé en civilisation. L'histoire prouve qu'à cette époque les Indes et d'autres contrées étaient également florissantes, sans même tenir compte de la chronologie de certains peuples qui remonte à une époque bien plus reculée. Il aurait donc fallu que du vingt-quatrième au dix-huitième siècle, c'est-à-dire dans l'espace de 600 ans, non seulement la postérité d'un seul homme eut pu peupler toutes les immenses contrées alors connues, en supposant que les autres ne le fussent pas, mais que, dans ce court intervalle, l'espèce humaine ait pu s'élever de l'ignorance absolue de l'état primitif au plus haut degré du développement intellectuel, ce qui est contraire à toutes les lois anthropologiques.

La diversité des races vient encore à l'appui de cette opinion. Le climat et les habitudes produisent sans doute des modifications dans le caractère physique, mais on connaît jusqu'où peut aller l'influence de ces causes, et l'examen physiologique prouve qu'il y a entre certaines races des différences constitutionnelles plus profondes que celles que peut produire le climat. Le croisement des races produit les types intermédiaires ; il tend à effacer les caractères extrêmes, mais il ne les produit pas : il ne crée que des variétés : or, pour qu'il y ait eu croisement de races, il fallait qu'il y eut des races distinctes, et comment expliquer leur existence en leur donnant une souche commune et surtout aussi rapprochée ? Comment admettre qu'en quelques siècles certains descendants de Noé se soient transformés au point de produire la race éthiopique, par exemple ; une telle métamorphose n'est pas plus admissible que l'hypothèse d'une souche commune entre le loup et la brebis, l'éléphant et le puceron, l'oiseau et le poisson. Encore une fois, rien ne saurait prévaloir contre l'évidence des faits. Tout s'explique, au contraire, en admettant l'existence de l'homme avant l'époque qui lui est vulgairement assignée ; la diversité des souches ; Adam qui vivait il y a 6.000 ans, comme ayant peuplé une contrée encore inhabitée ; le déluge de Noé comme une catastrophe partielle confondue avec le cataclysme géologique ; en tenant compte enfin de la forme allégorique particulière au style oriental, et que l'on retrouve dans les livres sacrés de tous les peuples. C'est pourquoi il est prudent de ne pas s'inscrire trop légèrement en faux contre les doctrines qui peuvent tôt ou tard, comme tant d'autres, donner un démenti à ceux qui les combattent. Les idées religieuses, loin de perdre, grandissent en marchant avec la science ; c'est le seul moyen de ne pas montrer au scepticisme un côté vulnérable.

CHAPITRE IV

PRINCIPE VITAL

1. Etres organiques et inorganiques. — 2. La vie et la mort. 3. Intelligence et instinct.

Etres organiques et inorganiques.

Les êtres organiques sont ceux qui ont en eux une source d'activité intime qui leur donne la vie ; ils naissent, croissent, se reproduisent par eux-mêmes et meurent ; ils sont pourvus d'organes spéciaux pour l'accomplissement des différents actes de la vie, et qui sont appropriés à leurs besoins pour leur conservation. Ils comprennent les hommes, les animaux et les plantes. Les êtres inorganiques sont tous ceux qui n'ont ni vitalité, ni mouvements propres, et ne sont formés que par l'agrégation de la matière ; tels sont les minéraux, l'eau, l'air, etc.

60. Est-ce la même force qui unit les éléments de la matière dans les corps organiques et dans les corps inorganiques ?

« Oui, la loi d'attraction est la même pour tous. »

61. Y a-t-il une différence entre la matière des corps organiques et celle des corps inorganiques ?

« C'est toujours la même matière, mais dans les corps organiques elle est animalisée. »

62. Quelle est la cause de l'animalisation de la matière ?

« Son union avec le principe vital. »

63. Le principe vital réside-t-il dans un agent particulier, ou n'est-il qu'une propriété de la matière organisée ; en un mot, est-ce un effet ou une cause ?

« C'est l'un et l'autre. La vie est un effet produit par l'action d'un agent sur la matière ; cet agent, sans la matière, n'est pas la vie, de même que la matière ne peut vivre sans cet agent. Il donne la vie à tous les êtres qui l'absorbent et se l'assimilent. »

64. Nous avons vu que l'esprit et la matière sont deux éléments constitutifs de l'univers, le principe vital en forme-t-il un troisième ?

« C'est sans doute un des éléments nécessaires à la constitution de l'univers, mais il a lui-même sa source dans la matière universelle modifiée ; c'est un élément pour vous, comme l'oxygène et l'hydrogène qui pourtant ne sont pas des éléments primitifs, car tout cela part d'un même principe. »

— « Il semble résulter de là que la vitalité n'a pas son principe dans un agent primitif distinct, mais dans une propriété spéciale de la matière universelle, due à certaines modifications. »

« C'est la conséquence de ce que nous avons dit. »

65. Le principe vital réside-t-il dans un des corps que nous connaissons ?

« Il a sa source dans le fluide universel ; c'est ce que vous appelez fluide magnétique ou fluide électrique animalisé. Il est l'intermédiaire, le lien entre l'esprit et la matière. »

66. Le principe vital est-il le même pour tous les êtres organiques ?

« Oui, modifié selon les espèces. C'est ce qui leur donne le mouvement et l'activité et les distingue de la matière inerte ; car le mouvement de la matière n'est pas la vie ; elle reçoit ce mouvement, elle ne le donne pas. »

67. La vitalité est-elle un attribut permanent de l'agent vital, ou bien cette vitalité ne se développe-t-elle que par le jeu des organes ?

« Elle ne se développe qu'avec le corps. N'avons-nous pas dit que cet agent sans la matière n'est pas la vie ? Il faut l'union des deux choses pour produire la vie. »

— Peut-on dire que la vitalité est à l'état latent, lorsque l'agent vital n'est pas uni au corps ?

« Oui, c'est cela. »

L'ensemble des organes constitue une sorte de mécanisme qui reçoit son impulsion de l'activité intime ou principe vital qui existe en eux. Le principe vital est la force motrice des corps organiques. En même temps que l'agent vital donne l'impulsion aux organes, l'action des organes entretient et développe l'activité de l'agent vital, à peu près comme le frottement développe la chaleur.

La vie et la mort.

68. Quelle est la cause de la mort chez les êtres organiques ?

« Epuisement des organes. »

— Pourrait-on comparer la mort à la cessation du mouvement dans une machine désorganisée ?

« Oui, si la machine est mal montée, le ressort casse ; si le corps est malade, la vie s'en va. »

69. Pourquoi une lésion du cœur plutôt que celle d'autres organes cause-t-elle la mort ?

« Le cœur est une machine à vie ; mais le cœur

n'est pas le seul organe dont la lésion occasionne la mort ; ce n'est qu'un des rouages essentiels. »

70. Que deviennent la matière et le principe vital des êtres organiques à leur mort ?

« La matière inerte se décompose et en forme de nouveaux ; le principe vital retourne à la masse. »

L'être organique étant mort, les éléments dont il est formé subissent de nouvelles combinaisons qui constituent de nouveaux êtres ; ceux-ci puisent à la source universelle le principe de la vie et de l'activité, l'absorbent et se l'assimilent pour le rendre à cette source lorsqu'ils cesseront d'exister.

Les organes sont pour ainsi dire imprégnés de fluide vital. Ce fluide donne à toutes les parties de l'organisme une activité qui en opère le rapprochement dans certaines lésions et rétablit des fonctions momentanément suspendues. Mais lorsque les éléments essentiels au jeu des organes sont détruits, ou trop profondément altérés, le fluide vital est impuissant à leur transmettre le mouvement de la vie, et l'être meurt.

Les organes réagissent plus ou moins nécessairement les uns sur les autres ; c'est de l'harmonie de leur ensemble que résulte leur action réciproque. Lorsqu'une cause quelconque détruit cette harmonie, leurs fonctions s'arrêtent comme le mouvement d'un mécanisme dont les rouages essentiels sont dérangés. Telle une horloge qui s'use avec le temps ou se disloque par accident, et que la force motrice est impuissante à mettre en mouvement.

Nous avons une image plus exacte de la vie et de la mort dans un appareil électrique. Cet appareil recèle l'électricité comme tous les corps de la nature à l'état latent. Les phénomènes électriques ne se manifestent que lorsque le fluide est mis en activité par une cause spéciale : alors on pourrait dire que l'appareil est vivant. La cause d'activité venant à cesser, le phénomène cesse : l'appareil rentre dans l'état d'inertie. Les corps organiques seraient ainsi des sortes de piles ou appareils électriques dans lesquels l'activité du fluide produit le phénomène de la vie : la cessation de cette activité produit la mort.

La quantité de fluide vital n'est point absolue chez tous les êtres organiques ; elle varie selon les espèces, et n'est point constante soit dans le même individu, soit dans les individus de la même espèce. Il en est qui en sont pour ainsi dire saturés, tandis que d'autres en ont à peine une quantité suffisante ; de là pour quelques-uns la vie plus active, plus tenace, et en quelque sorte surabondante.

La quantité de fluide vital s'épuise ; elle peut devenir insuffisante pour l'entretien de la vie si elle n'est renouvelée par l'absorption et l'assimilation des substances qui le recèlent.

Le fluide vital se transmet d'un individu à un autre individu. Celui qui en a le plus peut en donner à celui qui en a le moins et, dans certains cas, rappeler la vie prête à s'éteindre.

Intelligence et instinct.

71. L'intelligence est-elle un attribut du principe vital ?

« Non, puisque les plantes vivent et ne pensent pas : elles n'ont que la vie organique. L'intelligence et la matière sont indépendantes, puisqu'un corps peut vivre sans intelligence ; mais l'intelligence ne peut se manifester que par le moyen des organes matériels ; il faut l'union de l'esprit pour intelligenter la matière animalisée. »

L'intelligence est une faculté spéciale propre à certaines classes d'êtres organiques et qui leur donne, avec la pensée, la volonté d'agir, la conscience de leur existence et de leur individualité, ainsi que les moyens d'établir des rapports avec le monde extérieur, et de pourvoir à leurs besoins.

On peut ainsi distinguer : 1° les êtres inanimés formés de matière seule, sans vitalité ni intelligence : ce sont les corps bruts ; 2° les êtres animés non pensants, formés de matière et doués de vitalité, mais dépourvus d'intelligence ; 3° les êtres animés pensants, formés de matière, doués de vitalité et ayant de plus un principe intelligent qui leur donne la faculté de penser.

72. Quelle est la source de l'intelligence ?

« Nous l'avons dit : l'intelligence universelle. »

— Pourrait-on dire que chaque être puise une portion d'intelligence à la source universelle et se l'assimile, comme il puise et s'assimile le principe de la vie matérielle ?

« Ceci n'est qu'une comparaison, mais qui n'est pas exacte, parce que l'intelligence est une faculté propre à chaque être et constitue son individualité morale. Du reste, vous le savez, il est des choses qu'il n'est pas donné à l'homme de pénétrer, et celle-ci est du nombre pour le moment. »

73. L'instinct est-il indépendant de l'intelligence ?

« Non, pas précisément, car c'est une espèce d'intelligence. L'instinct est une intelligence non raisonnée, c'est par là que tous les êtres pourvoient à leurs besoins. »

74. Peut-on assigner une limite entre l'instinct et l'intelligence, c'est-à-dire préciser où finit l'un et où commence l'autre ?

« Non, car ils se confondent souvent ; mais on peut très bien distinguer les actes qui appartiennent à l'instinct et ceux qui appartiennent à l'intelligence. »

75. Est-il exact de dire que les facultés instinctives diminuent à mesure que croissent les facultés intellectuelles ?

« Non, l'instinct existe toujours, mais l'homme le néglige. L'instinct peut aussi mener au bien ; il nous guide presque toujours et, quelquefois, plus sûrement que la raison ; il ne s'égare jamais. »

— Pourquoi la raison n'est-elle pas toujours un guide infaillible ?

« Elle serait infaillible si elle n'était faussée par la mauvaise éducation, l'orgueil et l'égoïsme. L'instinct ne raisonne pas ; la raison laisse le choix et donne à l'homme le libre arbitre. »

L'instinct est une intelligence rudimentaire qui diffère de l'intelligence proprement dite en ce que ses manifestations sont presque toujours spontanées, tandis que celles de l'intelligence sont le résultat d'une combinaison et d'un acte délibéré.

L'instinct varie dans ses manifestations selon les espèces et leurs besoins. Chez les êtres qui ont la conscience et la perception des choses extérieures, il s'allie à l'intelligence, c'est-à-dire à la volonté et à la liberté.

LIVRE DEUXIEME

MONDE SPIRITE OU DES ESPRITS

CHAPITRE PREMIER

DES ESPRITS

1. Origine et nature des Esprits. — 2. Monde normal primitif. 3. Forme et ubiquité des Esprits. — 4. Périsprit. — 5. Différents ordres d'Esprits. — 6. Echelle spirite. — 7. Progression des Esprits. — 8. Anges et démons.

Origine et nature des Esprits.

76. Quelle définition peut-on donner des Esprits ?

« On peut dire que les Esprits sont les êtres intelligents de la création. Ils peuplent l'univers en dehors du monde matériel. »

NOTA. — Le mot *Esprit* est employé ici pour désigner les individualités des êtres extra-corporels, et non plus l'élément intelligent universel.

77. Les Esprits sont-ils des êtres distincts de la Divinité, ou bien ne seraient-ils que des émanations ou portions de la Divinité et appelés, pour cette raison, fils ou enfants de Dieu ?

« Mon Dieu, c'est son œuvre, absolument comme un homme qui fait une machine ; cette machine est l'œuvre de l'homme et non pas lui. Tu sais que quand l'homme fait une chose belle, utile, il l'appelle son enfant, sa création. Eh bien ! il en est de même de Dieu : nous sommes ses enfants, puisque nous sommes son œuvre. »

78. Les Esprits ont-ils eu un commencement, ou bien sont-ils comme Dieu, de toute éternité ?

« Si les esprits n'avaient point eu de commencement, ils seraient égaux à Dieu, tandis qu'ils sont sa création et soumis à sa volonté. Dieu est de toute éternité, cela est incontestable ; mais savoir quand et comment il nous a créés, nous n'en savons rien. Tu peux dire que nous sommes sans commencement, si tu entends par là que Dieu étant éternel, il a dû créer sans relâche ; mais quand et comment chacun de nous a été fait, je te dis encore, nul ne le sait : c'est là qu'est le mystère. »

79. Puisqu'il y a deux éléments généraux dans l'univers : l'élément intelligent et l'élément matériel, pourrait-on dire que les Esprits sont formés de l'élément intelligent, comme les corps inertes sont formés de l'élément matériel ?

« C'est évident ; les Esprits sont l'individualisation du principe intelligent, comme les corps sont l'individualisation du principe matériel ; c'est l'époque et le mode de cette formation qui sont inconnus. »

80. La création des Esprits est-elle permanente, ou bien n'a-t-elle eu lieu qu'à l'origine des temps ?

« Elle est permanente, c'est-à-dire que Dieu n'a jamais cessé de créer. »

81. Les Esprits se forment-ils spontanément, ou bien procèdent-ils les uns des autres ?

« Dieu les crée, comme toutes les autres créatures, par sa volonté ; mais, encore une fois, leur origine est un mystère. »

82. Est-il exact de dire que les Esprits sont immatériels ?

« Comment peut-on définir une chose quand on manque de termes de comparaison, et avec un langage insuffisant ? Un aveugle-né peut-il définir la lumière ? Immatériel n'est pas le mot ; incorporel serait plus exact, car tu dois bien comprendre que l'Esprit étant une création doit être quelque chose ; c'est une matière quintessenciée, mais sans analogue pour vous, et si éthérée qu'elle ne peut tomber sous vos sens. »

Nous disons que les Esprits sont immatériels, parce que leur essence diffère de tout ce que nous connaissons sous le nom de matière. Un peuple d'aveugles n'aurait point de termes pour exprimer la lumière et ses effets. L'aveugle de naissance croit avoir toutes les perceptions par l'ouïe, l'odorat, le goût et le toucher ; il ne comprend pas les idées que lui donnerait le sens qui lui manque. De même, pour l'essence des êtres surhumains, nous sommes de véritables aveugles. Nous ne pouvons les définir que par des comparaisons toujours imparfaites, ou par un effort de notre imagination.

83. Les Esprits ont-ils une fin ? On comprend que le principe d'où ils émanent soit éternel, mais ce que nous demandons, c'est si leur individualité a un terme et si, dans un temps donné, plus ou moins long, l'élément dont ils sont formés ne se dissémine pas et ne retourne pas à la masse comme cela a lieu pour

les corps matériels. Il est difficile de comprendre qu'une chose qui a commencé puisse ne pas finir.

« Il y a bien des choses que vous ne comprenez pas, parce que votre intelligence est bornée, et ce n'est pas une raison pour les repousser. L'enfant ne comprend pas tout ce que comprend son père, ni l'ignorant tout ce que comprend le savant. Nous te disons que l'existence des Esprits ne finit point ; c'est tout ce que nous pouvons dire maintenant. »

Monde normal primitif.

84. Les Esprits constituent-ils un monde à part, en dehors de celui que nous voyons ?

« Oui, le monde des Esprits ou des intelligences incorporelles. »

85. Quel est celui des deux, le monde spirite ou le monde corporel, qui est le principal dans l'ordre des choses ?

« Le monde spirite ; il est préexistant et survivant à tout. »

86. Le monde corporel pourrait-il cesser d'exister, ou n'avoir jamais existé, sans altérer l'essence du monde spirite ?

« Oui ; ils sont indépendants, et pourtant leur corrélation est incessante, car ils réagissent incessamment l'un sur l'autre. »

87. Les Esprits occupent-ils une région déterminée et circonscrite dans l'espace ?

« Les Esprits sont partout ; les espaces infinis en sont peuplés à l'infini. Il y en a sans cesse à vos côtés qui vous observent et agissent sur vous à votre insu, car les Esprits sont une des puissances de la nature, et les instruments dont Dieu se sert pour l'accomplissement de ses vues providentielles : mais tous ne vont pas partout, car il est des régions interdites aux moins avancés. »

Forme et ubiquité des Esprits

88. Les Esprits ont-ils une forme déterminée, limitée et constante ?

« A vos yeux, non ; aux nôtres, oui ; c'est, si vous voulez, une flamme, une lueur ou une étincelle éthérée. »

— Cette flamme ou étincelle a-t-elle une couleur quelconque ?

« Pous vous, elle varie du sombre à l'éclat du rubis, selon que l'Esprit est plus ou moins pur. »

On représente ordinairement les génies avec une flamme ou une étoile sur le front ; c'est une allégorie qui rappelle la nature essentielle des Esprits. On la place au sommet de la tête, parce que là est le siège de l'intelligence.

89. Les Esprits mettent-ils un temps quelconque à franchir l'espace ?

« Oui, mais rapide comme la pensée. »

— La pensée n'est-elle pas l'âme elle-même qui se transporte ?

« Quand la pensée est quelque part, l'âme y est aussi, puisque c'est l'âme qui pense. La pensée est un attribut. »

90. L'Esprit qui se transporte d'un lieu à un autre a-t-il conscience de la distance qu'il parcourt et des espaces qu'il traverse ; ou bien est-il subitement transporté dans l'endroit où il veut aller ?

« L'un et l'autre ; l'Esprit peut très bien, s'il le veut, se rendre compte de la distance qu'il franchit, mais cette distance peut aussi s'effacer complètement ; cela dépend de sa volonté, et aussi de sa nature plus ou moins épurée.

91. La matière fait-elle obstacle aux Esprits ?

« Non, ils pénètrent tout : l'air, la terre, les eaux, le feu même leur sont également accessibles. »

92. Les Esprits ont-ils le don d'ubiquité ; en d'autres termes, le même Esprit peut-il se diviser ou exister sur plusieurs points à la fois ?

« Il ne peut y avoir division du même Esprit ; mais chacun est un centre qui rayonne de différents côtés, et c'est pour cela qu'il paraît être en plusieurs endroits à la fois. Tu vois le soleil, il n'est qu'un, et pourtant il rayonne tout à l'entour et porte ses rayons fort loin ; malgré cela il ne se divise pas. »

— Tous les Esprits rayonnent-ils avec la même puissance ?

« Il s'en faut de beaucoup ; cela dépend du degré de leur pureté. »

Chaque Esprit est une unité indivisible, mais chacun d'eux peut étendre sa pensée de divers côtés sans pour cela se diviser. C'est en ce sens seulement qu'on doit entendre le don d'ubiquité attribué aux Esprits. Telle une étincelle qui projette au loin sa clarté et peut être aperçue de tous les points de l'horizon. Tel encore un homme qui, sans changer de place et sans se partager, peut transmettre des ordres, des signaux et le mouvement sur différents points.

Périsprit.

93. L'Esprit, proprement dit, est-il à découvert, ou est-il, comme quelques-uns le prétendent, environné d'une substance quelconque ?

« L'Esprit est enveloppé d'une substance vaporeuse pour toi, mais encore bien grossière pour nous ; assez vaporeuse cependant pour pouvoir s'élever dans l'atmosphère et se transporter où il veut. »

Comme le germe d'un fruit est entouré du périsperme, de même l'Esprit proprement dit est environné d'une enveloppe que, par comparaison, on peut appeler *périsprit*.

94. Où l'Esprit puise-t-il son enveloppe semi-matérielle ?

« Dans le fluide universel de chaque globe. C'est pourquoi elle n'est pas la même dans tous les mondes ; en passant d'un monde à l'autre l'Esprit change d'enveloppe, comme vous changez de vêtement. »

— Ainsi quand les Esprits qui habitent des mondes supérieurs viennent parmi nous, ils prennent un périsprit plus grossier ?

« Il faut qu'ils se revêtent de votre matière ; nous l'avons dit. »

95. L'enveloppe semi-matérielle de l'Esprit affecte-t-elle des formes déterminées et peut-elle être perceptible ?

« Oui, une forme au gré de l'Esprit, et c'est ainsi qu'il vous apparaît quelquefois, soit dans les songes, soit à l'état de veille, et qu'il peut prendre une forme visible et même palpable. »

Différents ordres d'Esprits.

96. Les Esprits sont-ils égaux ou bien existe-t-il entre eux une hiérarchie quelconque ?

« Ils sont de différents ordres selon le degré de perfection auquel ils sont parvenus. »

97. Y a-t-il un nombre déterminé d'ordres ou de degrés de perfection parmi les Esprits ?

« Le nombre en est illimité, parce qu'il n'y pas entre ces ordres une ligne de démarcation tracée comme une barrière, et qu'ainsi on peut multiplier, ou restreindre les divisions à volonté ; cependant, si on considère les caractères généraux, on peut les réduire à trois principaux.

« On peut placer au premier rang ceux qui sont arrivés à la perfection : les purs Esprits ; ceux du second ordre sont arrivés au milieu de l'échelle : le désir du bien est leur préoccupation. Ceux du dernier degré sont encore au bas de l'échelle : les Esprits imparfaits. Ils sont caractérisés par l'ignorance, le désir du mal et toutes les mauvaises passions qui retardent leur avancement. »

98. Les Esprits du second ordre n'ont-ils que le désir du bien ; ont-ils aussi le pouvoir de le faire ?

« Ils ont ce pouvoir suivant le degré de leur perfection : les uns ont la science, les autres ont la sagesse et la bonté, mais tous ont encore des épreuves à subir. »

99. — Les Esprits du troisième ordre sont-ils tous essentiellement mauvais ?

« Non, les uns ne font ni bien ni mal ; d'autres, au contraire, se plaisent au mal et sont satisfaits quand ils trouvent l'occasion de le faire. Et puis, il y a encore les Esprits légers ou *follets*, plus brouillons que méchants, qui se plaisent plutôt à la malice qu'à la méchanceté, et qui trouvent leur plaisir à mystifier et à causer de petites contrariétés dont ils se rient. »

Echelle spirite.

100. *Observations préliminaires.* — La classification des Esprits est basée sur le degré de leur avancement, sur les qualités qu'ils ont acquises et sur les imperfections dont ils ont encore à se dépouiller. Cette classification, du reste, n'a rien d'absolu ; chaque catégorie ne présente un caractère tranché que dans son ensemble ; mais d'un degré à l'autre la transition est insensible et, sur les limites, la nuance s'efface comme dans les règnes de la nature, comme dans les couleurs de l'arc-en-ciel, ou bien encore comme dans les différentes périodes de la vie de l'homme. On peut donc former un plus ou moins grand nombre de classes, selon le point de vue sous lequel on considère la chose. Il en est ici comme dans tous les systèmes de classifications scientifiques : ces systèmes peuvent être plus ou moins complets, plus ou moins rationnels, plus ou moins commodes pour l'intelligence ; mais, quels qu'ils soient, ils ne changent rien au fond de la science. Les Esprits interrogés sur ce point ont donc pu varier dans le nombre des catégories, sans que cela tire à conséquence. On s'est armé de cette contradiction apparente, sans réfléchir qu'ils n'attachent aucune importance à ce qui est purement de convention ; pour eux, la pensée est tout : ils nous abandonnent la forme, le choix des termes, les classifications, en un mot, les systèmes.

Ajoutons encore cette considération que l'on ne doit jamais perdre de vue : c'est que parmi les Esprits, aussi bien que parmi les hommes, il en est de fort ignorants, et qu'on ne saurait trop se mettre en garde contre la tendance à croire que tous doivent tout savoir parce qu'ils sont Esprits. Toute classification exige de la méthode, de l'analyse et la connaissance approfondie du sujet. Or, dans le monde des Esprits, ceux qui ont des connaissances bornées sont, comme ici-bas les ignorants, inhabiles à embrasser un ensemble, à formuler un système ; ils ne connaissent ou ne comprennent qu'imparfaitement toute classification quelconque ; pour eux, tous les Esprits qui leur sont supérieurs sont du premier ordre, sans qu'ils puissent apprécier les nuances de savoir, de capacité et de moralité qui les distinguent, comme parmi nous un homme brut à l'égard des hommes civilisés. Ceux mêmes qui en sont capables peuvent varier dans les délais selon leur point de vue, surtout quand une division n'a rien d'absolu. Linné, Jussieu, Tournefort ont eu chacun leur méthode, et la botanique n'a pas changé pour cela ; c'est qu'ils n'ont inventé ni les plantes, ni leurs caractères ; ils ont observé les analogies d'après lesquelles ils ont formé les groupes ou classes. C'est ainsi que nous avons procédé ; nous n'avons inventé ni les Esprits ni leurs caractères ; nous avons vu et observé, nous les avons jugés à leurs paroles et à leurs actes, puis classés par similitudes, en nous basant sur les données qu'ils nous ont fournies.

Les Esprits admettent généralement trois catégories principales ou trois grandes divisions. Dans la dernière, celle qui est au bas de l'échelle, sont les Esprits imparfaits, caractérisés par la prédominance de la matière sur l'esprit et la propension au mal.

Ceux de la seconde sont caractérisés par la prédominance de l'esprit sur la matière et par le désir du bien : ce sont les bons Esprits. La première, enfin, comprend les purs Esprits, ceux qui ont atteint le suprême degré de perfection.

Cette division nous semble parfaitement rationnelle et présente des caractères bien tranchés ; il ne nous restait plus qu'à faire ressortir, par un nombre suffisant de subdivisions, les nuances principales de l'ensemble ; c'est ce que nous avons fait avec le concours des Esprits, dont les instructions bienveillantes ne nous ont jamais fait défaut.

A l'aide de ce tableau, il sera facile de déterminer le rang et le degré de supériorité ou d'infériorité des Esprits avec lesquels nous pouvons entrer en rapport et, par conséquent, le degré de confiance et d'estime qu'ils méritent ; c'est en quelque sorte la clef de la science spirite, car il peut seul rendre compte des anomalies que présentent les communications en nous éclairant sur les inégalités intellectuelles et morales des Esprits. Nous ferons observer, toutefois, que les Esprits n'appartiennent pas toujours exclusivement à telle ou telle classe ; leur progrès ne s'accomplissant que graduellement, et souvent plus dans un sens que dans un autre, ils peuvent réunir les caractères de plusieurs catégories, ce qu'il est aisé d'apprécier à leur langage et à leurs actes.

TROISIEME ORDRE. — ESPRITS IMPARFAITS

101. *Caractères généraux.* — Prédominance de la matière sur l'esprit. Propension au mal. Ignorance, orgueil, égoïsme et toutes les mauvaises passions qui en sont la suite.

Ils ont l'intuition de Dieu, mais ils ne le comprennent pas.

Tous ne sont pas essentiellement mauvais ; chez quelques-uns, il y a plus de légèreté, d'inconséquence et de malice que de véritable méchanceté. Les uns ne font ni bien ni mal ; mais par cela seul qu'ils ne font point de bien, ils dénotent leur infériorité. D'autres, au contraire, se plaisent au mal, et sont satisfaits quand ils trouvent l'occasion de le faire.

Ils peuvent allier l'intelligence à la méchanceté ou à la malice ; mais quel que soit leur développement intellectuel, leurs idées sont peu élevées et leurs sentiments plus ou moins abjects.

Leurs connaissances sur les choses du monde spirite sont bornées, et le peu qu'ils en savent se confond avec les idées et les préjugés de la vie corporelle. Ils ne peuvent nous en donner que des notions fausses et incomplètes ; mais l'observateur attentif trouve souvent dans leurs communications, mêmes imparfaites, la confirmation des grandes vérités enseignées par les Esprits supérieurs.

Leur caractère se révèle par leur langage. Tout Esprit qui, dans ses communications, trahit une mauvaise pensée, peut être rangé dans le troisième ordre ; par conséquent, toute mauvaise pensée qui nous est suggérée nous vient d'un Esprit de cet ordre.

Ils voient le bonheur des bons, et cette vue est pour eux un tourment incessant, car ils éprouvent toutes les angoisses que peuvent produire l'envie et la jalousie.

Ils conservent le souvenir et la perception des souffrances de la vie corporelle, et cette impression est souvent plus pénible que la réalité. Ils souffrent donc véritablement, et des maux qu'ils ont endurés et de ceux qu'ils ont fait endurer aux autres ; et comme ils souffrent longtemps, ils croient souffrir toujours ; Dieu, pour les punir, veut qu'ils le croient ainsi.

On peut les diviser en cinq classes principales.

102. *Dixième classe.* ESPRITS IMPURS. — Ils sont enclins au mal et en font l'objet de leurs préoccupations. Comme Esprits, ils donnent des conseils perfides, soufflent la discorde et la défiance, et prennent tous les masques pour mieux tromper. Ils s'attachent aux caractères assez faibles pour céder à leurs suggestions afin de les pousser à leur perte, satisfaits de pouvoir retarder leur avancement en les faisant succomber dans les épreuves qu'ils subissent.

Dans les manifestations, on les reconnaît à leur langage ; la trivialité et la grossièreté des expressions, chez les Esprits comme chez les hommes, est toujours un indice d'infériorité morale, sinon intellectuelle. Leurs communications décèlent la bassesse de leurs inclinations, et s'ils veulent faire prendre le change en parlant d'une manière sensée, ils ne peuvent longtemps soutenir leur rôle et finissent toujours par trahir leur origine.

Certains peuples en ont fait des divinités malfaisantes, d'autres les désignent sous les noms de démons, mauvais génies, Esprits du mal.

Les êtres vivants qu'ils animent, quand ils sont incarnés, sont enclins à tous les vices qu'engendrent les passions viles et dégradantes : la sensualité, la cruauté, la fourberie, l'hypocrisie, la cupidité, l'avarice sordide. Ils font le mal pour le plaisir de le faire, le plus souvent sans motifs, et par haine du bien ils choisissent presque toujours leurs victimes parmi les honnêtes gens. Ce sont des fléaux pour l'humanité, à quelque rang de la société qu'ils appartiennent, et le vernis de la civilisation ne les garantit pas de l'opprobe et de l'ignominie.

103. *Neuvième classe.* ESPRITS LÉGERS. — Ils sont ignorants, malins, inconséquents et moqueurs. Ils se mêlent de tout, répondent à tout, sans se soucier de la vérité. Ils se plaisent à causer de petites peines et de petites joies, à faire des tracasseries, à induire malicieusement en erreur par des mystifications et des espiègleries. A cette classe, appartiennent les Esprits vulgairement désignés sous les noms de *follets, lutins, gnomes, farfadets.* Ils sont sous la dépendance des Esprits supérieurs, qui les emploient souvent comme nous le faisons des serviteurs.

Dans leurs communications avec les hommes, leur langage est quelquefois spirituel et facétieux, mais presque toujours sans profondeur ; ils saisissent les travers et les ridicules qu'ils expriment en traits mordants et satiriques. S'ils empruntent des noms supposés, c'est plus souvent par malice que par méchanceté.

104. *Huitième classe.* ESPRITS FAUX-SAVANTS. — Leurs connaissances sont assez étendues, mais ils croient savoir plus qu'ils ne savent en réalité. Ayant accompli quelques progrès à divers points de vue, leur langage a un caractère sérieux qui peut donner le change sur leurs capacités et leurs lumières ; mais ce n'est le plus souvent qu'un reflet des préjugés et des idées systématiques de la vie terrestre ; c'est

un mélange de quelques vérités à côté des erreurs les plus absurdes, au milieu desquelles percent la présomption, l'orgueil, la jalousie et l'entêtement dont ils n'ont pu se dépouiller.

105. *Septième classe.* ESPRITS NEUTRES. — Ils ne sont ni assez bons pour faire le bien, ni assez mauvais pour faire le mal ; ils penchent autant vers l'un que vers l'autre et ne s'élèvent pas au-dessus de la condition vulgaire de l'humanité tant pour le moral que pour l'intelligence. Ils tiennent aux choses de ce monde dont ils regrettent les joies grossières.

106. *Sixième classe.* ESPRITS FRAPPEURS ET PERTURBATEURS. — Ces Esprits ne forment point, à proprement parler, une classe distincte, eu égard à leurs qualités personnelles ; ils peuvent appartenir à toutes les classes du troisième ordre. Ils manifestent souvent leur présence par des effets sensibles et physiques, tels que les coups, le mouvement et le déplacement anormal des corps solides, l'agitation de l'air, etc. Ils paraissent plus que d'autres, attachés à la matière ; ils semblent être les agents principaux des vicissitudes des éléments du globe, soit qu'ils agissent sur l'air, l'eau, le feu, les corps durs ou dans les entrailles de la terre. On reconnaît que ces phénomènes ne sont point dus à une cause fortuite et physique, quand ils ont un caractère intentionnel et intelligent. Tous les Esprits peuvent produire ces phénomènes, mais les Esprits élevés les laissent en général dans les attributions des Esprits subalternes, plus aptes aux choses matérielles qu'aux choses intelligentes. Quand ils jugent que des manifestations de ce genre sont utiles, ils se servent de ces Esprits comme auxiliaires.

SECOND ORDRE. — BONS ESPRITS

107. *Caractères généraux.* — Prédominance de l'esprit sur la matière ; désir du bien. Leurs qualités et leur pouvoir pour faire le bien sont en raison du degré auquel ils sont parvenus : les uns ont la science, les autres la sagesse et la bonté ; les plus avancés réunissent le savoir aux qualités morales. N'étant point encore complètement dématérialisés, ils conservent plus ou moins, selon leur rang, les traces de l'existence corporelle, soit dans la forme du langage, soit dans leurs habitudes où l'on retrouve même quelques-unes de leurs manies ; autrement ils seraient Esprits parfaits.

Ils comprennent Dieu et l'infini, et jouissent déjà de la félicité des bons. Ils sont heureux du bien qu'ils font et du mal qu'ils empêchent. L'amour qui les unit est pour eux la source d'un bonheur ineffable que n'altèrent ni l'envie, ni les remords, ni aucune des mauvaises passions qui font le tourment des Esprits imparfaits, mais tous ont encore des épreuves à subir jusqu'à ce qu'ils aient atteint la perfection absolue.

Comme Esprits, ils suscitent de bonnes pensées, détournent les hommes de la voie du mal, protègent dans la vie ceux qui s'en rendent dignes, et neutralisent l'influence des Esprits imparfaits chez ceux qui ne se complaisent pas à la subir.

Ceux en qui ils sont incarnés sont bons et bienveillants pour leurs semblables ; ils ne sont mus ni par l'orgueil, ni par l'égoïsme, ni par l'ambition ; ils n'éprouvent ni haine, ni rancune, ni envie, ni jalousie et font le bien pour le bien.

A cet ordre appartiennent les Esprits désignés dans les croyances vulgaires sous les noms de *bons génies, génies protecteurs, Esprits du bien.* Dans les temps de superstitions et d'ignorance on en a fait des divinités bienfaisantes.

On peut les diviser en quatre groupes principaux :

108. *Cinquième classe.* ESPRITS BIENVEILLANTS. — Leur qualité dominante est la bonté ; ils se plaisent à rendre service aux hommes et à les protéger, mais leur savoir est borné : leur progrès s'est plus accompli dans le sens moral que dans le sens intellectuel.

109.*Quatrième classe.* ESPRITS SAVANTS. — Ce qui les distingue spécialement, c'est l'étendue de leurs connaissances. Ils se préoccupent moins des questions morales que des questions scientifiques, pour lesquelles ils ont plus d'aptitude ; mais ils n'envisagent la science qu'au point de vue de l'utilité et n'y mêlent aucune des passions qui sont le propre des Esprits imparfaits.

110. *Troisième classe.* ESPRITS SAGES. — Les qualités morales de l'ordre le plus élevé forment leur caractère distinctif. Sans avoir des connaissances illimitées, ils sont doués d'une capacité intellectuelle qui leur donne un jugement sain sur les hommes et sur les choses.

111. *Deuxième classe.* ESPRITS SUPÉRIEURS. — Ils réunissent la science, la sagesse et la bonté. Leur langage ne respire que la bienveillance ; ils est constamment digne, élevé, souvent sublime. Leur supé-

riorité les rend plus que les autres aptes à nous donner les notions les plus justes sur les choses du monde incorporel dans les limites de ce qu'il est permis à l'homme de connaître. Ils se communiquent volontiers à ceux qui cherchent la vérité de bonne foi, et dont l'âme est assez dégagée des liens terrestres pour la comprendre ; mais ils s'éloignent de ceux qu'anime la seule curiosité, ou que l'influence de la matière détourne de la pratique du bien.

Lorsque, par exception, ils s'incarnent sur la terre, c'est pour y accomplir une mission de progrès, et ils nous offrent alors le type de la perfection à laquelle l'humanité peut aspirer ici-bas.

PREMIER ORDRE. — PURS ESPRITS

112. *Caractères généraux.* — Influence de la matière nulle. Supériorité intellectuelle et morale absolue par rapport aux Esprits des autres ordres.

113. *Première classe. Classe unique.* — Ils ont parcouru tous les degrés de l'échelle et dépouillé toutes les impuretés de la matière. Ayant atteint la somme de perfection dont est susceptible la créature, ils n'ont plus à subir ni épreuves ni expiations. N'étant plus sujets à la réincarnation dans des corps périssables, c'est pour eux la vie éternelle qu'ils accomplissent dans le sein de Dieu.

Ils jouissent d'un bonheur inaltérable, parce qu'ils ne sont sujets ni aux besoins ni aux vicissitudes de la vie matérielle ; mais ce bonheur n'est point celui d'une *oisiveté monotone passée dans une contemplation perpétuelle.* Ils sont les messagers et les ministres de Dieu dont ils exécutent les ordres pour le maintien de l'harmonie universelle. Ils commandent à tous les Esprits qui leur sont inférieurs, les aident à se perfectionner et leur assignent leur mission. Assister les hommes dans leur détresse, les exciter au bien ou à l'expiation des fautes qui les éloignent de la félicité suprême est pour eux une douce occupation. On les désigne quelquefois sous les noms d'anges, archanges ou séraphins.

Les hommes peuvent entrer en communication avec eux, mais bien présomptueux serait celui qui prétendrait les avoir constamment à ses ordres.

Progression des Esprits.

114. Les Esprits sont-ils bons ou mauvais par leur nature, ou bien sont-ce les mêmes Esprits qui s'améliorent ?

« Les mêmes Esprits qui s'améliorent : en s'améliorant, ils passent d'un ordre inférieur dans un ordre supérieur. »

115. Parmi les Esprits, les uns ont-ils été créés bons et les autres mauvais ?

« Dieu a créé tous les Esprits simples et ignorants, c'est-à-dire sans science. Il leur a donné à chacun une mission dans le but de les éclairer et de les faire arriver progressivement à la perfection par la connaissance de la vérité et pour les rapprocher de lui. Le bonheur éternel et sans mélange est pour eux dans cette perfection. Les Esprits acquièrent ces connaissances en passant par les épreuves que Dieu leur impose. Les uns acceptent ces épreuves avec soumission et arrivent plus promptement au but de leur destinée ; d'autres ne les subissent qu'avec murmure et restent ainsi, par leur faute, éloignés de la perfection et de la félicité promise. »

— D'après cela, les Esprits sembleraient être, à leur origine, comme sont les enfants, ignorants et sans expérience, mais acquérant peu à peu les connaissances qui leur manquent en parcourant les différentes phases de la vie ?

« Oui, la comparaison est juste ; l'enfant rebelle reste ignorant et imparfait ; il profite plus ou moins selon sa docilité ; mais la vie de l'homme a un terme et celle des Esprits s'étend dans l'infini. »

116. Y a-t-il des Esprits qui resteront à perpétuité dans les rangs inférieurs ?

« Non, tous deviendront parfaits ; ils changent, mais c'est long ; car, comme nous l'avons dit une autre fois, un père juste et miséricordieux ne peut bannir éternellement ses enfants. Tu voudrais donc que Dieu, si grand, si bon, si juste, fût pire que vous ne l'êtes vous-mêmes ! »

117. Dépend-il des Esprits de hâter leurs progrès vers la perfection ?

« Certainement, ils arrivent plus ou moins vite selon leur désir et leur soumission à la volonté de Dieu. Un enfant docile ne s'instruit-il pas plus vite qu'un enfant rétif ? »

118. Les Esprits peuvent-ils dégénérer ?

« Non, à mesure qu'ils avancent, ils comprennent ce qui les éloignait de la perfection. Quand l'Esprit a fini une épreuve, il a la science et il ne l'oublie pas. Il peut rester stationnaire, mais il ne rétrograde pas. »

119. Dieu ne pouvait-il affranchir les Esprits des épreuves qu'ils doivent subir pour arriver au premier rang ?

« S'ils avaient été créés parfaits, ils seraient sans mérite pour jouir des bienfaits de cette perfection. Où serait le mérite sans la lutte ? D'ailleurs l'inégalité qui existe entre eux est nécessaire à leur personnalité ; et puis la mission qu'ils accomplissent dans ces différents degrés est dans les vues de la Providence pour l'harmonie de l'univers. »

Puisque, dans la vie sociale, tous les hommes peuvent arriver aux premières fonctions, autant vaudrait demander pourquoi le souverain d'un pays ne fait pas des généraux de chacun de ses soldats ; pourquoi tous les employés subalternes ne sont pas des employés supérieurs ; pourquoi tous les écoliers ne sont pas des maîtres. Or, il y a cette différence entre la vie sociale et la vie spirituelle, que la première est bornée et ne permet pas toujours de monter tous les degrés, tandis que la seconde est indéfinie, et laisse à chacun la possibilité de s'élever au rang suprême.

120. Tous les Esprits passent-ils par la filière du mal pour arriver au bien ?

« Non par la filière du mal, mais par celle de l'ignorance. »

121. Pourquoi certains Esprits ont-ils suivi la route du bien, et d'autres celle du mal ?

« N'ont-ils pas leur libre arbitre ? Dieu n'a point créé d'Esprits mauvais, il les a créés simples et ignorants, c'est-à-dire ayant autant d'aptitude pour le bien que pour le mal ; ceux qui sont mauvais le deviennent par leur volonté. »

122. Comment les Esprits, à leur origine, alors qu'ils n'ont pas encore la conscience d'eux-mêmes, peuvent-ils avoir la liberté du choix entre le bien et le mal ? Y a-t-il en eux un principe, une tendance quelconque, qui les porte plutôt dans une voie que dans une autre ?

« Le libre arbitre se développe à mesure que l'Esprit acquiert la conscience de lui-même. Il n'y aurait plus liberté si le choix était sollicité par une cause indépendante de la volonté de l'Esprit. La cause n'est pas en lui, elle est hors de lui, dans les influences auxquelles il cède en vertu de sa libre volonté. C'est la grande figure de la chute de l'homme et du péché originel : les uns ont cédé à la tentation, les autres ont résisté. »

— Doù viennent les influences qui s'exercent sur lui ?

« Des Esprits imparfaits qui cherchent à s'emparer de lui, à le dominer, et qui sont heureux de le faire succomber. C'est ce que l'on a voulu peindre par la figure de Satan. »

— Cette influence ne s'exerce-t-elle sur l'Esprit qu'à son origine ?

« Elle le suit dans sa vie d'Esprit jusqu'à ce qu'il ait tellement pris d'empire sur lui-même que les mauvais renoncent à l'obséder. »

123. Pourquoi Dieu a-t-il permis que les Esprits pussent suivre la voie du mal ?

« Comment osez-vous demander à Dieu compte de ses actes ? Pensez-vous pouvoir pénétrer ses desseins ? Pourtant vous pouvez vous dire ceci : La sagesse de Dieu est dans la liberté qu'il laisse à chacun de choisir, car chacun a le mérite de ses œuvres. »

124. Puisqu'il y a des Esprits qui, dès le principe, suivent la route du bien absolu, et d'autres celle du mal absolu, il y a sans doute des degrés entre ces deux extrêmes ?

« Oui, certainement, et c'est la grande majorité. »

125. Les Esprits qui ont suivi la route du mal pourront-ils arriver au même degré de supériorité que les autres ?

« Oui, mais *les éternités* seront plus longues pour eux. »

Par ce mot les *éternités* ont doit entendre l'idée qu'ont les Esprits inférieurs de la perpétuité de leurs souffrances, parce qu'il ne leur est pas donné d'en voir le terme, et que cette idée se renouvelle à toutes les épreuves auxquelles ils succombent.

126. Les Esprits arrivés au suprême degré après avoir passé par le mal ont-ils moins de mérite que les autres aux yeux de Dieu !

« Dieu contemple les égarés du même œil et les aime tous du même cœur. Ils sont dits mauvais, parce qu'ils ont succombé : ils n'étaient avant que de simples Esprits. »

127. Les Esprits sont-ils créés égaux en facultés intellectuelles ?

« Ils sont créés égaux, mais ne sachant pas d'où ils viennent, il faut que le libre arbitre ait son cours. Ils progressent plus ou moins rapidement en intelligence comme en moralité. »

Les Esprits qui suivent dès le principe la route du bien ne sont pas pour cela des Esprits parfaits ; s'ils n'ont pas des tendances mauvaises, ils n'en ont pas moins à acquérir l'expérience et les connaissances nécessaires pour atteindre à la perfection. Nous pouvons les comparer à des enfants qui, quelle que soit la bonté de leurs instincts naturels, ont besoin de se développer, de s'éclairer et n'arrivent pas sans transition de l'enfance à l'âge mûr ; seulement, comme nous avons des hommes qui sont bons et d'autres qui sont mauvais dès leur enfance, de même il y a des Esprits qui sont bons ou mauvais dès leur principe, avec cette différence capitale que l'enfant a des instincts tout formés, tandis que l'Esprit, à sa transformation, n'est pas plus mauvais que bon ; il a toutes les tendances, et prend l'une ou l'autre direction par l'effet de son libre arbitre.

Anges et démons.

128. Les êtres que nous appelons anges, archanges, séraphins forment-ils une catégorie spéciale d'une nature différente des autres Esprits ?

« Non, ce sont les purs Esprits : ceux qui sont au plus haut degré de l'échelle et réunissent toutes les perfections. »

Le mot *ange* réveille généralement l'idée de la perfection morale ; cependant on l'applique souvent à tous les êtres bons et mauvais qui sont en dehors de l'humanité. On dit : le bon et le mauvais ange ; l'ange de lumière et l'ange des ténèbres ; dans ce cas, il est synonyme d'*Esprit* ou de *génie*. Nous le prenons ici dans sa bonne acception.

129. Les anges ont-ils parcouru tous les degrés ?

« Ils ont parcouru tous les degrés, mais, comme nous l'avons dit : les uns ont accepté leur mission sans murmure et sont arrivés plus vite ; les autres ont mis un temps plus ou moins long pour arriver à la perfection. »

130. Si l'opinion qui admet des êtres créés parfaits et supérieurs à toutes les autres créatures est erronée, comment se fait-il qu'elle soit dans la tradition de presque tous les peuples ?

« Sache bien que ton monde n'est pas de toute éternité et que, longtemps avant qu'il existât, des Esprits avaient atteint le suprême degré ; les hommes alors ont pu croire qu'ils avaient toujours été de même. »

131. Y a-t-il des démons dans le sens attaché à ce mot ?

« S'il y avait des démons, ils seraient l'œuvre de Dieu, et Dieu serait-il juste et bon d'avoir fait des êtres éternellement voués au mal et malheureux ? S'il y a des démons, c'est dans ton monde inférieur et autres semblables qu'ils résident ; ce sont ces hommes hypocrites qui font d'un Dieu juste un Dieu méchant et vindicatif, et qui croient lui être agréables par les abominations qu'ils commettent en son nom. »

Le mot *démon* n'implique l'idée de mauvais Esprit que dans son acception moderne, car le mot grec *daimôn* d'où il est formé signifie *génie, intelligence,* et se disait des êtres incorporels, bons ou mauvais, sans distinction.

Les démons, selon l'acception vulgaire du mot, supposent des êtres essentiellement malfaisants ; ils seraient comme toutes choses, la création de Dieu ; or, Dieu qui est souverainement juste et bon ne peut avoir créé des êtres préposés au mal par leur nature et condamnés pour l'éternité. S'ils n'étaient pas l'œuvre de Dieu, ils seraient donc comme lui de toute éternité, ou bien il y aurait plusieurs puissances souveraines.

La première condition de toute doctrine, c'est d'être logique ; or, celle des démons, dans le sens absolu, pèche par cette base essentielle. Que dans la croyance des peuples arriérés qui, ne connaissant pas les attributs de Dieu, admettent des divinités malfaisantes, ou admettent aussi des démons, cela se conçoit ; mais pour quiconque fait de la bonté de Dieu un attribut par excellence, il est illogique et contradictoire de supposer qu'il ait pu créer des êtres voués au mal et destinés à le faire à perpétuité, car c'est nier sa bonté. Les partisans des démons s'étayent des paroles du Christ ; ce n'est certes pas nous qui contesterons l'autorité de son enseignement que nous voudrions voir dans le cœur plus que dans la bouche des hommes ; mais est-on bien certain du sens qu'il attachait au mot démon ? Ne sait-on pas que la forme allégorique est un des cachets distinctifs de son langage, et tout ce que renferme l'Evangile doit-il être pris à la lettre ? Nous n'en voulons d'autre preuve que ce passage :

« Aussitôt après ces jours d'affliction, le soleil s'obscurcira et la lune ne donnera plus sa lumière, les étoiles tomberont du ciel et les puissances du ciel seront ébranlées. Je vous dis en vérité que cette race ne passera point que toutes ces choses ne soient accomplies. »

N'avons-nous pas vu la *forme* du texte biblique contredite par la science en ce qui touche la création et le mouvement de la terre ? N'en peut-il être de même de certaines figures employées par le Christ qui devait parler selon les temps et les lieux ? Le Christ n'a pu dire sciemment une chose fausse ; si donc, dans ses paroles, il y a des choses qui paraissent choquer la raison, c'est que nous ne les comprenons pas ou que nous les interprétons mal.

Les hommes ont fait pour les démons ce qu'ils ont fait pour les anges ; de même qu'ils ont cru à des êtres parfaits de toute éternité, ils ont pris les Esprits inférieurs pour des êtres perpétuellement mauvais. Le mot démon doit donc s'entendre des Esprits impurs qui souvent ne valent pas mieux que ceux désignés sous ce nom, mais avec cette différence que leur état n'est que transitoire. Ce sont des Esprits imparfaits qui murmurent contre les épreuves qu'ils subissent, et qui, pour cela, les subissent plus longtemps, mais qui arriveront à leur tour quand ils en auront la volonté. On pourrait donc accepter le mot *démon* avec cette restriction ; mais comme on l'entend maintenant dans un sens exclusif, il pourrait induire en erreur en faisant croire à l'existence d'êtres spéciaux créés pour le mal.

A l'égard de Satan, c'est évidemment la personnification du mal sous une forme allégorique, car on ne saurait admettre un être mauvais luttant de puissance à puissance avec la Divinité, et dont la seule préoccupation serait de contrecarrer ses desseins. Comme il faut à l'homme des figures et des images pour frapper son imagination, il a peint les êtres incorporels sous une forme matérielle avec des attributs rappelant leurs qualités ou leurs défauts. C'est ainsi que les anciens, voulant personnifier le temps, l'ont peint sous la figure d'un vieillard avec une faux et un sablier ; une figure de jeune homme eut été un contresens ; il en est de même des allégories de la fortune, de la vérité, etc. Les modernes ont représenté les anges ou purs Esprits sous une figure radieuse, avec des ailes blanches, emblème de la pureté ; Satan, avec des cornes, des griffes et les attributs de la bestialité, emblèmes des basses passions. Le vulgaire, qui prend les choses à la lettre, a vu dans ces emblèmes un individu réel, comme jadis il avait vu Saturne dans l'allégorie du Temps.

CHAPITRE II

INCARNATION DES ESPRITS

1. But de l'incarnation. — 2. De l'âme. — 3. Matérialisme.

But de l'incarnation.

132. Quel est le but de l'incarnation des Esprits ?

« Dieu la leur impose dans le but de les faire arriver à la perfection : pour les uns, c'est une expiation ; pour d'autres, c'est une mission. Mais, pour arriver à cette perfection, *ils doivent subir toutes les vicissitudes de l'existence corporelle :* c'est là qu'est l'expiation. L'incarnation a aussi un autre but, c'est de mettre l'Esprit à même de supporter sa part dans l'œuvre de la création ; c'est pour l'accomplir que, dans chaque monde, il prend un appareil en harmonie avec la matière essentielle de ce monde pour y exécuter, à ce point de vue, les ordres de Dieu ; de telle sorte que tout en concourant à l'œuvre générale, il avance lui-même. »

L'action des êtres corporels est nécessaire à la marche de l'univers ; mais Dieu, dans sa sagesse, a voulu que, dans cette action même, ils trouvassent un moyen de progresser et de se rapprocher de lui. C'est ainsi que, par une loi admirable de sa providence, tout s'enchaîne, tout est solidaire dans la nature.

133. Les Esprits qui, dès le principe, ont suivi la route du bien, ont-ils besoin de l'incarnation ?

« Tous sont créés simples et ignorants ; ils s'instruisent dans les luttes et les tribulations de la vie corporelle. Dieu, qui est juste, ne pouvait faire les uns heureux, sans peine et sans travail et, par conséquent, sans mérite. »

— Mais alors, à quoi sert aux Esprits d'avoir suivi la route du bien, si cela ne les exempte pas des peines de la vie corporelle ?

« Ils arrivent plus vite au but ; et puis, les peines de la vie sont souvent la conséquence de l'imperfection de l'Esprit ; moins il a d'imperfections, moins il a de tourments ; celui qui n'est ni envieux, ni jaloux, ni avare, ni ambitieux, n'aura pas les tourments qui naissent de ces défauts. »

De l'âme.

134. Qu'est-ce que l'âme ?

« Un Esprit incarné. »

— Qu'était l'âme avant de s'unir au corps ?

« Esprit. »

— Les âmes et les Esprits sont donc identiquement la même chose ?

« Oui, les âmes ne sont que les Esprits. Avant de s'unir au corps, l'âme est un des êtres intelligents qui peuplent le monde invisible et qui revêtent temporairement une enveloppe charnelle pour se purifier et s'éclairer. »

135. Y a-t-il dans l'homme autre chose que l'âme et le corps ?

« Il y a le lien qui unit l'âme et le corps. »

— Quelle est la nature de ce lien ?

« Semi-matérielle, c'est-à-dire intermédiaire entre

l'Esprit et le corps. Et il le faut bien pour qu'ils puissent communiquer l'un avec l'autre. C'est par ce lien que l'Esprit agit sur la matière, et réciproquement. »

L'homme est ainsi formé de trois parties essentielles :

1° Le corps ou être matériel analogue aux animaux et animé par le même principe vital ;

2° L'âme, Esprit incarné dont le corps est l'habitation ;

3° Le principe intermédiaire ou *périsprit*, substance semi-matérielle qui sert de première enveloppe à l'Esprit et unit l'âme et le corps. Tels sont ,dans un fruit, le germe, le périsperme et la coquille.

136. L'âme est-elle indépendante du principe vital ?

« Le corps n'est que l'enveloppe, nous le répétons sans cesse. »

— Le corps peut-il exister sans l'âme ?

« Oui, et pourtant dès que le corps cesse de vivre, l'âme le quitte. Avant la naissance, il n'y a pas encore union définitive entre l'âme et le corps ; tandis qu'après que cette union a été établie, la mort du corps rompt les liens qui l'unissent à l'âme, et l'âme le quitte. La vie organique peut animer un corps sans âme, mais l'âme ne peut habiter un corps privé de la vie organique. »

— Que serait notre corps s'il n'avait pas d'âme ?

« Une masse de chair sans intelligence, tout ce que vous voudrez, excepté un homme. »

137. Le même Esprit peut-il s'incarner dans deux corps différents à la fois ?

« Non, l'Esprit est indivisible et ne peut animer simultanément deux êtres différents. » (Voir, dans le *Livre des Médiums,* chapitre : *Bi-Corporéité et transfiguration)*.

138. Que penser de l'opinion de ceux qui regardent l'âme comme le principe de la vie matérielle ?

« C'est une question de mots ; nous n'y tenons pas ; commencez par vous entendre vous-mêmes. »

139. Certains Esprits, et avant eux certains philosophes, ont défini l'âme : *Une étincelle animique émanée du grand Tout ;* pourquoi cette contradiction ?

« Il n'y a pas de contradiction ; cela dépend de l'acception des mots. Pourquoi n'avez-vous pas un mot pour chaque chose ? »

Le mot *âme* est employé pour exprimer des choses très différentes. Les uns appellent ainsi le principe de la vie, et dans cette acception il est exact de dire *au figuré* que : l'âme est une étincelle animique émanée du grand Tout. Ces derniers mots peignent la source universelle du principe vital dont chaque être absorbe une portion et qui rentre à la masse après la mort. Cette idée n'exclut nullement celle d'un être moral distinct, indépendant de la matière et qui conserve son individualité. C'est cet être que l'on appelle également *âme*, et c'est dans cette acception que l'on peut dire que l'âme est un Esprit incarné. En donnant de l'âme des définitions différentes, les Esprits ont parlé selon l'application qu'ils faisaient du mot, et selon les idées terrestres dont ils étaient encore plus ou moins imbus. Cela tient à l'insuffisance du langage humain qui n'a pas un mot pour chaque idée, et de là la source d'une foule de méprises et de discussions : voilà pourquoi les Esprits supérieurs nous disent de nous entendre d'abord sur les mots [1].

140. Que penser de la théorie de l'âme subdivisée en autant de parties qu'il y a de muscles et présidant ainsi à chacune des fonctions du corps ?

« Cela dépend encore du sens que l'on attache au

---

[1] Voir dans l'Introduction, § II, l'explication sur le mot *âme*.

mot *âme :* si l'on entend le fluide vital, on a raison ; si l'on entend l'Esprit incarné, on a tort. Nous l'avons dit, l'Esprit est indivisible ; il transmet le mouvement aux organes par le fluide intermédiaire, sans pour cela se diviser. »

— Cependant, il y a des Esprits qui ont donné cette définition.

« Les Esprits ignorants peuvent prendre l'effet pour la cause. »

L'âme agit par l'intermédiaire des organes, et les organes sont animés par le fluide vital qui se répartit entre eux, et plus abondamment dans ceux qui sont les centres ou foyers du mouvement. Mais cette explication ne peut convenir à l'âme considérée comme étant l'Esprit qui habite le corps pendant la vie et le quitte à la mort.

141. Y a-t-il quelque chose de vrai dans l'opinion de ceux qui pensent que l'âme est extérieure et environne le corps ?

« L'âme n'est point renfermée dans le corps comme l'oiseau dans une cage ; elle rayonne et se manifeste au dehors comme la lumière à travers un globe de verre ou comme le son autour d'un centre sonore ; c'est ainsi qu'on peut dire qu'elle est extérieure, mais elle n'est point pour cela l'enveloppe du corps. L'âme a deux enveloppes : l'une subtile et légère, c'est la première, celle que tu appelles le *périsprit ;* l'autre grossière, matérielle et lourde : c'est le corps. L'âme est le centre de toutes ces enveloppes, comme le germe dans un noyau ; nous l'avons déjà dit. »

142. Que dire de cette autre théorie selon laquelle l'âme, chez l'enfant, se complète à chaque période de la vie ?

« L'Esprit n'est qu'un ; il est entier chez l'enfant comme chez l'adulte ; ce sont les organes ou instruments des manifestations de l'âme qui se développent et se complètent. C'est encore prendre l'effet pour la cause. »

143. Pourquoi tous les Esprits ne définissent-ils pas l'âme de la même manière ?

« Les Esprits ne sont pas tous également éclairés sur ces matières ; il y a des Esprits encore bornés qui ne comprennent pas les choses abstraites ; c'est comme parmi vous les enfants ; il y a aussi des Esprits faux-savants, qui font parade de mots pour en imposer ; c'est encore comme parmi vous. Et puis, les Esprits éclairés eux-mêmes peuvent s'exprimer en termes différents, qui ont au fond la même valeur, surtout quand il s'agit de choses que votre langage est impuissant à rendre clairement ; il faut des figures, des comparaisons que vous prenez pour la réalité. »

144. Que doit-on entendre par l'âme du monde ?

« C'est le principe universel de la vie et de l'intelligence d'où naissent les individualités. Mais ceux qui se servent de ces mots ne se comprennent souvent pas eux-mêmes. Le mot *âme* est si élastique que chacun l'interprète au gré de ses rêveries. On a quelquefois aussi attribué une âme à la Terre ; il faut entendre par là l'ensemble des Esprits dévoués qui dirigent vos actions dans la bonne voie quand vous les écoutez, et qui sont en quelque sorte les lieutenants de Dieu près de votre globe. »

145. Comment tant de philosophes anciens et modernes ont-ils si longtemps discuté sur la science psychologique sans être arrivés à la vérité ?

« Ces hommes étaient les avant-coureurs de la doctrine spirite éternelle ; ils ont préparé les voies. Ils étaient hommes, et ils ont pu se tromper, parce qu'ils ont pris leurs propres idées pour la lumière ; mais les erreurs mêmes servent à faire ressortir la vérité en montrant le pour et le contre ; d'ailleurs parmi ces erreurs se trouvent de grandes vérités qu'une étude comparative vous fait comprendre. »

146. L'âme a-t-elle un siège déterminé et circonscrit dans le corps ?

« Non, mais elle est plus particulièrement dans la tête chez les grands génies, chez tous ceux qui pensent beaucoup, et dans le cœur chez ceux qui sentent beaucoup et dont les actions se rapportent à toute l'humanité. »

— Que penser de l'opinion de ceux qui placent l'âme dans un centre vital ?

« C'est-à-dire que l'Esprit habite plutôt cette partie de votre organisation, puisque c'est là qu'aboutissent toutes les sensations. Ceux qui la placent dans ce qu'ils considèrent comme le centre de la vitalité la confondent avec le fluide ou principe vital. Toutefois, on peut dire que le siège de l'âme est plus particulièrement dans les organes qui servent aux manifestations intellectuelles et morales. »

Matérialisme.

147. Pourquoi les anatomistes, les physiologistes et, en général, ceux qui approfondissent les sciences de la nature sont-ils si souvent portés au matérialisme ?

« Le physiologiste rapporte tout à ce qu'il voit.

Orgueil des hommes qui croient tout savoir et qui n'admettent pas que quelque chose puisse dépasser leur entendement. Leur science même leur donne de la présomption ; ils pensent que la nature ne peut rien avoir de caché pour eux. »

148. N'est-il pas fâcheux que le matérialisme soit une conséquence d'études qui devraient, au contraire, montrer à l'homme la supériorité de l'intelligence qui gouverne le monde ? Faut-il en conclure qu'elles sont dangereuses ?

« Il n'est pas vrai que le matérialisme soit une conséquence de ces études ; c'est l'homme qui en tire une fausse conséquence, car il peut abuser de tout, même des meilleures choses. Le néant, d'ailleurs, les effraye plus qu'ils ne veulent le faire paraître, et les esprits forts sont souvent plus fanfarons que braves. La plupart ne sont matérialistes que parce qu'ils n'ont rien pour combler ce vide devant ce gouffre qui s'ouvre devant eux ; montrez-leur une ancre de salut, et ils s'y cramponneront avec empressement. »

Par une aberration de l'intelligence, il y a des gens qui ne voient dans les êtres organiques que l'action de la matière et y rapportent tous nos actes. Ils n'ont vu dans le corps humain que la machine électrique ; ils n'ont étudié le mécanisme de la vie que dans le jeu des organes ; ils l'ont vue s'éteindre souvent par la rupture d'un fil, et ils n'ont vu rien d'autre que ce fil ; ils ont cherché s'il restait quelque chose, et comme ils n'ont trouvé que la matière devenue inerte, qu'ils n'ont pas vu l'âme s'échapper et n'ont pu la saisir, ils en ont conclu que tout était dans les propriétés de la matière et qu'ainsi après la mort il n'y a que le néant de la pensée ; triste conséquence, s'il en était ainsi ; car alors le bien et le mal seraient sans but ; l'homme serait fondé à ne penser qu'à lui et à mettre au-dessus de tout la satisfaction de ses jouissances matérielles ; les liens sociaux seraient rompus, et les affections les plus saintes brisées sans retour. Heureusement, ces idées sont loin d'être générales ; on peut même dire qu'elles sont très circonscrites, et ne constituent que des opinions individuelles, car nulle part elles n'ont été érigées en doctrine. Une société fondée sur ces bases porterait en soi le germe de sa dissolution, et ses membres s'entre-déchireraient comme des bêtes féroces.

L'homme a instinctivement la pensée que tout, pour lui, ne finit pas avec la vie ; il a horreur du néant ; il a beau s'être roidi contre la pensée de l'avenir, quand vient le moment suprême, il en est peu qui ne se demandent ce qu'il va en être d'eux ; car l'idée de quitter la vie sans retour a quelque chose de navrant. Qui pourrait, en effet, envisager avec indifférence une séparation absolue, éternelle de tout ce que l'on a aimé ? Qui pourrait voir sans effroi s'ouvrir devant soi le gouffre immense du néant, où viendraient s'engloutir à jamais toutes nos facultés, toutes nos espérances et se dire : Quoi ! après moi, rien, plus rien que le vide ; tout est fini sans retour ; encore quelques jours et mon souvenir sera effacé de la mémoire de ceux qui me survivent ; bientôt il ne restera nulle trace de mon passage sur la terre ; le bien même que j'ai fait sera oublié des ingrats que j'ai obligés ; et rien pour compenser tout cela, aucune autre perspective que celle de mon corps rongé par les vers !

Ce tableau n'a-t-il pas quelque chose d'affreux, de glacial ? La religion nous enseigne qu'il ne peut en être ainsi, et la raison nous le confirme ; mais cette existence future, vague et indéfinie, n'a rien qui satisfasse notre amour du positif ; c'est ce qui, chez beaucoup, engendre le doute. Nous avons une âme, soit ; mais qu'est-ce que c'est que notre âme ? A-t-elle une forme, une apparence quelconque ? Est-ce un être limité ou indéfini ? Les uns disent que c'est un souffle de Dieu, d'autres une étincelle, d'autres une partie du grand Tout, le principe de la vie et de l'intelligence ; mais qu'est-ce que tout cela nous apprend ? Que nous importe d'avoir une âme si après nous elle se confond dans l'immensité comme les gouttes d'eau dans l'Océan ! La perte de notre individualité n'est-elle pas pour nous comme le néant ? On dit encore qu'elle est immatérielle ; mais une chose immatérielle ne saurait avoir des proportions définies ; pour nous ce n'est rien. La religion nous enseigne aussi que nous serons heureux ou malheureux, selon le bien ou le mal que nous aurons fait ; mais quel est ce bonheur qui nous attend dans le sein de Dieu ? Est-ce une béatitude, une contemplation éternelle, sans autre emploi que de chanter les louanges du Créateur ? Les flammes de l'enfer sont-elles une réalité ou une figure ? L'Eglise elle-même l'entend dans cette dernière acception, mais quelles sont ces souffrances ? Où est ce lieu de supplice ? En un mot, que fait-on, que voit-on, dans ce monde qui nous attend tous ? Personne, dit-on, n'est revenu pour nous en rendre compte. C'est une erreur, et la mission du spiritisme est précisément de nous éclairer sur cet avenir, de nous le faire, jusqu'à un certain point, toucher au doigt et à l'œil, non plus par le raisonnement, mais par les faits. Grâce aux communications spirites, ce n'est plus une présomption, une probabilité sur laquelle chacun brode à sa guise, que les poètes embellissent de leurs fictions ou sèment d'images allégoriques qui nous trompent, c'est la réalité qui nous apparaît, car ce sont les êtres mêmes d'outre-tombe qui viennent nous dépeindre leur situation, nous dire ce qu'ils font, qui nous permettent d'assister pour ainsi dire à toutes les péripéties de leur vie nouvelle, et, par ce moyen, nous montrent le sort inévitable qui nous est réservé selon nos mérites et nos méfaits. Y a-t-il là rien d'anti-religieux ? Bien au contraire, puisque les incrédules y trouvent la foi et les tièdes un renouvellement de ferveur et de confiance. Le spiritisme est donc le plus puissant auxiliaire de la religion. Puisque cela est, c'est que Dieu le permet, et il le permet pour ranimer nos espérances chancelantes, et nous ramener dans la voie du bien par la perspective de l'avenir.

CHAPITRE III

RETOUR DE LA VIE CORPORELLE A LA VIE SPIRITUELLE

1. L'âme après la mort ; son individualité. Vie éternelle.
2. Séparation de l'âme et du corps. — Trouble spirite.

L'âme après la mort.

149. Que devient l'âme à l'instant de la mort ?

« Elle redevient Esprit, c'est-à-dire qu'elle rentre dans le monde des Esprits qu'elle avait quitté momentanément. »

150. L'âme, après la mort, conserve-t-elle son individualité ?

« Oui, elle ne la perd jamais. Que serait-elle si elle ne la conservait pas ? »

— Comment l'âme constate-t-elle son individualité, puisqu'elle n'a plus son corps matériel ?

« Elle a encore un fluide qui lui est propre, qu'elle puise dans l'atmosphère de sa planète et qui représente l'apparence de sa dernière incarnation : son périsprit. »

— L'âme n'emporte-t-elle rien avec elle d'ici-bas ?

« Rien que le souvenir, et le désir d'aller dans un monde meilleur. Ce souvenir est plein de douceur ou d'amertume, selon l'emploi qu'elle a fait de la vie ; plus elle est pure, plus elle comprend la futilité de ce qu'elle laisse sur la terre. »

151. Que penser de cette opinion qu'après la mort l'âme rentre dans le tout universel ?

« Est-ce que l'ensemble des Esprits ne forme pas un tout ? N'est-ce pas tout un monde ? Quand tu es dans une assemblée, tu es partie intégrante de cette assemblée, et pourtant tu as toujours ton individualité. »

152. Quelle preuve pouvons-nous avoir de l'individualité de l'âme après la mort ?

« N'avez-vous pas cette preuve par les communications que vous obtenez ? Si vous n'êtes pas aveugles vous verrez ; et, si vous n'êtes pas sourds, vous entendrez, car bien souvent une voix vous parle qui vous révèle l'existence d'un être en dehors de vous. »

Ceux qui pensent qu'à la mort l'âme rentre dans le tout universel sont dans l'erreur s'ils entendent par là que, semblable à une goutte d'eau qui tombe dans l'Océan elle y perd son individualité ; ils sont dans le vrai s'ils entendent par le *tout universel* l'ensemble des êtres incorporels dont chaque âme ou Esprit est un élément.

Si les âmes étaient confondues dans la masse, elles n'auraient que des qualités de l'ensemble, et rien ne les distinguerait les unes des autres ; elles n'auraient ni intelligence, ni qualités propres ; tandis que, dans toutes les communications, elles accusent la conscience du *moi* et une volonté distincte ; la diversité infinie qu'elles présentent sous tous les rapports est la conséquence même des individualités. S'il n'y avait après la mort que ce qu'on appelle le grand Tout absorbant toutes les individualités, ce Tout serait uniforme, et dès lors toutes les communications que l'on recevrait du monde invisible seraient identiques. Puisqu'on y rencontre des êtres bons, d'autres mauvais, des savants et des ignorants, des heureux et des malheureux ; qu'il y en a de tous les caractères : de gais et de tristes, de légers et de profonds, etc., c'est évidemment que ce sont des êtres distincts. L'individualité devient plus évidente encore quand ces êtres prouvent leur identité par des signes incontestables, des détails personnels relatifs à leur vie terrestre et que l'on peut constater ; elle ne peut être révoquée en doute quand ils se manifestent à la vue dans les apparitions. L'individualité de l'âme nous était enseignée, en théorie, comme un article de foi ; le spiritisme la rend patente et en quelque sorte matérielle.

153. Dans quel sens doit-on entendre la vie éternelle ?

« C'est la vie de l'Esprit qui est éternelle ; celle du corps est transitoire et passagère. Quand le corps meurt, l'âme rentre dans la vie éternelle. »

— Ne serait-il pas plus exact d'appeler *vie éternelle* celle des purs Esprits, de ceux qui, ayant atteint le degré de perfection, n'ont plus d'épreuves à subir ?

« C'est plutôt le bonheur éternel ; mais ceci est une question de mots ; appelez les choses comme vous voudrez, pourvu que vous vous entendiez. »

Séparation de l'âme et du corps.

154. La séparation de l'âme et du corps est-elle douloureuse ?

« Non, le corps souffre souvent plus pendant la vie qu'au moment de la mort : l'âme n'y est pour rien. Les souffrances que l'on éprouve quelquefois au moment de la mort sont *une jouissance pour l'Esprit,* qui voit arriver le terme de son exil. »

Dans la mort naturelle, celle qui arrive par l'épuisement des organes à la suite de l'âge, l'homme quitte la vie sans s'en apercevoir : c'est une lampe qui s'éteint faute d'aliment.

155. Comment s'opère la séparation de l'âme et du corps ?

« Les liens qui la retenaient étant rompus, elle se dégage. »

— La séparation s'opère-t-elle instantanément et par une brusque transition ? Y a-t-il une ligne de démarcation nettement tranchée entre la vie et la mort ?

« Non, l'âme se dégage graduellement et ne s'échappe pas comme un oiseau captif rendu subitement à la liberté. Ces deux états se touchent et se confondent ; ainsi l'Esprit se dégage peu à peu de ses liens : *ils se dénouent et ne se brisent pas.* »

Pendant la vie, l'Esprit tient au corps par son enveloppe semi-matérielle ou périsprit ; la mort est la destruction du corps seul et non de cette seconde enveloppe qui se sépare du corps quand cesse en celui-ci la vie organique. L'observation prouve qu'à l'instant de la mort le dégagement du périsprit n'est pas subitement complet ; il ne s'opère que graduellement et avec une lenteur très variable selon les individus ; chez les uns, il est assez prompt, et l'on peut dire que le moment de la mort est celui de la délivrance, à quelques heures près ; mais chez d'autres, ceux surtout dont la vie a été *toute matérielle et sensuelle,* le dégagement est beaucoup moins rapide et dure quelquefois des jours, des semaines et même des mois, ce qui n'implique pas dans le corps la moindre vitalité, ni la possibilité d'un retour à la vie, mais une simple affinité entre le corps et l'Esprit, affinité qui est toujours en raison de la prépondérance que, pendant la vie, l'Esprit a donnée à la matière. Il est rationnel de concevoir, en effet, que plus l'Esprit s'est identifié avec la matière, plus il a de peine à s'en séparer ; tandis que l'activité intellectuelle et morale, l'élévation des pensées, opèrent un commencement de dégagement même pendant la vie du corps et, quand arrive la mort, il est presque instantané. Tel est le résultat des études faites sur tous les individus observés au moment de la mort. Ces observations prouvent encore que l'affinité qui, chez certains individus, persiste entre l'âme et le corps, est quelquefois très pénible, car l'Esprit peut éprouver l'horreur de la décomposition. Ce cas est exceptionnel et particulier à certains genres de vie et à certains genres de mort ; il se présente chez quelques suicidés.

156. La séparation définitive de l'âme et du corps peut-elle avoir lieu avant la cessation complète de la vie organique ?

« Dans l'agonie, l'âme a déjà quelquefois quitté le corps : il n'y a plus que la vie organique. L'homme n'a plus la conscience de lui-même, et pourtant il lui reste encore un souffle de vie. Le corps est une machine que le cœur fait mouvoir ; il existe tant que le cœur fait circuler le sang dans les veines, et n'a pas besoin de l'âme pour cela. »

157. Au moment de la mort, l'âme a-t-elle quelquefois une aspiration ou extase qui lui fait entrevoir le monde où elle va entrer ?

« Souvent l'âme sent se briser les liens qui l'attachent au corps ; *elle fait alors tous ses efforts pour les rompre entièrement*. Déjà, en partie dégagée de la matière ,elle voit l'avenir se dérouler devant elle et jouit, par anticipation, de l'état d'Esprit. »

158. L'exemple de la chenille qui, d'abord, rampe sur la terre, puis s'enferme dans sa chrysalide sous une mort apparente pour renaître d'une existence brillante, peut-il nous donner une idée de la vie terrestre, puis du tombeau, et enfin de notre nouvelle existence ?

« Une idée en petit. La figure est bonne ; il ne faudrait cependant pas la prendre à la lettre, comme cela vous arrive souvent. »

159. Quelle sensation éprouve l'âme au moment où elle se reconnaît dans le monde des Esprits ?

« Cela dépend, si tu as fait le mal avec le désir de le faire, tu te trouves au premier moment tout honteux de l'avoir fait. Pour le juste, c'est bien différent : elle est comme soulagée d'un grand poids, car elle ne craint aucun regard scrutateur. »

160. L'Esprit retrouve-t-il immédiatement ceux qu'il a connus sur la terre et qui sont morts avant lui ?

« Oui selon l'affection qu'il avait pour eux et celle qu'ils avaient pour lui ; souvent, ils viennent le recevoir à sa rentrée dans le monde des Esprits, et *ils aident à le dégager des langes de la matière ;* comme aussi il en est beaucoup qu'il retrouve et qu'il avait perdus de vue pendant son séjour sur la terre ; il voit ceux qui sont errants ; ceux qui sont incarnés, il va les visiter. »

161. Dans la mort violente et accidentelle, alors que les organes n'ont point encore été affaiblis par l'âge ou les maladies, la séparation de l'âme et la cessation de la vie ont-elles lieu simultanément ?

« Il en est généralement ainsi, mais dans tous les cas l'instant qui les sépare est très court. »

162. Après la décapitation, par exemple, l'homme conserve-t-il pendant quelques instants la conscience de lui-même ?

« Souvent, il la conserve pendant quelques minutes jusqu'à ce que la vie organique soit complètement éteinte. Mais souvent aussi l'appréhension de la mort lui a fait perdre cette conscience avant l'instant du supplice. »

Il n'est ici question que de la conscience que le supplicié peut avoir de lui-même, comme homme et par l'intermédiaire des organes, et non comme Esprit. S'il n'a pas perdu cette conscience avant le supplice, il peut donc la conserver quelques instants, mais qui sont de très courte durée et elle cesse nécessairement avec la vie organique du cerveau, ce qui n'implique pas, pour cela, que le périsprit soit entièrement dégagé du corps, au contraire : dans tous les cas de mort violente, quand elle n'est pas amenée par l'extinction graduelle des forces vitales, les liens qui unissent le corps au périsprit sont plus tenaces, et le dégagement complet est plus lent.

Trouble spirite.

163. L'âme, en quittant le corps, a-t-elle immédiatement conscience d'elle-même ?

« Conscience immédiate n'est pas le mot ; elle est quelque temps dans le trouble. »

164. Tous les Esprits éprouvent-ils, au même degré et pendant la même durée, le trouble qui suit la séparation de l'âme et du corps ?

« Non, cela dépend de leur élévation. Celui qui est déjà purifié se reconnaît presque immédiatement, parce qu'il s'est déjà dégagé de la matière pendant la vie du corps, tandis que l'homme charnel, celui dont la conscience n'est pas pure, conserve bien plus longtemps l'impression de cette matière. »

165. La connaissance du spiritisme exerce-t-elle une influence sur la durée, plus ou moins longue, du trouble ?

« Une influence très grande, puisque l'Esprit comprenait d'avance sa situation ; mais la pratique du bien et la conscience pure sont ce qui a le plus d'influence. »

Au moment de la mort, tout est d'abord confus ; il faut à l'âme quelque temps pour se reconnaître ; elle est comme étourdie, et dans l'état d'un homme sortant d'un profond sommeil et qui cherche à se rendre compte de sa situation. La lucidité des idées et la mémoire du passé lui reviennent à mesure que s'efface l'influence de la matière dont elle vient de se dégager, et que se dissipe l'espèce de brouillard qui obscurcit ses pensées.

La durée du trouble qui suit la mort est très variable ; il peut être de quelques heures, comme de plusieurs mois, et même de plusieurs années. Ceux chez lesquels il est le moins long sont ceux qui se sont identifiés de leur vivant avec leur état futur, parce qu'alors ils comprennent immédiatement leur position.

Ce trouble présente des circonstances particulières selon le caractère des individus et surtout selon le genre de mort. Dans les morts violentes, par suicide, supplice, accident, apoplexie, blessures, etc., l'Esprit est surpris, étonné et ne croit pas être mort ; il le soutient avec opiniâtreté ; pourtant il voit son coprs, il sait que ce corps est le sien, et il ne comprend pas qu'il en soit séparé ; il va auprès des personnes qu'il affectionne, leur parle et ne conçoit pas pourquoi elles ne l'entendent pas. Cette illusion dure jusqu'à l'entier dégagement du périsprit ; alors seulement l'Esprit se reconnaît et comprend qu'il ne fait plus partie des vivants. Ce phénomène s'explique aisément. Surpris à l'improviste par la mort, l'Esprit est étourdi du brusque changement qui s'est opéré en lui ; pour lui, la mort est encore synonyme de destruction, d'anéantissement ; or, comme il pense, qu'il voit, qu'il entend, à son sens il n'est pas mort ; ce qui augmente son illusion, c'est qu'il se voit un corps semblable au précédent pour la forme, mais dont il n'a pas encore eu le temps d'étudier la nature éthérée ; il le croit solide et compact comme le premier ; et quand on appelle son attention sur ce point, il s'étonne de ne pas pouvoir se palper. Ce phénomène est analogue à celui des nouveaux somnambules qui ne croient pas dormir. Pour eux, le sommeil est synonyme de suspension des facultés ; or, comme ils pensent librement et qu'ils voient, pour eux ils ne dorment pas. Certains Esprits présentent cette particularité, quoique la mort ne soit pas arrivée inopinément ; mais elle est toujours plus générale chez ceux qui, quoique malades, ne pensaient pas à mourir. On voit alors le singulier spectacle d'un Esprit assistant à son convoi comme à celui d'un étranger, et en parlant comme d'une chose qui ne le regarde pas, jusqu'au moment où il comprend la vérité.

Le trouble qui suit la mort n'a rien de pénibe pour l'homme de bien ! il est calme et en tout semblable à celui qui accompagne un réveil paisible. Pour celui dont la conscience n'est pas pure, il est plein d'anxiété et d'angoisses qui augmentent à mesure qu'il se reconnaît.

Dans les cas de mort collective, il a été observé que tous ceux qui périssent en même temps ne se revoient pas toujours immédiatement. Dans le trouble qui suit la mort, chacun va de son côté, où ne se préoccupe que de ceux qui l'intéressent.

CHAPITRE IV

PLURALITE DES EXISTENCES

1. De la réincarnation. — 2. Justice de la réincarnation. 3. Incarnation dans les différents mondes. — 4. Transmigration progressive. — 5. Sort des enfants après la mort. — 6. Sexes chez les Esprits. — 7. Parenté, filiation. — 8. Similitudes et morales. — 9. Idées innées.

De la réincarnation.

166. Comment l'âme, qui n'a point atteint la perfection pendant la vie corporelle, peut-elle achever de s'épurer ?

« En subissant l'épreuve d'une nouvelle existence. »

— Comment l'âme accomplit-elle cette nouvelle existence ? Est-ce par sa transformation comme Esprit ?

« L'âme, en s'épurant, subit sans doute une transformation, mais pour cela il lui faut l'épreuve de la vie corporelle. »

— L'âme a donc plusieurs existences corporelles ?

« Oui, tous nous avons plusieurs existences. Ceux qui disent le contraire veulent vous maintenir dans l'ignorance où ils sont eux-mêmes ; c'est leur désir. »

— Il semble résulter de ce principe que l'âme, après avoir quitté un corps, en prend un autre ; autrement dit, qu'elle se réincarne dans un nouveau corps ; est-ce ainsi qu'il faut l'entendre ?

« C'est évident. »

167. Quel est le but de la réincarnation ?

« Expiation, amélioration progressive de l'humanité, sans cela où serait la justice ? »

168. Le nombre des existences corporelles est-il limité, ou bien l'Esprit se réincarne-t-il à perpétuité ?

« A chaque existence nouvelle, l'Esprit fait un pas dans la voie du progrès ; quand il s'est dépouillé de toutes ses impuretés, il n'a plus besoin des épreuves de la vie corporelle. »

169. Le nombre des incarnations est-il le même pour tous les Esprits ?

« Non ; celui qui avance vite s'épargne des épreuves. Toutefois, ces incarnations successives sont toujours très nombreuses, car le progrès est presque infini. »

170. Que devient l'Esprit après sa dernière incarnation ?

« Esprit bienheureux ; il est pur Esprit. »

Justice de la réincarnation.

171. Sur quoi est fondé le dogme de la réincarnation ?

« Sur la justice de Dieu et la révélation, car nous vous le répétons sans cesse : Un bon père laisse toujours à ses enfants une porte ouverte au repentir. La raison ne te dit-elle pas qu'il serait injuste de priver sans retour du bonheur éternel tous ceux de qui il n'a pas dépendu de s'améliorer ? Est-ce que tous les hommes ne sont pas les enfants de Dieu ? Ce n'est que parmi les hommes égoïstes qu'on trouve l'iniquité, la haine implacable et les châtiments sans rémission. »

Tous les Esprits tendent à la perfection, et Dieu leur en fournit les moyens par les épreuves de la vie corporelle ; mais dans sa justice, il leur réserve d'accomplir, dans de nouvelles existences, *ce qu'ils n'ont pu faire ou achever dans une première épreuve.*

Il ne serait ni selon l'équité, ni selon la bonté de Dieu, de frapper à jamais ceux qui ont pu rencontrer des obstacles à leur amélioration en dehors de leur volonté et dans le milieu même où ils se trouvent placés. Si le sort de l'homme était irrévocablement fixé après sa mort, Dieu n'aurait point pesé les actions de tous dans la même balance, et ne les aurait point traités avec impartialité.

La doctrine de la réincarnation, c'est-à-dire celle qui consiste à admettre pour l'homme plusieurs existences successives, est la seule qui réponde à l'idée que nous nous faisons de la justice de Dieu à l'égard des hommes placés dans une condition morale inférieure, la seule qui puisse nous expliquer l'avenir et asseoir nos espérances, puisqu'elle nous offre le moyen de racheter nos erreurs par de nouvelles épreuves. La raison nous l'indique et les Esprits nous l'enseignent.

L'homme qui a la conscience de son infériorité puise dans la doctrine de la réincarnation une espérance consolante. S'il croit à la justice de Dieu, il ne peut espérer être pour l'éternité l'égal de ceux qui ont mieux fait que lui. La pensée que cette infériorité ne le déshérite pas à tout jamais du bien suprême, et qu'il pourra la conquérir par de nouveaux efforts, la soutient et ranime son courage. Quel est celui qui, au terme de sa carrière, ne regrette pas d'avoir acquis trop tard une expérience dont il ne peut plus profiter ? Cette expérience tardive n'est point perdue ; il la mettra à profit dans une nouvelle vie.

Incarnation dans les différents mondes.

172. Nos différentes existences corporelles s'accomplissent-elles toutes sur la terre ?

« Non, pas toutes, mais dans les différents mondes : celle d'ici-bas n'est ni la première ni la dernière, et c'est une des plus matérielles et des plus éloignées de la perfection. »

173. L'âme, à chaque nouvelle existence corporelle, passe-t-elle d'un monde à l'autre, ou bien peut-elle en accomplir plusieurs sur le même globe ?

« Elle peut revivre plusieurs fois sur le même globe, si elle n'est pas assez avancée pour passer dans un monde supérieur. »

— Ainsi nous pouvons reparaître plusieurs fois sur la terre ?

« Certainement. »

— Pouvons-nous y revenir après avoir vécu dans d'autres mondes ?

« Assurément ; vous avez déjà pu vivre ailleurs et sur la terre. »

174. Est-ce une nécessité de revivre sur la terre ?

« Non ; mais si vous n'avancez pas, vous pouvez aller dans un autre monde qui ne vaut pas mieux, et qui peut être pire. »

175. Y a-t-il un avantage à revenir habiter sur la terre ?

« Aucun avantage particulier, à moins d'y être en mission ; alors on avance, là comme ailleurs. »

— Ne serait-on pas plus heureux de rester Esprit ?

« Non, non : on serait stationnaire, et l'on veut avancer vers Dieu. »

176. Les Esprits, après avoir été incarnés dans d'autres mondes, peuvent-ils l'être dans celui-ci sans y avoir jamais paru ?

« Oui, comme vous dans les autres. *Tous les mondes sont solidaires :* ce qui ne s'accomplit pas dans l'un s'accomplit dans un autre. »

— Ainsi, il y a des hommes qui sont sur la terre pour la première fois ?

« Il y en a beaucoup, et à divers degrés. »

— Peut-on reconnaître à un signe quelconque quand un Esprit en est à sa première apparition sur la terre ?

« Cela n'aurait aucune utilité. »

177. Pour arriver à la perfection et au bonheur suprême qui est le but final de tous les hommes, l'Esprit doit-il passer par la filière de tous les mondes qui existent dans l'univers ?

« Non, car il y a beaucoup de mondes qui sont au même degré, et où l'Esprit n'apprendrait rien de nouveau. »

— Comment alors expliquer la pluralité de ses existences sur le même globe ?

« Il peut s'y trouver chaque fois dans des positions bien différentes qui sont pour lui autant d'occasions d'acquérir de l'expérience. »

178. Les Esprits peuvent-ils revivre corporellement dans un monde relativement inférieur à celui où ils ont déjà vécu ?

« Oui, quand ils ont à remplir une mission pour aider au progrès, et alors ils acceptent avec joie les tribulations de cette existence, parce qu'elles leur fournissent un moyen d'avancer. »

— Cela ne peut-il pas aussi avoir lieu par expiation, et Dieu ne peut-il envoyer des Esprits rebelles dans des mondes inférieurs ?

« Les Esprits peuvent rester stationnaires, mais ils ne rétrogradent pas, et alors leur punition est de ne pas avancer et de recommencer les existences mal employées dans le milieu qui convient à leur nature. »

— Quels sont ceux qui doivent recommencer la même existence ?

« Ceux qui faillissent à leur mission ou à leurs épreuves. »

179. Les êtres qui habitent chaque monde sont-ils tous arrivés au même degré de perfection ?

« Non, c'est comme sur la terre : il y en a de plus ou moins avancés. »

180. En passant de ce monde dans un autre, l'Esprit conserve-t-il l'intelligence qu'il avait dans celui-ci ?

« Sans doute, l'intelligence ne se perd pas, mais il peut n'avoir pas les mêmes moyens de la manifester ; cela dépend de sa supériorité et de l'état du corps qu'il prendra. » (Voir *Influence de l'organisme*).

181. Les êtres qui habitent les différents mondes ont-ils des corps semblables aux nôtres ?

« Sans doute, ils ont des corps, parce qu'il faut bien que l'Esprit soit revêtu de matière pour agir sur la matière ; mais cette enveloppe est plus ou moins matérielle selon le degré de pureté où sont arrivés les Esprits, et c'est ce qui fait la différence des mondes que nous devons parcourir ; car il y a plusieurs demeures chez notre Père et pour lors plusieurs degrés. Les uns le savent et en ont conscience sur cette terre, et d'autres ne sont nullement de même. »

182. Pouvons-nous connaître exactement l'état physique et moral des différents mondes ?

« Nous, Esprits, nous ne pouvons répondre que suivant le degré dans lequel vous êtes ; c'est-à-dire que nous ne devons pas révéler ces choses à tous, parce que tous ne sont pas en état de les comprendre *et cela les troublerait.* »

A mesure que l'Esprit se purifie, le corps qu'il revêt se rapproche également de la nature spirite. La matière est moins dense, il ne rampe plus péniblement à la surface du sol, les besoins physiques sont moins grossiers, les êtres vivants n'ont plus besoin de s'entre-détruire pour se nourrir. L'Esprit est plus libre et a pour les choses éloignées des perceptions qui nous sont inconnues ; il voit par les yeux du corps ce que nous ne voyons que par la pensée.

L'épuration des Esprits amène chez les êtres dans lesquels ils sont incarnés le perfectionnement moral. Les passions animales s'affaiblissent, et l'égoïsme fait place au sentiment fraternel. C'est ainsi que, dans les mondes supérieurs à la terre, les guerres sont inconnues : les haines et les discordes y sont sans objet, parce que nul ne songe à faire du tort à son semblable. L'intuition qu'ils ont de leur avenir, la sécurité que leur donne une conscience exempte de remords, font que la mort ne leur cause aucune appréhension ; ils la voient venir sans crainte et comme une simple transformation.

La durée de la vie, dans les différents mondes, paraît être proportionnée au degré de supériorité physique et morale de de ces mondes, et cela est parfaitement rationnel. Moins le corps est matériel, moins il est sujet aux vicissitudes qui le désorganisent ; plus l'Esprit est pur, moins il a de passions qui le minent. C'est encore là un bienfait de la Providence qui veut ainsi abréger les souffrances.

183. En passant d'un monde à l'autre, l'Esprit passe-t-il par une nouvelle enfance ?

« L'enfance est partout une transition nécessaire, mais elle n'est pas partout aussi stupide que chez vous. »

184. L'Esprit a-t-il le choix du nouveau monde qu'il doit habiter ?

« Pas toujours, mais il peut le demander, et il peut l'obtenir s'il le mérite ; car les mondes ne sont accesibles aux Esprits que selon le degré de leur élévation. »

— Si l'Esprit ne demande rien, qu'est-ce qui détermine le monde où il sera réincarné ?

« Le degré de son élévation. »

185. L'état physique et moral des êtres vivants est-il perpétuellement le même dans chaque globe ?

« Non ; les mondes aussi sont soumis à la loi du progrès. Tous ont commencé comme le vôtre par être dans un état inférieur, et la terre elle-même subira une transformation semblable ; elle deviendra un paradis terrestre lorsque les hommes seront devenus bons. »

C'est ainsi que les races qui peuplent aujourd'hui la terre disparaîtront un jour et seront remplacées par des êtres de plus en plus parfaits ; ces races transformées succéderont à la race actuelle, comme celle-ci a succédé à d'autres plus grossières encore.

186.Y a-t-il des mondes où l'Esprit, cessant d'habiter un corps matériel, n'a plus pour enveloppe que le périsprit ?

« Oui, et cette enveloppe même devient tellement éthérée, que pour vous c'est comme si elle n'existait pas ; c'est alors l'état des purs Esprits. »

— Il semble résulter de là qu'il n'y a pas une démarcation tranchée entre l'état des dernières incarnations et celui de pur Esprit ?

« Cette démarcation n'existe pas ; la différence s'effaçant peu à peu devient insensible comme la nuit qui s'efface devant les premières clartés du jour. »

187. La substance du périsprit est-elle la même dans tous les globes ?

« Non ; elle est plus ou moins éthérée. En passant

d'un monde à l'autre, l'Esprit se revêt de la matière propre de chacun ; c'est d'aussi peu de durée que l'éclair. »

188. Les purs Esprits habitent-ils des mondes spéciaux, ou bien sont-ils dans l'espace universel sans être attachés à un globe plutôt qu'à un autre ?

« Les purs Esprits habitent certains mondes, mais ils n'y sont pas confinés comme les hommes sur la terre ; ils peuvent mieux que les autres être partout (1). »

Transmigration progressive.

189. Dès le principe de sa formation, l'Esprit jouit-il de la plénitude de ses facultés ?

« Non, car l'Esprit, comme l'homme, a aussi son

---

(1) Selon les Esprits, de tous les globes qui composent notre système planétaire, la *Terre* est un de ceux dont les habitants sont le moins avancés physiquement et moralement ; *Mars* lui serait encore inférieur et *Jupiter* de beaucoup supérieur à tous égards. Le *Soleil* ne serait point un monde habité par des êtres corporels, mais un lieu de rendez-vous des Esprits supérieurs qui, de là, rayonnent par la pensée vers les autres mondes qu'ils dirigent par l'entremise d'Esprits moins élevés auxquels ils se transmettent par l'intermédiaire du fluide universel. Comme constitution physique, le soleil serait un foyer d'électricité. Tous les soleils sembleraient être dans une position identique.

Le volume et l'éloignement du soleil n'ont aucun rapport nécessaire avec le degré d'avancement des mondes, puisqu'il paraîtrait que Vénus serait plus avancée que la Terre, et Saturne moins que Jupiter.

Plusieurs Esprits qui ont animé des personnes connues sur la terre ont dit être réincarnées dans Jupiter, l'un des mondes les plus voisins de la perfection, et l'on a pu s'étonner de voir, dans ce globe si avancé, des hommes que l'opinion ne plaçait pas ici-bas sur la même ligne. Cela n'a rien qui doive surprendre si l'on considère que certains Esprits habitant cette planète ont pu être envoyés sur la terre pour y remplir une mission qui, à nos yeux, ne les plaçait pas au premier rang ; secondement, qu'entre leur existence terrestre et celle dans Jupiter, ils ont pu enfance. A leur origine, les Esprits n'ont qu'une existence instinctive et ont à peine conscience d'eux-mêmes et de leurs actes ; ce n'est que peu à peu que l'intelligence se développe. »

190. Quel est l'état de l'âme à sa première incarnation ?

« L'état de l'enfance à la vie corporelle ; son intelligence éclôt à peine : *elle s'essaye à la vie.* »

191. Les âmes de nos sauvages sont-elles des âmes à l'état d'enfance ?

« Enfance relative ; mais ce sont des âmes déjà développées ; ils ont des passions. »

---

en avoir d'intermédiaires dans lesquelles ils se sont améliorés ; troisièmement, enfin, que dans ce monde, comme dans le nôtre, il y a différents degrés de développement, et qu'entre ces degrés il peut y avoir la distance qui sépare chez nous le sauvage de l'homme civilisé. Ainsi, de ce que l'on habite Jupiter, il ne s'ensuit pas que l'on soit au niveau des êtres les plus avancés, pas plus qu'on n'est au niveau d'un savant de l'Institut, parce qu'on habite Paris.

Les conditions de longévité ne sont pas non plus partout les mêmes que sur la terre, et l'âge ne peut se comparer. Une personne décédée depuis quelques années, étant évoquée, dit être incarnée depuis six mois dans un monde dont le nom nous est inconnu. Interrogée sur l'âge qu'elle avait dans ce monde, elle répondit : « Je ne puis l'apprécier, parce que nous ne comptons pas comme vous ; ensuite le mode d'existence n'est plus le même ; on se développe ici bien plus promptement ; pourtant, quoiqu'il n'y ait que six de vos mois que j'y sois, je puis dire que, pour l'intelligence, j'ai trente ans de l'âge que j'avais sur la terre. »

Beaucoup de réponses analogues ont été faites par d'autres Esprits, et cela n'a rien d'invraisemblable. Ne voyons-nous pas sur la terre une foule d'animaux acquérir en quelques mois leur développement normal ? Pourquoi n'en serait-il pas de même de l'homme dans d'autres sphères ? Remarquons, en outre, que le développement acquis par l'homme sur la terre à l'âge de trente ans n'est peut-être qu'une sorte d'enfance, comparé à celui qu'il doit atteindre. C'est avoir la vue bien courte que de nous prendre en tout pour les types de la création, et c'est bien rabaisser la Divinité de croire qu'en dehors de nous il n'y ait rien qui lui soit possible.

— Les passions sont donc un signe de développement ?

« De développement, oui, mais non de perfection ; elles sont un signe d'activité et de la conscience du *moi ;* tandis que dans l'âme primitive l'intelligence et la vie sont à l'état de germe. »

La vie de l'Esprit, dans son ensemble, parcourt les mêmes phases que nous voyons dans la vie corporelle ; il passe graduellement de l'état d'embryon à celui de l'enfance, pour arriver par une succession de périodes à l'état d'adulte, qui est celui de la perfection, avec cette différence qu'il n'a pas de déclin et de décrépitude comme dans la vie corporelle ; que sa vie, qui a eu un commencement, n'aura pas de fin : qu'il lui faut un temps immense, à notre point de vue, pour passer de l'enfance spirite à un développement complet, et son progrès s'accomplit, non sur une seule sphère, mais en passant par des mondes divers. La vie de l'Esprit se compose ainsi d'une série d'existences corporelles dont chacune est pour lui une occasion de progrès, comme chaque existence corporelle se compose d'une série de jours à chacun desquels l'homme acquiert un surcroît d'expérience et d'instruction. Mais, de même que, dans la vie de l'homme, il y a des jours qui ne portent aucun fruit, dans celle de l'Esprit il y a des existences corporelles qui sont sans résultats, parce qu'il n'a pas su les mettre à profit.

192. Peut-on, dès cette vie, par une conduite parfaite, franchir tous les degrés et devenir pur Esprit sans passer par d'autres intermédiaires ?

« Non, car ce que l'homme croit parfait est loin de la perfection ; il y a des quailtés qui lui sont inconnues et qu'il ne peut comprendre. Il peut être aussi parfait que le comporte sa nature terrestre, mais ce n'est pas la perfection absolue. De même un enfant, quelque précoce qu'il soit, doit passer par la jeunesse avant d'arriver à l'âge mûr ; de même aussi le malade passe par la convalescence avant de recouvrer toute sa santé. Et puis, l'Esprit doit avancer en science et en moralité ; s'il n'a progressé que dans un sens, il faut qu'il progresse dans un autre pour atteindre le haut de l'échelle ; mais plus l'homme avance dans sa vie présente, moins les épreuves suivantes sont longues et pénibles. »

— L'homme peut-il au moins s'assurer dès cette vie une existence future moins remplie d'amertume ?

« Oui, sans doute, il peut abréger la longueur et les difficultés de la route. *L'insouciant seul se trouve toujours au même point.* »

193. Un homme, dans ses nouvelles existences, peut-il descendre plus bas qu'il n'était ?

« Comme *position sociale,* oui ; comme Esprit, non. »

194. L'âme d'un homme de bien peut-elle, dans une nouvelle incarnation, animer le corps d'un scélérat ?

« Non, puisqu'elle ne peut dégénérer. »

— L'âme d'un homme pervers peut-elle devenir celle d'un homme de bien ?

« Oui, s'il s'est repenti, et alors c'est une récompense. »

La marche des Esprits est progressive et jamais rétrograde ; ils s'élèvent graduellement dans la hiérarchie, et ne descendent point du rang auquel ils sont parvenus. Dans leurs différentes existences corporelles ils peuvent descendre comme hommes, mais non comme Esprits. Ainsi l'âme d'un puissant de la terre peut plus tard animer le plus humble artisan, et *vice versa ;* car les rangs parmi les hommes sont souvent en raison inverse de l'élévation des sentiments moraux. Hérode était roi, et Jésus charpentier.

195. La possibilité de s'améliorer dans une autre existence ne peut-elle pas porter certaines personnes à persévérer dans une mauvaise voie par la pensée qu'elles pourront toujours se corriger plus tard ?

« Celui qui pense ainsi ne croit à rien, et l'idée d'un châtiment éternel ne le retient pas davantage, parce que sa raison le repousse, et cette idée conduit à l'incrédulité sur toutes choses. Si l'on n'avait employé que des moyens rationnels pour conduire les hommes, il n'y aurait pas autant de sceptiques. Un Esprit imparfait peut, en effet, penser comme tu le dis pendant sa vie corporelle ; mais une fois dégagé de la matière, il pense autrement, car il s'aperçoit bientôt qu'il a fait un faux calcul, *et c'est alors qu'il apporte un sentiment contraire dans une nouvelle existence*. C'est ainsi que s'accomplit le progrès, et voilà pourquoi vous avez sur la terre des hommes plus avancés les uns que les autres ; les uns ont déjà une expérience que d'autres n'ont pas encore, mais qu'ils acquerront peu à peu. Il dépend d'eux d'avancer leur progrès ou de le retarder indéfiniment. »

L'homme qui a une mauvaise position désire en changer le plus tôt possible. Celui qui est persuadé que les tribulations de cette vie sont la conséquence de ses imperfections cherchera à s'assurer une nouvelle existence moins pénible ; et cette pensée le détournera plutôt de la voie du mal que celle du feu éternel auquel il ne croit pas.

196. Les Esprits ne pouvant s'améliorer qu'en subissant les tribulations de l'existence corporelle, il s'ensuivrait que la vie matérielle serait une sorte d'*étamine* ou d'*épuratoire*, par où doivent passer les êtres du monde spirite pour arriver à la perfection ?

« Oui, c'est bien cela. Ils s'améliorent dans ces épreuves en évitant le mal et en pratiquant le bien. Mais ce n'est qu'après plusieurs incarnations ou épurations successives qu'ils atteignent, dans un temps plus ou moins long, *selon leurs efforts,* le but auquel ils tendent. »

— Est-ce le corps qui influe sur l'Esprit pour l'améliorer, ou l'Esprit qui influe sur le corps ?

« Ton Esprit est tout ; ton corps est un vêtement qui se pourrit : voilà tout. »

Nous trouvons une comparaison matérielle des différents degrés de l'épuration de l'âme dans le suc de la vigne. Il contient la liqueur appelée esprit ou alcool, mais affaiblie par une foule de matières étrangères qui en altèrent l'essence ; elle n'arrive à la pureté absolue qu'après plusieurs distillations, à chacune desquelles elle se dépouille de quelque impureté. L'alambic est le corps dans lequel elle doit entrer pour s'épurer ; les matières étrangères sont comme le périsprit qui s'épure lui-même à mesure que l'Esprit approche de la perfection.

Sort des enfants après la mort.

197. L'Esprit d'un enfant mort en bas âge est-il aussi avancé que celui de l'adulte ?

« Quelquefois beaucoup plus, car il peut avoir beaucoup plus vécu et avoir plus d'expérience, si surtout il a progressé. »

— L'Esprit d'un enfant peut ainsi être plus avancé que celui de son père ?

« Cela est très fréquent ; ne le voyez-vous pas souvent vous-même sur la terre ? »

198. L'enfant qui meurt en bas âge n'ayant pu

faire de mal, son Esprit appartient-il aux degrés supérieurs ?

« S'il n'a point fait de mal, il n'a pas fait de bien, et Dieu ne l'affranchit pas des épreuves qu'il doit subir. S'il est pur, ce n'est pas parce qu'il était enfant, mais parce qu'il était plus avancé. »

199. Pourquoi la vie est-elle souvent interrompue dès l'enfance ?

« La durée de la vie de l'enfant peut être pour l'Esprit qui est incarné en lui le complément d'une existence interrompue avant le terme voulu, et sa mort est souvent *une épreuve ou une expiation pour les parents.* »

— Que devient l'Esprit d'un enfant qui meurt en bas âge ?

« Il recommence une nouvelle existence. »

Si l'homme n'avait qu'une seule existence, et si après cette existence son sort futur était fixé pour l'éternité, quel serait le mérite de la moitié de l'espèce humaine qui meurt en bas âge, pour jouir sans efforts du bonheur éternel, et de quel droit serait-elle affranchie des conditions souvent si dures imposées à l'autre moitié ? Un tel ordre de choses ne saurait être selon la justice de Dieu. Par la réincarnation, l'égalité est pour tous ; l'avenir appartient à tous sans exception et sans faveur pour aucun ; ceux qui arrivent les derniers ne peuvent s'en prendre qu'à eux-mêmes. L'homme doit avoir le mérite de ses actes, comme il en a la responsabilité.

Il n'est d'ailleurs pas rationnel de considérer l'enfance comme un état normal d'innocence. Ne voit-on pas des enfants doués des plus mauvais instincts à un âge où l'éducation n'a point encore pu exercer son influence ? N'en voit-on pas qui semble apporter en naissant l'astuce, la fausseté, la perfidie, l'instinct même du vol et du meurtre et cela nonobstant les bons exemples dont ils sont entourés ? La loi civile absout leurs méfaits, parce que, dit-elle, ils ont agi sans discernement ; elle a raison, parce qu'en effet ils agissent plus instinctivement que de propos délibéré ; mais d'où peuvent provenir ces instincts si différents chez des enfants du même âge, élevés dans les mêmes conditions et soumis aux mêmes influences ? D'où vient cette perversité précoce, si ce n'est de l'infériorité de l'Esprit, puisque l'éducation n'y est pour rien ? Ceux qui sont vicieux, c'est que leur esprit a moins progressé, et alors il en subit les conséquences, non pour ses actes d'enfant, mais pour ceux de ses existences antérieures, et c'est ainsi que la loi est la même pour tous, et que la justice de Dieu atteint tout le monde .

Sexes chez les Esprits.

200. Les Esprits ont-ils des sexes ?

« Non point comme vous l'entendez, car les sexes dépendent de l'organisation. Il y a entre eux amour et sympathie, mais fondés sur la similitude des sentiments. »

201. L'Esprit qui a animé le corps d'un homme peut-il, dans une nouvelle existence, animer celui d'une femme, et réciproquement ?

« Oui, ce sont les mêmes Esprits qui animent les hommes et les femmes. »

202. Quand on est Esprit, préfère-t-on être incarné dans le corps d'un homme ou d'une femme ?

« Cela importe peu à l'Esprit ; c'est suivant les épreuves qu'il doit subir. »

Les Esprits s'incarnent hommes ou femmes, parce qu'ils n'ont pas de sexes ; comme ils doivent progresser en tout, chaque sexe, comme chaque position sociale, leur offre des épreuves et des devoirs spéciaux et l'occasion d'acquérir de l'expérience. Celui qui serait toujours homme ne saurait que ce que savent les hommes.

Parenté, filiation.

203. Les parents transmettent-ils à leurs enfants une portion de leur âme, ou bien ne font-ils que leur donner la vie animale à laquelle une âme nouvelle vient plus tard ajouter la vie morale ?

« La vie animale seule, car l'âme est indivisible. Un père stupide peut avoir des enfants d'esprit, et *vice versa.* »

204. Puisque nous avons eu plusieurs existences, la parenté remonte-t-elle au delà de notre existence actuelle ?

« Cela ne peut être autrement. La succession des existences corporelles établit entre les Esprits des liens qui remontent à vos existences antérieures ; de là, souvent des causes de sympathie entre vous et certains Esprits qui vous paraissent étrangers. »

205. Aux yeux de certaines personnes, la doctrine de la réincarnation semble détruire les liens de famille en les faisant remonter au delà de l'existence actuelle.

« Elle les étend, mais elle ne les détruit pas. La parenté étant fondée sur des affections antérieures, les liens qui unissent les membres d'une même famille sont moins précaires. Elle augmente les devoirs de la fraternité, puisque, dans votre voisin, ou dans votre serviteur, peut se trouver un Esprit qui a tenu à vous par les liens du sang. »

— Elle diminue cependant l'importance que quelques-uns attachent à leur filiation, puisqu'on peut avoir eu pour père un Esprit ayant appartenu à une tout autre race, ou ayant vécu dans une condition tout autre.

« C'est vrai, mais cette importance est fondée sur l'orgueil ; ce que la plupart honorent dans leurs ancêtres, ce sont les titres, le rang, la fortune. Tel rougirait d'avoir eu pour aïeul un cordonnier honnête homme, qui se vantera de descendre d'un gentilhomme débauché. Mais quoi qu'ils disent ou fassent, ils n'empêcheront pas les choses d'être ce qu'elles sont, car Dieu n'a pas réglé les lois de la nature sur leur vanité. »

206. De ce qu'il n'y a pas de filiation entre les Esprits des descendants d'une même famille, s'ensuit-il que le culte des ancêtres soit une chose ridicule ?

« Assurément non car on doit être heureux d'appartenir à une famille dans laquelle des Esprits élevés se sont incarnés. Quoique les Esprits ne procèdent pas les uns des autres, ils n'en ont pas moins d'affection pour ceux qui tiennent à eux par les liens de la famille, car ces Esprits sont souvent attirés dans telle ou telle famille par des causes de sympathie ou par des liens antérieurs ; mais croyez bien que les Esprits de vos ancêtres ne sont nullement honorés du culte que vous leur rendez par orgueil ; leur mérite ne rejaillit sur vous qu'autant que vous vous efforcez de suivre les bons exemples qu'ils vous ont donnés, et c'est alors seulement que votre souvenir peut non seulement leur être agréable, mais même leur être utile. »

Similitudes physiques et morales.

207. Les parents transmettent souvent à leurs enfants une ressemblance physique. Leur transmettent-ils aussi une ressemblance morale ?

« Non, puisqu'ils ont des âmes ou des Esprits

différents. Le corps procède du corps, mais l'Esprit ne procède pas de l'Esprit. Entre les descendants des races, il n'y a que consanguinité. »

— D'où viennent les ressemblances morales qui existent quelquefois entre les parents et leurs enfants ?

« Ce sont des Esprits sympathiques attirés par la similitude de leurs penchants. »

208. L'Esprit des parents est-il sans influence sur celui de l'enfant après sa naissance ?

« Il en a une très grande ; comme nous l'avons dit, les Esprits doivent concourir au progrès les uns des autres. Eh bien ! l'Esprit des parents a pour mission de développer celui de leurs enfants par l'éducation ; c'est pour lui une tâche : *s'il y faillit, il est coupable.* »

209. Pourquoi des parents bons et vertueux donnent-ils naissance à des enfants d'une nature perverse ? Autrement dit, pourquoi les bonnes qualités des parents n'attirent-elles pas toujours, par sympathie, un bon Esprit pour animer leur enfant ?

« Un mauvais Esprit peut demander de bons parents, dans l'espérance que leurs conseils le dirigeront dans une voie meilleure, et souvent Dieu le leur confie. »

210. Les parents peuvent-ils, par leurs pensées et leurs prières, attirer dans le corps de l'enfant un bon Esprit plutôt qu'un Esprit inférieur ?

« Non, mais ils peuvent améliorer l'Esprit de l'enfant qu'ils ont fait naître et qui leur est confié : c'est leur devoir ; de mauvais enfants sont une épreuve pour les parents. »

211. D'où vient la similitude de caractère qui existe souvent entre deux frères, surtout chez les jumeaux ?

« Esprits sympathiques qui se rapprochent par la similitude de leurs sentiments *et qui sont heureux d'être ensemble.* »

212. Dans les enfants dont les corps sont soudés et qui ont certains organes communs, y a-t-il deux Esprits, autrement dit deux âmes ?

« Oui, mais leur similitude n'en fait souvent qu'un à vos yeux. »

213. Puisque les Esprits s'incarnent dans les jumeaux par sympathie, d'où vient l'aversion que l'on voit quelquefois entre ces derniers ?

« Ce n'est pas une règle que les jumeaux n'ont que des Esprits sympathiques ; des Esprits mauvais peuvent vouloir lutter ensemble sur le théâtre de la vie. »

214. Que penser des histoires d'enfants se battant dans le sein de la mère ?

« Figure ! Pour peindre que leur haine était invétérée, on la fait remonter avant leur naissance. Généralement, vous ne tenez pas assez compte des figures poétiques. »

215. D'où vient le caractère distinctif que l'on remarque dans chaque peuple ?

« Les Esprits ont aussi des familles formées par la similitude de leurs penchants plus ou moins épurés selon leur élévation. Eh bien ! un peuple est une grande famille où se rassemblent des Esprits sympathiques. La tendance qu'ont les membres de ces familles à s'unir est la source de la ressemblance qui existe dans le caractère distinctif de chaque peuple. Crois-tu que des Esprits bons et humains rechercheront un peuple dur et grossier? Non, les Esprits sympathisent avec les masses, comme ils sympathisent avec les individus ; là, ils sont dans leur milieu. »

216. L'homme conserve-t-il, dans ses nouvelles existences, des traces du caractère moral de ses existences antérieures ?

« Oui, cela peut arriver ; mais en s'améliorant, il change. Sa position sociale peut aussi n'être plus la même ; si de maître, il devient esclave, ses goûts seront tout différents et vous auriez de la peine à le reconnaître. L'Esprit étant le même dans les diverses incarnations, ses manifestations peuvent avoir de l'une à l'autre certaines analogies, modifiées, toutefois, par les habitudes de sa nouvelle position, jusqu'à ce qu'un perfectionnement notable ait complètement changé son caractère, car d'orgueilleux et méchant, il peut devenir humble et humain s'il s'est repenti. »

217. L'homme, dans ses différentes incarnations, conserve-t-il des traces du caractère physique des existences antérieures ?

« Le corps est détruit et le nouveau n'a aucun rapport avec l'ancien. Cependant, l'Esprit se reflète sur le corps ; certes, le corps n'est que matière, mais malgré cela il est modelé sur les capacités de l'Esprit qui lui imprime un certain caractère, principalement sur la figure, et c'est avec vérité qu'on a désigné les yeux comme le miroir de l'âme ; c'est-à-dire que la figure, plus particulièrement, reflète l'âme ; car telle personne excessivement laide a pourtant quelque chose qui plaît quand elle est l'enveloppe d'un Esprit bon, sage, humain, tandis qu'il y a des figures très belles qui ne te font rien éprouver, pour lesquelles même tu as de la répulsion. Tu pourrais croire qu'il n'y a que les corps bien faits qui soient l'enveloppe des Esprits les plus parfaits, tandis que tu rencontres tous les jours des hommes de bien sous des dehors difformes. Sans avoir une ressemblance prononcée, la similitude des goûts et des penchants peut donc donner ce qu'on appelle un air de famille. »

Le corps que revêt l'âme dans une nouvelle incarnation n'ayant aucun rapport *nécessaire* avec celui qu'elle a quitté, puisqu'elle peut le tenir d'une tout autre souche, il serait absurde de conclure une succession d'existences d'une ressemblance qui n'est que fortuite. Cependant les qualités de l'Esprit modifient souvent les organes qui servent à leurs manifestations et impriment sur la figure, et même à l'ensemble des manières, un cachet distinct. C'est ainsi que sous l'enveloppe la plus humble, on peut trouver l'expression de la grandeur et de la dignité, tandis que sous l'habit du grand seigneur on voit quelquefois celle de la bassesse et de l'igominie. Certaines personnes sorties de la position la plus infime prennent sans efforts les habitudes et les manières du grand monde. Il semble qu'elles y *retrouvent* leur élément, tandis que d'autres, malgré leur naissance et leur éducation, y sont toujours déplacées. Comment expliquer ce fait autrement que comme un reflet de ce qu'a été l'Esprit ?

Idées innées.

218. L'Esprit incarné ne conserve-t-il aucune trace des perceptions qu'il a eues et des connaissances qu'il a acquises dans ses existences antérieures ?

« Il lui reste un vague souvenir qui lui donne ce qu'on appelle des idées innées. »

— La théorie des idées innées n'est donc pas une chimère ?

« Non, les connaissances acquises dans chaque existence ne se perdent pas ; l'Esprit, dégagé de la matière, s'en souvient toujours. Pendant l'incarnation, il peut les oublier en partie momentanément. mais l'intuition qui lui en reste aide à son avancement ; sans cela, ce serait toujours à recommencer. A chaque existence nouvelle, l'Esprit prend son point de départ de celui où il était resté dans sa précédente existence. »

— Il doit ainsi y avoir une grande connexion entre deux existences successives ?

« Pas toujours aussi grande que tu pourrais le croire, car les positions sont souvent bien différentes, et dans l'intervalle l'Esprit a pu progresser (216). »

219. Quelle est l'origine des facultés extraordinaires des individus qui, sans étude préalable, semblent avoir l'intuition de certaines connaissances comme les langues, le calcul, etc. ?

« Souvenir du passé ; progrès antérieur de l'âme, mais dont lui-même n'a pas la conscience. D'où veux-tu qu'elles viennent ? Le corps change, mais l'Esprit ne change pas, quoiqu'il change de vêtement. »

220. En changeant de corps, peut-on perdre certaines facultés intellectuelles, ne plus avoir, par exemple, le goût des arts ?

« Oui, si l'on a souillé cette intelligence, ou si l'on en a fait un mauvais emploi. Une faculté peut, en outre, sommeiller pendant une existence, parce que l'Esprit veut en exercer une autre qui n'y a pas de rapport ; alors, elle reste à l'état latent pour reparaître plus tard. »

221. Est-ce à un souvenir rétrospectif que l'homme doit, même à l'état sauvage, le sentiment instinctif

de l'existence de Dieu et le pressentiment de la vie future ?

« C'est un souvenir qu'il a conservé de ce qu'il savait comme Esprit avant d'être incarné ; mais l'orgueil étouffe souvent ce sentiment. »

— Est-ce à ce même souvenir que sont dues certaines croyances relatives à la doctrine spirite, et que l'on retrouve chez tous les peuples ?

« Cette doctrine est aussi ancienne que le monde ; c'est pourquoi on la retrouve partout, et c'est là une preuve qu'elle est vraie. L'Esprit incarné, conservant l'intuition de son état d'Esprit, a la conscience instinctive du monde invisible, mais souvent elle est faussée par les préjugés et l'ignorance y mêle la superstition. »

CHAPITRE V

CONSIDERATIONS SUR LA PLURALITE DES EXISTENCES

222. Le dogme de la réincarnation, disent certaines personnes, n'est point nouveau ; il est ressuscité de Pythagore. Nous n'avons jamais dit que la doctrine spirite fût d'invention moderne ; le spiritisme étant une loi de nature, a dû exister dès l'origine des temps, et nous nous sommes toujours efforcés de prouver qu'on en retrouve les traces dans la plus haute antiquité. Pythagore, comme on le sait, n'est pas l'auteur du système de la métempsycose ; il l'a puisée chez les philosophes indiens et chez les Egyptiens, où elle existait de temps immémorial. L'idée de la transmigration des âmes était donc une croyance vulgaire, admise par les hommes les plus éminents. Par quelles voie leur est-elle venue ? Est-ce par révélation ou par intuition ? Nous ne le savons pas ; mais, quoi qu'il en soit, une idée ne traverse pas les âges et n'est pas acceptée par les intelligences d'élite, sans avoir un côté sérieux. L'antiquité de cette doctrine serait donc plutôt une preuve qu'une objection. Toutefois, comme on le sait également, il y a, entre la métempsycose des anciens et la doctrine moderne de la réincarnation, cette grande différence que les Esprits rejettent de la manière la plus absolue la transmigration de l'homme dans les animaux, et réciproquement.

Les Esprits, en enseignant le dogme de la pluralité des existences corporelles, renouvellent donc une doctrine qui a pris naissance dans les premiers âges du monde, et qui s'est conservée jusqu'à nos jours dans la pensée intime de beaucoup de personnes ; seulement, ils la présentent sous un point de vue plus rationnel, plus conforme aux lois progressives de la nature et plus en harmonie avec la sagesse du Créateur, en la dépouillant de tous les accessoires de la superstition. Une circonstance digne de remarque, c'est que ce n'est pas dans ce livre seul qu'ils l'ont enseignée dans ces derniers temps : dès avant sa publication, de nombreuses communications de même nature ont été obtenues, en diverses contrées, et se sont considérablement multipliées depuis. Ce serait peut-être ici le cas d'examiner pourquoi tous les Esprits ne paraissent pas d'accord sur ce point ; nous y reviendrons plus tard.

Examinons la chose sous un autre point de vue, et abstraction faite de toute intervention des Esprits, mettons ceux-ci de côté pour un instant ; supposons que cette théorie ne soit pas leur fait ; supposons même qu'il n'ait jamais été question d'Esprits. Plaçons-nous donc momentanément sur un terrain neutre, admettant au même degré de probabilité l'une et l'autre hypothèse, savoir : la pluralité et l'unité des existences corporelles, et voyons de quel côté nous portera la raison et notre propre intérêt.

Certaines personnes repoussent l'idée de la réincarnation par ce seul motif qu'elle ne leur convient pas, disant qu'elles ont bien assez d'une existence et qu'elles n'en voudraient pas recommencer une pareille ; nous en connaissons que la seule pensée de reparaître sur la terre fait bondir de fureur. Nous n'avons qu'une chose à leur demander, c'est si elles pensent que Dieu ait pris leur avis et consulté leur goût pour régler l'univers. Or, de deux choses l'une, ou la réincarnation existe, ou elle n'existe pas ; si elle existe, elle a beau les contrarier, il leur faudra la subir, Dieu ne leur en demandera pas la permission. Il nous semble entendre un malade dire : « J'ai assez souffert aujourd'hui, je ne veux plus souffrir demain. » Quelle que soit sa mauvaise humeur, il ne lui faudra pas moins souffrir le lendemain et les jours suivants, jusqu'à ce qu'il soit guéri ; donc, s'ils doivent revivre corporellement, ils revivront, ils se réincarneront ; ils auront beau se mutiner, comme un enfant qui ne veut pas aller à l'école, ou un condamné en prison, il faudra qu'ils en passent par là. De pareilles objections sont trop puériles pour mériter un plus sérieux examen. Nous leur dirons cependant, pour les rassurer, que la doctrine spirite sur la réincarnation n'est pas aussi terrible qu'ils le croient, et s'ils l'avaient étudiée à fond ils n'en seraient pas si effrayés ; ils sauraient que la condition de cette nouvelle existence dépend d'eux ; elle sera heureuse ou malheureuse selon ce qu'ils auront fait ici-bas, *et ils peuvent dès cette vie s'élever si haut, qu'ils n'auront plus à craindre de retomber dans le bourbier*.

Nous supposons que nous parlons à des gens qui croient à un avenir quelconque après la mort, et non à ceux qui se donnent le néant pour perspective, ou qui veulent noyer leur âme dans un tout universel, sans individualité, comme les gouttes de pluie dans l'Océan, ce qui revient à peu près au même. Si donc vous croyez à un avenir quelconque, vous n'admettez pas, sans doute, qu'il soit le même pour tous, autrement où serait l'utilité du bien ? Pourquoi se contraindre ? Pourquoi ne pas satisfaire toutes ses passions, tous ses désirs, fût-ce même aux dépens d'autrui, puisqu'il n'en serait ni plus ni moins ? Vous croyez que cet avenir sera plus ou moins heureux ou malheureux selon ce que nous aurons fait pendant la vie ; vous avez alors le désir d'y être aussi heureux que possible, puisque ce doit être pour l'éternité ? Auriez-vous, par hasard, la prétention d'être un des hommes les plus parfaits qui aient existé sur la terre, et d'avoir ainsi droit d'emblée à la félicité suprême des élus ? Non. Vous admettez ainsi qu'il y a des hommes qui valent mieux que vous et qui ont droit à une meilleur place, sans pour cela que vous soyez parmi les réprouvés. Eh bien ! placez-vous un instant par la pensée dans cette situation moyenne qui sera la vôtre, puisque vous venez d'en convenir, et supposez que quelqu'un vienne vous dire : « Vous souffrez, vous n'êtes pas aussi heureux que vous pourriez l'être, tandis que vous avez devant vous des êtres qui jouissent d'un bonheur sans mélange ; voulez-vous changer votre position contre la leur ? » — Sans doute, direz-vous ; que faut-il faire ? — Moins que rien ; recommencer ce que vous avez mal fait et tâcher de faire mieux. — Hésiteriez-vous à accepter fût-ce même au prix de plusieurs existences d'épreuve ? Prenons une comparaison plus prosaïque. Si à un homme, qui sans être dans la dernière des misères, éprouve néanmoins des privations par suite de la médiocrité de ses ressources, on venait dire : « Voilà une immense fortune, vous pouvez en jouir, il faut pour cela travailler rudement pendant une minute. » Fût-il le plus paresseux de la terre, il dira sans hésiter : « Travaillons une minute, deux minutes, une heure, un jour, s'il le faut ; qu'est-ce que cela pour finir ma vie dans l'abondance ? » Or, qu'est la durée de la vie corporelle par rapport à l'éternité ? Moins qu'une minute, moins qu'une seconde.

Nous avons entendu faire ce raisonnement : Dieu, qui est souverainement bon, ne peut imposer à l'homme de recommencer une série de misères et de tribulations. Trouverait-on, par hasard, qu'il y a plus de bonté à condamner l'homme à une souffrance perpétuelle pour quelques moments d'erreur, plutôt qu'à lui donner les moyens de réparer ses fautes ? « Deux fabricants avaient chacun un ouvrier qui pouvait aspirer à devenir l'associé du chef. Or il arriva que ces deux ouvriers employèrent une fois très mal leur journée et méritèrent d'être renvoyés. L'un des deux fabricants chassa son ouvrier malgré ses supplications, et celui-ci n'ayant pas trouvé d'ouvrage mourut de misère. L'autre dit au sien : Vous avez perdu un jour, vous m'en devez un en compensation ; vous avez mal fait votre ouvrage, vous m'en devez la réparation ; je vous permets de le recommencer ; tâchez de bien faire et je vous conserverai, et vous pourrez toujours aspirer à la position supérieure que je vous ai promise ». Est-il besoin de demander quel est celui des deux fabricants qui a été le plus humain ? Dieu, la clémence même, serait-il plus inexorable qu'un homme ? La pensée que notre sort est à jamais fixé par quelques années d'épreuve, alors même qu'il n'a pas toujours dépendu de nous d'atteindre à la perfection sur la terre, a quelque chose de navrant, tandis que l'idée contraire est éminemment consolante : elle nous laisse l'espérance. Ainsi, sans nous prononcer pour ou contre la pluralité des existences, sans admettre une hypothèse plutôt que l'autre, nous disons que, si nous avions le choix, il n'est personne qui préférât un jugement sans appel. Un philosophe a dit que si Dieu n'existait pas, il faudrait l'inventer pour le bonheur du genre humain ; on pourrait en dire autant de la pluralité des existences. Mais, comme nous l'avons dit, Dieu ne nous demande pas notre permission ; il ne consulte pas notre goût ; cela est ou cela n'est pas ; voyons de quel côté sont les probabilités, et prenons la chose à un autre point de vue, toujours abstraction faite de l'enseignement des Esprits, et uniquement comme étude philosophique.

S'il n'y a pas de réincarnation, il n'y a qu'une existence corporelle, cela est évident ; si notre existence corporelle actuelle est la seule, l'âme de chaque homme est créée à sa naissance, à moins que l'on admette l'antériorité de l'âme, auquel cas on se demanderait ce qu'était l'âme avant la naissance, et si cet état ne constituait pas une existence sous une forme quelconque. Il n'y a pas de milieu : ou l'âme existait, ou elle n'existait pas avant le corps ; si elle existait, quelle était sa situation ? Avait-elle ou non conscience d'elle-même ; si elle n'en avait pas conscience, c'est à peu près comme si elle n'existait pas ; si elle avait son individualité, elle était progressive ou stationnaire ; dans l'un et l'autre cas, à quel degré est-elle arrivée dans le corps ? En admettant, selon la croyance vulgaire, que l'âme prend naissance avec le corps, ou, ce qui revient au même, qu'antérieurement à son incarnation elle n'a que des facultés négatives, nous posons les questions suivantes :

1. Pourquoi l'âme montre-t-elle des aptitudes si diverses et indépendantes des idées acquises par l'éducation ?

2. D'où vient l'aptitude extra-normale de certains enfants en bas âge pour tel art ou telle science, tandis que d'autres restent inférieurs ou médiocres toute leur vie ?

3. D'où viennent chez les uns, les idées innées ou

intuitives qui n'existent pas chez d'autres ?

4. D'où viennent, chez certains enfants, ces intincts précoces de vices ou de vertus, ces sentiments innés de dignité ou de bassesse qui contrastent avec le milieu dans lequel ils sont nés ?

5. Pourquoi certains hommes, abstraction faite de l'éducation, sont-ils plus avancés les uns que les autres ?

6. Pourquoi y a-t-il des sauvages et des hommes civilisés ? Si vous prenez un enfant hottentot à la mamelle, et si vous l'élevez dans nos lycées les plus renommés, en ferez-vous jamais un Laplace ou un Newton ?

Nous demandons quelle est la philosophie ou la théosophie qui peut résoudre ces problèmes ? Où les âmes à leur naissance sont égales ou elles sont inégales, cela n'est pas douteux. Si elles sont égales, pourquoi ces aptitudes si diverses ? Dira-t-on que cela dépend de l'organisme ? Mais alors c'est la doctrine la plus monstrueuse et la plus immorale. L'homme n'est plus qu'une machine, le jouet de la matière ; il n'a plus la responsabilité de ses actes ; il peut tout rejeter sur ses imperfections physiques. Si elles sont inégales, c'est que Dieu les a créées ainsi ; mais alors pourquoi cette supériorité innée accordée à quelques-uns ? Cette partialité est-elle conforme à sa justice et à l'égal amour qu'il porte à toutes ses créatures ?

Admettons, au contraire, une succession d'existences antérieures progressives, et tout est expliqué. Les hommes apportent en naissant l'intuition de ce qu'ils ont acquis ; ils sont plus ou moins avancés, selon le nombre d'existences qu'ils ont parcourues, selon qu'ils sont plus ou moins éloignés du point de départ :

absolument comme dans une réunion d'individus de tous âges, chacun aura un développement proportionné au nombre d'années qu'il aura vécu ; les existences successives seront, pour la vie de l'âme, ce que les années sont pour la vie du corps. Rassemblez un jour mille individus, depuis un an jusqu'à quatre-vingts ; supposez qu'un voile soit jeté sur tous les jours qui ont précédé, et que, dans votre ignorance vous les croyiez ainsi tous nés le même jour : vous vous demanderez naturellement comment il se fait que les uns soient grands et les autres petits, les uns vieux et les autres jeunes, les uns instruits et les autres encore ignorants ; mais si le nuage qui vous cache le passé vient à se lever, si vous apprenez qu'ils ont tous vécu plus ou moins longtemps, tout vous sera expliqué. Dieu, dans sa justice, n'a pu créer des âmes plus ou moins parfaites ; mais, avec la pluralité des existences, l'inégalité que nous voyons n'a plus rien de contraire à l'équité la plus rigoureuse : c'est que nous ne voyons que le présent et non le passé. Ce raisonnement repose-t-il sur un système, une supposition gratuite ? Non, nous partons d'un fait patent, incontestable : l'inégalité des aptitudes et du développement intellectuel et moral, et nous trouvons ce fait inexplicable par toutes les théories qui ont cours ; tandis que l'explication en est simple, naturelle, logique, par une autre théorie. Est-il rationnel de préférer celle qui n'explique pas à celle qui explique ?

A l'égard de la sixième question, on dira sans doute que le Hottentot est d'une race inférieure : alors nous demanderons si le Hottentot est un homme ou non. Si c'est un homme, pourquoi Dieu l'a-t-il, lui et sa race, déshérité des privilèges accordés à la race caucasique ? Si ce n'est pas un homme, pourquoi chercher à le faire chrétien ? La doctrine spirite est plus large que tout cela ; pour elle, il n'y a pas plusieurs espèces d'hommes, il n'y a que des hommes dont l'esprit est plus ou moins arriéré, mais susceptible de progresser : cela n'est-il pas plus conforme à la justice de Dieu ?

Nous venons de voir l'âme dans son passé et dans son présent ; si nous la considérons dans son avenir, nous trouvons les mêmes difficultés.

1. Si notre existence actuelle doit seule décider de notre sort à venir, quelle est, dans la vie future, la position respective du sauvage et de l'homme civilisé ? Sont-ils au même niveau, ou sont-ils distancés dans la somme du bonheur éternel ?

2. L'homme qui a travaillé toute sa vie à s'améliorer est-il au même rang que celui qui est resté inférieur, non par sa faute, mais parce qu'il n'a eu ni le temps, ni la possibilité de s'améliorer ?

3. L'homme qui fait mal, parce qu'il n'a pu s'éclairer, est-il passible d'un état de choses qui n'a pas dépendu de lui ?

4. On travaille à éclairer les hommes, à les moraliser, à les civiliser ; mais, pour un que l'on éclaire, il y en a des millions qui meurent chaque jour avant que la lumière soit parvenue jusqu'à eux ; quel est le sort de ceux-ci ? Sont-ils traités comme des réprouvés ? Dans le cas contraire, qu'ont-ils fait pour mériter d'être sur le même rang que les autres ?

5. Quel est le sort des enfants qui meurent en bas âge avant d'avoir pu faire ni bien ni mal ? S'ils sont parmi les élus, pourquoi cette faveur sans avoir rien fait pour la mériter ? Par quel privilège sont-ils affranchis des tribulations de la vie ?

Y a-t-il une doctrine qui puisse résoudre ces questions ? Admettez des existences consécutives, et tout est expliqué conformément à la justice de Dieu. Ce que l'on n'a pu faire dans une existence, on le fait dans une autre ; c'est ainsi que personne n'échappe à la loi du progrès, que chacun sera récompensé selon son mérite *réel,* et que nul n'est exclu de la félicité suprême, à laquelle il peut prétendre, quels que soient les obstacles qu'il ait rencontrés sur sa route.

Ces questions pourraient être multipliées à l'infini, car les problèmes psychologiques et moraux qui ne trouvent leur solution que dans la pluralité des existences sont innombrables ; nous nous sommes borné aux plus généraux. Quoi qu'il en soit, dira-t-on peut-être, la doctrine de la réincarnation n'est point admise par l'Eglise ; ce serait donc le renversement de la religion. Notre but n'est pas de traiter cette question en ce moment ; il nous suffit d'avoir démontré qu'elle est éminemment morale et rationnelle. Or, ce qui est moral et rationnel ne peut être contraire à une religion qui proclame Dieu la bonté et la raison par excellence. Que serait-il advenu de la religion si, contre l'opinion universelle et le témoignage de la science, elle se fut roidie contre l'évidence et eut rejeté de son sein quiconque n'eut pas cru au mouvement du soleil ou aux six jours de la crétaion ? Quelle créance eut méritée, et quelle autorité aurait eue, chez des peuples éclairés, une religion fondée sur des erreurs manifestes données comme articles de foi ? Quand l'évidence a été démontrée, l'Eglise s'est sagement rangée du côté de l'évidence. S'il est prouvé que des choses qui existent sont impossibles sans la réincarnation, si certains points du dogme ne peuvent être expliqués que par ce moyen, il faudra bien admettre et reconnaître que l'antagonisme de cette doctrine et de ces dogmes n'est qu'apparent. Plus tard, nous montrerons que la religion en est peut-être moins éloignée qu'on ne le pense, et qu'elle n'en souffrirait pas plus qu'elle n'a souffert de la découverte du mouvement de la terre et des périodes géologiques qui, au premier abord, ont paru donner un démenti aux textes sacrés. Le principe de la réincarnation ressort d'ailleurs de plusieurs passages des Ecritures et se trouve notamment formulé d'une manière explicite dans l'Evangile :

« Lorsqu'ils descendaient de la montagne (après la transfiguration). Jésus fit ce commandement et leur dit : « Ne parlez à personne de ce que vous venez de voir, jusqu'à ce que le fils de l'homme soit ressuscité d'entre les morts. » — Ses disciples l'interrogèrent alors, et lui dirent : « Pourquoi donc les Scribes disent-ils qu'il faut qu'Elie vienne auparavant ? » — Mais Jésus leur répondit : « Il est vrai qu'Elie doit venir et qu'il rétablira toutes choses. Mais je vous déclare qu'Elie est déjà venu, et ils ne l'ont point connu, mais l'ont fait souffrir comme ils ont voulu. C'est ainsi qu'ils feront mourir le fils de l'homme. Alors ses disciples comprirent que c'était de Jean-Baptiste qu'il leur avait parlé. » (Saint Matthieu, chap. XVII).

Puisque Jean-Baptiste était Elie, il y a donc eû réincarnation de l'Esprit ou de l'âme d'Elie dans le corps de Jean-Baptiste.

Quelle que soit, du reste, l'opinion que l'on se fasse sur la réincarnation, qu'on l'accepte ou qu'on ne l'accepte pas, il n'en faut pas moins la subir si elle existe, nonobstant toute croyance contraire ; le point essentiel, c'est que l'enseignement des Esprits est éminemment chrétien ; il s'appuie sur l'immortalité de l'âme, les peines et les récompenses futures, la justice de Dieu, le libre arbitre de l'homme, la morale du Christ ; donc il n'est pas anti-religieux.

Nous avons raisonné, comme nous l'avons dit, abstraction faite de tout enseignement spirite qui, pour certaines personnes, n'est pas une autorité. Si nous, et tant d'autres, avons adopté l'opinion de la pluralité des existences, ce n'est pas seulement parce qu'elle nous vient des Esprits, c'est parce qu'elle nous a paru la plus logique, et qu'elle seule résout des questions jusqu'alors insolubles. Elle nous serait venue d'un simple mortel que nous l'aurions adoptée de même, et que nous n'aurions pas hésité davantage à renoncer à nos propres idées ; du moment qu'une erreur est démontrée, l'amour-propre a plus à perdre qu'à gagner à s'entêter dans une idée fausse. De même, nous l'eussions repoussée, quoique venant des Esprits, si elle nous eût semblé contraire à la raison, comme nous en avons repoussé bien d'autres ; car nous savons par expérience qu'il ne faut pas accepter en aveugle tout ce qui vient de leur part, pas plus que ce qui vient de la part des hommes. Son premier titre à nos yeux est donc avant tout d'être logique ; elle en a un autre, c'est d'être confirmée par les faits : faits positifs et pour ainsi dire matériels, qu'une étude attentive et raisonnée peut révéler à quiconque se donne la peine d'observer avec patience et persévérance, et en présence desquels le doute n'est plus permis. Quand ces faits seront popularisés comme ceux de la formation et du mouvement de la terre, il faudra bien se rendre à l'évidence, et les opposants en auront été pour leurs frais de contradiction.

Reconnaissons donc, en résumé, que la doctrine de la pluralité des existences explique seule ce qui, sans elle, est inexplicable ; qu'elle est éminemment consolante et conforme à la justice la plus rigoureuse, et qu'elle est pour l'homme l'ancre de salut que Dieu lui a donnée dans sa miséricorde.

Les paroles mêmes de Jésus ne peuvent laisser de doute sous ce rapport. Voici ce qu'on dit dans l'Evangile selon saint Jean, chapitre III :

3. Jésus répondant à Nicodème, dit :« En vérité, en vérité, je te le dis, que si un homme *ne naît de nouveau,* il ne peut avoir le royaume de Dieu. »

4. Nicodème lui dit : « Comment un homme peut-il naître quand il est vieux ? Peut-il rentrer dans le ventre de sa mère, et naître une seconde fois ? »

5. Jésus répondit : « En vérité, en vérité, je te dis que si un homme ne naît d'eau et d'esprit, il ne peut entrer dans le royaume de Dieu. Ce qui est né de la chair est chair, et ce qui est né de l'esprit est esprit. Ne t'étonne point de ce que je t'ai dit : *Il faut que vous naissiez de nouveau.* » (Voir, ci-après, l'article *Résurrection de la chair,* n° 1010).

CHAPITRE VI

VIE SPIRITE

1. Esprits errants. — 2. Mondes transitoires. — 3. Perceptions, sensations et souffrances des Esprits. — 4. Essai théorique sur la sensation chez les Esprits. — 5. Choix des épreuves. 6. Relations d'outre-tombe. — 7. Rapports sympathiques et antipathiques des Esprits. — 8. Souvenir de l'existence corporelle. — 9. Commémoration des morts. Funérailles.

Esprits errants.

223. L'âme se réincarne-t-elle immédiatement apres sa séparation du corps ?

« Quelquefois immédiatement, mais le plus souvent après des intervalles plus ou moins longs. Dans les mondes supérieurs ,la réincarnation est presque toujours immédiate ; la matière corporelle étant moins grossière, l'Esprit incarné y jouit presque de toutes ses facultés d'Esprit ; son état normal est celui de vos somnambules lucides. »

224. Que devient l'âme dans l'intervalle des incarnations ?

« Esprit errant qui aspire après sa nouvelle destinée ; il attend. »

— Quelle peut être la durée de ces intervalles ?

« De quelques heures à quelques milliers de siècles. Au reste, il n'y a point, à proprement parler, de limite extrême assignée à l'état errant, qui peut se prolonger fort longtemps, mais qui cependant n'est jamais perpétuel ; l'Esprit trouve toujours, tôt ou tard, à recommencer une existence qui sert à la purification de ses existences précédentes. »

— Cette durée est-elle subordonnée à la volonté de l'Esprit, ou peut-elle être imposée comme expiation ?

« C'est une conséquence du libre arbitre ; les Esprits savent parfaitement ce qu'ils font, mais il y en a aussi pour qui c'est une punition infligée par Dieu ; d'autres demandent à la prolonger pour suivre des études qui ne peuvent se faire avec fruit qu'à l'état d'Esprit. »

225. L'erraticité est-elle, par elle-même, un signe d'infériorté chez les Esprits ?

« Non, car il y a des Esprits errants de tous les degrés. L'incarnation est un état transitoire, nous l'avons dit : dans son état normal, l'Esprit est dégagé de la matière. »

226. Peut-on dire que tous les Esprits qui ne sont pas incarnés sont errants ?

« Ceux qui doivent se réincarner, oui ; mais les purs Esprits qui sont arrivés à la perfection ne sont pas errants : leur état est définitif. »

Sous le rapport des qualités intimes, les Esprits sont de différents ordres ou degrés qu'ils parcourent successivement à mesure qu'ils s'épurent. Comme état, ils peuvent être : *incarnés,* c'est-à-dire unis à un corps ; *errants,* c'est-à-dire dégagés du corps matériel et attendant une nouvelle incarnation pour s'améliorer ; *purs Esprits,* c'est-à-dire parfaits et n'ayant plus besoin d'incarnation.

227. De quelle manière les Esprits errants s'instruisent-ils ; ils ne le font sans doute pas de la même manière que nous ?

« Ils étudient leur passé et cherchent les moyens de s'élever. Ils voient, observent ce qui se passe dans les lieux qu'ils parcourent ; ils écoutent les discours des hommes éclairés et les avis des Esprits plus élevés qu'eux, et cela leur donne des idées qu'ils n'avaient pas. »

228. Les Esprits conservent-ils quelques-unes des passions humaines ?

« Les Esprits élevés. en perdant leur enveloppe, laissent les mauvaises passions et ne gardent que celle du bien ; mais les Esprits inférieurs les conservent ; autrement, ils seraient du premier ordre. »

229. Pourquoi les Esprits en quittant la terre n'y laissent-ils pas toutes leurs mauvaises passions, puisqu'ils en voient les inconvénients ?

« Tu as dans ce monde des gens qui sont excessivement jaloux ; crois-tu que dès qu'ils le quittent ils perdent ce défaut ? Il reste après le départ d'ici, surtout à ceux qui ont eu des passions bien tranchées, une sorte d'atmosphère qui les enveloppe et leur laisse toutes ces mauvaises choses, car l'Esprit n'est pas dégagé entièrement ; ce n'est que par moments qu'il entrevoit la vérité, comme pour lui montrer le bon chemin. »

230. L'Esprit progresse-t-il à l'état errant ?

« Il peut s'améliorer beaucoup, toujours selon sa volonté et son désir ; mais c'est dans l'existence corporelle qu'il met en pratique les nouvelles idées qu'il a acquises. »

231. Les Esprits errants sont-ils heureux ou malheureux ?

« Plus ou moins selon leur mérite. Ils souffrent des passions dont ils ont conservé le principe, ou bein ils sont heureux selon qu'ils sont plus ou moins dématérialisés. Dans l'état errant, l'Esprit entrevoit ce qui lui manque pour être plus heureux ; c'est alors qu'il cherche les moyens d'y atteindre ; mais il ne lui est pas toujours permis de se réincarner à son gré, et c'est alors une punition. »

232. A l'état errant, les Esprits peuvent-ils aller dans tous les mondes ?

« C'est selon ; lorsque l'Esprit a quitté le corps, il n'est pas, pour cela, complètement dégagé de la matière, et il appartient encore au monde où il a vécu, ou à un monde du même degré, à moins que, pendant sa vie, il ne se soit élevé, et c'est là le but auquel il doit tendre, sans cela il ne se perfectionnerait jamais. Il peut cependant aller dans certains mondes supérieurs, mais alors il y est comme étranger ; il ne fait pour ainsi dire que les entrevoir, et c'est ce qui lui donne le désir de s'améliorer pour être digne de la félicité dont on y jouit, et pouvoir les habiter plus tard. »

233. Les Esprits déjà épurés viennent-ils dans les mondes inférieurs ?

« Ils y viennent souvent afin de les aider à progresser ; sans cela ces mondes seraient livrés à eux-mêmes sans guides pour les diriger. »

Mondes transitoires.

234. Existe-t-il, comme cela a été dit, des mondes qui servent aux Esprits errants de stations et de points de repos ?

« Oui, il y a des mondes particulièrement affectés aux êtres errants, mondes dans lesquels ils peuvent habiter temporairement ; sortes de bivouacs, de camps pour se reposer d'une trop longue erraticité, état toujours un peu pénible. Ce sont des positions intermédiaires parmi les autres mondes, graduées suivant la nature des Esprits qui peuvent s'y rendre, et ceux-ci jouissent d'un bien-être plus ou moins grand. »

— Les Esprits qui habitent ces mondes peuvent-ils les quitter à volonté ?

« Oui, les Esprits qui se trouvent dans ces mondes peuvent s'en détacher pour aller où ils doivent se rendre. Figurez-vous des oiseaux de passage s'abattant sur une île, en attendant d'avoir repris des forces pour se rendre à leur destination. »

235. Les Esprits progressent-ils pendant leurs stations dans les mondes transitoires ?

« Certainement ; ceux qui se réunissent ainsi, c'est dans le but de s'instruire et de pouvoir plus facilement obtenir la permission de se rendre dans des lieux meilleurs, et parvenir à la position qu'obtiennent les élus. »

236. Les mondes transitoires sont-ils perpétuellement, et par leur nature spéciale, affectés aux Esprits errants ?

« Non, leur position n'est que temporaire. »

— Sont-ils en même temps habités par des êtres corporels ?

« Non, la surface est stérile. Ceux qui les habitent n'ont besoin de rien. »

— Cette stérilité est-elle permanente et tient-elle à leur nature spéciale ?

« Non, ils sont stériles par transition. »

— Ces mondes doivent alors être dépourvus de beautés naturelles ?

« La nature se traduit par les beautés de l'immensité qui ne sont pas moins admirables que ce que vous appelez les beautés naturelles. »

— Puisque l'état de ces mondes est transitoire, notre terre sera-t-elle un jour de ce nombre ?

« Elle l'a été. »

— A quelle époque ?

« Pendant sa formation. »

Rien n'est inutile dans la nature ; chaque chose a son but, sa destination ; rien n'est vide, tout est habité, la vie est partout. Ainsi pendant la longue série des siècles qui se sont écoulés avant l'apparition de l'homme sur la terre, durant ces lentes périodes de transition attestées par les couches géologiques, avant même la formation des premiers êtres organiques, sur cette masse informe, dans cet aride chaos où les éléments étaient confondus, il n'y avait pas absence de vie ; des êtres qui n'avaient ni nos besoins, ni nos sensations physiques y trouvaient un refuge. Dieu a voulu que, même dans cet état imparfait, elle servît à quelque chose. Qui donc oserait dire que, parmi ces milliards de mondes qui circulent dans l'immensité, un seul, un des plus petits, perdu dans la foule, eût le privilège exclusif d'être peuplé ? Quelle serait donc l'utilité des autres ? Dieu ne les aurait-il fait qu'en vue de récréer nos yeux ? Supposition absurde, incompatible avec la sagesse qui éclate dans toutes ses œuvres, et inadmissible quand on songe à tous ceux que nous ne pouvons apercevoir. Personne ne contestera qu'il y a dans cette idée des mondes encore impropres à la vie matérielle, et pourtant peuplés d'êtres vivants appropriés à ce milieu, quelque chose de grand et de sublime, où se trouve peut-être la solution de plus d'un problème.

Perceptions, sensations et souffrances des Esprits.

237. L'âme, une fois dans le monde des Esprits, a-t-elle encore les perceptions qu'elle avait de son vivant ?

« Oui, et d'autres qu'elle ne possédait pas, parce que son corps était comme un voile qui les obscurcissait. L'intelligence est un attribut de l'Esprit, mais qui se manifeste plus librement quand il n'a pas d'entraves. »

238. Les perceptions et les connaissances des Esprits sont-elles indéfinies, en un mot, savent-ils toutes choses ?

« Plus ils approchent de la perfection, plus ils savent ; s'ils sont supérieurs, ils savent beaucoup ; les Esprits inférieurs sont plus ou moins ignorants sur toutes choses. »

239. Les Esprits connaissent-ils le principe des choses ?

« C'est selon leur élévation et leur pureté ; les Esprits inférieurs n'en savent pas plus que les hommes. »

240. Les Esprits comprennent-ils la durée comme nous ?

« Non, et c'est ce qui fait que vous ne nous comprenez pas toujours quand il s'agit de fixer des dates ou des époques. »

Les Esprits vivent en dehors du temps tel que nous le comprenons ; la durée, pour eux, s'annule pour ainsi dire, et les siècles, si longs pour nous, ne sont à leurs yeux que des instants qui s'effacent dans l'éternité, de même que les inégalités du sol s'effacent et disparaissent pour celui qui s'élève dans l'espace.

241. Les Esprits ont-ils du présent une idée plus précise et plus juste que nous ?

« A peu près comme celui qui voit clair a une idée plus juste des choses que l'aveugle. Les Esprits voient ce que vous ne voyez pas ; ils jugent donc autrement que vous, mais encore une fois cela dépend de leur élévation. »

242. Comment les Esprits ont-ils la connaissance du passé, et cette connaissance est-elle sans limite pour eux ?

« Le passé, quand nous nous en occupons, est un présent, absolument comme toi tu te rappelles une chose qui t'a frappé dans le cours de ton exil. Seulement, comme nous n'avons plus le voile matériel qui obscurcit ton intelligence, nous nous rappelons des choses qui sont effacées pour toi, mais tout n'est pas connu des Esprits : leur création d'abord. »

243. Les Esprits connaissent-ils l'avenir ?

« Cela dépend encore de la perfection ; souvent ils ne font que l'entrevoir, *mais il ne leur est pas toujours permis de le révéler ;* quand ils le voient, il leur semble présent. L'Esprit voit l'avenir plus clairement à mesure qu'il se rapproche de Dieu. Après la mort, l'âme voit et embrasse d'un coup d'œil *ses émigrations passées,* mais elle ne peut voir ce que Dieu lui prépare ; il faut pour cela qu'elle soit tout entière en lui après bien des existences. »

— Les Esprits arrivés à la perfection absolue ont-ils une connaissance complète de l'avenir ?

« Complète n'est pas le mot, car Dieu seul est le souverain maître, et nul ne peut l'égaler. »

244. Les Esprits voient-ils Dieu ?

« Les Esprits supérieurs, seuls, le voient et le comprennent ; les Esprits inférieurs le sentent et le devinent. »

— Quand un Esprit inférieur dit que Dieu lui défend ou lui permet une chose, comment sait-il que cela vient de lui ?

« Il ne voit pas Dieu, mais il sent sa souveraineté et, lorsqu'une chose ne doit pas être faite ou une parole dite, il ressent comme une intuition, un avertissement invisible qui lui défend de le faire. Vous-mêmes n'avez-vous pas des pressentiments qui sont pour vous comme des avertissements secrets de faire ou de ne pas faire telle ou telle chose ? Il en est de même pour nous, seulement à un degré supérieur, car tu comprends que l'essence des Esprits étant plus subtile que la vôtre, ils peuvent mieux recevoir les avertissements divins. »

— L'ordre lui est-il transmis directement par Dieu, ou par l'intermédiaire d'autres Esprits ?

« Il ne lui vient pas directement de Dieu ; pour communiquer avec lui, il faut en être digne. Dieu lui transmet ses ordres par des Esprits qui se trouvent plus élevés en perfection et en instruction. »

245. La vue, chez les Esprits, est-elle circonscrite, comme dans les êtres corporels ?

« Non, elle réside en eux. »

246. Les Esprits ont-ils besoin de la lumière pour voir ?

« Ils voient par eux-mêmes et n'ont pas besoin de la lumière extérieure ; pour eux, point de ténèbres, hormis celles dans lesquelles ils peuvent se trouver par expiation. »

247. Les Esprits ont-ils besoin de se transporter pour voir sur deux points différents ? Peuvent-ils, par exemple, voir simultanément sur deux hémisphères du globe ?

« Comme l'Esprit se transporte avec la rapidité de la pensée, on peut dire qu'il voit partout à la fois ; sa pensée peut rayonner et se porter en même temps sur plusieurs points différents, mais cette faculté dépend de sa pureté : moins il est épuré, plus sa vue est bornée ; les Esprits supérieurs seuls peuvent embrasser un ensemble. »

La faculté de voir, chez les Esprits, est une propriété inhérente à leur nature, et qui réside dans tout leur être, comme la lumière réside dans toutes les parties d'un corps lumineux ; c'est une sorte de lucidité universelle qui s'étend à tout, embrasse à la fois l'espace, les temps et les choses, et pour laquelle il n'y a ni ténèbres, ni obstacles matériels. On comprend qu'il doit en être ainsi ; chez l'homme, la vue s'opérant par le jeu d'un organe frappé par la lumière, sans lumière il est dans l'obscurité ; chez l'Esprit, la faculté de voir étant un attribut de lui-même, abstraction faite de tout agent extérieur, la vue est indépendante de la lumière. (Voy. *Ubiquité,* n° 92).

248. L'Esprit voit-il les choses aussi distinctement que nous ?

« Plus distinctement, car sa vue pénètre ce que vous ne pouvez pénétrer ; rien ne l'obscurcit. »

249. L'Esprit perçoit-il les sons ?

« Oui, et il en perçoit que vos sens obtus ne peuvent percevoir. »

— La faculté d'entendre est-elle dans tout son être, comme celle de voir ?

« Toutes les perceptions sont des attributs de l'Esprit et font partie de son être ; lorsqu'il est revêtu d'un corps matériel, elles ne lui arrivent que par le canal des organes ; mais à l'état de liberté elles ne sont plus localisées. »

250. Les perceptions étant des attributs de l'Esprit lui-même, lui est-il possible de s'y soustraire ?

« L'Esprit ne voit et n'entend que ce qu'il veut. Ceci est dit en général, et surtout pour les Esprits élevés, car pour ceux qui sont imparfaits, ils entendent et voient souvent malgré eux ce qui peut être utile pour leur amélioration. »

251. Les Esprits sont-ils sensibles à la musique ?

« Veux-tu parler de votre musique ? Qu'est-elle

auprès de la musique céleste ? De cette harmonie dont rien sur la terre ne peut vous donner une idée ? L'une est à l'autre ce qu'est le chant du sauvage à la suave mélodie. Cependant, des Esprits vulgaires peuvent éprouver un certain plaisir à entendre votre musique, parce qu'il ne leur est pas encore donné d'en comprendre une plus sublime. La musique a pour les Esprits des charmes infinis, en raison de leurs qualités sensitives très développées ; j'entends la musique céleste, qui est tout ce que l'imagination spirituelle peut concevoir de plus beau et de plus suave. »

252. Les Esprits sont-ils sensibles aux beautés de la nature ?

« Les beautés de la nature des globes sont si différentes, qu'on est loin de les connaître. Oui, ils y sont sensibles selon leur aptitude à les apprécier et à les comprendre ; pour les Esprits élevés il y a des beautés d'ensemble devant lesquelles s'effacent, pour ainsi dire, les beautés de détail. »

253. Les Esprits éprouvent-ils nos besoins et nos souffrances physiques ?

« Ils les *connaissent,* parce qu'ils les ont subis, mais ils ne les éprouvent pas comme vous matériellement : ils sont Esprits. »

254. Les Esprits éprouvent-ils la fatigue et le besoin du repos ?

« Ils ne peuvent ressentir la fatigue telle que vous l'entendez et, par conséquent, ils n'ont pas besoin de votre repos corporel, puisqu'ils n'ont pas des organes dont les forces doivent être réparées ; mais l'Esprit se repose en ce sens qu'il n'est pas dans une activité constante ; il n'agit pas d'une manière matérielle ; son action est tout intellectuelle et son repos tout moral ; c'est-à-dire qu'il y a des moments où sa pensée cesse d'être aussi active et ne se porte pas sur un objet déterminé ; c'est un véritable repos, mais qui n'est pas comparable à celui du corps. L'espèce de fatigue que peuvent éprouver les Esprits est en raison de leur infériorité ; car plus ils sont élevés, moins le repos leur est nécessaire. »

255. Lorsqu'un Esprit dit qu'il souffre, quelle nature de souffrance éprouve-t-il ?

« Angoisses morales qui le torturent plus douloureusement que les souffrances physiques. »

256. D'où vient alors que des Esprits se sont plaints de souffrir du froid ou de la chaleur ?

« Souvenir de ce qu'ils avaient enduré pendant la vie, aussi pénible quelquefois que la réalité ; c'est souvent une comparaison par laquelle, faute de mieux, ils expriment leur situation. Lorsqu'ils se souviennent de leur corps, ils éprouvent une sorte d'impression, comme lorsqu'on quitte un manteau, et qu'on croit encore le porter quelque temps après. »

Essai théorique sur la sensation chez les Esprits.

257. Le corps est l'instrument de la douleur ; c'est sinon la cause première, au moins la cause immédiate. L'âme a la perception de cette douleur : cette perception est l'effet. Le souvenir qu'elle en conserve peut être très pénible, mais ne peut avoir d'action physique. En effet, le froid ni la chaleur ne peuvent désorganiser les tissus de l'âme ; l'âme ne peut ni se geler, ni brûler. Ne voyons-nous pas tous les jours le souvenir ou l'appréhension d'un mal physique produire l'effet de la réalité, occasionner même la mort ? Tout le monde sait que les personnes amputées ressentent de la douleur dans le membre

qui n'existe plus. Assurément, ce n'est point ce membre qui est le siège, ni même le point de départ de la douleur ; le cerveau en a conservé l'impression, voilà tout. On peut donc croire qu'il y a quelque chose d'analogue dans les souffrances de l'Esprit après la mort. Une étude plus approfondie du périsprit, qui joue un rôle si important dans tous les phénomènes spirites, les apparitions vaporeuses ou tangibles, l'état de l'Esprit au moment de la mort, l'idée si fréquente chez lui qu'il est encore vivant, le tableau si saisissant des suicidés, des suppliciés, des gens qui se sont absorbés dans les jouissances matérielles, et tant d'autres faits sont venus jeter la lumière sur cette question et ont donné lieu à des explications dont nous donnons ici le résumé.

Le périsprit est le lien qui unit l'Esprit à la matière du corps ; il est puisé dans le milieu ambiant, dans le fluide universel ; il tient à la fois de l'électricité, du fluide magnétique et, jusqu'à un certain point, de la matière inerte. On pourrait dire que c'est la quintessence de la matière ; c'est le principe de la vie organique, mais ce n'est pas celui de la vie intellectuelle : la vie intellectuelle est dans l'Esprit. C'est, en outre, l'agent des sensations extérieures. Dans le corps, ces sensations sont localisées par les organes qui leur servent de canaux. Le corps détruit, les sensations sont générales. Voilà pourquoi l'Esprit ne dit pas qu'il souffre plutôt de la tête que des pieds. Il faut, du reste, se garder de confondre les sensations du périsprit, rendu indépendant, avec celles du corps : nous ne pouvons prendre ces dernières que comme terme de comparaison et non comme analogie. Dégagé du corps, l'Esprit peut souffrir, mais cette souffrance n'est pas celle du corps : ce n'est cependant pas une souffrance exclusivement morale, comme le remords, puisqu'il se plaint du froid et du chaud ; il ne souffre pas plus en hiver qu'en été : nous en avons vu passer à travers les flammes sans rien éprouver de pénible ; la température ne fait donc sur eux aucune impression. La douleur qu'ils ressentent n'est donc pas une douleur physique proprement dite : c'est un vague sentiment intime dont l'Esprit lui-même ne se rend pas toujours un compte parfait, précisément parce que la douleur n'est pas localisée et qu'elle n'est pas produite par les agents extérieurs : c'est plutôt un souvenir qu'une réalité, mais un souvenir tout aussi pénible. Il y a cependant quelquefois plus qu'un souvenir, comme nous allons le voir.

L'expérience nous apprend qu'au moment de la mort le périsprit se dégage plus ou moins lentement du corps ; pendant les premiers instants, l'Esprit ne s'explique pas sa situation ; il ne croit pas être mort, il se sent vivre ; il voit son corps d'un côté, il sait qu'il est à lui, et il ne comprend pas qu'il en soit séparé ; cet état dure aussi longtemps qu'il existe un lien entre le corps et le périsprit. Un suicidé nous disait : Non, je ne suis pas mort, et il ajoutait : *et cependant je sens les vers qui me rongent*. Or, assurément, les vers ne rongeaient pas le périsprit, et encore moins l'Esprit, ils ne rongeaient que le corps. Mais comme la séparation du corps et du périsprit n'était pas complète, il en résultait une sorte de répercussion morale qui lui transmettait la sensation de ce qui se passait dans le corps. Répercussion n'est peut-être pas le mot, il pourrait faire croire à un effet trop matériel ; c'est plutôt la vue de ce qui se passait dans son corps auquel le rattachait son périsprit, qui produisait en lui une illusion qu'il prenait pour une réalité. Ainsi ce n'était pas un souvenir, puisque, pendant sa vie, il n'avait pas été rongé par les vers ; c'était le sentiment de l'actualité. On voit par là les déductions que l'on peut tirer des faits, lorsqu'ils sont observés attentivement. Pendant la vie, le corps reçoit les impressions extérieures et les transmet à l'Esprit par l'intermédiaire du périsprit qui constitue, probablement, ce que l'on appelle le fluide nerveux. Le corps étant mort ne ressent plus rien, parce qu'il n'y a plus en lui ni Esprit ni périsprit. Le périsprit, dégagé du corps, éprouve la sensation ; mais comme elle ne lui arrive plus par un canal limité, elle est générale. Or, comme il n'est, en réalité, qu'un agent de transmission, puisque c'est l'Esprit qui a la conscience, il en résulte que s'il pouvait exister un périsprit sans Esprit, il ne ressentirait pas plus que le corps lorsqu'il est mort ; de même que si l'Esprit n'avait point de périsprit, il serait inaccessible à toute sensation pénible ; c'est ce qui a lieu pour les Esprits complètement épurés. Nous savons que plus ils s'épurent, plus l'essence du périsprit devient éthérée ; d'où il suit que l'influence matérielle diminue à mesure que l'Esprit progresse, c'est-à-dire à mesure que le périsprit lui-même devient moins grossier.

Mais, dira-t-on, les sensations agréables sont transmises à l'Esprit par le périsprit, comme les sensations désagréables ; or, si l'Esprit pur est inaccessible aux unes, il doit l'être également aux autres. Oui, sans doute, pour celles qui proviennent uniquement de l'influence de la matière que nous connaissons ; le son de nos instruments, le parfum de nos fleurs ne lui font aucune impression, et pourtant il y a chez lui des sensations intimes, d'un charme indéfinissable dont nous ne pouvons nous faire aucune idée, parce que nous sommes, à cet égard, comme des aveugles de naissance à l'égard de la lumière ; nous savons que cela existe ; mais par quel moyen ? Là s'arrête pour nous la science. Nous savons qu'il y a perception, sensation, audition, vision ; que ces facultés sont des attributs de tout l'être, et non, comme chez l'homme, d'une partie de l'être ; mais encore une fois, par quel intermédiaire ? C'est ce que nous ne savons pas. Les Esprits eux-mêmes ne peuvent nous en rendre compte, parce que notre langue n'est pas faite pour exprimer des idées que nous n'avons pas, pas plus que dans la langue des sauvages il n'y a des termes pour exprimer nos arts, nos sciences et nos doctrines philosophiques.

En disant que les Esprits sont inaccessibles aux impressions de notre matière, nous voulons parler des Esprits très élevés dont l'enveloppe éthérée n'a pas d'analogue ici-bas. Il n'en est pas de même de ceux dont le périsprit est plus dense ; ceux-là perçoivent nos sons et nos odeurs, mais non pas par une partie limitée de leur individu, comme de leur vivant. On pourrait dire que les vibrations moléculaires se font sentir dans tout leur être et arrivent ainsi à leur *sensorium commune* qui est l'Esprit lui-même, quoique d'une manière différente, et peut-être aussi avec une impression différente, ce qui produit une modification dans la perception. Ils entendent le son de notre voix, et pourtant ils nous comprennent sans le secours de la parole, par la seule transmission de la pensée ; et ce qui vient à l'appui de ce que nous disons, c'est que cette pénétration est d'autant plus facile que l'Esprit est plus dématérialisé. Quant à la vue, elle est indépendante de notre lumière. La faculté de voir est un attribut essentiel de l'âme : pour elle, il n'y a pas d'obscurité ;

mais elle est plus étendue, plus pénétrante chez ceux qui sont plus épurés. L'âme, ou l'Esprit, a donc en elle-même la faculté de toutes les perceptions ; dans la vie corporelle, elles sont oblitérées par la grossièreté de leurs organes ; dans la vie extra-corporelle, elles le sont de moins en moins à mesure que s'éclaircit l'enveloppe semi-matérielle.

Cette enveloppe, puisée dans le milieu ambiant, varie suivant la nature des mondes. En passant d'un monde à l'autre, les Esprits changent d'enveloppe comme nous changeons d'habit en passant de l'hiver à l'été, ou du pôle à l'équateur. Les Esprits les plus élevés, lorsqu'ils viennent nous visiter, revêtent donc le périsprit terrestre et ,dès lors, leurs perceptions s'opèrent comme chez nos Esprits vulgaires ; mais tous, inférieurs comme supérieurs, n'entendent et ne sentent que ce qu'ils veulent entendre ou sentir. Sans avoir des organes sensitifs, ils peuvent rendre à volonté leurs perceptions actives ou nulles ; il n'y a qu'une chose qu'ils sont forcés d'entendre, ce sont les conseils des bons Esprits. La vue est toujours active, mais ils peuvent réciproquement se rendre invisibles les uns pour les autres. Selon le rang qu'ils occupent, ils peuvent se cacher de ceux qui leur sont inférieurs, mais non de ceux qui leur sont supérieurs. Dans les premiers moments qui suivent la mort, la vue de l'Esprit est toujours trouble et confuse ; elle s'éclaircit à mesure qu'il se dégage, et peut acquérir la même clarté que pendant la vie, indépendamment de sa pénétration à travers les corps qui sont opaques pour nous. Quant à son extension à travers l'espace indéfini, dans l'avenir et dans le passé elle dépend du degré de pureté et d'élévation de l'Esprit.

Toute cette théorie, dira-t-on, n'est guère rassurante. Nous pensions qu'une fois débarrassés de notre grossière enveloppe, instrument de nos douleurs, nous ne souffrions plus, et voilà que vous nous apprenez que nous souffrons encore ; que ce soit d'une manière ou d'une autre, ce n'en est pas moins souffrir. Hélas ! oui, nous pouvons encore souffrir, et beaucoup, et longtemps, mais nous pouvons aussi ne plus souffrir, même dès l'instant où nous quittons cette vie corporelle.

Les souffrances d'ici-bas sont quelquefois indépendantes de nous, mais beaucoup sont les conséquences de notre volonté. Qu'on remonte à la source, et l'on verra que le plus grand nombre est la suite de causes que nous aurions pu éviter. Que de maux, que d'infirmités, l'homme ne doit-il pas à ses excès, à son ambition, à ses passions en un mot ? L'homme qui aurait toujours vécu sobrement, qui n'aurait abusé de rien, qui aurait toujours été simple dans ses goûts, modeste dans ses désirs, s'épargnerait bien des tribulations. Il en est de même de l'Esprit ; les souffrances qu'il endure sont toujours la conséquence de la manière dont il a vécu sur la terre ; il n'aura plus sans doute la goutte et les rhumatismes, mais il aura d'autres souffrances qui ne valent pas mieux. Nous avons vu que ses souffrances sont le résultat des liens qui existent encore entre lui et la matière ; que plus il est dégagé de l'influence de la matière, autrement dit plus il est dématérialisé, moins il a de sensations pénibles ; or, il dépend de lui de s'affranchir de cette influence dès cette vie ; il a son libre arbitre et, par conséquent, le choix entre faire et ne pas faire ; qu'il dompte ses passions animales, qu'il n'ait ni haine, ni envie, ni jalousie, ni orgueil ; qu'il ne soit pas dominé par l'égoïsme ; qu'il purifie son âme par les bons sentiments ; qu'il fasse le bien ; qu'il n'attache aux choses de ce monde que l'importance qu'elles méritent, alors, même sous son enveloppe corporelle, il est déjà épuré, il est déjà dégagé de la matière, et quand il quitte cette enveloppe, il n'en subit plus l'influence ; les souffrances physiques qu'il a éprouvées ne lui laissent aucun souvenir pénible ; il ne lui en reste aucune impression désagréable, parce qu'elles n'ont affecté que le corps et non l'Esprit ; il est heureux d'en être délivré, et le calme de sa conscience l'affranchit de toute souffrance morale. Nous en avons interrogé des milliers, ayant appartenu à tous les rangs de la société, à toutes les positions sociales ; nous les avons étudiés à toute les périodes de leur vie spirite, depuis l'instant où ils ont quitté leur corps ; nous les avons suivis pas à pas dans cette vie d'outre-tombe pour observer les changements qui s'opéraient en eux, dans leurs idées, dans leurs sensations, et sous ce rapport les hommes les plus vulgaires ne sont pas ceux qui nous ont fourni les sujets d'étude les moins précieux. Or, nous avons toujours vu que les souffrances sont en rapport avec la conduite dont ils subissent les conséquences, et que cette nouvelle existence est la source d'un bonheur ineffable pour ceux qui ont suivi la bonne route ; d'où il suit que ceux qui souffrent, c'est qu'ils l'ont bien voulu, et qu'ils ne doivent s'en prendre qu'à eux, tout aussi bien dans l'autre monde que dans celui-ci.

Choix des épreuves.

258. A l'état errant, et avant de prendre une nouvelle existence corporelle, l'Esprit a-t-il la conscience et la prévision des choses qui lui arriveront pendant la vie ?

« Il choisit lui-même le genre d'épreuves qu'il veut subir, et c'est en cela que consiste son libre arbitre. »

— Ce n'est donc point Dieu qui lui impose les tribulations de la vie comme châtiment ?

« Rien n'arrive sans la permission de Dieu, car c'est lui qui a établi toutes les lois qui régissent l'univers. Demandez donc pourquoi il a fait telle loi plutôt que telle autre. En donnant à l'Esprit la liberté du choix, il lui laisse toute la responsabilité de ses actes et de leurs conséquences, rien n'entrave son avenir ; la route du bien est à lui comme celle du mal. Mais s'il succombe, il lui reste une consolation, c'est que tout n'est pas fini pour lui, et que Dieu, dans sa bonté, le laisse libre de recommencer ce qu'il a mal fait. Il faut d'ailleurs distinguer ce qui est l'œuvre de la volonté de Dieu, et ce qui est celle de l'homme. Si un danger vous menace, ce n'est pas vous qui avez créé ce danger, c'est Dieu ; mais vous avez la volonté de vous y exposer, parce que vous y avez vu un moyen d'avancement, et Dieu l'a permis. »

259. Si l'Esprit a le choix du genre d'épreuve qu'il doit subir, s'ensuit-il que toutes les tribulations que nous éprouvons dans la vie ont été prévues et choisies par nous ?

« Toutes n'est pas le mot, car ce n'est pas à dire que vous avez choisi et prévu tout ce qui vous arrive dans le monde, jusque dans les moindres choses, vous avez choisi le genre d'épreuve, les faits de détail sont la conséquence de la position et souvent de vos propres actions. Si l'Esprit a voulu naître parmi des malfaiteurs ,par exemple, il savait à quels entraînements il s'exposait, mais non chacun des actes qu'il accomplirait ; ces actes sont l'effet de sa volonté ou de son libre arbitre. L'Esprit sait qu'en choisissant telle route il aura tel genre de lutte à subir ; il sait donc la nature des vicissitudes qu'il rencontrera, mais il ne sait pas si ce sera plutôt tel événement que tel autre. Les événements de détail naissent des circonstances et de la force des choses. Il n'y a que les grands événements, ceux qui influent sur la destinée, qui sont prévus. Si tu prends une route remplie d'ornières, tu sais que tu as de grandes précautions à prendre, parce que tu as chance de tomber, mais tu ne sais pas dans quel endroit tu tomberas, et il se peut que tu ne tombes pas, si tu es assez prudent. Si en passant dans la rue il te tombe une tuile sur la tête, ne crois pas que c'était écrit, comme on le dit vulgairement. »

260. Comment l'Esprit peut-il vouloir naître parmi des gens de mauvaise vie ?

« Il faut bien qu'il soit envoyé dans un milieu où il puisse subir l'épreuve qu'il a demandée. Eh bien ! il faut donc qu'il y ait de l'analogie ; pour lutter contre l'instinct du brigandage, il faut qu'il se trouve avec des gens de cette sorte. »

— S'il n'y avait pas des gens de mauvaise vie sur la terre, l'Esprit ne pourrait donc y trouver le milieu nécessaire à certaines épreuves ?

« Est-ce qu'il faudrait s'en plaindre ? C'est ce qui a lieu dans les mondes supérieurs où le mal n'a pas accès ; c'est pourquoi il n'y a que de bons Esprits. Faites qu'il en soit bientôt de même sur votre terre. »

261. L'Esprit, dans les épreuves qu'il doit subir pour arriver à la perfection, doit-il éprouver tous les genres de tentations ; doit-il passer par toutes les

circonstances qui peuvent exciter en lui l'orgueil, la jalousie, l'avarice, la sensualité, etc. ?

« Certainement non, puisque vous savez qu'il y en a qui prennent, dès le début, une route qui les affranchit de bien des épreuves ; mais celui qui se laisse entraîner dans la mauvaise route, court tous les dangers de cette route. Un Esprit, par exemple, peut demander la richesse, et cela peut lui être accordé ; alors, suivant son caractère, il pourra devenir avare ou prodigue, égoïste ou généreux, ou bien il se livrera à toutes les jouissances de la sensualité ; mais ce n'est pas à dire qu'il devra passer forcément par la filière de tous ces penchants. »

262. Comment l'Esprit qui, à son origine, est simple, ignorant et sans expérience, peut-il choisir une existence en connaissance de cause, et être responsable de ce choix ?

« Dieu supplée à son inexpérience en lui traçant la route qu'il doit suivre, comme tu le fais pour un enfant dès le berceau ; mais il le laisse peu à peu maître de choisir à mesure que son libre arbitre se développe, et c'est alors que souvent il se fourvoie en prenant le mauvais chemin s'il n'écoute pas les conseils des bons Esprits ; c'est là ce qu'on peut appeler la chute de l'homme. »

— Lorsque l'Esprit jouit de son libre arbitre, le choix de l'existence corporelle dépend-il toujours exclusivement de sa volonté, ou bien cette existence peut-elle lui être imposée par la volonté de Dieu comme expiation ?

« Dieu sait attendre : il ne hâte pas l'expiation ; cependant, Dieu peut imposer une existence à un Esprit, lorsque celui-ci, par son infériorité ou son mauvais vouloir, n'est pas apte à comprendre ce qui pourrait lui être le plus salutaire, et lorsqu'il voit que cette existence peut servir à sa purification et à son avancement, en même temps qu'il y trouve une expiation. »

263. L'Esprit fait-il son choix immédiatement après la mort ?

« Non, plusieurs croient à l'éternité des peines ; on vous l'a dit : c'est un châtiment. »

264. Qu'est-ce qui dirige l'Esprit dans le choix des épreuves qu'il veut subir ?

« Il choisit celles qui peuvent être pour lui une expiation, par la nature de ses fautes, et le faire avancer plus vite. Les uns peuvent donc s'imposer une vie de misère et de privations pour essayer de la supporter avec courage ; d'autres vouloir s'éprouver par les tentations de la fortune et de la puissance, bien plus dangereuse par l'abus et le mauvais usage que l'on en peut faire, et par les mauvaises passions qu'elles développent ; d'autres, enfin, veulent s'éprouver par les luttes qu'ils ont à soutenir dans le contact du vice. »

265. Si certains Esprits choisissent le contact du vice comme épreuve, y en a-t-il qui le choisissent par sympathie et par le désir de vivre dans un milieu conforme à leurs goûts, ou pour pouvoir se livrer matériellement à des penchants matériels ?

« Il y en a, cela est certain, mais ce n'est que chez ceux dont le sens moral est encore peu développé ; *l'épreuve vient d'elle-même et ils la subissent plus longtemps*. Tôt ou tard, ils comprennent que l'assouvissement des passions brutales a pour eux des conséquences déplorables qu'ils subiront pendant un temps qui leur semblera éternel ; et Dieu pourra les laisser dans cet état, jusqu'à ce qu'ils aient compris leur faute, et qu'ils demandent eux-mêmes à la racheter par des épreuves profitables. »

266. Ne semble-t-il pas naturel de choisir les épreuves les moins pénibles ?

« Pour vous, oui ; pour l'Esprit, non ; lorsqu'il est dégagé de la matière l'illusion cesse, et il pense autrement. »

L'homme sur la terre, et placé sous l'influence des idées charnelles, ne voit dans ces épreuves que le côté pénible ; c'est pourquoi il lui semble naturel de choisir celles qui, à son point de vue, peuvent s'allier aux jouissances matérielles ; mais dans la vie spirituelle, il compare ces jouissances fugitives et grossières avec la félicité inaltérable qu'il entrevoit, et dès lors que lui font quelques souffrances passagères ? L'Esprit peut donc choisir l'épreuve la plus rude, et, par conséquent, l'existence la plus pénible dans l'espoir d'arriver plus vite à un état meilleur, comme le malade choisit souvent le remède le plus désagréable pour se guérir plus tôt. Celui qui veut attacher son nom à la découverte d'un pays inconnu ne choisit pas une route fleurie ; il sait les dangers qu'il court, mais il sait aussi la gloire qui l'attend s'il réussit.

La doctrine de la liberté dans le choix de nos existences et des épreuves que nous devons subir cesse de paraître extraordinaire si l'on considère que les Esprits dégagés de la matière apprécient les choses d'une manière différente que nous ne le faisons nous-mêmes. Ils aperçoivent le but, bien autrement sérieux pour eux que les jouissances fugitives du monde ; après chaque existence, ils voient le pas qu'ils ont fait, et comprennent ce qui leur manque encore en pureté pour l'atteindre : voilà pourquoi ils se soumettent volontairement à toutes les vicissitudes de la vie corporelle en demandant eux-mêmes celles qui peuvent les faire arriver le plus promptement. C'est donc à tort que l'on s'étonne de ne pas voir l'Esprit donner la préférence à l'existence la plus douce. Cette vie exempte d'amertume, il ne peut en jouir dans son état d'imperfection ; il l'entrevoit et c'est pour y arriver qu'il cherche à s'améliorer.

N'avons-nous pas, d'ailleurs, tous les jours sous les yeux l'exemple de choix pareils ? L'homme qui travaille une partie de sa vie sans trêve ni relâche pour amasser de quoi se procurer le bien-être, qu'est-ce que c'est, sinon une tâche qu'il s'impose en vue d'un avenir meilleur ? Le militaire qui souffre pour une mission périlleuse, le voyageur qui brave les dangers non moins grands dans l'intérêt de la science ou de sa fortune, qu'est-ce que c'est encore, sinon des épreuves volontaires qui doivent leur procurer honneur et profit s'ils en reviennent ? A quoi l'homme ne se soumet-il pas et ne s'expose-t-il pas pour son intérêt ou pour sa gloire ? Tous les concours ne sont-ils pas aussi des épreuves volontaires auxquelles on se soumet en vue de s'élever dans la carrière que l'on a choisie ? On n'arrive à une position sociale transcendante quelconque dans les sciences, les arts, l'industrie, qu'en passant par la filière des positions inférieures qui sont autant d'épreuves. La vie humaine est ainsi le calque de la vie spirituelle ; nous y retrouvons en petit toutes les mêmes péripéties. Si donc, dans la vie, nous choisissons souvent les épreuves les plus rudes en vue d'un but plus élevé, pourquoi l'Esprit qui voit plus loin que le corps, et pour qui la vie du corps n'est qu'un incident fugitif, ne ferait-il pas choix d'une existence pénible et laborieuse, si elle doit le conduire à une éternelle félicité ? Ceux qui disent que, si l'homme a le choix de son existence, ils demanderont à être princes ou millionnaires, sont comme les myopes qui ne voient que ce qu'ils touchent, ou comme ces enfants gourmands à qui l'on demande l'état qu'ils préfèrent, et qui répondent : pâtissier ou confiseur.

Tel est le voyageur qui, dans le fond de la vallée obscurcie par le brouillard, ne voit ni la longueur ni les points extrêmes de sa route ; arrivé au faîte de la montagne, il embrasse le chemin qu'il a parcouru, et ce qui lui reste à parcourir ; il voit son but, les obstacles qu'il a encore à franchir, et peut alors combiner plus sûrement les moyens d'arriver. L'Esprit incarné est comme le voyageur au bas de la montagne ; débarrassé des liens terrestres, il domine comme celui qui est au sommet. Pour le voyageur, le but est le repos après la fatigue ; pour l'Esprit, c'est le bonheur suprême après les tribulations et les épreuves.

Tous les Esprits disent qu'à l'état errant ils cherchent, étudient, observent pour faire leur choix. N'avons-nous pas un exemple de ce fait dans la vie corporelle ? Ne cherchons-nous pas souvent pendant des années la carrière sur laquelle nous fixons librement notre choix, parce que nous la croyons la plus propre à nous faire faire notre chemin ? Si nous échouons dans l'une, nous en cherchons une autre. Chaque carrière que nous embrassons est une phase, une période de la vie. Chaque jour n'est-il pas employé à chercher ce que nous ferons le lendemain ? Or, que sont les différentes existences corporelles pour l'Esprit, sinon des phases, des périodes, des jours pour sa vie spirite, qui est, comme nous le savons, sa vie normale la vie corporelle n'étant que transitoire et passagère ?

267. L'Esprit pourrait-il faire son choix pendant l'état corporel ?

« Son désir peut avoir de l'influence ; cela dépend de l'intention ; mais quand il est Esprit il voit souvent les choses bien différemment. Ce n'est que l'Esprit qui fait ce choix ; mais encore une fois il peut le faire dans cette vie matérielle, car l'Esprit a toujours de ces moments où il est indépendant de la matière qu'il habite. »

— Beaucoup de gens désirent les grandeurs et les richesses, et ce n'est assurément ni comme expiation, ni comme épreuve ?

« Sans doute, c'est la matière qui désire cette grandeur pour en jouir, et c'est l'Esprit qui la désire pour en connaître les vicissitudes. »

268. Jusqu'à ce qu'il arrive à l'état de pureté parfaite, l'Esprit a-t-il constamment des épreuves à subir ?

« Oui, mais elles ne sont pas telles que vous l'entendez ; vous appelez épreuves les tribulations matérielles ; or, l'Esprit, arrivé à un certain degré, sans être parfait, n'en a plus à subir ; mais il a toujours des devoirs qui l'aident à se perfectionner, et n'ont rien de pénible pour lui, ne fût-ce que d'aider aux autres à se perfectionner eux-mêmes. »

269. L'Esprit peut-il se tromper sur l'efficacité de l'épreuve qu'il choisit ?

« Il peut en choisir une qui soit au-dessus de ses forces et, alors, il succombe ; il peut aussi en choisir une qui ne lui profite nullement, comme s'il cherche un genre de vie oisive et inutile ; mais alors, une fois rentré dans le monde des Esprits, il s'aperçoit qu'il n'a rien gagné et il demande à réparer le temps perdu. »

270. A quoi tiennent les vocations de certaines personnes, et leur volonté de suivre une carrière plutôt qu'une autre ?

« Il me semble que vous pouvez répondre vous-mêmes à cette question. N'est-ce pas la conséquence de tout ce que nous avons dit sur le choix des épreuves et sur le progrès accompli dans une existence antérieure ?

271. Dans l'état errant, l'Esprit étudiant les diverses conditions dans lesquelles il pourra progresser, comment pense-t-il pouvoir le faire en naissant, par exemple, parmi les peuples cannibales ?

« Ce ne sont pas les Esprits déjà avancés qui naissent parmi les cannibales, mais des Esprits de la nature de ceux des cannibales ou qui leur sont inférieurs. »

Nous savons que nos anthropophages ne sont pas au dernier degré de l'échelle, et qu'il y a des mondes où l'abrutissement et la férocité n'ont pas d'analogue sur la terre. Ces Esprits sont donc encore inférieurs aux plus inférieurs de notre monde, et venir parmi nos sauvages, c'est pour eux un progrès, comme ce serait un progrès pour nos anthropophages d'exercer parmi nous une profession qui les obligerait à verser le sang. S'ils ne visent pas plus haut, c'est que leur infériorité morale ne leur permet pas de comprendre un progrès plus complet. L'Esprit ne peut avancer que graduellement ; il ne peut franchir d'un bond la distance qui sépare la barbarie de la civilisation, et c'est en cela que nous voyons une des nécessités de la réincarnation, qui est bien véritablement selon la justice de Dieu ; autrement, que deviendraient ces millions d'êtres qui meurent chaque jour dans le dernier état de dégradation, s'ils n'avaient les moyens d'atteindre à la supériorité ? Pourquoi Dieu les aurait-il déshérités des faveurs accordées aux autres hommes ?

272. Des Esprits venant d'un monde inférieur à la terre, ou d'un peuple très arriéré, comme les cannibales, par exemple, pourraient-ils naître parmi nos peuples civilisés ?

« Oui, il y en a qui se fourvoient en voulant monter trop haut ; mais alors ils sont déplacés parmi vous, parce qu'ils ont des mœurs et des instincts qui jurent avec les nôtres. »

Ces êtres nous donnent le triste spectacle de la férocité au milieu de la civilisation ; en retournant parmi les cannibales, ce ne sera pas une déchéance, il ne feront que reprendre leur place et ils y gagneront peut-être encore.

273. Un homme appartenant à une race civilisée pourrait-il, par expiation, être réincarné dans une race sauvage ?

« Oui, mais cela dépend du genre d'expiation ; un maître qui aura été dur pour ses esclaves pourra devenir esclave à son tour et subir les mauvais traitements qu'il aura fait endurer. Celui qui a commandé à une époque peut, dans une nouvelle existence, obéir à ceux-là mêmes qui se courbaient sous sa volonté. C'est une expiation s'il a abusé de son pouvoir, et Dieu peut la lui imposer. Un bon Esprit peut aussi, pour les faire avancer, choisir une existence influente parmi ces peuples, et alors c'est une mission. »

Relations d'outre-tombe.

274. Les différents ordres d'Esprits établissent-ils entre ceux-ci une hiérarchie de pouvoirs ; y a-t-il parmi eux subordination et autorité ?

« Oui, très grande ; les Esprits ont les uns sur les autres une autorité relative à leur supériorité, et qu'ils exercent par un ascendant moral irrésistible. »

— Les Esprits inférieurs peuvent-ils se soustraire à l'autorité de ceux qui leur sont supérieurs ?

« J'ai dit : irrésistible. »

275. La puissance et la considération dont un homme a joui sur la terre lui donnent-elles une suprématie dans le monde des Esprits ?

« Non, car les petits seront élevés et les grands abaissés. Lis les psaumes. »

— Comment devons-nous entendre cette élévation et cet abaissement ?

« Ne sais-tu pas que les Esprits sont de différents ordres selon leur mérite ? Eh bien ! le plus grand de la terre peut être au dernier rang parmi les Esprits, tandis que son serviteur sera au premier. Comprends-tu cela ? Jésus n'a-t-il pas dit : Quiconque s'abaisse sera élevé, et quiconque s'élève sera abaissé ? »

276. Celui qui a été grand sur la terre et qui se

trouve inférieur parmi les Esprits, en éprouve-t-il de l'humiliation ?

« Souvent une bien grande, surtout s'il était orgueilleux et jaloux. »

277. Le soldat qui, après la bataille, retrouve son général dans le monde des Esprits, le reconnaît-il encore pour son supérieur ?

« Le titre n'est rien, la supériorité réelle est tout. »

278. Les Esprits des différents ordres sont-ils confondus ?

« Oui et non ; c'est-à-dire qu'ils se voient, mais ils se distinguent les uns des autres. Ils se fuient ou se rapprochent, selon l'analogie ou l'antipathie de leurs sentiments, comme cela a lieu parmi vous. *C'est tout un monde dont le vôtre est le reflet obscurci.* Ceux du même rang se réunissent par une sorte d'affinité et forment des groupes ou familles d'Esprits unis par la sympathie et le but qu'ils se proposent : les bons par le désir de faire le bien, les mauvais par le désir de faire le mal, la honte de leurs fautes et le besoin de se trouver parmi des êtres semblables à eux. »

Telle une grande cité où les hommes de tous rangs et de toutes conditions se voient et se rencontrent sans se confondre ; où les sociétés se forment par l'analogie des goûts ; où le vice et la vertu se coudoient sans se rien dire.

279. Tous les Esprits ont-ils réciproquement accès les uns parmi les autres ?

« Les bons vont partout, et il faut qu'il en soit ainsi pour qu'ils puissent exercer leur influence sur les mauvais ; mais les régions habitées par les bons sont interdites aux Esprits imparfaits, afin que ceux-ci ne puissent y apporter le trouble des mauvaises passions. »

280. Quelle est la nature des relations entre les bons et les mauvais Esprits ?

« Les bons tâchent de combattre les mauvais penchants des autres *afin de les aider à monter* ; c'est une mission. »

281. Pourquoi les Esprits inférieurs se plaisent-ils à nous porter au mal ?

« Par jalousie de n'avoir pas mérité d'être parmi les bons. Leur désir est d'empêcher autant qu'il est en eux les Esprits encore inexpérimentés d'arriver au bien suprême ; ils veulent faire éprouver aux autres ce qu'ils éprouvent eux-mêmes. Ne voyez-vous pas aussi cela parmi vous ? »

282. Comment les Esprits se communiquent-ils entre eux ?

« Ils se voient et se comprennent, la parole est matérielle : c'est le reflet de l'Esprit. Le fluide universel établit entre eux une communication constante ; c'est le véhicule de la transmission de la pensée, comme pour vous l'air est le véhicule du son ; une sorte de télégraphe universel qui relie tous les mondes, et permet aux Esprits de correspondre d'un monde à l'autre. »

283. Les Esprits peuvent-ils se dissimuler réciproquement leurs pensées ; peuvent-ils se cacher les uns des autres ?

« Non, pour eux tout est à découvert, surtout lorsqu'ils sont parfaits. Ils peuvent s'éloigner, mais ils se voient toujours. Ceci n'est point cependant une règle absolue, car certains Esprits peuvent très bien se rendre invisibles pour d'autres Esprits, s'ils jugent utile de le faire. »

284. Comment les Esprits, qui n'ont plus de corps, peuvent-ils constater leur individualité et se distinguer des autres êtres spirituels qui les entourent ?

« Ils constatent leur individualité par le périsprit qui en fait des êtres distincts les uns pour les autres, comme le corps parmi les hommes. »

285. Les Esprits se reconnaissent-ils pour avoir cohabité la terre ? Le fils reconnaît-il son père, l'ami son ami ?

« Oui, et ainsi de génération en génération. »

— Comment les hommes qui se sont connus sur terre se reconnaissent-ils dans le monde des Esprits ?

« Nous voyons notre vie passée et nous y lisons comme dans un livre ; en voyant le passé de nos amis et de nos ennemis nous voyons leur passage de la vie à la mort. »

286. L'âme, en quittant sa dépouille mortelle, voit-elle immédiatement ses parents et ses amis qui l'ont précédée dans le monde des Esprits ?

« Immédiatement n'est pas toujours le mot : car, comme nous l'avons dit, il lui faut quelque temps pour se reconnaître et secouer le voile matériel. »

287. Comment l'âme est-elle accueillie à son retour dans le monde des Esprits ?

« Celle du juste, comme un frère bien-aimé attendu depuis longtemps ; celle du méchant comme un être que l'on méprise. »

288. Quel sentiment éprouvent les Esprits impurs à la vue d'un autre mauvais Esprit qui leur arrive ?

« Les méchants sont satisfaits de voir des êtres à leur image et privés, comme eux, du bonheur infini, comme l'est sur la terre, un fripon parmi ses pareils. »

289. Nos parents et nos amis viennent-ils quelquefois à notre rencontre quand nous quittons la terre ?

« Oui, ils viennent au-devant de l'âme qu'ils affectionnent ; ils la félicitent comme au retour d'un voyage, si elle a échappé aux dangers de la route, *et l'aident à se dégager des liens corporels.* C'est une faveur pour les bons Esprits quand ceux qui les ont affectionnés viennent à leur rencontre, tandis que celui qui est souillé reste dans l'isolement, ou n'est entouré que d'Esprits semblables à lui : c'est une punition. »

290. Les parents et les amis sont-ils toujours réunis après leur mort ?

« Cela dépend de leur élévation et de la route qu'ils suivent pour leur avancement. Si l'un d'eux est plus avancé et marche plus vite que l'autre, ils ne pourront rester ensemble : ils pourront se voir quelquefois, mais ils ne seront pour toujours réunis que quand ils pourront marcher de front, ou quand ils auront atteint l'égalité dans la perfection. Et puis, la privation de la vue de ses parents et de ses amis est quelquefois une punition. »

Rapports sympathiques et antipathiques des Esprits. Moitiés éternelles.

291. Outre la sympathie générale de similitude, les Esprits ont-ils entre eux des affections particulières ?

« Oui, comme les hommes, mais le lien qui unit les Esprits est plus fort quand le corps est absent, parce qu'il n'est plus exposé aux vicissitudes des passions. »

292. Les Esprits ont-ils entre eux des haines ?

« Il n'y a de haines que parmi les Esprits impurs, et ce sont ceux qui soufflent parmi vous les inimitiés et les dissensions. »

293. Deux êtres qui auront été ennemis sur terre

conserveront-ils du ressentiment l'un contre l'autre dans le monde des Esprits ?

« Non, ils comprendront que leur haine était stupide et le sujet puéril. Les Esprits imparfaits conservent seuls une sorte d'animosité jusqu'à ce qu'ils se soient épurés. Si ce n'est qu'un intérêt matériel qui les a divisés, ils n'y songeront plus, pour peu qu'ils soient dématérialisés. S'il n'y a pas antipathie entre eux, le sujet de discussion n'existant plus, ils peuvent se revoir avec plaisir. »

Tels deux écoliers parvenus à l'âge de raison, reconnaissent la puérilité des querelles qu'ils ont eues dans leur enfance et cessent de s'en vouloir.

294. Le souvenir des mauvaises actions que deux hommes ont pu commettre à l'égard l'un de l'autre est-il un obstacle à leur sympathie ?

« Oui, il les porte à s'éloigner. »

295. Quel sentiment éprouvent après la mort ceux à qui nous avons fait du mal ici-bas ?

« S'ils sont bons, ils pardonnent selon votre repentir. S'ils sont mauvais, ils peuvent en conserver du ressentiment et, quelquefois, vous poursuivre jusque dans une autre existence. Dieu peut le permettre comme châtiment. »

296. Les affections individuelles des Esprits sont-elles susceptibles d'altération ?

« Non, car ils ne peuvent se tromper : *ils n'ont plus le masque sous lequel se cachent les hypocrites ;* c'est pourquoi leurs affections sont inaltérables quand ils sont purs. L'amour qui les unit est pour eux la source d'une suprême félicité. »

297. L'affection que deux êtres se sont portée sur la terre se continue-t-elle toujours dans le monde des Esprits ?

« Oui, sans doute, si elle est fondée sur une sympathie véritable ; mais si les causes physiques y ont plus de part que la sympathie, elle cesse avec la cause. Les affections parmi les Esprits sont plus solides et plus durables que sur la terre, parce qu'elles ne sont point subordonnées au caprice des intérêts matériels et de l'amour-propre. »

298. Les âmes qui doivent s'unir sont-elles prédestinées à cette union dès leur origine, et chacun de nous a-t-il quelque part dans l'univers *sa moitié* à laquelle il sera un jour fatalement réuni ?

« Non, il n'existe pas d'union particulière et fatale entre deux âmes. L'union existe entre tous les Esprits, mais à des degrés différents selon le rang qu'ils occupent, c'est-à-dire selon la perfection qu'ils ont acquise : plus ils sont parfaits, plus ils sont unis. De la discorde naissent tous les maux des humains ; de la concorde résulte le bonheur complet. »

299. Dans quel sens doit-on entendre le mot *moitié* dont certains Esprits se servent pour désigner les Esprits sympathiques ?

« L'expression est inexacte ; si un Esprit était la moitié d'un autre, séparé de celui-ci, il serait incomplet. »

300. Deux Esprits parfaitement sympathiques, une fois réunis, le sont-ils pour l'éternité, ou bien peuvent-ils se séparer et s'unir à d'autres Esprits ?

« Tous les Esprits sont unis entre eux ; je parle de ceux arrivés à la perfection. Dans les sphères inférieures, lorsqu'un Esprit s'élève, il n'a plus la même sympathie pour ceux qu'il a quittés. »

301. Deux Esprits sympathiques sont-ils le complément l'un de l'autre, ou bien cette sympathie est-elle le résultat d'une identité parfaite ?

« La sympathie qui attire un Esprit vers un autre est le résultat de la parfaite concordance de leurs penchants, de leurs instincts ; si l'un devait compléter l'autre, il perdrait son individualité. »

302. L'identité nécessaire pour la sympathie parfaite ne consiste-t-elle que dans la similitude de pensées et de sentiments, ou bien encore dans l'uniformité des connaissances acquises ?

« Dans l'égalité des degrés d'élévation. »

303. Les Esprits qui ne sont pas sympathiques aujourd'hui, peuvent-ils le devenir plus tard ?

« Oui, tous le seront. Ainsi l'Esprit qui est aujourd'hui dans telle sphère inférieure, en se perfectionnant parviendra dans la sphère où réside tel autre. Leur rencontre aura lieu plus promptement si l'Esprit plus élevé, supportant mal les épreuves auxquelles il s'est soumis, est demeuré dans le même état. »

— Deux Esprits sympathiques peuvent-ils cesser de l'être ?

« Certes, si l'un est paresseux. »

La théorie des moitiés éternelles est une figure qui peint l'union de deux Esprits sympathiques ; c'est une expression usitée même dans le langage vulgaire et qu'il ne faut point prendre à la lettre ; les Esprits qui s'en sont servis n'appartiennent assurément point à l'ordre le plus élevé ; la sphère de leurs idées est nécessairement bornée, et ils ont pu rendre leurs pensées par les termes dont ils se seraient servis pendant leur vie corporelle. Il faut donc rejeter cette idée que deux Esprits créés l'un pour l'autre doivent un jour fatalement se réunir dans l'éternité, après avoir été séparés pendant un laps de temps plus ou moins long.

Souvenir de l'existence corporelle.

304. L'Esprit se souvient-il de son existence corporelle ?

« Oui, c'est-à-dire qu'ayant vécu plusieurs fois comme homme, il se rappelle ce qu'il a été, et je t'assure que, parfois, il rit de pitié de lui-même. »

Comme l'homme qui a atteint l'âge de raison rit des folies de sa jeunesse ou des puérilités de son enfance.

305. Le souvenir de l'existence corporelle se présente-t-il à l'Esprit d'une manière complète et inopinée après la mort ?

« Non, il lui revient peu à peu, comme quelque chose qui sort du brouillard, et à mesure qu'il y fixe son attention. »

306. L'Esprit se souvient-il, en détail, de tous les événements de sa vie ; en embrasse-t-il l'ensemble d'un coup d'œil rétrospectif ?

« Il se souvient des choses en raison des conséquences qu'elles ont sur son état d'Esprit ; mais tu conçois qu'il y a des circonstances de sa vie auxquelles il n'attache aucune importance, et dont il ne cherche même pas à se souvenir. »

— Pourrait-il s'en souvenir s'il le voulait ?

« Il peut se souvenir des détails et des incidents les plus minutieux, soit des événements, soit même de ses pensées ; mais quand c'est sans utilité il ne le fait pas. »

— Entrevoit-il le but de la vie terrestre par rapport à la vie future ?

« Assurément il le voit et le comprend bien mieux que du vivant de son corps ; il comprend le besoin d'épuration pour arriver à l'infini, et il sait qu'à chaque existence il laisse quelques impuretés. »

307. Comment la vie passée se retrace-t-elle à la mémoire de l'Esprit ? Est-ce par un effort de son imagination ou comme un tableau qu'il a devant les yeux ?

« L'un et l'autre ; tous les actes dont il a intérêt à se souvenir sont pour lui comme s'ils étaient présents ; les autres sont plus ou moins dans le vague de la pensée, ou tout à fait oubliés. Plus il est dématérialisé, moins il attache d'importance aux choses matérielles. Tu fais souvent l'évocation d'un Esprit errant qui vient de quitter la terre et qui ne se rappelle pas les noms des personnes qu'il aimait, ni bien des détails qui, pour toi, paraissent importants ; il s'en soucie peu et cela tombe dans l'oubli. Ce dont il se rappelle très bien, ce sont les faits principaux qui l'aident à s'améliorer. »

308. L'Esprit se souvient-il de toutes les existences qui ont précédé la dernière qu'il vient de quitter ?

« Tout son passé se déroule devant lui, comme les étapes qu'a parcourues le voyageur ; mais, nous l'avons dit, il ne se souvient pas d'une manière absolue de tous les actes ; il s'en souvient en raison de l'influence qu'ils ont sur son état présent. Quant aux premières existences, celles qu'on peut regarder comme l'enfance de l'Esprit, elles se perdent dans le vague et disparaissent dans la nuit de l'oubli. »

309. Comment l'Esprit considère-t-il le corps qu'il vient de quitter ?

« Comme un mauvais habit *qui le gênait* et dont il est heureux d'être débarrassé. »

—Quel sentiment lui fait éprouver la vue de son corps en décomposition ?

« Presque toujours de l'indifférence, comme pour une chose à laquelle il ne tient plus. »

310 Au bout d'un certain laps de temps, l'Esprit reconnaît-il des ossements ou autres objets comme lui ayant appartenu ?

« Quelquefois ; cela dépend du point de vue plus

ou moins élevé sous lequel il considère les choses terrestres. »

311. Le respect que l'on a pour les choses matérielles qui restent de l'Esprit attire-t-il son attention sur ces mêmes objets, et voit-il ce respect avec plaisir ?

« L'Esprit est toujours heureux du souvenir qu'on a de lui ; les choses que l'on conserve de lui le rappellent à la mémoire, mais c'est la pensée qui l'attire vers vous, et non ces objets. »

312. Les Esprits conservent-ils le souvenir des souffrances qu'ils ont endurées pendant leur dernière existence corporelle ?

« Souvent, ils le conservent et ce souvenir leur fait mieux sentir le prix de la félicité dont ils peuvent jouir comme Esprits. »

313. L'homme qui a été heureux ici-bas regrette-t-il ses jouissances quand il a quitté la terre ?

« Les Esprits inférieurs seuls peuvent regretter des joies qui sympathisent avec l'impureté de leur nature et qu'ils expient par leurs souffrances. Pour les Esprits élevés, le bonheur éternel est mille fois préférable aux plaisirs éphémères de la terre. »

Tel l'homme adulte qui méprise ce qui faisait les délices de son enfance.

314. Celui qui a commencé de grands travaux dans un but utile, et qu'il voit interrompus par la mort, regrette-t-il, dans l'autre monde, de les avoir laissés inachevés ?

« Non, parce qu'il voit que d'autres sont destinés à les terminer. Au contraire, il tâche d'influencer d'autres Esprits humains à les continuer. Son but, sur la terre, était le bien de l'humanité ; ce but est le même dans le monde des Esprits. »

315. Celui qui a laissé des travaux d'art ou de littérature conserve-t-il pour ses œuvres l'amour qu'il avait de son vivant ?

« Selon son élévation, il les juge à un autre point de vue et, souvent, il blâme ce qu'il admirait le plus. »

316. L'Esprit s'intéresse-t-il encore aux travaux qui se font sur la terre, au progrès des arts et des sciences ?

« Cela dépend de son élévation ou de la mission qu'il peut avoir à remplir. Ce qui vous paraît magnifique est souvent bien peu de choses pour certains Esprits ; ils l'admirent, comme le savant admire l'ouvrage d'un écolier. Il examine ce qui peut prouver l'élévation des Esprits incarnés et leurs progrès. »

317. Les Esprits, après la mort, conservent-ils l'amour de la patrie ?

« C'est toujours le même principe : pour les Esprits élevés la patrie c'est l'univers ; sur la terre, elle est où ils ont le plus de personnes sympathiques. »

La situation des Esprits et leur manière de voir les choses varient à l'infini en raison du degré de leur développement moral et intellectuel. Les Esprits d'un ordre élevé ne font généralement sur la terre que des séjours de courte durée ; tout ce qui s'y fait est si mesquin en comparaison des grandeurs de l'infini, les choses auxquelles les hommes attachent le plus d'importance sont si puériles à leurs yeux, qu'ils y trouvent peu d'attraits, à moins qu'ils n'y soient appelés en vue de concourir au progrès de l'humanité. Les Esprits d'un ordre moyen y séjournent plus fréquemment, quoiqu'ils considèrent les choses d'un point de vue plus élevé que de leur vivant. Les Esprits vulgaires y sont en quelque sorte sédentaires, et constituent la masse de la population ambiante du monde invisible ; ils ont conservé à peu de chose près les mêmes idées, les mêmes goûts et les mêmes penchants qu'ils avaient sous leur enveloppe corporelle ; ils se mêlent à nos réunions, à nos affaires, à nos amusements, auxquels ils prennent une part plus ou moins active, suivant leur caractère. Ne pouvant satisfaire leurs passions, ils jouissent de ceux qui s'y abandonnent et les y excitent. Dans le nombre, il en est de plus sérieux qui voient et observent pour s'instruire et se perfectionner.

318. Les idées des Esprits se modifient-elles dans l'état d'esprit ?

« Beaucoup ; elles subissent de très grandes modifications à mesure que l'Esprit se dématérialise ; il peut quelquefois rester longtemps dans les mêmes idées, mais peu à peu l'influence de la matière diminue, et il voit les choses plus clairement ; c'est alors qu'il cherche les moyens de s'améliorer. »

319. Puisque l'Esprit a déjà vécu de la vie spirite avant son incarnation, d'où vient son étonnement en rentrant dans le monde des Esprits ?

« Ce n'est que l'effet du premier moment et du trouble qui suit le réveil ; plus tard il se reconnait parfaitement à mesure que le souvenir du passé lui revient, et que s'efface l'impression de la vie terrestre. » (163 et suiv.)

Commémoration des morts. Funérailles.

320. Les Esprits sont-ils sensibles au souvenir de ceux qu'ils ont aimés sur la terre ?

« Beaucoup plus que vous ne pouvez le croire ; ce souvenir ajoute à leur bonheur s'ils sont heureux ; et s'ils sont malheureux, il est pour eux un adoucissement. »

321. Le jour de la commémoration des morts a-t-il quelque chose de plus solennel pour les Esprits ? Se préparent-ils à venir visiter ceux qui doivent aller prier sur leurs dépouilles ?

« Les Esprits viennent à l'appel de la pensée ce jour-là comme les autres jours. »

— Ce jour est-il pour eux un rendez-vous auprès de leurs sépultures ?

« Ils y sont plus nombreux ce jour-là, parce qu'il y a plus de personnes qui les appellent ; mais chacun d'eux n'y vient que pour ses amis, et non pour la foule des indifférents. »

— Sous quelle forme y viennent-ils et comment les verrait-on s'ils pouvaient se rendre visibles ?

«Celle sous laquelle on les a connus de leur vivant.»

322. Les Esprits oubliés et dont personne ne va visiter les tombes y viennent-ils malgré cela et éprouvent-ils un regret de ne voir aucun ami se rappeler à leur mémoire ?

« Que leur fait la terre ? On n'y tient que par le coeur. Si l'amour n'y est pas, il n'y a plus rien qui y rattache l'Esprit : il a tout l'univers à lui. »

323. La visite au tombeau procure-t-elle plus de satisfaction à l'Esprit qu'une prière faite chez soi ?

« La visite au tombeau est une manière de manifester qu'on pense à l'Esprit absent : c'est l'image. Je vous l'ai dit, c'est la prière qui sanctifie l'acte du souvenir ; peu importe le lieu, si elle est dite par le coeur. »

324. Les Esprits des personnes auxquelles on élève des statues ou des monuments assistent-ils à ces sortes d'inauguration, et les voient-ils avec plaisir ?

« Beaucoup y viennent lorsqu'ils le peuvent, mais ils sont moins sensibles à l'honneur qu'on leur fait qu'au souvenir. »

325. D'où peut venir à certaines personnes le désir d'être enterrées dans un endroit plutôt que dans un autre ? Y reviennent-elles plus volontiers après leur

mort ; et cette importance attachée à une chose matérielle est-elle un signe d'infériorité chez l'Esprit ?

« Affection de l'Esprit pour certains lieux : infériorité morale. Que fait un coin de terre plutôt qu'un autre pour l'Esprit élevé ? Ne sait-il pas que son âme sera réunie à ceux qu'il aime, quand même leurs os sont séparés ? »

— La réunion des dépouilles mortelles de tous les membres d'une même famille doit-elle être considérée comme une chose futile ?

« Non ; c'est un pieux usage et un témoignage de sympathie pour ceux que l'on a aimés ; si cette réunion importe peu aux Esprits, elle est utile aux hommes : les souvenirs sont plus recueillis. »

326. L'âme, rentrant dans la vie spirituelle, est-elle sensible aux honneurs rendus à sa dépouille mortelle ?

« Quand l'Esprit est arrivé déjà à un certain degré de perfection, il n'a plus de vanité terrestre, et comprend la futilité de toutes ces choses ; mais sache bien souvent il y a des Esprits qui, au premier moment de leur mort matérielle, goûtent un grand plaisir des honneurs qu'on leur rend, ou un ennui du délaissement de leur enveloppe ; car ils conservent encore quelques-uns des préjugés d'ici-bas. »

327. L'Esprit assiste-t-il à son convoi ?

« Très souvent, il y assiste mais quelquefois il ne se rend pas compte de ce qui s'y passe, s'il est encore dans le trouble. »

— Est-il flatté du concours des assistants à son convoi ?

« Plus ou moins selon le sentiment qui les amène. »

328. L'Esprit de celui qui vient de mourir assiste-t-il aux réunions de ses héritiers ?

« Presque toujours ; Dieu le veut pour sa propre instruction et le châtiment des coupables ; c'est là qu'il juge ce que valaient leurs protestations ; pour lui tous les sentiments sont à découvert, et la déception qu'il éprouve en voyant la rapacité de ceux qui se partagent ses dépouilles l'éclaire sur leurs sentiments ; mais leur tour viendra. »

329. Le respect instinctif que l'homme, dans tous les temps et chez tous les peuples, témoigne pour les morts est-il un effet de l'intuition qu'il a de l'existence future.

« C'en est la conséquence naturelle ; sans cela ce respect serait sans objet. »

CHAPITRE VII

RETOUR A LA VIE CORPORELLE

1. Préludes du retour. — 2. Union de l'âme et du corps. Avortement. — 3. Facultés morales et intellectuelles de l'homme. — 4. Influence de l'organisme. — 5. Idiotisme, folie. 6. De l'enfance. — 7. Sympathies et antipathies terrestres. 8. Oubli du passé

Préludes du retour.

330. Les Esprits connaissent-ils l'époque à laquelle ils seront réincarnés ?

« Ils la pressentent, comme un aveugle sent le feu dont il s'approche. Ils savent qu'ils doivent reprendre un corps comme vous savez que vous devez mourir un jour, mais sans savoir quand cela arrivera. » (166.)

— La réincarnation est donc une nécessité de la vie spirite, comme la mort est une nécessité de la vie corporelle ?

« Assurément, il en est ainsi. »

331. Tous les Esprits se préoccupent-ils de leur réincarnation ?

« Il en est qui n'y songent nullement, qui même ne la comprennent pas ; cela dépend de leur nature plus ou moins avancée. Pour quelques-uns l'incertitude où ils sont de leur avenir est une punition. »

332. L'Esprit peut-il rapprocher ou retarder le moment de sa réincarnation ?

« Il peut le rapprocher en l'appelant de ses voeux :

il peut aussi l'éloigner s'il recule devant l'épreuve, car parmi les Esprits il y a aussi des lâches et des indifférents, mais il ne le fait pas impunément ; il en souffre comme celui qui recule devant le remède salutaire qui peut le guérir. »

333. Si un Esprit se trouvait assez heureux d'une condition moyenne parmi les Esprits errants, et qu'il n'eût pas l'ambition de monter, pourrait-il prolonger cet état indéfiniment ?

« Non, pas indéfiniment ; l'avancement est un besoin que l'Esprit éprouve tôt ou tard ; tous doivent monter, c'est leur destinée. »

334. L'union de l'âme avec tel ou tel corps est-elle prédestinée, ou bien n'est-ce qu'au dernier moment que le choix se fait ?

« L'Esprit est toujours désigné d'avance. L'Esprit en choisissant l'épreuve qu'il veut subir, demande à s'incarner ; or Dieu, qui sait tout et voit tout, a su et vu d'avance que telle âme s'unirait à tel corps. »

335. L'Esprit a-t-il le choix du corps dans lequel il doit entrer, ou seulement du genre de vie qui doit lui servir d'épreuve ?

« Il peut aussi choisir le corps, car les imperfections de ce corps sont pour lui des épreuves qui aident à son avancement s'il dompte les obstacles qu'il y rencontre, mais le choix ne dépend pas toujours de lui ; il peut demander. »

— L'Esprit pourrait-il, au dernier moment, refuser d'entrer dans le corps choisi par lui ?

« S'il refusait, il en souffrirait beaucoup plus que celui qui n'aurait tenté aucune épreuve. »

336. Pourrait-il arriver qu'un enfant qui doit naître ne trouvât pas d'Esprit qui voulût s'incarner en lui ?

« Dieu y pourvoirait. L'enfant, lorsqu'il doit naître *viable,* est toujours prédestiné à avoir une âme ; rien n'a été créé sans dessein. »

337. L'union de l'Esprit avec tel corps peut-elle être imposée par Dieu ?

« Elle peut être imposée, de même que les différentes épreuves, surtout lorsque l'Esprit n'est pas encore apte à faire un choix avec connaissance de cause. Comme expiation, l'Esprit peut être contraint de s'unir au corps de tel enfant qui, par sa naissance et la position qu'il aura dans le monde, pourra devenir pour lui un sujet de châtiment. »

338. S'il arrivait que plusieurs Esprits se présentassent pour un même corps qui doit naître, qu'est-ce qui déciderait entre eux ?

« Plusieurs peuvent le demander ; c'est Dieu qui juge en pareil cas celui qui est le plus capable de remplir la mission à laquelle l'enfant est destiné ; mais, je l'ai dit, l'Esprit est désigné avant l'instant où il doit s'unir au corps ?

339. Le moment de l'incarnation est-il accompagné d'un trouble semblable à celui qui a lieu à la sortie du corps ?

« Beaucoup plus grand et surtout plus long. A la mort, l'Esprit sort de l'esclavage ; à la naissance, il y rentre. »

340. L'instant où un Esprit doit s'incarner est-il pour lui un instant solennel ? Accomplit-il cet acte comme une chose grave et importante pour lui ?

« Il est comme un voyageur qui s'embarque pour une traversée périlleuse, et qui ne sait s'il ne doit pas trouver la mort dans les vagues qu'il affronte. »

Le voyageur qui s'embarque sait à quels périls il s'expose, mais il ne sait s'il fera naufrage ; il en est ainsi de l'Esprit : il connait le genre des épreuves auxquelles il se soumet, mais il ne sait s'il succombera.

De même que la mort du corps est une sorte de renaissance pour l'Esprit, la réincarnation est pour celui-ci une sorte de mort, ou plutôt d'exil et de claustration. Il quitte le monde des Esprits pour le monde corporel, comme l'homme quitte le monde corporel pour le monde des Esprits. L'Esprit sait qu'il se réincarnera, comme l'homme sait qu'il mourra ; mais, comme celui-ci, il n'en a conscience qu'au dernier moment, quand le temps voulu est arrivé ; alors, à ce moment suprême, le trouble s'empare de lui, comme chez l'homme qui est à l'agonie, et ce trouble persiste jusqu'à ce que la nouvelle existence soit nettement formée. Les approches de la réincarnation sont une sorte d'agonie pour l'Esprit.

341. L'incertitude où se trouve l'Esprit sur l'éventualité du succès des épreuves qu'il va subir dans la vie est-elle pour lui une cause d'anxiété avant son incarnation ?

« Une anxiété bien grande, puisque les épreuves de son existence le retarderont ou l'avanceront selon qu'il les aura bien ou mal supportées. »

342. Au moment de sa réincarnation, l'Esprit est-il accompagné par d'autres Esprits de ses amis qui viennent assister à son départ du monde spirite, comme ils viennent le recevoir lorsqu'il y rentre ?

« Cela dépend de la sphère que l'Esprit habite. S'il est dans les sphères où règne l'affection, les Esprits qui l'aiment l'accompagnent jusqu'au dernier moment, l'encouragent, et souvent même le suivent dans la vie. »

343. Les Esprits amis qui nous suivent dans la vie sont-ils parfois ceux que nous voyons en songe, qui nous témoignent de l'affection, et qui se présentent à nous sous des traits inconnus ?

« Très souvent ce sont eux ; ils viennent vous visiter, comme vous allez voir un prisonnier sous les verrous. »

Union de l'âme et du corps.

344. A quel moment l'âme s'unit-elle au corps ?

« L'union commence à la conception, mais elle n'est complète qu'au moment de la naissance. Du moment de la conception, l'Esprit désigné pour habiter tel corps y tient par un lien fluidique qui va se resserrant de plus en plus jusqu'à l'instant où l'enfant voit le jour ; le cri qui s'échappe alors de l'enfant annonce qu'il fait nombre parmi les vivants et les serviteurs de Dieu. »

345. L'union entre l'Esprit et le corps est-elle définitive du moment de la conception ? Pendant cette première période, l'Esprit pourrait-il renoncer à habiter le corps désigné ?

« L'union est définitive, en ce sens qu'un autre Esprit ne pourrait remplacer celui qui est désigné pour ce corps ; mais comme les liens qui l'y tiennent sont très faibles, ils sont facilement rompus, et ils peuvent l'être par la volonté de l'Esprit qui recule devant l'épreuve qu'il a choisie ; mais alors l'enfant ne vit pas. »

346. Qu'arrive-t-il, pour l'Esprit, si le corps qu'il a choisi vient à mourir avant de naître ?

« Il en choisit un autre. »

— Quelle peut être l'utilité de ces morts prématurées ?

« Ce sont les imperfections de la matière qui sont le plus souvent la cause de ces morts. »

347. De quelle utilité peut être pour un Esprit son

incarnation dans un corps qui meurt peu de jours après sa naissance ?

« L'être n'a pas la conscience de son existence assez développée ; l'importance de la mort est presque nulle ; c'est souvent, comme nous l'avons dit, une épreuve pour les parents. »

348. L'Esprit sait-il d'avance que le corps qu'il choisit n'a pas de chance de vie ?

« Il le sait quelquefois, mais s'il le choisit pour ce motif, c'est qu'il recule devant l'épreuve. »

349. Lorsqu'une incarnation est manquée pour l'Esprit, par une cause quelconque, y est-il suppléé immédiatement par une autre existence ?

« Pas toujours immédiatement ; il faut à l'Esprit le temps de choisir de nouveau, à moins que la réincarnation instantanée ne provienne d'une détermination antérieure. »

350. L'Esprit, une fois uni au corps de l'enfant et alors qu'il n'y a plus à s'en dédire, regrette-t-il quelquefois le choix qu'il a fait ?

« Veux-tu dire si, comme homme, il se plaint de la vie qu'il a ? S'il la voudrait autre ? oui ; s'il regrette le choix qu'il a fait ? non ; il ne sait pas qu'il l'a choisie. L'Esprit, une fois incarné, ne peut regretter un choix dont il n'a pas conscience : mais il peut trouver la charge trop lourde, et s'il la croit au-dessus de ses forces, c'est alors qu'il a recours au suicide. »

351. Dans l'intervalle de la conception à la naissance, l'Esprit jouit-il de toutes ses facultés ?

« Plus ou moins suivant l'époque, car il n'est pas encore incarné, mais attaché. Dès l'insant de la conception, le trouble commence à saisir l'Esprit averti par là que le moment est venu de prendre une nouvelle existence ; ce trouble va croissant jusqu'à la naissance ; dans cet intervalle, son état est à peu près celui d'un Esprit incarné pendant le sommeil du corps ; à mesure que le moment de la naissance approche, ses idées s'effacent ainsi que le souvenir du passé, dont il n'a plus conscience, comme homme, une fois entré dans la vie ; mais ce souvenir lui revient peu à peu à la mémoire dans son état d'Esprit. »

352. Au moment de la naissance, l'Esprit recouvre-t-il immédiatement la plénitude de ses facultés ?

« Non, elles se développent graduellement avec les organes. C'est pour lui une nouvelle existence ; il faut qu'il apprenne à se servir de ses instruments ; les idées lui reviennent peu à peu comme chez un homme qui sort du sommeil et qui se trouve dans une position différente de celle qu'il avait la veille. »

353. L'union de l'Esprit et du corps n'étant complète et définitivement consommée qu'après la naissance, peut-on considérer le fœtus comme ayant une âme ?

« L'Esprit qui doit l'animer existe en quelque sorte en dehors de lui ; il n'a donc pas, à proprement parler, une âme, puisque l'incarnation est seulement en voie de s'opérer ; mais il est lié à celle qu'il doit posséder. »

354. Comment expliquer la vie intra-utérine ?

« C'est celle de la plante qui végète. L'enfant vit de la vie animale. L'homme possède en lui la vie animale et la vie végétale qu'il complète à la naissance par la vie spirituelle. »

355. Y a-t-il, comme l'indique la science, des enfants qui, dès le sein de la mère, ne sont pas nés viables, et dans quel but cela a-t-il lieu ?

« Ceci arrive souvent ; Dieu le permet comme épreuve, soit pour les parents, soit pour l'Esprit désigné à prendre place. »

356. Y a-t-il des enfants mort-nés qui n'ont point été destinés à l'incarnation d'un Esprit ?

« Oui, il y en a qui n'eurent jamais un Esprit destiné pour leur corps : rien ne devait s'accomplir pour eux. C'est alors seulement pour les parents que cet enfant est venu. »

— Un être de cette nature peut-il venir à terme ?

« Oui, quelquefois, mais alors il ne vit pas. »

— Tout enfant qui survit à sa naissance a donc nécessairement un Esprit incarné en lui ?

« Que serait-il sans cela ? Ce ne serait pas un être humain. »

357. Quelles sont, pour l'Esprit, les conséquences de l'avortement ?

« C'est une existence nulle à recommencer. »

358. L'avortement volontaire est-il un crime, quelle que soit l'époque de la conception ?

« Il y a toujours crime du moment que vous transgressez la loi de Dieu. La mère, ou toute autre, commettra toujours un crime en ôtant la vie à l'enfant avant sa naissance, car c'est empêcher l'âme de supporter les épreuves dont le corps devait être l'instrument. »

359. Dans le cas où la vie de la mère serait en danger par la naissance de l'enfant, y a-t-il crime à sacrifier l'enfant pour sauver la mère ?

« Il vaut mieux sacrifier l'être qui n'existe pas à l'être qui existe. »

360. Est-il rationnel d'avoir pour le fœtus les mêmes égards que pour le corps d'un enfant qui aurait vécu ?

« Dans tout ceci, voyez la volonté de Dieu et son ouvrage ; ne traitez donc pas légèrement des choses que vous devez respecter. Pourquoi ne pas respecter les ouvrages de la création, qui sont incomplets quelquefois par la volonté du Créateur ? Ceci entre dans ses desseins que personne n'est appelé à juger. »

Facultés morales et intellectuelles.

361. D'où viennent à l'homme ses qualités morales, bonnes ou mauvaises ?

« Ce sont celles de l'Esprit qui est incarné en lui ; plus cet Esprit est pur, plus l'homme est porté au bien. »

— Il semble résulter de là que l'homme de bien est l'incarnation d'un bon Esprit, et l'homme vicieux celle d'un mauvais Esprit ?

« Oui, mais dis plutôt que c'est un Esprit imparfait, autrement on pourrait croire à des Esprits toujours mauvais, à ce que vous appelez démons. »

362. Quel est le caractère des individus dans lesquels s'incarnent les Esprits follets et légers ?

« Des étourdis, des espiègles, et quelquefois des êtres malfaisants. »

363. Les Esprits ont-ils des passions qui n'appartiennent pas à l'humanité ?

« Non autrement ils vous les auraient communiquées. »

364. Est-ce le même Esprit qui donne à l'homme les qualités morales et celles de l'intelligence ?

« Assurément, c'est le même, et cela en raison du degré auquel il est parvenu. L'homme n'a pas deux Esprits en lui. »

365. Pourquoi des hommes très intelligents, ce qui annonce en eux un Esprit supérieur, sont-ils quel-

quefois, en même temps, profondément vicieux ?

« C'est que l'Esprit incarné n'est pas assez pur, et l'homme cède à l'influence d'autres Esprits plus mauvais. L'Esprit progresse par une marche ascendante insensible, mais le progrès ne s'accomplit pas simultanément en tous sens ; dans une période, il peut avancer en science, dans une autre en moralité. »

366. Que penser de l'opinion d'après laquelle les différentes facultés intellectuelles et morales de l'homme seraient le produit d'autant d'Esprits divers incarnés en lui, et ayant chacun une aptitude spéciale ?

« En réfléchissant, on reconnaît qu'elle est absurde. L'Esprit doit avoir toutes les aptitudes ; pour pouvoir progresser, il lui faut une volonté unique ; si l'homme était un amalgame d'Esprits, cette volonté n'existerait pas, et il n'y aurait point pour lui d'individualité, puisqu'à sa mort tous ces Esprits seraient comme une volée d'oiseaux échappés d'une cage. L'homme se plaint souvent de ne pas comprendre certaines choses, et il est curieux de voir comme il multiplie les difficultés, tandis qu'il a sous la main une explication toute simple et toute naturelle. C'est encore là prendre l'effet pour la cause ; c'est faire pour l'homme ce que les païens faisaient pour Dieu. Ils croyaient à autant de dieux qu'il y a de phénomènes dans l'univers, mais parmi eux les gens sensés ne voyaient dans ces phénomènes que des effets ayant pour cause un Dieu unique. »

Le monde physique et le monde moral nous offrent sur ce sujet de nombreux points de comparaison. On a cru à l'existence multiple de la matière, tant qu'on s'est arrêté à l'apparence des phénomènes ; aujourd'hui on comprend que ces phénomènes si variés peuvent très bien n'être que des modifications d'une matière élémentaire unique. Les diverses facultés sont des manifestations d'une même cause qui est l'âme, ou de l'Esprit incarné, et non de plusieurs âmes, comme les différents sons de l'orgue sont le produit d'une même espèce d'air, et non d'autant de sortes d'airs qu'il y a de sons. Il résulterait de ce système que lorsqu'un homme perd ou acquiert certaines aptitudes, certains penchants, ce serait le fait d'autant d'Esprits qui viennent ou qui s'en vont, ce qui ferait de lui un être multiple sans individualité, et, par conséquent, sans responsabilité. Il est en outre contredit par les exemples si nombreux de manifestations par lesquels les Esprits prouvent leur personnalité et leur identité.

Influence de l'organisme.

367. L'Esprit, en s'unissant au corps, s'identifie-t-il avec la matière ?

« La matière n'est que l'enveloppe de l'Esprit, comme l'habit est l'enveloppe du corps. L'Esprit, en s'unissant au corps, conserve les attributs de la nature spirituelle. »

368. Les facultés de l'Esprit s'exercent-elles en toute liberté après son union avec le corps ?

« L'exercice des facultés dépend des organes qui leur servent d'instrument ; elles sont affaiblies par la grossièreté de la matière. »

— D'après cela, l'enveloppe matérielle serait un obstacle à la libre manifestation des facultés de l'Esprit, comme un verre opaque s'oppose à la libre émission de la lumière ?

« Oui, et très opaque. »

On peut encore comparer l'action de la matière grossière du corps sur l'Esprit à celle d'une eau bourbeuse qui ôte la liberté des mouvements au corps qui s'y trouve plongé.

369. Le libre exercice des facultés de l'âme est-il subordonné au développement des organes ?

« Les organes sont les instruments de la manifestation des facultés de l'âme ; cette manifestation se trouve subordonnée au développement et au degré de perfection de ces mêmes organes, comme la bonté d'un travail à la bonté de l'outil. »

370. Peut-on induire de l'influence des organes un rapport entre le développement des organes cérébraux et celui des facultés morales et intellectuelles ?

« Ne confondez pas l'effet avec la cause. L'Esprit a toujours les facultés qui lui sont propres ; or, ce ne sont pas les organes qui donnent les facultés, mais les facultés qui poussent au développement des organes. »

— D'après cela, la diversité des aptitudes chez l'homme tient uniquement à l'état de l'Esprit ?

« Uniquement n'est pas tout à fait exact ; les qualités de l'Esprit, qui peut être plus ou moins avancé, c'est là le principe ; mais il faut tenir compte de l'influence de la matière qui entrave plus ou moins l'exercice de ses facultés. »

L'Esprit, en s'incarnant, apporte certaines prédispositions, et si l'on admet pour chacune un organe correspondant dans le cerveau, le développement de ces organes sera un effet et non une cause. Si les facultés avaient leur principe dans les organes, l'homme serait une machine sans libre arbitre et sans responsabilité de ses actes. Il faudrait admettre que les plus grands génies, savants, poètes, artistes, ne sont des génies que parce que le hasard leur a donné des organes spéciaux, d'où il suit que, sans ces organes, ils n'auraient pas été des génies, et que le dernier imbécile aurait pu être un Newton, un Virgile ou un Raphaël s'il avait été pourvu de certains organes ; supposition plus absurde encore quand on l'applique aux qualités morales. Ainsi d'après ce système, saint Vincent de Paul, doué par la nature de tel ou tel organe, aurait pu être un scélérat, et il ne manquerait au plus grand scélérat qu'un organe pour être un saint Vincent de Paul. Admettez au contraire que les organes spéciaux, si tant est qu'ils existent, sont consécutifs, qu'ils se développent par l'exercice de la faculté, comme les muscles par le mouvement, et vous n'aurez rien d'irrationnel. Prenons une comparaison triviale à force de vérité : à certains signes physiognomoniques, vous reconnaissez l'homme adonné à la boisson ; sont-ce ces signes qui le rendent ivrogne, ou l'ivrognerie qui fait naître ces signes ? On peut dire que les organes reçoivent l'empreinte des facultés.

Idiotisme, folie.

371. L'opinion selon laquelle les crétins et les idiots auraient une âme d'une autre nature inférieure est-elle fondée ?

« Non, ils ont une âme humaine, souvent plus intelligente que vous ne pensez, et qui souffre de l'insuffisance des moyens qu'elle a pour se communiquer, comme le muet souffre de ne pouvoir parler. »

372. Quel est le but de la Providence en créant des êtres disgraciés comme les crétins et les idiots ?

« Ce sont des Esprits en punition qui habitent des corps d'idiots. Ces Esprits souffrent de la contrainte qu'ils éprouvent et de l'impuissance où ils sont de se manifester par des organes non développés ou détraqués. »

— Il n'est donc pas exact de dire que les organes sont sans influence sur les facultés ?

« Nous n'avons jamais dit que les organes fussent sans influence ; ils en ont une très grande sur la manifestation des facultés, mais ils ne donnent pas les facultés ; là est la différence. Un bon musicien avec un mauvais instrument ne fera pas de bonne musique, et cela ne l'empêchera pas d'être un bon musicien. »

Il faut distinguer l'état normal de l'état pathologique. Dans l'état normal, le moral surmonte l'obstacle que lui oppose la matière ; mais il est des cas où la matière offre une résistance telle que les manifestations sont entravées ou dénaturées, comme dans l'idiotie et la folie ; ce sont des cas pathologiques, et dans cet état, l'âme ne jouissant pas de toute sa liberté, la loi humaine elle-même l'affranchit de la responsabilité de ses actes.

373. Quel peut être le mérite de l'existence pour des êtres qui, comme les idiots et les crétins, ne pouvant faire ni bien ni mal, ne peuvent progresser ?

« C'est une expiation imposée à l'abus que l'on a pu faire de certaines facultés ; c'est un temps d'arrêt.

— Un corps d'idiot peut ainsi renfermer un Esprit qui aurait animé un homme de génie dans une précédente existence ?

« Oui, le génie devient parfois un fléau quand on en abuse. »

La supériorité morale n'est pas toujours en raison de la supériorité intellectuelle, et les plus grands génies peuvent avoir beaucoup à expier ; de là souvent pour eux une existence inférieure à celle qu'ils ont déjà accomplie, et une cause de souffrances ; les entraves que l'Esprit éprouve dans ses manifestations sont pour lui comme les chaînes qui compriment les mouvements d'un homme vigoureux. On peut dire que le crétin et l'idiot sont estropiés par le cerveau, comme le boîteux l'est par les jambes, l'aveugle par les yeux.

374. L'idiot, à l'état d'Esprit, a-t-il la conscience de son état mental ?

« Oui, très souvent ; il comprend que les chaînes qui entravent son essor sont une épreuve et une expiation. »

375. Quelle est la situation de l'Esprit dans la folie ?

« L'Esprit, à l'état de liberté, reçoit directement ses impressions et exerce directement son action sur la matière ; mais, incarné, il se trouve dans des conditions toutes différentes, et dans la nécessité de ne le faire qu'à l'aide d'organes spéciaux. Qu'une partie ou l'ensemble de ces organes soit altéré, son action ou ses impressions, en ce qui concerne ces organes, sont interrompues. S'il perd les yeux, il devient aveugle ; si c'est l'ouïe, il devient sourd, etc. Imagine maintenant que l'organe qui préside aux effets de l'intelligence et de la volonté soit partiellement ou entièrement attaqué ou modifié, il te sera facile de comprendre que l'Esprit n'ayant plus à son service que des organes incomplets ou dénaturés, il en doit résulter une perturbation dont l'Esprit, par lui-même et dans son for intérieur, a parfaite conscience, mais dont il n'est pas maître d'arrêter le cours. »

— C'est alors toujours le corps et non l'Esprit qui est désorganisé ?

« Oui, mais il ne faut pas perdre de vue que, de même que l'Esprit agit sur la matière, celle-ci réagit sur lui dans une certaine mesure, et que l'Esprit peut se trouver momentanément impressionné par l'altération des organes par lesquels il se manifeste et reçoit ses impressions. Il peut arriver qu'à la longue, quand la folie a duré longtemps, la répétition des mêmes actes finisse par avoir sur l'Esprit une influence dont il n'est délivré qu'après sa complète séparation de toute impression matérielle. »

376. D'où vient que la folie porte quelquefois au suicide ?

« L'Esprit souffre de la contrainte qu'il éprouve et de l'impuissance où il est de se manifester librement, c'est pourquoi il cherche dans la mort un moyen de briser ses liens. »

377. L'Esprit de l'aliéné se ressent-il après la mort du dérangement de ses facultés ?

« Il peut s'en ressentir quelque temps après la mort jusqu'à ce qu'il soit complètement dégagé de la matière, comme l'homme qui s'éveille se ressent quelque temps du trouble où le sommeil l'a plongé. »

378. Comment l'altération du cerveau peut-elle réagir sur l'Esprit après la mort ?

« C'est un souvenir ; un poids pèse sur l'Esprit, et comme il n'a pas eu l'intelligence de tout ce qui s'est passé durant sa folie, il lui faut toujours un certain temps pour se remettre au courant ; c'est pour cela que plus a duré la folie pendant la vie, plus longtemps dure la gêne, la contrainte après la mort. L'Esprit dégagé du corps se ressent quelque temps de l'impression de ses liens. »

De l'enfance.

379. L'Esprit qui anime le corps d'un enfant est-il aussi développé que celui d'un adulte ?

« Il peut l'être davantage s'il a plus progressé ; ce ne sont que les organes imparfaits qui l'empêchent de se manifester. Il agit en raison de l'instrument à l'aide duquel il peut se produire. »

380. Dans un enfant en bas âge, l'Esprit, en dehors de l'obstacle que l'imperfection des organes oppose à sa libre manifestation, pense-t-il comme un enfant ou comme un adulte ?

« Lorsqu'il est enfant, il est naturel que les organes de l'intelligence, n'étant pas développés, ne peuvent pas lui donner toute l'intuition d'un adulte ; il a, en effet, l'intelligence très bornée, en attendant que l'âge ait mûri sa raison. Le trouble qui accompagne l'incarnation ne cesse pas subitement au moment de la naissance ; il ne se dissipe que graduellement avec le développement des organes. »

Une observation vient à l'appui de cette réponse : c'est que les rêves chez un enfant n'ont pas le caractère de ceux d'un adulte ; leur objet est presque toujours puéril, ce qui est un indice de la nature des préoccupations de l'Esprit.

381. A la mort de l'enfant, l'Esprit reprend-il immédiatement sa vigueur première ?

« Il le doit, puisqu'il est débarrassé de son enveloppe charnelle ; cependant il ne reprend sa lucidité première que lorsque la séparation est complète, c'est-à-dire lorsqu'il n'existe plus aucun lien entre l'Esprit et le corps. »

382. L'Esprit incarné souffre-t-il, pendant l'enfance, de la contrainte que lui impose l'imperfection de ses organes ?

« Non ; cet état est une nécessité, il est dans la nature et selon les vues de la Providence : *c'est un temps de repos pour l'Esprit.* »

383. Quelle est, pour l'Esprit, l'utilité de passer par l'état d'enfance ?

« L'Esprit s'incarnant en vue de se perfectionner, est plus accessible, pendant ce temps, aux impressions qu'il reçoit et qui peuvent aider à son avancement, auquel doivent contribuer ceux qui sont chargés de son éducation. »

384. Pourquoi les premiers cris de l'enfant sont-ils des pleurs ?

« Pour exciter l'intérêt de la mère et provoquer les soins qui lui sont nécessaires. Ne comprends-tu pas que s'il n'avait que des cris de joie, alors qu'il ne sait pas encore parler, on s'inquiéterait peu de ce dont il a besoin ? Admirez en tout la sagesse de la Providence. »

385. D'où vient le changement qui s'opère dans le caractère à un certain âge, et particulièrement au sortir de l'adolescence ; est-ce l'Esprit qui se modifie ?

« C'est l'Esprit qui reprend sa nature et se montre ce qu'il était. »

« Vous ne connaissez pas le secret que cachent les enfants dans leur innocence ; vous ne savez pas ce qu'ils sont, ni ce qu'ils ont été, ni ce qu'ils seront ; et pourtant vous les aimez, vous les chérissez comme s'ils étaient une partie de vous-mêmes, tellement que l'amour d'une mère pour ses enfants est réputé le plus grand amour qu'un être puisse avoir pour un autre être. D'où vient cette douce affection, cette tendre bienveillance que les étrangers eux-mêmes éprouvent envers un enfant ? Le savez-vous ? non ; c'est cela que je vais vous expliquer.

» Les enfants sont les êtres que Dieu envoie dans de nouvelles existences ; et pour qu'ils ne puissent pas lui reprocher une sévérité trop grande, il leur donne toute les apparences de l'innocence ; même chez un enfant d'un mauvais naturel, on couvre ses méfaits de la non-conscience de ses actes. Cette innocence n'est pas une supériorité réelle sur ce qu'ils étaient avant ; non, c'est l'image de ce qu'ils devraient être, et s'ils ne le sont pas, c'est sur eux seuls qu'en retombe la peine.

» Mais ce n'est pas seulement pour eux que Dieu leur a donné cet aspect, c'est aussi et surtout pour leurs parents dont l'amour est nécessaire à leur faiblesse, et cet amour serait singulièrement affaibli par la vue d'un caractère acariâtre et revêche, tandis que, croyant leurs enfants bons et doux, ils leur donnent toute leur affection, et les entourent des soins les plus délicats. Mais lorsque les enfants n'ont plus besoin de cette protection, de cette assistance qui leur a été donnée pendant quinze à vingt années, leur caractère réel et individuel reparaît dans toute sa nudité : il reste bon s'il était fondamentalement bon ; mais il s'irise toujours de nuances qui étaient cachées par la première enfance.

» Vous voyez que les voies de Dieu sont toujours les meilleures, et que lorsqu'on a le coeur pur, l'explication en est facile à concevoir.

» En effet, songez bien que l'Esprit des enfants qui naissent parmi vous peut venir d'un monde où il a pris des habitudes toutes différentes ; comment voudriez-vous que fût au milieu de vous ce nouvel être qui vient avec des passions tout autres que celles que vous possédez, avec des inclinations, des goûts entièrement opposés aux vôtres ? Comment voudriez-vous qu'il s'incorporât dans vos rangs autrement que comme Dieu l'a voulu, c'est-à-dire par le tamis de l'enfance ? Là viennent se confondre toutes les pensées, tous les caractères, toutes les variétés d'êtres engendrés par cette foule de mondes dans lesquels grandissent les créatures. Et vous-mêmes, en mourant, vous vous trouverez dans une sorte d'enfance, au milieu de nouveaux frères ; et dans votre nouvelle existence non terrestre, vous ignorerez les habitudes, les mœurs, les rapports de ce monde nouveau pour vous ; vous manierez avec peine une langue que vous ne serez pas habitués à parler, langue plus vive que n'est aujourd'hui votre pensée (319).

» L'enfance a encore une autre utilité : les Esprits

n'entrent dans la vie corporelle que pour se perfectionner, s'améliorer ; la faiblesse du jeune âge les rend flexibles, accessibles aux conseils de l'expérience et de ceux qui doivent les faire progresser ; c'est alors qu'on peut réformer leur caractère et réprimer leurs mauvais penchants ; tel est le devoir que Dieu a confié à leurs parents, mission sacrée dont ils auront à répondre.

» C'est ainsi que l'enfance est non seulement utile, nécessaire, indispensable, mais encore qu'elle est la suite naturelle des lois que Dieu a établies et qui régissent l'univers. »

Sympathies et antipathies terrestres.

386. Deux êtres qui se sont connus et aimés peuvent-ils se retrouver dans une autre existence corporelle et se reconnaître ?

« Se reconnaître, non ; mais être attirés l'un vers l'autre, oui ; et souvent des liaisons intimes fondées sur une affection sincère n'ont pas d'autre cause. Deux êtres sont rapprochés l'un de l'autre par des circonstances fortuites en apparence, mais qui sont le fait de l'attraction des deux Esprits *qui se cherchent à travers la foule.* »

— Ne serait-il pas plus agréable pour eux de se reconnaître ?

« Pas toujours ; le souvenir des existences passées aurait des inconvénients plus grands que vous ne croyez. Après la mort, ils se reconnaîtront, ils sauront le temps qu'ils ont passé ensemble » (392).

387. La sympathie a-t-elle toujours pour principe une connaissance antérieure ?

« Non, deux Esprits qui se conviennent se recherchent naturellement sans qu'ils se soient connus comme hommes. »

388. Les rencontres que l'on fait quelquefois de certaines personnes et que l'on attribue au hasard, ne seraient-elles pas l'effet d'une sorte de rapports sympathiques ?

« Il y a entre les êtres pensants des liens que vous ne connaissez pas encore. Le magnétisme est le pilote de cette science que vous comprendrez mieux plus tard. »

389. D'où vient la répulsion instinctive que l'on éprouve pour certaines personnes à la première vue ?

« Esprits antipathiques qui se devinent et se reconnaissent sans se parler. »

390. L'antipathie instinctive est-elle toujours un signe de mauvaise nature ?

« Deux Esprits ne sont pas nécessairement mauvais, parce qu'ils ne sont pas sympathiques ; l'antipathie peut naître d'un manque de similitude dans la pensée ; mais à mesure qu'ils s'élèvent, les nuances s'effacent et l'antipathie disparaît. »

391 L'antipathie de deux personnes naît-elle en premier lieu chez celle dont l'Esprit est le plus mauvais ou le meilleur ?

« Chez l'une et chez l'autre, mais les causes et les effets sont différents. Un Esprit mauvais a de l'antipathie contre quiconque peut le juger et le démasquer ; en voyant une personne pour la première fois, il sait qu'il va être désapprouvé ; son éloignement se change en haine, en jalousie et lui inspire le désir de faire le mal. Le bon Esprit a de la répulsion pour le mauvais, parce qu'il sait qu'il n'en sera pas compris et qu'ils ne partagent pas les mêmes sentiments ;

mais, fort de sa supériorité, il n'a contre l'autre ni haine, ni jalousie : il se contente de l'éviter et de le plaindre. »

Oubli du passé.

392. Pourquoi l'Esprit incarné perd-il le souvenir de son passé ?

« L'homme ne peut ni ne doit tout savoir ; Dieu le veut ainsi dans sa sagesse. Sans le voile qui lui couvre certaines choses, l'homme serait ébloui, comme celui qui passe sans transition de l'obscurité à la lumière. *Par l'oubli du passé, il est plus lui-même.* »

393. Comment l'homme peut-il être responsable d'actes et racheter des fautes dont il n'a pas le souvenir ? Comment peut-il profiter de l'expérience acquise dans des existences tombées dans l'oubli ? On concevrait que les tribulations de la vie fussent une leçon pour lui s'il se rappelait ce qui a pu les lui attirer ; mais du moment qu'il ne s'en souvient pas, chaque existence est pour lui comme si elle était la première, et c'est ainsi toujours à recommencer. Comment concilier cela avec la justice de Dieu ?

« A chaque existence nouvelle, l'homme a plus d'intelligence et peut mieux distinguer le bien et le mal. Où serait le mérite, s'il se rappelait tout le passé ? Lorsque l'Esprit rentre dans sa vie primitive (la vie spirite), toute sa vie passée se déroule devant lui ; il voit les fautes qu'il a commises et qui sont cause de sa souffrance et ce qui aurait pu l'empêcher de les commettre ; il comprend que la position qui lui est donnée est juste, et cherche alors l'existence qui pourrait réparer celle qui vient de s'écouler. Il cherche des épreuves analogues à celles par lesquelles il a passé, ou les luttes qu'il croit propres à son avancement, et demande à des Esprits qui lui sont supérieurs de l'aider dans cette nouvelle tâche qu'il entreprend, car il sait que l'Esprit qui lui sera donné pour guide dans cette nouvelle existence cherchera à lui faire réparer ses fautes en lui donnant une espèce d'*intuition* de celles qu'il a commises. Cette même intuition est la pensée, le désir criminel qui vous vient souvent, et auquel vous résistez instinctivement, attribuant la plupart du temps votre résistance aux principes que vous avez reçus de vos parents, tandis que c'est la voix de la conscience qui vous parle, et cette voix est le souvenir du passé, voix qui vous avertit de ne pas retomber dans les fautes que vous avez déjà commises. L'Esprit entré dans cette nouvelle existence, s'il subit ces épreuves avec courage et s'il résiste, s'élève et monte dans la hiérarchie des Esprits, lorsqu'il revient parmi eux. »

Si nous n'avons pas, pendant la vie corporelle, un souvenir précis de ce que nous avons été, et de ce que nous avons fait de bien ou de mal dans nos existences antérieures, nous en avons l'intuition, et nos tendances instinctives sont une réminiscence de notre passé, auxquelles notre conscience, qui est le désir que nous avons conçu de ne plus commettre les mêmes fautes, nous avertit de résister.

394. Dans les mondes plus avancés que le nôtre, où l'on n'est point en proie à tous nos besoins physiques, à nos infirmités, les hommes comprennent-ils qu'ils sont plus heureux que nous ? Le bonheur, en général, est relatif ; on le sent par comparaison avec un état moins heureux. Comme en définitive quelques-uns de ces mondes, quoique meilleurs que le nôtre, ne sont pas à l'état de perfection, les hommes qui les habitent doivent avoir des sujets d'ennui

dans leur genre. Parmi nous, le riche, de ce qu'il n'a pas les angoisses des besoins matériels comme le pauvre, n'en a pas moins des tribulations qui rendent sa vie amère. Or, je demande si, dans leur position, les habitants de ces mondes ne se croient pas aussi malheureux que nous et ne se plaignent pas de leur sort, n'ayant pas le souvenir d'une existence inférieure pour comparaison ?

« A cela, il faut faire deux réponses différentes. Il y a des mondes, parmi ceux dont tu parles, dont les habitants ont un souvenir très net et très précis de leurs existences passées ; ceux-là, tu le comprends, peuvent et savent apprécier le bonheur que Dieu leur permet de savourer ; mais il y en a d'autres où les habitants placés, comme tu le dis, dans de meilleures conditions que vous, n'en ont pas moins de grands ennuis, des malheurs même ; ceux-là n'apprécient pas leur bonheur par cela même qu'ils n'ont pas le souvenir d'un état encore plus malheureux. S'ils ne l'apprécient pas comme hommes, ils l'apprécient comme Esprits. »

N'y a-t-il pas dans l'oubli de ces existences passées, alors surtout qu'elles ont été pénibles, quelque chose de providentiel, et où se révèle la sagesse divine ? C'est dans les mondes supérieurs, lorsque le souvenir des existences malheureuses n'est plus qu'un mauvais rêve, qu'elles se présentent à la mémoire. Dans les mondes inférieurs, les malheurs présents ne seraient-ils pas aggravés par le souvenir de tous ceux que l'on a pu endurer ? Concluons donc de là que tout ce que Dieu a fait est bien fait, et qu'il ne nous appartient pas de critiquer ses œuvres, et de dire comment il aurait dû régler l'univers.

Le souvenir de nos individualités antérieures aurait des inconvénients très graves ; il pourrait, dans certains cas, nous humilier étrangement ; dans d'autres, exalter notre orgueil, et, par cela même, entraver notre libre arbitre. Dieu nous a donné pour nous améliorer, juste ce qui nous est nécessaire et peut nous suffire : la voix de la conscience et nos tendances instinctives ; il nous ôte ce qui pourrait nous nuire. Ajoutons encore que si nous avions le souvenir de nos actes antérieurs personnels, nous aurions également celui des actes d'autrui, et que cette connaissance pourrait avoir les plus fâcheux effets sur les relations sociales ; n'ayant pas toujours lieu de nous glorifier de notre passé, il est souvent heureux qu'un voile soit jeté dessus. Ceci concorde parfaitement avec la doctrine des Esprits sur les mondes supérieurs au nôtre. Dans ces mondes, où ne règne que le bien, le souvenir du passé n'a rien de pénible ; voilà pourquoi on s'y souvient de son existence précédente comme nous nous souvenons de ce que nous avons fait la veille. Quant au séjour qu'on a pu faire dans les mondes inférieurs, ce n'est plus, comme nous l'avons dit, qu'un mauvais rêve.

395. Pouvons-nous avoir quelques révélations sur nos existences antérieures ?

« Pas toujours. Plusieurs savent cependant ce qu'ils ont été et ce qu'ils faisaient ; s'il leur était permis de le dire hautement, ils feraient de singulières révélations sur le passé. »

396. Certaines personnes croient avoir un vague souvenir d'un passé inconnu qui se présente à elles comme l'image fugitive d'un songe que l'on cherche en vain à saisir. Cette idée n'est-elle qu'une illusion ?

« C'est quelquefois réel ; mais souvent aussi c'est une illusion contre laquelle il faut se mettre en garde, car cela peut être l'effet d'une imagination surexcitée. »

397. Dans les existences corporelles d'une nature plus élevée que la nôtre, le souvenir des existences antérieures est-il plus précis ?

« Oui, à mesure que le corps est moins matériel on se souvient mieux. Le souvenir du passé est plus clair pour ceux qui habitent les mondes d'un ordre supérieur. »

398. Les tendances instinctives de l'homme étant une réminiscence de son passé, s'ensuit-il que, par l'étude de ces tendances, il puisse connaître les fautes qu'il a commises ?

« Sans doute, jusqu'à un certain point ; mais il faut tenir compte de l'amélioration qui a pu s'opérer dans l'Esprit et des résolutions qu'il a prises à l'état errant ; l'existence actuelle peut être de beaucoup meilleure que la précédente. »

— Peut-elle être plus mauvaise ; c'est-à-dire l'homme peut-il commettre dans une existence des fautes qu'il n'a pas commises dans l'existence précédente ?

« Cela dépend de son avancement ; s'il ne sait pas résister aux épreuves, il peut être entraîné à de nouvelles fautes qui sont la conséquence de la position qu'il a choisie ; mais, en général, ces fautes accusent plutôt un état stationnaire qu'un état rétrograde, car l'Esprit peut avancer ou s'arrêter, mais il ne recule pas. »

399. Les vicissitudes de la vie corporelle étant à la fois une expiation pour les fautes passées et des épreuves pour l'avenir, s'ensuit-il que, de la nature de ces vicissitudes on puisse en induire le genre de l'existence antérieure ?

« Très souvent, puisque chacun est puni par où il a péché ; cependant, il ne faudrait pas en faire une règle absolue ; les tendances instinctives sont un indice plus certain, car les épreuves que subit l'Esprit sont autant pour l'avenir que pour le passé. »

Arrivé au terme marqué par la Providence pour sa vie errante, l'Esprit choisit lui-même les épreuves auxquelles il veut se soumettre pour hâter son avancement, c'est-à-dire le genre d'existence qu'il croit le plus propre à lui en fournir les moyens, et ces épreuves sont toujours en rapport avec les fautes qu'il doit expier. S'il en triomphe, il s'élève ; s'il succombe, c'est à recommencer.

L'Esprit jouit toujours de son libre arbitre ; c'est en vertu de cette liberté qu'à l'état d'esprit il choisit les épreuves de la vie corporelle, et qu'à l'état d'incarnation il délibère s'il fera ou s'il ne fera pas, et choisit entre le bien et le mal. Dénier à l'homme le libre arbitre, serait le réduire à l'état de machine.

Rentré dans la vie corporelle, l'Esprit perd momentanément le souvenir de ses existences antérieures, comme si un voile les lui dérobait ; toutefois, il en a quelquefois une vague conscience, et elles peuvent même lui être révélées en certaines circonstances ; mais alors ce n'est que par la volonté des Esprits supérieurs qui le font spontanément, dans un but utile, et jamais pour satisfaire une vaine curiosité.

Les existences futures ne peuvent être révélées dans aucun cas, par la raison qu'elles dépendent de la manière dont on accomplit l'existence présente, et du choix ultérieur de l'Esprit.

L'oubli des fautes commises n'est pas un obstacle à l'amélioration de l'Esprit, car s'il n'en a pas un souvenir précis, la connaissance qu'il en avait à l'état errant et le désir qu'il a conçu de les réparer, le guident par intuition et lui donnent la pensée de résister au mal ; cette pensée est la voix de la conscience, dans laquelle il est secondé par les Esprits qui l'assistent s'il écoute les bonnes inspirations qu'ils lui suggèrent.

Si l'homme ne connaît pas les actes mêmes qu'il a commis dans ses existences antérieures, il peut toujours savoir de quel genre de fautes il s'est rendu coupable et quel était son caractère dominant. Il lui suffit de s'étudier lui-même, et il peut juger de ce qu'il a été, non par ce qu'il est, mais par ses tendances.

Les vicissitudes de la vie corporelle sont à la fois une expiation pour les fautes passées et des épreuves pour l'avenir. Elles nous épurent et nous élèvent, selon que nous les subissons avec résignation et sans murmure.

La nature des vicissitudes et des épreuves que nous subissons peut aussi nous éclairer sur ce que nous avons été et sur ce que nous avons fait, comme ici-bas nous jugeons les faits d'un coupable par le chatiment que lui inflige la loi. Ainsi, tel sera châtié dans son orgueil par l'humiliation d'une existence subalterne ; le mauvais riche et l'avare, par la misère ; celui qui a été dur pour les autres, par les duretés qu'il subira ; le tyran, par l'esclavage ; le mauvais fils, par l'ingratitude de ses enfants ; le paresseux, par un travail forcé, etc.

CHAPITRE VIII

EMANCIPATION DE L'AME

1. Le sommeil et les rêves. — 2. Visites spirites entre personnes vivantes. — 3. Transmission occulte de la pensée. 4. Léthargie, catalepsie. Morts apparentes. — 5. Somnambulisme. — 6. Extase. — 7. Seconde vue. — 8. Résumé théorique du somnambulisme, de l'extase et de la seconde vue.

Le sommeil et les rêves.

400. L'Esprit incarné demeure-t-il volontiers sous son enveloppe corporelle ?

« C'est comme si tu demandais si le prisonnier se plaît sous les verrous. L'Esprit incarné aspire sans cesse à la délivrance, et plus l'enveloppe est grossière, plus il désire en être débarrassé. »

401. Pendant le sommeil, l'âme se repose-t-elle comme le corps ?

« Non, l'Esprit n'est jamais inactif. Pendant le sommeil, les liens qui l'unisssent au corps sont relâchés, et le corps n'ayant pas besoin de lui, il parcourt l'espace, et *entre en relation plus directe avec les autres Esprits.* »

402. Comment pouvons-nous juger de la liberté de l'Esprit pendant le sommeil ?

« Par les rêves. Crois bien que lorsque le corps repose, l'Esprit a plus de facultés que dans la veille ; il a le souvenir du passé et quelquefois prévision de l'avenir ; il acquiert plus de puissance et peut entrer en communication avec les autres Esprits, *soit dans ce monde, soit dans un autre*. Souvent, tu dis : J'ai fait un rêve bizarre, un rêve affreux, mais qui n'a aucune vraisemblance ; tu te trompes ; c'est souvent un souvenir des lieux et des choses que tu as vus ou que tu verras dans une autre existence ou à un autre moment. Le corps étant engourdi, l'Esprit tâche de briser sa chaîne en cherchant dans le passé ou dans l'avenir.

» Pauvres hommes, que vous connaissez peu les phénomènes les plus ordinaires de la vie ! Vous croyez être bien savants, et les choses les plus vulgaires vous embarrassent ; à cette question de tous les enfants : qu'est-ce que nous faisons quand nous dormons ? Qu'est-ce que c'est que les rêves ? Vous restez interdits.

» Le sommeil délivre en partie l'âme du corps. Quand on dort, on est momentanément dans l'état où l'on se trouve d'une manière fixe après la mort. Les Esprits qui sont tôt dégagés de la matière à leur mort ont eu des sommeils intelligents ; ceux-là, quand ils dorment, rejoignent la société des autres êtres supérieurs à eux : ils voyagent, causent et s'instruisent avec eux ; ils travaillent même à des ouvrages qu'ils trouvent tout faits en mourant. Ceci doit vous apprendre une fois de plus à ne pas craindre la mort, puisque vous mourez tous les jours selon la parole d'un saint.

» Voilà pour les Esprits élevés ; mais pour la masse des hommes qui, à la mort, doivent rester de longues heures dans ce trouble, dans cette incertitude dont ils vous ont parlé, ceux-là vont, soit dans des mondes inférieurs à la terre, où d'anciennes affections les rappellent, soit chercher des plaisirs peut-être encore plus bas que ceux qu'ils ont ici ; ils vont puiser des doctrines encore plus viles, plus ignobles, plus nuisibles que celles qu'ils professent au milieu de vous. Et ce qui engendre la sympathie sur la terre n'est pas autre chose que ce fait qu'on se sent, au réveil, rapproché par le cœur de ceux avec qui on vient de passer huit à neuf heures de bonheur ou de plaisir. Ce qui explique aussi ces antipathies invincibles, c'est qu'on sait au fond de son cœur que ces gens-là ont une autre conscience que la nôtre, parce qu'on les connaît sans les avoir jamais vus avec les yeux. C'est encore ce qui explique l'indifférence, puisqu'on ne tient pas à faire de nouveaux amis, lorsqu'on sait qu'on en a d'autres qui nous aiment et nous chérissent. En un mot, le sommeil influe plus que vous ne pensez sur votre vie.

» Par l'effet du sommeil, les Esprits incarnés sont toujours en rapport avec le monde des Esprits, et c'est ce qui fait que les Esprits supérieurs consentent, sans trop de répulsion, à s'incarner parmi vous. Dieu a voulu que pendant leur contact avec le vice, ils pussent aller se retremper à la source du bien, pour ne pas faillir eux-mêmes, eux qui venaient instruire les autres. Le sommeil est la porte que Dieu leur a ouverte vers leurs amis du ciel ; c'est la récréation après le travail, en attendant la grande délivrance, la libération finale qui doit les rendre à leur vrai milieu.

» Le rêve est le souvenir de ce que votre Esprit a vu pendant le sommeil ; mais remarquez que vous ne rêvez pas toujours, parce que vous ne vous souvenez pas toujours de ce que vous avez vu, ou de tout ce que vous avez vu. Ce n'est pas votre âme dans tout son développement ; ce n'est souvent que le souvenir du trouble qui accompagne votre départ ou votre rentrée, auquel se joint celui de ce que vous avez fait ou de ce qui vous préoccupe dans l'état de veille ; sans cela, comment expliqueriez-vous ces rêves absurdes que font les plus savants comme les plus simples ? Les mauvais Esprits se servent aussi des rêves pour tourmenter les âmes faibles et pusillanimes.

» Au reste, vous verrez dans peu se développer une autre espèce de rêves ; elle est aussi ancienne que celle que vous connaissez, mais vous l'ignorez. Le rêve de Jeanne, le rêve de Jacob, le rêve des prophètes juifs et de quelques devins indiens : ce rêve-là est le souvenir de l'âme entièrement dégagée du corps, le souvenir de cette seconde vie dont je vous parlais tout à l'heure.

» Cherchez bien à distinguer ces deux sortes de rêves dans ceux dont vous vous souviendrez ; sans cela vous tomberiez dans des contradictions et dans des erreurs qui seraient funestes à votre foi. »

Les rêves sont le produit de l'émancipation de l'âme rendue plus indépendante par la suspension de la vie active et de relation. De là une sorte de clairvoyance indéfinie qui s'étend aux lieux les plus éloignés ou que l'on n'a jamais vus, et quelquefois même à d'autres mondes. De là encore le souvenir qui retrace à la mémoire les événements accomplis dans l'existence présente ou dans les existences antérieures ; l'étrangeté des images de ce qui se passe ou s'est passé dans des mondes inconnus, entremêlées des choses du monde actuel, forment ces ensembles bizarres et confus qui semblent n'avoir ni sens ni liaison.

L'incohérence des rêves s'explique encore par les lacunes que produit le souvenir incomplet de ce qui nous est apparu en songe. Tel serait un récit dont on aurait tronqué au hasard des phrases ou des parties de phrases : les fragments qui resteraient étant réunis perdraient toute signification raisonnable.

403. Pourquoi ne se rappelle-t-on pas toujours les rêves ?

« Dans ce que tu appelles le sommeil, ce n'est que

le repos du corps, car l'Esprit est toujours en mouvement ; là, il recouvre un peu de sa liberté, et correspond avec ceux qui lui sont chers, soit dans ce monde, soit dans d'autres ; mais comme le corps est une matière lourde et grossière, il conserve difficilement les impressions qu'a reçues l'Esprit, parce que l'Esprit ne les a pas perçues par les organes du corps. »

404. Que penser de la signification attribuée aux rêves ?

« Les rêves ne sont point vrais comme l'entendent les diseurs de bonne aventure, car il est absurde de croire que rêver de telle chose annonce telle chose. Ils sont vrais en ce sens qu'ils présentent des images réelles pour l'Esprit, mais qui souvent n'ont pas de rapport avec ce qui se passe dans la vie corporelle ; souvent aussi, comme nous l'avons dit, c'est un souvenir ; ce peut être enfin quelquefois un pressentiment de l'avenir, si Dieu le permet, ou la vue de ce qui se passe à ce moment dans un autre lieu et où l'âme se transporte. N'avez-vous pas de nombreux exemples que des personnes apparaissent en songe et viennent avertir leurs parents ou leurs amis de ce qui leur arrive ? Qu'est-ce que c'est que ces apparitions, sinon l'âme ou l'Esprit de ces personnes qui vient communiquer avec le vôtre ? Quand vous acquérez la certitude que ce que vous avez vu a réellement eu lieu, n'est-ce pas une preuve que l'imagination n'y est pour rien, si surtout cette chose n'était nullement dans votre pensée pendant la veille ? »

405. On voit souvent en rêve des choses qui semblent des pressentiments et qui ne s'accomplissent pas ; d'où cela vient-il ?

« Elles peuvent s'accomplir pour l'Esprit, sinon pour le corps, c'est-à-dire que l'Esprit voit la chose qu'il désire *parce qu'il va la trouver*. Il ne faut pas oublier que, pendant le sommeil, l'âme est toujours plus ou moins sous l'influence de la matière, et que, par conséquent, elle ne s'affranchit jamais complètement des idées terrestres ; il en résulte que les préoccupations de la veille peuvent donner à ce que l'on voit l'apparence de cc que l'on désire ou de ce que l'on craint ; c'est là véritablement ce que l'on peut appeler un effet de l'imagination. Lorsqu'on est fortement préoccupé d'une idée on y rattache tout ce que l'on voit. »

406. Lorsque nous voyons en rêve des personnes vivantes, que nous connaissons parfaitement, accomplir des actes auxquels elles ne songent nullement, n'est-ce pas un effet de pure imagination ?

« Auxquels elles ne songent nullement, qu'en sais-tu ? Leur Esprit peut venir visiter le tien, comme le tien peut visiter le leur, et tu ne sais pas toujours à quoi il pense. Et puis souvent aussi vous appliquez à des personnes que vous connaissez, et selon vos désirs, ce qui s'est passé ou se passe dans d'autres existences. »

407. Le sommeil complet est-il nécessaire pour l'émancipation de l'Esprit ?

« Non l'Esprit recouvre sa liberté quand les sens s'engourdissent ; il profite, pour s'émanciper, de tous les instants de répit que lui laisse le corps. Dès qu'il y a prostration des forces vitales, l'Esprit se dégage, et plus le corps est faible plus l'Esprit est libre. »

C'est ainsi que le demi-sommeil, ou un simple engourdissement des sens, présente souvent les mêmes images que le rêve.

408. Il nous semble quelquefois entendre en nous-mêmes des mots prononcés distinctement et qui n'ont aucun rapport avec ce qui nous préoccupe, d'où cela vient-il ?

« Oui, et même des phrases tout entières, surtout quand les sens commencent à s'engourdir. C'est quelquefois un faible écho d'un Esprit qui veut communiquer avec toi. »

409. Souvent, dans un état qui n'est pas encore le demi-sommeil, lorsque nous avons les yeux fermés, nous voyons des images distinctes, des figures dont nous saisissons les plus minutieux détails ; est-ce un effet de vision ou d'imagination ?

« Le corps étant engourdi, l'Esprit cherche à briser sa chaîne : il se transporte et voit ; si le sommeil était complet, ce serait un rêve. »

410. On a quelquefois pendant le sommeil ou le demi-sommeil des idées qui semblent très bonnes, et qui, malgré les efforts que l'on fait pour se les rappeler, s'effacent de la mémoire : d'où viennent ces idées ?

« Elles sont le résultat de la liberté de l'Esprit qui s'émancipe et jouit de plus de facultés pendant ce moment. Ce sont souvent aussi des conseils que donnent d'autres Esprits. »

— A quoi servent ces idées et ces conseils puisqu'on en perd le souvenir et qu'on ne peut en profiter ?

« Ces idées appartiennent quelquefois plus au monde des Esprits qu'au monde corporel; mais le plus souvent si le corps oublie l'Esprit se souvient, et l'idée revient au moment nécessaire comme une inspiration du moment.

411. L'Esprit incarné, dans les moments où il est dégagé de la matière et agit comme Esprit, sait-il l'époque de sa mort?

« Souvent il la pressent ; quelquefois il en a la conscience très nette, et c'est ce qui, dans l'état de veille, lui en donne l'intuition ; de là vient que certaines personnes prévoient quelquefois leur mort avec une grande exactitude. »

412. L'activité de l'Esprit pendant le repos ou le sommeil du corps peut-elle faire éprouver de la fatigue à ce dernier ?

« Oui car l'Esprit tient au corps, comme le ballon captif tient au poteau ; or, de même que les secousses du ballon ébranlent le poteau, l'activité de l'Esprit réagit sur le corps, et peut lui faire éprouver de la fatigue. »

Visites spirites entre personnes vivantes.

413. Du principe de l'émancipation de l'âme pendant le sommeil, il semble résulter que nous avons une double existence simultanée : celle du corps qui nous donne la vie de relation extérieure, et celle de l'âme qui nous donne la vie de relation occulte ; cela est-il exact ?

« Dans l'état d'émancipation la vie du corps cède à la vie de l'âme ; mais ce ne sont pas, à proprement parler, deux existences : ce sont plutôt deux phases de la même existence, car l'homme ne vit pas doublement. »

414. Deux personnes qui se connaissent peuvent-elles se visiter pendant le sommeil ?

« Oui, et beaucoup d'autres qui croient ne pas se connaître se réunissent et se parlent. Tu peux avoir, sans t'en douter, des amis dans un autre pays. Le fait d'aller voir, pendant le sommmeil, des amis, des parents, des connaissances, des gens qui peuvent vous être utiles, est tellement fréquent, que vous l'accomplissez vous-même presque toutes les nuits. »

415. Quelle peut être l'utilité de ces visites nocturnes, puisqu'on ne s'en souvient pas ?

« Il en reste ordinairement une intuition au réveil, et c'est souvent l'origine de certaines idées qui viennent spontanément sans qu'on se les explique, et qui ne sont autres que celles que l'on a puisées dans ces entretiens. »

416. L'homme peut-il provoquer les visites spirites par sa volonté ? Peut-il, par exemple, dire en s'endormant : Cette nuit je veux me rencontrer en Esprit avec telle personne, lui parler et lui dire telle chose ?

« Voici ce qui se passe. L'homme s'endort, son Esprit se réveille, et ce que l'homme avait résolu, l'Esprit est souvent bien loin de le suivre, car la vie de l'homme intéresse peu l'Esprit quand il est dégagé de la matière. Ceci est pour les hommes déjà assez élevés, les autres passent tout autrement leur existence spirituelle ; ils s'adonnent à leurs passions ou restent dans l'inactivité. Il peut donc se faire que, selon le motif qu'on se propose, l'Esprit aille visiter les personnes qu'il désire ; mais de ce qu'il en a la volonté étant éveillé, ce n'est pas une raison pour qu'il le fasse. »

417. Un certain nombre d'Esprits incarnés peuvent-ils se réunir ainsi et former des assemblées ?

« Sans aucun doute ; les liens de l'amitié, anciens ou nouveaux, réunissent souvent ainsi divers Esprits heureux de se trouver ensemble. »

Par le mot *ancien*, il faut entendre les liens d'amitié que l'on avait contractés dans d'autres existences antérieures. Nous rapportons au réveil une intuition des idées que nous avons puisées dans ces entretiens occultes, mais dont nous ignorons la source.

418. Une personne qui croirait un de ses amis mort tandis qu'il ne le serait pas, pourrait-elle se rencontrer avec lui en Esprit et savoir ainsi qu'il est vivant ? Pourrait-elle, dans ce cas, en avoir l'intuition au réveil ?

« Comme Esprit elle peut certainement le voir et connaître son sort ; s'il ne lui est pas imposé comme épreuve de croire à la mort de son ami, elle aura un pressentiment de son existence, comme elle pourra avoir celui de sa mort. »

Transmission occulte de la pensée.

419. D'où vient que la même idée, celle d'une découverte, par exemple, se produit sur plusieurs points à la fois ?

« Nous avons déjà dit que pendant le sommeil les Esprits se communiquent entre eux ; eh bien ! quand le corps se réveille, l'Esprit se rappelle ce qu'il a appris, et l'homme croit l'avoir inventé. Ainsi plusieurs peuvent trouver la même chose à la fois. Quand vous dites qu'une idée est dans l'air, c'est une figure plus juste que vous ne croyez ; chacun contribue à la propager sans s'en douter. »

Notre Esprit révèle ainsi souvent lui-même à d'autres Esprits et à notre insu ce qui faisait l'objet de nos préoccupations pendant la veille.

420. Les Esprits peuvent-ils se communiquer si le corps est complètement éveillé ?

« L'Esprit n'est pas renfermé dans le corps comme dans une boîte : il rayonne tout alentour ; c'est pourquoi il peut se communiquer à d'autres Esprits, même dans l'état de veille, quoiqu'il le fasse plus difficilement. »

421. D'où vient que deux personnes parfaitement éveillées ont souvent instantanément la même pensée ?

« Ce sont deux Esprits sympathiques qui se communiquent et voient réciproquement leur pensée, même quand le corps ne dort pas. »

Il y a entre les Esprits qui se rencontrent une communication de pensées qui fait que deux personnes se voient et se comprennent sans avoir besoin des signes extérieurs du langage. On pourrait dire qu'elles se parlent le langage des Esprits.

Léthargie, catalepsie, morts apparentes.

422. Les léthargiques et les cataleptiques voient et entendent généralement ce qui se passe autour d'eux, mais ne peuvent le manifester ; est-ce par les yeux et les oreilles du corps ?

« Non, c'est par l'Esprit ; l'Esprit se reconnaît, mais il ne peut se communiquer. »

— Pourquoi ne peut-il pas se communiquer ?

« L'état du corps s'y oppose ; cet état particulier des organes vous donne la preuve qu'il y a en l'homme autre chose que le corps, puisque le corps ne fonctionne plus et que l'Esprit agit. »

423. Dans la léthargie, l'Esprit peut-il se séparer entièrement du corps, de manière à donner à celui-ci toutes les apparences de la mort et y revenir ensuite ?

« Dans la léthargie, le corps n'est pas mort, puisqu'il y a des fonctions qui s'accomplissent ; la vitalité y est à l'état latent, comme dans la chrysalide, mais elle n'est point anéantie ; or, l'Esprit est uni au corps tant que celui-ci vit ; une fois les liens rompus par la mort *réelle* et la désagrégation des organes, la séparation est complète et l'Esprit n'y revient plus. Quand un homme qui a les apparences de la mort revient à la vie, c'est que la mort n'était pas complète. »

424. Peut-on, par des soins donnés en temps utile renouer des liens prêts à se rompre et rendre à la vie un être qui, faute de secours, serait mort définitivement ?

« Oui, sans doute, et vous en avez tous les jours la preuve. Le magnétisme est souvent, dans ce cas, un puissant moyen, parce qu'il rend au corps le fluide vital qui lui manque et qui était insuffisant pour entretenir le jeu des organes. »

La léthargie et la catalepsie ont le même principe, qui est la perte momentanée de la sensibilité et du mouvement par une cause physiologique encore inexpliquée ; elles diffèrent en ce que, dans la léthargie, la suspension des forces vitales est générale et donne au corps toutes les apparences de la mort ; dans la catalepsie, elle est localisée et peut affecter une partie plus ou moins étendue du corps, de manière à laisser l'intelligence libre de se manifester, ce qui ne permet pas de la confondre avec la mort. La léthargie est toujours naturelle ; la catalepsie est quelquefois spontanée, mais elle peut être provoquée et détruite artificiellement par l'action magnétique.

Somnambulisme.

425. Le somnambulisme naturel a-t-il du rapport avec les rêves ? Comment peut-on l'expliquer ?

« C'est une indépendance de l'âme plus complète que dans le rêve, et alors ses facultés sont plus développées ; elle a des perceptions qu'elle n'a pas dans le rêve, qui est un état de somnambulisme imparfait.

Dans le somnambulisme, l'Esprit est tout entier à lui-même ; les organes matériels, étant en quelque sorte en catalepsie, ne reçoivent plus les impressions *extérieures*. Cet état se manifeste surtout pendant le sommeil ; c'est le moment où l'Esprit peut quitter provisoirement le corps, celui-ci étant livré au repos indispensable à la matière. Quand les faits de somnambulisme se produisent, c'est que l'Esprit, préoccupé d'une chose ou d'une autre, se livre à une action quelconque qui nécessite l'usage de son corps, dont il se sert alors d'une façon analogue à l'emploi qu'il fait d'une table ou de tout autre objet matériel dans le phénomène des manifestations physiques, ou même de votre main dans celui des communications écrites. Dans les rêves dont on a conscience, les organes, y compris ceux de la mémoire, commencent à s'éveiller ; ceux-ci reçoivent imparfaitement les impressoins produites par les objets ou les causes extérieures et les communiquent à l'Esprit qui, en repos alors lui-même, n'en perçoit que des sensations confuses et souvent décousues, et sans aucune raison d'être apparente, mélangées qu'elles sont de vagues souvenirs, soit de cette existence, soit d'existences antérieures. Il est alors facile de comprendre pourquoi les somnambules n'ont aucun souvenir, et pourquoi les rêves, dont on conserve la mémoire, n'ont le plus souvent aucun sens. Je dis le plus souvent, car il arrive qu'ils sont la conséquence d'un souvenir précis d'événements d'une vie antérieure, et quelquefois même une sorte d'intuition de l'avenir. »

426. Le somnambulisme appelé magnétique a-t-il du rapport avec le somnambulisme naturel ?

« C'est la même chose, si ce n'est qu'il est provoqué. »

427. Quelle est la nature de l'agent appelé fluide magnétique ?

« Fluide vital, électricité animalisée, qui sont des modifications du fluide universel. »

428. Quelle est la cause de la clairvoyance somnambulique ?

« Nous l'avons dit : *c'est l'âme qui voit.* »

429. Comment le somnambule peut-il voir à travers les corps opaques ?

« Il n'y a de corps opaques que pour vos organes grossiers ; n'avons-nous pas dit que, pour l'Esprit, la matière n'est point un obstacle, puisqu'il la traverse librement. Souvent il vous dit qu'il voit par le front, par le genou, etc., parce que vous, entièrement dans la matière, vous ne comprenez pas qu'il puisse voir sans le secours des organes ; lui-même, par le désir que vous avez, croit avoir besoin de ces organes, mais si vous le laissiez libre, il comprendrait qu'il voit par toutes les parties de son corps ; ou, pour mieux dire, c'est en dehors de son corps qu'il voit. »

430. Puisque la clairvoyance du somnambule est celle de son âme ou de son Esprit, pourquoi ne voit-il pas tout, et pourquoi se trompe-t-il souvent ?

« D'abord il n'est pas donné aux Esprits imparfaits de tout voir et de tout connaître ; tu sais bien qu'ils participent encore de vos erreurs et de vos préjugés ; et puis, quand ils sont attachés à la matière, ils ne jouissent pas de toutes leurs facultés d'Esprit. Dieu a donné à l'homme cette faculté dans un but utile et sérieux, et non pour lui apprendre ce qu'il ne doit pas savoir ; voilà pourquoi les somnambules ne peuvent pas tout dire. »

431. Quelle est la source des idées innées du somnambule, et comment peut-il parler avec exactitude de choses qu'il ignore à l'état de veille, qui sont même au-desus de sa capacité intellectuelle ?

« Il arrive que le somnambule possède plus de connaissances que tu ne lui en connais ; seulement elles sommeillent, parce que son enveloppe est trop imparfaite pour qu'il puisse s'en souvenir. Mais en définitive, qu'est-il ? Comme nous, Esprit qui est incarné dans la matière pour accomplir sa mission, et l'état dans lequel il entre le réveille de cette léthargie. Nous t'avons dit bien souvent que nous revivons plusieurs fois : c'est ce changement qui lui fait perdre matériellement ce qu'il a pu apprendre dans une existence précédente ; en entrant dans l'état que tu appelles *crise,* il se rappelle, mais pas toujours d'une manière complète ; il sait, mais ne pourrait pas dire d'où il sait, ni comment il possède ces connaissances. La crise passée, tout souvenir s'efface et il rentre dans l'obscurité. »

L'expérience montre que les somnambules reçoivent aussi des communications d'autres Esprits qui leur transmettent ce qu'ils doivent dire, et suppléent à leur insuffisance ; cela se voit surtout dans les prescriptions médicales : l'Esprit du somnambule voit le mal, un autre lui indique le remède. Cette double action est quelquefois patente, et se révèle, en outre, par ces expressions assez fréquentes : *on* me dit de dire, ou l'*on* me défend de dire telle chose. Dans ce dernier cas, il y a toujours du danger à insister pour obtenir une révélation refusée, parce qu'alors on donne prise aux Esprits légers qui parlent de tout sans scrupule et sans se soucier de la vérité.

432. Comment expliquer la vue à distance chez certains somnambules ?

« L'âme ne se transporte-t-elle pas pendant le sommeil ? C'est la même chose dans le somnambulisme. »

433. Le développement plus ou moins grand de la clairvoyance somnambulique tient-il à l'organisation physique ou à la nature de l'Esprit incarné ?

« A l'une et à l'autre ; il y a des dispositions physiques qui permettent à l'Esprit de se dégager plus ou moins facilement de la matière. »

434. Les facultés dont jouit le somnambule sont-elles les mêmes que celles de l'Esprit après la mort ?

« Jusqu'à un certain point, car il faut tenir compte de l'influence de la matière à laquelle il est encore lié. »

435. Le somnambule peut-il voir les autres Esprits ?

« La plupart les voient très bien ; cela dépend du degré et de la nature de leur lucidité ; mais quelquefois ils ne s'en rendent pas compte tout d'abord, et les prennent pour des êtres corporels ; cela arrive surtout à ceux qui n'ont aucune connaissance du spiritisme ; ils ne comprennent pas encore l'essence des Esprits ; cela les étonne, et c'est pourquoi ils croient voir des vivants. »

Le même effet se produit au moment de la mort chez ceux qui se croient encore vivants. Rien autour d'eux ne leur paraît changé, les Esprits leur semblent avoir des corps pareils aux nôtres, et ils prennent l'apparence de leur propre corps pour un corps réel.

436. Le somnambule qui voit à distance, voit-il du point où est son corps, ou de celui où est son âme ?

« Pourquoi cette question, puisque c'est l'âme qui voit et non pas le corps ? »

437. Puisque c'est l'âme qui se transporte, comment le somnambule peut-il éprouver dans son corps les sensations de chaud ou de froid du lieu où se trouve son âme, et qui est quelquefois très loin de son corps ?

« L'âme n'a point quitté entièrement le corps ; elle y tient toujours par le lien qui l'unit à lui ; c'est ce lien qui est le conducteur des sensations. Quand deux personnes correspondent d'une ville à l'autre par l'électricité, c'est l'électricité qui est le lien entre leurs pensées ; c'est pourquoi elles se communiquent comme si elles étaient l'une à côté de l'autre. »

438. L'usage qu'un somnambule fait de sa faculté influe-t-il sur l'état de son Esprit après sa mort ?

« Beaucoup, comme l'usage bon ou mauvais de toutes les facultés que Dieu a données à l'homme. »

Extase.

439. Quelle différence y a-t-il entre l'extase et le somnambulisme ?

« C'est un somnambulisme plus épuré ; l'âme de l'extatique est encore plus indépendante. »

440. L'Esprit de l'extatique pénètre-t-il réellement dans les mondes supérieurs ?

« Oui, il les voit et comprend le bonheur de ceux qui y sont ; c'est pourquoi il voudrait y rester ; mais il est des mondes inaccessibles aux Esprits qui ne sont pas assez épurés. »

441. Lorsque l'extatique exprime le désir de quitter la terre, parle-t-il sincèrement, et n'est-il pas retenu par l'instinct de conservation ?

« Cela dépend du degré d'épuration de l'Esprit ; s'il voit sa position future meilleure que sa vie présente, il fait des efforts pour rompre les liens qui l'attachent à la terre. »

442. Si l'on abandonnait l'extatique à lui-même, son âme pourrait-elle définitivement quitter son corps ?

« Oui, il peut mourir ; c'est pourquoi il faut le rappeler par tout ce qui peut le rattacher ici-bas, et surtout en lui faisant entrevoir que s'il brisait la chaîne qui le retient ici, ce serait le vrai moyen de ne pas rester là où il voit qu'il serait heureux. »

443. Il est des choses que l'extatique prétend voir, et qui sont évidemment le produit d'une imagination frappée par les croyances et les préjugés terrestres. Tout ce qu'il voit n'est donc pas réel ?

« Ce qu'il voit est réel pour lui ; mais comme son Esprit est toujours sous l'influence des idées terrestres, il peut le voir à sa manière, ou, pour mieux dire, l'exprimer dans un langage approprié à ses préjugés et aux idées dont il a été bercé, ou aux vôtres, afin de mieux se faire comprendre ; c'est en ce sens surtout qu'il peut errer. »

444. Quel degré de confiance peut-on ajouter aux révélations des extatiques ?

« L'extatique peut très souvent se tromper, surtout quand il veut pénétrer ce qui doit rester un mystère pour l'homme, car alors il s'abandonne à ses propres idées, ou bien il est le jouet d'Esprits trompeurs *qui profitent de son enthousiasme* pour le fasciner. »

445. Quelles conséquences peut-on tirer des phénomènes du somnambulisme et de l'extase ? Ne seraient-ils pas une sorte d'initiation à la vie future ?

« Ou pour mieux dire, c'est la vie passée et la vie future que l'homme entrevoit. Qu'il étudie ces phénomènes, et il y trouvera la solution de plus d'un mystère que sa raison cherche inutilement à pénétrer. »

446. Les phénomènes du somnambulisme et de l'extase pourraient-ils s'accorder avec le matérialisme ?

« Celui qui les étudie de bonne foi et sans prévention ne peut être ni matérialiste, ni athée. »

Seconde vue.

447. Le phénomène désigné sous le nom de *seconde vue* a-t-il du rapport avec le rêve et le somnambulisme ?

« Tout cela n'est qu'une même chose ; ce que tu appelles *seconde vue,* c'est encore l'Esprit qui est plus libre, quoique le corps ne soit pas endormi. La seconde vue est la vue de l'âme. »

448. La seconde vue est-elle permanente ?

« La faculté, oui ; l'exercice, non. Dans les mondes moins matériels que le vôtre, les Esprits se dégagent plus facilement et entrent en communication par la seule pensée, sans exclure, toutefois, le langage articulé ; aussi la double vue y est-elle pour la plupart une faculté permanente ; leur état normal peut être comparé à celui de vos somnambules lucides, et c'est aussi la raison pour laquelle ils se manifestent à vous plus aisément que ceux qui sont incarnés dans des corps plus grossiers. »

449. La seconde vue se développe-t-elle spontanément ou à la volonté de celui qui en est doué ?

« Le plus souvent, elle est spontanée, mais souvent aussi la volonté y joue un grand rôle. Ainsi, prends pour exemple certaines gens que l'on appelle diseurs de bonne aventure et dont quelques-uns ont cette puissance, et tu verras que c'est la volonté qui les aide à entrer dans cette seconde vue, et dans ce que tu appelles vision. »

450. La seconde vue est-elle susceptible de se développer par l'exercice ?

« Oui, le travail amène toujours le progrès, et le voile qui couvre les choses s'éclaircit. »

— Cette faculté tient-elle à l'organisation physique ?

« Certes, l'organisation y joue un rôle ; il y a des organisations qui y sont rebelles. »

451. D'où vient que la seconde vue semble héréditaire dans certaines familles ?

« Similitude d'organisation qui se transmet comme les autres qualités physiques ; et puis développement de la faculté par une sorte d'éducation qui se transmet aussi de l'un à l'autre. »

452. Est-il vrai que certaines circonstances développent la seconde vue ?

« La maladie, l'approche d'un danger, une grande commotion peuvent la développer. Le corps est quelquefois dans un état particulier qui permet à l'Esprit de voir ce que vous ne pouvez voir avec les yeux du corps. »

Les temps de crise et de calamités, les grandes émotions, toutes les causes qui surexcitent le moral, provoquent quelquefois le développement de la seconde vue. Il semble que la Providence, en présence du danger, nous donne le moyen de le conjurer. Toutes les sectes et tous les partis persécutés en offrent de nombreux exemples.

453. Les personnes douées de la seconde vue en ont-elles toujours conscience ?

« Pas toujours ; c'est pour elles une chose toute naturelle, et beaucoup croient que si tout le monde s'observait, chacun devrait être de même. »

454. Pourrait-on attribuer à une sorte de seconde vue la perspicacité de certaines personnes qui, sans rien avoir d'extraordinaire, jugent les choses avec plus de précision que d'autres ?

« C'est toujours l'âme qui rayonne plus librement et qui juge mieux que sous le voile de la matière. »

— Cette faculté peut-elle, dans certains cas, donner la prescience des choses ?

« Oui ; elle donne aussi les pressentiments, car il y a plusieurs degrés dans cette faculté, et le même sujet peut avoir tous les degrés, ou n'en avoir que quelques-uns. »

Résumé théorique du somnambulisme, de l'extase et de la seconde vue.

455. Les phénomènes du somnambulisme naturel se produisent spontanément et sont indépendants de toute cause extérieure connue ; mais chez certaines personnes douées d'une organisation spéciale, ils peuvent être provoqués artificiellement par l'action de l'agent magnétique.

L'état désigné sous le nom de *somnambulisme magnétique* ne diffère du somnambulisme naturel que parce que l'un est provoqué, tandis que l'autre est spontané.

Le somnambulisme naturel est un fait notoire que personne ne songe à révoquer en doute, malgré le merveilleux des phénomènes qu'il présente. Qu'a donc de plus extraordinaire ou de plus irrationnel le somnambulisme magnétique, parce qu'il est produit artificiellement, comme tant d'autres choses ? Des charlatans, dit-on, l'ont exploité ; raison de plus pour ne pas le laisser entre leurs mains. Quand la science se le sera approprié, le charlatanisme aura bien moins de crédit sur les masses ; mais en attendant, comme le somnambulisme naturel ou artificiel est un fait, et que contre un fait il n'y a pas de raisonnement possible, il s'accrédite malgré le mauvais vouloir de quelques-uns, et cela dans la science même où il entre par une multitude de petites portes au lieu de passer par la grande ; quand il y sera en plein, il faudra bien lui accorder droit de cité.

Pour le spiritisme, le somnambulisme est plus qu'un phénomène physiologique, c'est une lumière jetée sur la psychologie ; c'est là qu'on peut étudier l'âme, parce qu'elle s'y montre à découvert ; or, un des phénomènes par lesquels elle se caractérise, c'est la clairvoyance indépendante des organes ordinaires de la vue. Ceux qui contestent ce fait se fondent sur ce que le somnambule ne voit pas toujours, et à la volonté de l'expérimentateur, comme avec les yeux. Faut-il s'étonner que les moyens étant différents, les effets ne soient plus les mêmes ? Est-il rationnel de demander des effets identiques quand l'instrument n'existe plus ? L'âme a ses propriétés comme l'œil a les siennes ; il faut les juger en elles-mêmes, et non par analogie.

La cause de la clairvoyance du somnambule magnétique et somnambule naturel est identiquement la même : *c'est un attribut de l'âme*, une faculté inhérente à toutes les parties de l'être incorporel qui est en nous, et qui n'a de limites que celles qui sont assignées à l'âme elle-même. Il voit partout où son âme peut se transporter, quelle que soit la distance.

Dans la vue à distance, le somnambule ne voit pas les choses du point où est son corps, et comme par un effet télescopique. Il les voit présentes et comme s'il était sur le lieu où elles existent, parce que son âme y est en réalité ; c'est pourquoi son corps est comme anéanti et semble privé de sentiment, jusqu'au moment où l'âme vient en reprendre possession. Cette séparation partielle de l'âme et du corps est un état anormal qui peut avoir une durée plus ou moins longue, mais non indéfinie ; c'est la cause de la fatigue que le corps éprouve après un certain temps, surtout quand l'âme se livre à un travail actif.

La vue de l'âme ou de l'Esprit n'étant pas circonscrite et n'ayant pas de siège déterminé, c'est ce qui explique pourquoi les somnambules ne peuvent lui assigner d'organe spécial ; ils voient parce qu'ils voient, sans savoir ni pourquoi ni comment, la vue n'ayant pas de foyer propre pour eux comme Esprit. *S'ils se reportent à leur corps,* ce foyer leur semble être dans les centres où l'activité vitale est la plus grande, principalement au cerveau, dans la région épigastrique, ou dans l'organe qui, pour eux, est le point de liaison *le plus tenace,* entre l'Esprit et le corps.

La puissance de la lucidité somnambulique n'est point indéfinie. L'Esprit, même complètement libre, est borné dans ses facultés et dans ses connaissances selon le degré de perfection auquel il est parvenu ; il l'est plus encore quand il est lié à la matière dont il subit l'influence. Telle est la cause pour laquelle la clairvoyance somnambulique n'est ni universelle, ni infaillible. On peut d'autant moins compter sur son infaillibilité qu'on la détourne du but que s'est proposé la nature, et qu'on en fait un objet de curiosité *et d'expérimentation.*

Dans l'état de dégagement où se trouve l'Esprit

du somnambule, il entre en communication plus facile avec les autres Esprits *incarnés* ou *non incarnés ;* cette communication s'établit par le contact des fluides qui composent les périsprits et servent de transmission à la pensée comme le fil électrique. Le somnambule n'a donc pas besoin que la pensée soit articulée par la parole : il la sent et la devine ; c'est ce qui le rend éminemment impressionnable et accessible aux influences de l'atmosphère morale dans laquelle il se trouve placé. C'est aussi pourquoi un concours nombreux de spectateurs, et surtout de curieux plus ou moins malveillants, nuit essentiellement au développement de ses facultés qui se replient pour ainsi dire sur elles-mêmes, et ne se déploient en toute liberté que dans l'intimité et dans un milieu sympathique. *La présence de personnes malveillantes ou antipathiques produit sur lui l'effet du contact de la main sur la sensitive.*

Le somnambule voit à la fois son propre Esprit et son corps ; ce sont, pour ainsi dire, deux êtres qui lui représentent la double existence spirituelle et corporelle, et pourtant se confondent par les liens qui les unissent. Le somnambule ne se rend pas toujours compte de cette situation, et cette *dualité* fait que souvent il parle de lui comme s'il parlait d'une personne étrangère ; c'est que tantôt c'est l'être corporel qui parle à l'être spirituel, tantôt c'est l'être spirituel qui parle à l'être corporel.

L'Esprit acquiert un surcroît de connaissance et d'expérience à chacune de ses existences corporelles. Il les oublie en partie pendant son incarnation dans une matière trop grossière, *mais il s'en souvient comme Esprit*. C'est ainsi que certains somnambules révèlent des connaissances supérieures au degré de leur instruction et même de leurs capacités intellectuelles apparentes. L'infériorité intellectuelle et scientifique du somnambule à l'état de veille ne préjuge donc rien sur les connaissances qu'il peut révéler à l'état lucide. Selon les circonstances et le but qu'on se propose, il peut les puiser dans sa propre expérience, dans la clairvoyance des choses présentes ; ou dans les conseils qu'il reçoit d'autres Esprits ; mais comme son propre Esprit peut être plus ou moins avancé, il peut dire des choses plus ou moins justes.

Par les phénomènes du somnambulisme, soit naturel, soit magnétique, la Providence nous donne la preuve irrécusable de l'existence et de l'indépendance de l'âme, et nous fait assister au spectacle sublime de son émancipation ; par là elle nous ouvre le livre de notre destinée. Lorsque le somnambule décrit ce qui se passe à distance, il est évident qu'il le voit, et cela non pas par les yeux du corps ; il s'y voit lui-même, et s'y sent transporté ; il y a donc là-bas quelque chose de lui, et ce quelque chose, n'étant pas son corps, n peut être que son âme ou son Esprit. Tandis que l'homme s'égare dans les subtilités d'une métaphysique abstraite et inintelligible pour courir à la recherche des causes de notre existence morale, Dieu met journellement sous ses yeux et sous sa main les moyens les plus simples et les plus patents pour l'étude de la psychologie expérimentale.

L'extase est l'état dans lequel l'indépendance de l'âme et du corps se manifeste de la manière la plus sensible et devient en quelque sorte palpable.

Dans le rêve et le somnambulisme, l'âme erre dans les mondes terrestres ; dans l'extase, elle pénètre dans un monde inconnu, dans celui des Esprits éthérés avec lesquels elle entre en communication, sans toutefois pouvoir dépasser certaines limites qu'elle ne saurait franchir sans briser totalement les liens qui l'attachent au corps. Un état resplendissant tout nouveau l'environne, des harmonies inconnues sur la terre la ravissent, un bien-être indéfinissable la pénètre : elle jouit par anticipation de la béatitude céleste, *et l'on peut dire qu'elle pose un pied sur le seuil de l'éternité.*

Dans l'état d'extase, l'anéantissement du corps est presque complet ; il n'a plus, pour ainsi dire, que la vie organique, et l'on sent que l'âme n'y tient plus que par un fil qu'un effort de plus ferait rompre sans retour.

Dans cet état, toutes les pensées terrestres disparaissent pour faire place au sentiment épuré qui est l'essence même de notre être immatériel. Tout entier à cette contemplation sublime, l'extatique n'envisage la vie que comme une halte momentanée ; pour lui, les biens et les maux, les joies grossières et les misères d'ici-bas ne sont que les incidents futiles d'un voyage dont il est heureux de voir le terme.

Il en est des extatiques comme des somnambules : leur lucidité peut être plus ou moins parfaite, et leur propre Esprit, selon qu'il est plus ou moins élevé, est aussi plus ou moins apte à connaître et à comprendre les choses. Il y a quelquefois chez eux plus d'exaltation que de véritable lucidité, ou, pour mieux dire, leur exaltation nuit à leur lucidité ; c'est pourquoi leurs révélations sont souvent un mélange de vérités et d'erreurs, de choses sublimes et de choses absurdes ou même ridicules. Des Esprits inférieurs profitent souvent de cette exaltation, qui est toujours une cause de faiblesse quand on ne sait pas la maîtriser, pour dominer l'extatique, et à cet effet, ils revêtent à ses yeux des *apparences* qui l'entretiennent dans ses idées ou préjugés de la veille. C'est là un écueil, mais tous ne sont pas de même ; c'est à nous de juger froidement, et de peser leurs révélations dans la balance de la raison.

L'émancipation de l'âme se manifeste quelquefois à l'état de veille et produit le phénomène désigné sous le nom de *seconde vue* qui donne à ceux qui en sont doués la faculté de voir, d'entendre et de sentir *au delà des limites de nos sens*. Ils perçoivent les choses absentes partout où l'âme étend son action ; ils les voient pour ainsi dire à travers la vue ordinaire et comme par une sorte de mirage.

Dans le moment où se produit le phénomène de la seconde vue, l'état physique est sensiblement modifié ; l'œil a quelque chose de vague : il regarde sans voir ; toute la physionomie reflète une sorte d'exaltation. On constate que les organes de la vue y sont étrangers, en ce que la vision persiste, malgré l'occlusion des yeux.

Cette faculté paraît, à ceux qui en jouissent, naturelle comme celle de voir ; c'est pour eux un attribut de leur être qui ne leur semble pas faire exception. L'oubli suit le plus souvent cette lucidité passagère dont le souvenir, de plus en plus vague, finit par disparaître comme celui d'un songe.

La puissance de la seconde vue varie depuis la sensation confuse jusqu'à la perception claire et nette des choses présentes ou absentes. A l'état rudimentaire, elle donne à certaines gens le tact, la perspicacité, une sorte de sûreté dans leurs actes qu'on peut appeler *la justesse du coup d'œil moral*. Plus développée, elle éveille les pressentiments ; plus développée encore, elle montre les événements accomplis ou sur le point de s'accomplir.

Le somnambulisme naturel et artificiel, l'extase et la seconde vue ne sont que des variétés ou modifications d'une même cause ; ces phénomènes, de même que les rêves, sont dans la nature ; c'est pourquoi ils ont existé de tout temps ; l'histoire nous montre qu'ils ont été connus, et même exploités dès la plus haute antiquité, et l'on y trouve l'explication d'une foule de faits que les préjugés ont fait regarder comme surnaturels.

CHAPITRE IX

INTERVENTION DES ESPRITS DANS LE MONDE CORPOREL

Pénétration de notre pensée par les Esprits.

456. Les Esprits voient-ils tout ce que nous faisons ?

« Ils peuvent le voir, puisque vous en êtes sans cesse entourés ; mais chacun ne voit que les choses sur lesquelles il porte son attention ; car pour celles qui lui sont indifférentes, il ne s'en occupe pas. »

457. Les Esprits peuvent-ils connaître nos plus secrètes pensées ?

« Souvent, ils connaissent ce que vous voudriez vous cacher à vous-mêmes, ni actes, ni pensées ne peuvent leur être dissimulés. »

— D'après cela, il semblerait plus facile de cacher une chose à une personne vivante, que nous ne pouvons le faire à cette même personne après sa mort ?

« Certainement, et quand vous vous croyez bien

cachés, vous avez souvent une foule d'Esprits à côté de vous qui vous voient.

458. Que pensent de nous les Esprits qui sont autour de nous et qui nous observent ?

« Cela dépend. Les Esprits follets se rient des petites tracasseries qu'ils vous suscitent et se moquent de vos impatiences. Les Esprits sérieux vous plaignent de vos travers et tâchent de vous aider. »

Influence occulte des Esprits sur nos pensées et sur nos actions.

459. Les Esprits influent-ils sur nos pensées et sur nos actions ?

« Sous ce rapport, leur influence est plus grande que vous ne croyez, car bien souvent ce sont eux qui vous dirigent. »

460. Avons-nous des pensées qui nous sont propres, et d'autres qui nous sont suggérées ?

« Votre âme est un Esprit qui pense ; vous n'ignorez pas que plusieurs pensées vous arrivent à la fois sur un même sujet, et souvent bien contraires les unes aux autres ; eh bien ! il y en a toujours de vous et de nous ; c'est ce qui vous met dans l'incertitude, parce que vous avez en vous deux idées qui se combattent. »

461. Comment distinguer les pensées qui nous sont propres de celles qui nous sont suggérées ?

« Lorsqu'une pensée est suggérée, c'est comme une voix qui vous parle. Les pensées propres sont en général celles du premier mouvement. Du reste, il n'y a pas un grand intérêt pour vous dans cette distinction, et il est souvent utile de ne pas le savoir : l'homme agit plus librement ; s'il se décide pour le bien, il le fait plus volontiers ; s'il prend le mauvais chemin, il n'en a que plus de responsabilité. »

462. Les hommes d'intelligence et de génie puisent-ils toujours leurs idées dans leur propre fonds ?

« Quelquefois, les idées viennent de leur propre Esprit, mais souvent elles leur sont suggérées par d'autres Esprits qui les jugent capables de les comprendre et dignes de les transmettre. Quand ils ne les trouvent pas en eux, ils font appel à l'inspiration ; c'est une évocation qu'ils font sans s'en douter.»

S'il eût été utile que nous puissions distinguer clairement nos pensées propres de celles qui nous sont suggérées, Dieu nous en eût donné le moyen, comme il nous donne celui de distinguer le jour et la nuit. Quand une chose est dans le vague, c'est que cela doit être pour le bien.

463. On dit quelquefois que le premier mouvement est toujours bon ; cela est-il exact ?

« Il peut être bon ou mauvais selon la nature de l'Esprit incarné. Il est toujours bon chez celui qui écoute les bonnes inspirations. »

464. Comment distinguer si une pensée suggérée vient d'un bon ou d'un mauvais Esprit ?

« Etudiez la chose ; les bons Esprits ne conseillent que le bien ; c'est à vous de distinguer. »

465. Dans quel but les Esprits imparfaits nous poussent-ils au mal ?

« Pour vous faire souffrir comme eux. »

— Cela diminue-t-il leurs souffrances ?

« Non, mais ils le font par jalousie de voir des êtres plus heureux. »

— Quelle nature de souffrance veulent-ils faire éprouver ?

« Celles qui résultent d'être d'un ordre inférieur et éloigné de Dieu. »

466. Pourquoi Dieu permet-il que des Esprits nous excitent au mal ?

« Les Esprits imparfaits sont des instruments destinés à éprouver la foi et la constance des hommes dans le bien. Toi, étant Esprit, tu dois progresser dans la science de l'infini, c'est pour cela que tu passes par les épreuves du mal pour arriver au bien. Notre mission est de te mettre dans le bon chemin, et quand de mauvaises influences agissent sur toi, c'est que tu les appelles par le désir du mal, car les Esprits inférieurs viennent à ton aide dans le mal quand tu as la volonté de le commettre ; ils ne peuvent t'aider dans le mal que quand tu veux le mal. Si tu es enclin au meurtre, eh bien ! tu auras une nuée d'Esprits qui entretiendront cette pensée en toi ; mais aussi tu en as d'autres qui tâcheront de t'influencer en bien, ce qui fait que cela rétablit la balance et te laisse le maître. »

C'est ainsi que Dieu laisse à notre conscience le choix de la route que nous devons suivre, et la liberté de céder à l'une ou à l'autre des influences contraires qui s'exercent sur nous.

467. Peut-on s'affranchir de l'influence des Esprits qui sollicitent au mal ?

« Oui, car ils ne s'attachent qu'à ceux qui les sollicitent par leurs désirs ou les attirent par leurs pensées. »

468. Les Esprits dont l'influence est repoussée par la volonté renoncent-ils à leurs tentatives ?

« Que veux-tu qu'ils fassent ? Quand il n'y a rien à faire, ils cèdent la place ; cependant, ils guettent le moment favorable, comme le chat guette la souris. »

469. Par quel moyen peut-on neutraliser l'influence des mauvais Esprits ?

« En faisant le bien, et en mettant toute votre confiance en Dieu, vous repoussez l'influence des Esprits inférieurs et vous détruisez l'empire qu'ils voulaient prendre sur vous. Gardez-vous d'écouter les suggestions des Esprits qui suscitent en vous de mauvaises pensées, qui soufflent la discorde entre vous, et qui excitent en vous toutes les mauvaises passions. Défiez-vous surtout de ceux qui exaltent votre orgueil, car ils vous prennent par votre faible. Voilà pourquoi Jésus vous fait dire dans l'oraison dominicale : Seigneur ! ne nous laissez pas succomber à la tentation, mais délivrez-nous du mal. »

470. Les Esprits qui cherchent à nous induire au mal, et qui mettent ainsi à l'épreuve notre fermeté dans le bien, ont-ils reçu mission de le faire, et si c'est une mission qu'ils accomplissent en ont-ils la responsabilité ?

« Nul Esprit ne reçoit la mission de faire le mal ; quand il le fait, c'est de sa propre volonté, et, par conséquent, il en subit les conséquences. Dieu peut le lui laisser faire pour vous éprouver, mais il ne le lui commande pas, et c'est à vous de le repousser. »

471. Lorsque nous éprouvons un sentiment d'angoisse, d'anxiété indéfinissable ou de satisfaction intérieure sans cause connue, cela tient-il uniquement à une disposition physique ?

« C'est presque toujours, en effet, des communications que vous avez à votre insu avec les Esprits, ou que vous avez eues avec eux pendant le sommeil. »

472. Les Esprits qui veulent nous exciter au mal ne font-ils que profiter des circonstances où nous nous trouvons, ou peuvent-ils faire naître ces circonstances ?

« Ils profitent de la circonstance, mais souvent ils

la provoquent en vous poussant à votre insu vers l'objet de votre convoitise. Ainsi, par exemple, un homme trouve sur son chemin une somme d'argent : ne crois pas que ce sont les Esprits qui ont apporté l'argent en cet endroit, mais ils peuvent donner à l'homme la pensée de se diriger de ce côté, et alors la pensée lui est suggérée par eux de s'en emparer, tandis que d'autres lui suggèrent celle de rendre cet argent à celui à qui il appartient. Il en est de même de toutes les autres tentations.

Possédés.

473. Un Esprit peut-il momentanément revêtir l'enveloppe d'une personne vivante, c'est-à-dire s'introduire dans un corps animé et agir au lieu et place de celui qui s'y trouve incarné?

« L'Esprit n'entre pas dans un corps comme tu entres dans une maison ; il s'assimile avec un Esprit incarné qui a les mêmes défauts et les mêmes qualités pour agir conjointement ; mais c'est toujours l'Esprit incarné qui agit comme il veut sur la matière dont il est revêtu. Un Esprit ne peut se substituer à celui qui est incarné, car l'Esprit et le corps sont liés jusqu'au temps marqué pour le terme de l'existence matérielle. »

474. S'il n'y a pas possession proprement dite, c'est-à-dire cohabitation de deux Esprits dans le même corps, l'âme peut-elle se trouver dans la dépendance d'un autre Esprit, de manière à en être *subjuguée* ou *obsédée*, au point que sa volonté en soit en quelque sorte paralysée ?

« Oui, et ce sont là les vrais possédés ; mais sache bien que cette domination ne se fait jamais sans la participation de celui qui la subit, *soit par sa faiblesse,* soit par son désir. On a souvent pris pour des possédés des épileptiques ou des fous qui avaient plus besoin de médecin que d'exorcisme. »

Le mot *possédé,* dans son acception vulgaire, suppose l'existence de démons, c'est-à-dire d'une catégorie d'êtres de mauvaise nature, et la cohabitation de l'un de ces êtres avec l'âme dans le corps d'un individu. Puisqu'il n'y a pas de démons *dans ce sens,* et que deux Esprits ne peuvent habiter simultanément le même corps, il n'y a pas de possédés selon l'idée attachée à ce mot. Le mot *possédé* ne doit s'entendre que de la dépendance absolue où l'âme peut se trouver à l'égard d'Esprits imparfaits qui la subjuguent.

475. Peut-on soi-même éloigner les mauvais Esprits et s'affranchir de leur domination ?

« On peut toujours secouer un joug quand on en a la ferme volonté. »

476. Ne peut-il arriver que la fascination exercée par le mauvais Esprit soit telle que la personne subjuguée ne s'en aperçoive pas ; alors, une tierce personne peut-elle faire cesser la sujétion, et dans ce cas, quelle condition doit-elle remplir ?

« Si c'est un homme de bien, sa volonté peut aider en appelant le concours des bons Esprits, car plus on est *homme de bien,* plus on a de pouvoir sur les Esprits imparfaits pour les éloigner et sur les bons pour les attirer. Cependant, il serait impuissant si celui qui est *subjugué* ne s'y prête pas ; il y a des gens qui se plaisent dans une dépendance qui flatte leurs goûts et leurs désirs. Dans tous les cas, celui dont le cœur n'est pas pur ne peut avoir aucune influence ; les bons Esprits le méprisent, et les mauvais ne le craignent pas. »

477. Les formules d'exorcisme ont-elles quelque efficacité sur les mauvais Esprits ?

« Non ; quand ces Esprits voient quelqu'un prendre la chose au sérieux, ils en rient et s'obstinent. »

478. Il y a des personnes animées de bonnes intentions et qui n'en sont pas moins obsédées ; quel est le meilleur moyen de se délivrer des Esprits obsesseurs ?

« Lasser leur patience, ne tenir aucun compte de leurs suggestions, leur montrer qu'ils perdent leur temps ; alors, quand ils voient qu'ils n'ont rien à faire, ils s'en vont. »

479. La prière est-elle un moyen efficace pour guérir de l'obsession ?

« La prière est d'un puissant secours en tout ; mais croyez bien qu'il ne suffit pas de murmurer quelques paroles pour obtenir ce qu'on désire. Dieu assiste ceux qui agissent, et non ceux qui se bornent à demander. Il faut donc que l'obsédé fasse de son côté ce qui est nécessaire pour détruire en lui-même la cause qui attire les mauvais Esprits. »

480. Que faut-il penser de l'expulsion des démons dont il est parlé dans l'Evangile ?

« Cela dépend de l'interprétation. Si vous appelez *démon* un mauvais Esprit qui subjugue un individu, quand son influence sera détruite, il sera véritablement chassé. Si vous attribuez une maladie au démon, quand vous aurez guéri la maladie, vous direz aussi que vous avez chassé le démon. Une chose peut être vraie ou fausse suivant le sens qu'on attache aux mots. Les plus grandes vérités peuvent paraître absurdes quand on ne regarde que la forme, et quand on prend l'allégorie pour la réalité. Comprenez bien ceci, et retenez-le : c'est d'une application générale. »

Convulsionnaires.

481. Les Esprits jouent-ils un rôle dans les phénomènes qui se produisent chez les individus désignés sous le nom de convulsionnaires ?

« Oui, un très grand, ainsi que le magnétisme qui en est la première source ; mais, le charlatanisme a souvent exploité et exagéré ces effets, ce qui les a fait tourner en ridicule. »

— De quelle nature sont, en général, les Esprits qui concourent à ces sortes de phénomènes ?

« Peu élevée ; croyez-vous que des Esprits supérieurs s'amusent à de pareilles choses ? »

482. Comment l'état anormal des convulsionnaires et des crisiaques peut-il se développer subitement dans toute une population ?

« Effet sympathique ; les dispositions morales se communiquent très facilement dans certains cas ; vous n'êtes pas assez étranger aux effets magnétiques pour ne pas comprendre cela, et la part que certains Esprits doivent y prendre par sympathie pour ceux qui les provoquent. »

Parmi les facultés étranges que l'on remarque chez les convulsionnaires, on en reconnaît sans peine dont le somnambulisme et le magnétisme offrent de nombreux exemples : telles sont, entre autres, l'insensibilité physique, la connaissance de la pensée, la transmission sympathique des douleurs, etc. On ne peut donc douter que ces crisiaques ne soient dans une sorte d'état de somnambulisme éveillé, provoqué par l'influence qu'ils exercent les uns sur les autres. Ils sont à la fois magnétiseurs et magnétisés à leur insu.

483. Quelle est la cause de l'insensibilité physique que l'on remarque soit chez certains convulsionnaires, soit chez d'autres individus soumis aux tortures les plus atroces ?

« Chez quelques-uns c'est un effet exclusivement magnétique qui agit sur le système nerveux de la même manière que certaines substances. Chez d'autres, l'exaltation de la pensée émousse la sensibilité parce que la vie semble s'être retirée du corps pour se porter dans l'Esprit. Ne savez-vous pas que lorsque l'Esprit est fortement préoccupé d'une chose, le corps ne sent, ne voit et n'entend rien ? »

L'exaltation fanatique et l'enthousiasme offrent souvent, dans les supplices, l'exemple d'un calme et d'un sang-froid qui ne sauraient triompher d'une douleur aiguë, si l'on n'admettait que la sensibilité se trouve neutralisée par une sorte d'effet anesthésique. On sait que dans la chaleur du combat on ne s'aperçoit souvent pas d'une blessure grave, tandis que, dans les circonstances ordinaires, une égratignure ferait tressaillir.

Puisque ces phénomènes dépendent d'une cause physique et de l'action de certains Esprits, on peut se demander comment il a pu dépendre de l'autorité de les faire cesser dans certains cas. La raison en est simple. L'action des Esprits n'est ici que secondaire ; ils ne font que profiter d'une disposition naturelle. L'autorité n'a pas supprimé cette disposition, mais la cause qui l'entretenait et l'exaltait ; d'active, elle l'a rendue latente, et elle a eu raison d'agir ainsi, parce qu'il en résultait abus et scandale. On sait, du reste, que cette intervention est impuissante quand l'action des Esprits est directe et spontanée.

Affection des Esprits pour certaines personnes.

484. Les Esprits affectionnent-ils de préférence certaines personnes ?

« Les bons Esprits sympathisent avec les hommes

de bien, ou susceptibles de s'améliorer ; les Esprits inférieurs avec les hommes vicieux ou qui peuvent le devenir ; de là leur attachement, suite de la ressemblance des sensations. »

485. L'affection des Esprits pour certaines personnes est-elle exclusivement morale ?

« L'affection véritable n'a rien de charnel ; mais lorsqu'un Esprit s'attache à une personne, ce n'est pas toujours par affection, et il peut s'y mêler un souvenir des passions humaines. »

486. Les Esprits s'intéressent-ils à nos malheurs et à notre prospérité ? Ceux qui nous veulent du bien s'affligent-ils des maux que nous éprouvons pendant la vie ?

« Les bons Esprits font autant de bien que possible et sont heureux de toutes vos joies. Ils s'affligent de vos maux lorsque vous ne les supportez pas avec résignation, parce que ces maux sont sans résultat pour vous ; car vous êtes comme le malade qui rejette le breuvage amer qui doit le guérir. »

487. De quelle nature de mal les Esprits s'affligent-ils le plus pour nous ; est-ce le mal physique ou le mal moral ?

« Votre égoïsme et votre dureté de cœur : de là dérive tout ; ils se rient de tous ces maux imaginaires qui naissent de l'orgueil et de l'ambition ; ils se réjouissent de ceux qui ont pour effet d'abréger votre temps d'épreuve. »

Les Esprits, sachant que la vie corporelle n'est que transitoire et que les tribulations qui l'accompagnent sont des moyens d'arriver à un état meilleur, s'affligent plus pour nous des causes morales qui nous en éloignent que des maux physiques qui ne sont que passagers.

Les Esprits prennent peu de soucis des malheurs qui n'affectent que nos idées mondaines, comme nous faisons des chagrins puérils de l'enfance.

L'Esprit, qui voit dans les afflictions de la vie un moyen d'avancement pour nous, les considère comme la crise momentanée qui doit sauver le malade. Il compatit à nos souffrances comme nous compatissons à celles d'un ami ; mais voyant les choses à un point de vue plus juste, il les apprécie autrement que nous, et tandis que les bons relèvent notre courage dans l'intérêt de notre avenir, les autres nous excitent au désespoir en vue de le compromettre.

488. Nos parents et nos amis qui nous ont précédés dans l'autre vie ont-ils pour nous plus de sympathie que les Esprits qui nous sont étrangers ?

« Sans doute, et souvent ils vous protègent comme Esprits, selon leur pouvoir. »

— Sont-ils sensibles à l'affection que nous leur conservons ?

« Très sensibles, mais ils oublient ceux qui les oublient. »

Anges gardiens, Esprits protecteurs, familiers ou sympathiques.

489. Y a-t-il des Esprits qui s'attachent à un individu en particulier pour le protéger ?

« Oui, le *frère spirituel ;* c'est ce que vous appelez *le bon Esprit* ou le *bon génie.* »

490. Que doit-on entendre par ange gardien ?

« L'Esprit protecteur d'un ordre élevé. »

491. Quelle est la mission de l'Esprit protecteur ?

« Celle d'un père sur ses enfants : conduire son protégé dans la bonne voie, l'aider de ses conseils, le consoler de ses afflictions, soutenir son courage dans les épreuves de la vie. »

492. L'Esprit protecteur est-il attaché à l'individu depuis sa naissance ?

« Depuis la naissance jusqu'à la mort, et souvent

il le suit après la mort dans la vie spirite, et même dans plusieurs existences corporelles, car ces existences ne sont que des phases bien courtes par rapport à la vie de l'Esprit. »

493. La mission de l'Esprit protecteur est-elle volontaire ou obligatoire ?

« L'Esprit est obligé de veiller sur vous parce qu'il a accepté cette tâche, mais il a le choix des êtres qui lui sont sympathiques. Pour les uns c'est un plaisir, pour d'autres une mission ou un devoir. »

— En s'attachant à une personne, l'Esprit renonce-t-il à protéger d'autres individus ?

« Non, mais il le fait moins exclusivement. »

494. L'Esprit protecteur est-il fatalement attaché à l'être confié à sa garde ?

« Il arrive souvent que certains Esprits quittent leur position pour remplir diverses missions ; mais alors l'échange se fait. »

495. L'Esprit protecteur abandonne-t-il quelquefois son protégé quand celui-ci est rebelle à ses avis ?

« Il s'éloigne quand il voit ses conseils inutiles, et que la volonté de subir l'influence des Esprits inférieurs est plus forte ; mais il ne l'abandonne point complètement et se fait toujours entendre ; c'est alors l'homme qui ferme les oreilles. Il revient dès qu'on l'appelle.

» Il est une doctrine qui devrait convertir les plus incrédules par son charme et par sa douceur : celle des anges gardiens. Penser qu'on a toujours près de soi des êtres qui vous sont supérieurs, qui sont toujours là pour vous conseiller, vous soutenir, pour vous aider à gravir l'âpre montagne du bien, qui sont des amis plus sûrs et plus dévoués que les plus intimes liaisons que l'on puisse contracter sur cette terre, n'est-ce pas une idée bien consolante ? Ces êtres sont là par l'ordre de Dieu ; c'est lui qui les a mis près de vous, ils sont là pour l'amour de lui, et ils accomplissent auprès de vous une belle mais pénible mission. Oui, quelque part que vous soyez, il sera avec vous : les cachots, les hôpitaux, les lieux de débauche, la solitude, rien ne vous sépare de cet ami que vous ne pouvez voir, mais dont votre âme sent les plus douces impulsions et entend les sages conseils.

» Que ne connaissez-vous mieux cette vérité ! combien de fois elle vous aiderait dans les moments de crise ; combien de fois elle vous sauverait des mauvais Esprits ! Mais au grand jour, cet ange de bien aura souvent à vous dire : « Ne t'ai-je pas dit cela ? et tu ne l'as pas fait ; ne t'ai-je pas montré l'abîme ? et tu t'y es précipité ; ne t'ai-je pas fait entendre dans ta conscience la voix de la vérité ? et n'as-tu pas suivi les conseils du mensonge ? » Ah ! questionnez vos anges gardiens ; établissez entre eux et vous cette tendre intimité qui règne entre les meilleurs amis. Ne pensez pas à leur rien cacher, car ils ont l'œil de Dieu, et vous ne pouvez les tromper. Songez à l'avenir ; cherchez à avancer dans cette vie, vos épreuves en seront plus courtes, vos existences plus heureuses. Allons ! hommes, du courage ; rejetez loin de vous, une fois pour toutes, préjugés et arrière-pensées ; entrez dans la nouvelle voie qui s'ouvre devant vous ; marchez ! marchez ! vous avez des guides, suivez-les : le but ne peut vous manquer, car ce but, c'est Dieu lui-même.

» A ceux qui penseraient qu'il est impossible à des Esprits vraiment élevés de s'astreindre à une tâche si laborieuse et de tous les instants, nous dirons que nous influençons vos âmes tout en étant à plusieurs millions de lieues de vous : pour nous l'espace n'est rien, et tout en vivant dans un autre monde, nos Esprits conservent leur liaison avec le vôtre. Nous jouissons de qualités que vous ne pouvez comprendre, mais soyez sûrs que Dieu ne nous a pas imposé une tâche au-dessus de nos forces, et qu'il ne vous a pas abandonnés seuls sur la terre sans amis et sans soutiens. Chaque ange gardien a son protégé sur lequel il veille, comme un père veille sur son enfant, il est heureux quand il le voit dans le bon chemin ; il gémit quand ses conseils sont méconnus.

» Ne craignez pas de nous fatiguer de vos questions ; soyez, au contraire, toujours en rapport avec nous : vous serez plus forts et plus heureux. Ce sont ces communications de chaque homme avec son Esprit familier qui font tous les hommes médiums, médiums ignorés aujourd'hui, mais qui se manifesteront plus tard, et qui se répandront comme un océan sans bornes pour refouler l'incrédulité et l'ignorance. Hommes instruits, instruisez ; hommes de talent, élevez vos frères. Vous ne savez pas quelle œuvre vous accomplissez ainsi : c'est celle du Christ, celle que Dieu vous impose. Pourquoi Dieu vous a-t-il donné l'intelligence et la science, si ce n'est pour en faire part à vos frères, pour les avancer dans la voie du bonheur et de la félicité éternelle. »

SAINT LOUIS, SAINT AUGUSTIN.

La doctrine des anges gardiens, veillant sur leurs protégés malgré la distance qui sépare les mondes, n'a rien qui doive surprendre ; elle est au contraire grande et sublime. Ne voyons-nous pas sur la terre un père veiller sur son enfant, quoiqu'il en soit éloigné, l'aider de ses conseils par correspondance ? Qu'y aurait-il donc d'étonnant à ce que les Esprits pussent guider ceux qu'ils prennent sous leur protection, d'un monde à l'autre, puisque pour eux la distance qui sépare les mondes est moindre que celle qui, sur la terre sépare les continents ? N'ont-ils pas en outre le fluide universel qui relie tous les mondes et les rend solidaires ; véhicule immense de la transmission des pensées, comme l'air est pour nous le véhicule de la transmission du son ?

496. L'Esprit qui abandonne son protégé, ne lui faisant plus de bien, peut-il lui faire du mal ?

« Les bons Esprits ne font jamais de mal ; ils le laissent faire à ceux qui prennent leur place ; alors vous accusez le sort des malheurs qui vous accablent, tandis que c'est votre faute. »

497. L'Esprit protecteur peut-il laisser son protégé à la merci d'un Esprit qui pourrait lui vouloir du mal ?

« Il y a union des mauvais Esprits pour neutraliser l'action des bons ; mais si le protégé le veut, il rendra toute force à son bon Esprit. Le bon Esprit trouve peut-être une bonne volonté à aider ailleurs ; il en profite en attendant son retour auprès de son protégé. »

498. Quand l'Esprit protecteur laisse son protégé se fourvoyer dans la vie, est-ce impuissance de sa part à lutter contre d'autres Esprits malveillants ?

« Ce n'est pas parce qu'il ne peut pas, mais parce qu'il ne veut pas ; son protégé sort des épreuves plus parfait et plus instruit ; il l'assiste de ses conseils par les bonnes pensées qu'il lui suggère, mais qui, malheureusement, ne sont pas toujours écoutées. Ce n'est que la faiblesse, l'insouciance ou l'orgueil de l'homme qui donne de la force aux mauvais Esprits ; leur puissance sur vous ne vient que de ce que vous ne leur opposez pas de résistance. »

499. L'Esprit protecteur est-il constamment avec

son protégé ? N'y a-t-il aucune circonstance où, sans l'abandonner, il le perde de vue ?

« Il est des circonstances où la présence de l'Esprit protecteur n'est pas nécessaire auprès de son protégé. »

500. Arrive-t-il un moment où l'Esprit n'a plus besoin d'ange gardien ?

« Oui, quand il est arrivé au degré de pouvoir se conduire lui-même, comme il arrive un moment où l'écolier n'a plus besoin de maître ; mais ce n'est pas sur votre terre. »

501. Pourquoi l'action des Esprits sur notre existence est-elle occulte, et pourquoi, lorsqu'ils nous protègent, ne le font-ils pas d'une manière ostensible ?

« Si vous comptiez sur leur appui, vous n'agiriez pas par vous-même, et votre Esprit ne progresserait pas. Pour qu'il puisse avancer, il lui faut de l'expérience, et il faut souvent qu'il l'acquière à ses dépens ; il faut qu'il exerce ses forces, sans cela il serait comme un enfant qu'on ne laisse pas marcher seul. L'action des Esprits qui vous veulent du bien est toujours réglée de manière à vous laisser votre libre arbitre, car, si vous n'aviez pas de responsabilité, vous n'avanceriez pas dans la voie qui doit vous conduire vers Dieu. L'homme, ne voyant pas son soutien, se livre à ses propres forces ; son guide, cependant, veille sur lui et, de temps en temps, lui crie de se méfier du danger. »

502. L'Esprit protecteur qui réussit à amener son protégé dans la bonne voie en éprouve-t-il un bien quelconque pour lui-même ?

« C'est un mérite dont il lui est tenu compte, soit pour son propre avancement, soit pour son bonheur.

Il est heureux quand il voit ses soins couronnés de succès ; il en triomphe comme un précepteur triomphe des succès de son élève. »

— Est-il responsable, s'il ne réussit pas ?

« Non, puisqu'il a fait ce qui dépendait de lui. »

503. L'Esprit protecteur qui voit son protégé suivre une mauvaise route malgré ses avis, en éprouve-t-il de la peine, et n'est-ce pas pour lui une cause de trouble pour sa félicité ?

« Il gémit de ses erreurs et le plaint ; mais cette affliction n'a pas les angoisses de la paternité terrestre, parce qu'il sait qu'il y a remède au mal, et que ce qui ne se fait pas aujourd'hui se fera demain. »

504. Pouvons-nous toujours savoir le nom de notre Esprit protecteur ou ange gardien ?

« Comment voulez-vous savoir des noms qui n'existent pas pour vous ? Croyez-vous donc qu'il n'y ait parmi les Esprits que ceux que vous connaissez ? »

— Comment alors l'invoquer si on ne le connaît pas ?

« Donnez-lui le nom que vous voudrez, celui d'un Esprit supérieur pour qui vous avez de la sympathie ou de la vénération ; votre Esprit protecteur viendra à cet appel ; car tous les bons Esprits sont frères et s'assistent entre eux. »

505. Les Esprits protecteurs qui prennent des noms connus sont-ils toujours réellement ceux des personnes qui portaient ces noms ?

« Non, mais des Esprits qui leur sont sympathiques et qui souvent viennent par leur ordre. Il vous faut des noms ; alors, ils en prennent un qui vous inspire de la confiance. Quand vous ne pouvez pas remplir une mission en personne, vous envoyez un autre vous-même qui agit en votre nom. »

506. Quand nous serons dans la vie spirite, reconnaîtrons-nous notre Esprit protecteur ?

« Oui, car souvent vous le connaissiez avant d'être incarnés. »

507. Les Esprits protecteurs appartiennent-ils tous à la classe des Esprits supérieurs ? Peut-il s'en trouver parmi les moyens ? Un père, par exemple, peut-il devenir l'Esprit protecteur de son enfant ?

« Il le peut, mais la protection suppose un certain degré d'élévation, et un pouvoir ou une vertu de plus accordée par Dieu. Le père qui protège son enfant peut être lui-même assisté par un Esprit plus élevé. »

508. Les Esprits qui ont quitté la terre dans de bonnes conditions peuvent-ils toujours protéger ceux qu'ils aiment et qui leur survivent ?

« Leur pouvoir est plus ou moins restreint ; la position où ils se trouvent ne leur laisse pas toujours toute liberté d'agir. »

509. Les hommes dans l'état sauvage ou d'infériorité morale, ont-ils également leurs Esprits protecteurs ; et dans ce cas, ces Esprits sont-ils d'un ordre aussi élevé que ceux des hommes très avancés ?

« Chaque homme a un Esprit qui veille sur lui, mais les missions sont relatives à leur objet. Vous ne donnez pas à un enfant qui apprend à lire un professeur de philosophie. Le progrès de l'Esprit familier suit celui de l'Esprit protégé. Tout en ayant vous-même un Esprit supérieur qui veille sur vous, vous pouvez à votre tour devenir le protecteur d'un Esprit qui vous est inférieur, et les progrès que vous l'aiderez à faire contribueront à votre avancement.

Dieu ne demande pas à l'Esprit plus que ne comportent sa nature et le degré auquel il est parvenu. »

510. Lorsque le père qui veille sur son enfant vient à se réincarner, veille-t-il encore sur lui ?

« C'est plus difficile, mais il prie, dans un moment de dégagement, un Esprit sympathique de l'assister dans cette mission. D'ailleurs, les Esprits n'acceptent que des missions qu'ils peuvent accomplir jusqu'au bout.

« L'Esprit incarné, surtout dans les mondes où l'existence est matérielle, est trop assujetti à son corps pour pouvoir être entièrement dévoué, c'est-à-dire assister personnellement ; c'est pourquoi ceux qui ne sont pas assez élevés sont eux-mêmes assistés par des Esprits qui leur sont supérieurs, de telle sorte que si l'un fait défaut par une cause quelconque, il est suppléé par un autre. »

511. Outre l'Esprit protecteur, un mauvais Esprit est-il attaché à chaque individu en vue de le pousser au mal et de lui fournir une occasion de lutter entre le bien et le mal ?

« Attaché n'est pas le mot. Il est bien vrai que les mauvais Esprits cherchent à détourner du bon chemin quand ils en trouvent l'occasion ; mais quand l'un d'eux s'attache à un individu, il le fait de lui-même, parce qu'il espère en être écouté ; alors il y a lutte entre le bon et le mauvais, et celui-là l'emporte auquel l'homme laisse prendre l'empire sur lui. »

512. Pouvons-nous avoir plusieurs Esprits protecteurs ?

« Chaque homme a toujours des Esprits sympathiques plus ou moins élevés qui l'affectionnent et s'intéressent à lui, comme il en a aussi qui l'assistent dans le mal. »

513. Les Esprits sympathiques agissent-ils en vertu d'une mission ?

« Quelquefois, ils peuvent avoir une mission temporaire, mais le plus souvent ils ne sont sollicités que par la similitude de pensées et de sentiments dans le bien comme dans le mal. »

— Il semble résulter de là que les Esprits sympathiques peuvent être bons ou mauvais ?

« Oui, l'homme trouve toujours des Esprits qui sympathisent avec lui, quel que soit son caractère. »

514. Les Esprits familiers sont-ils les mêmes que les Esprits sympathiques ou les Esprits protecteurs ?

« Il y a bien des nuances dans la protection et dans la sympathie ; donnez-leur les noms que vous voulez. L'Esprit familier est plutôt l'ami de la maison. »

Des explications ci-dessus et des observations faites sur la nature des Esprits qui s'attachent à l'homme, on peut déduire ce qui suit :

L'Esprit protecteur, ange gardien ou bon génie, est celui qui a pour mission de suivre l'homme dans la vie et de l'aider à progresser. Il est toujours d'une nature supérieure relativement à celle du protégé.

Les Esprits familiers s'attachent à certaines personnes par des liens plus ou moins durables en vue de leur être utiles dans la limite de leur pouvoir souvent assez borné ; ils sont bons, mais quelquefois peu avancés et même un peu légers ; ils s'occupent volontiers des détails de la vie intime et n'agissent que par ordre ou avec la permission des Esprits protecteurs.

Les Esprits sympathiques sont ceux qu'attirent à nous des affections particulières et une certaine similitude de goûts et de sentiments dans le bien comme dans le mal. La durée de leurs relations est presque toujours subordonnée aux circonstances.

Le mauvais génie est un Esprit imparfait ou pervers qui s'attache à l'homme en vue de le détourner du bien ; mais il agit de son propre mouvement et non en vertu d'une mission. Sa tenacité est en raison de l'accès plus ou moins facile qu'il trouve. L'homme est toujours libre d'écouter sa voix ou de le repousser.

515. Que doit-on penser de ces personnes qui semblent s'attacher à certains individus pour les pousser fatalement à leur perte, ou pour les guider dans la bonne voie ?

« Certaines personnes exercent, en effet, sur d'autres une espèce de fascination qui semble irrésistible. Quand cela a lieu pour le mal, ce sont de mauvais Esprits dont se servent d'autres mauvais Esprits pour mieux subjuguer, Dieu peut le permettre pour vous éprouver. »

516. Notre bon et notre mauvais génie pourraient-ils s'incarner pour nous accompagner dans la vie d'une manière plus directe ?

« Cela a lieu quelquefois ; mais souvent aussi ils chargent de cette mission d'autres Esprits incarnés qui leur sont sympathiques. »

517. Y a-t-il des Esprits qui s'attachent à toute une famille pour la protéger ?

« Certains Esprits s'attachent aux membres d'une même famille qui vivent ensemble et qui sont unis par l'affection, mais ne croyez pas à des Esprits protecteurs de l'orgueil des races. »

518. Les Esprits étant attirés vers les individus par leurs sympathies, le sont-ils également vers les réunions d'individus par des causes particulières ?

« Les Esprits vont de préférence où sont leurs pareils ; là, ils sont plus à leur aise et plus sûrs d'être écoutés. L'homme attire à lui les Esprits en raison de ses tendances, qu'il soit seul ou qu'il forme un tout collectif, comme une société, une ville ou un peuple. Il y a donc des sociétés, des villes et des peuples qui sont assistés par des Esprits plus ou moins élevés selon le caractère et les passions qui y dominent. Les Esprits imparfaits s'éloignent de ceux qui les repoussent ; il en résulte que le perfectionnement moral des *touts collectifs*, comme celui des individus, tend à écarter les mauvais Esprits et à attirer les bons qui excitent et entretiennent le sentiment du bien dans les masses, comme d'autres peuvent y souffler les mauvaises passions. »

519. Les agglomérations d'indivdus, comme les sociétés, les villes, les nations ont-elles leurs Esprits protecteurs spéciaux?

« Oui, car ces réunions sont des individualités collectives qui marchent dans un but commun et qui ont besoin d'une direction supérieure. »

520. Les Esprits protecteurs des masses sont-ils d'une nature plus élevée que ceux qui s'attachent aux individus ?

« Tout est relatif au degré d'avancement des masses comme des individus. »

521. Certains Esprits peuvent-ils aider au progrès des arts en protégeant ceux qui s'en occupent ?

« Il y a des Esprits protecteurs spéciaux, et qui assistent ceux qui les invoquent quand ils les en jugent dignes ; mais que voulez-vous qu'ils fassent avec ceux qui croient être ce qu'ils ne sont pas ? Ils ne font pas voir les aveugles ni entendre les sourds. »

Les Anciens en avaient fait des divinités spéciales ; les Muses n'étaient autres que la personnification allégorique des Esprits protecteurs des sciences et des arts, comme ils désignaient sous le nom de lares et de pénates les Esprits protecteurs de la famille. Chez les modernes, les arts, les différentes industries, les villes, les contrées ont aussi leurs patrons protecteurs, qui ne sont autres que des Esprits supérieurs, mais sous d'autres noms.

Chaque homme ayant ses Esprits sympathiques, il en résulte que, dans les *touts collectifs*, la généralité des Esprits sympathiques est en rapport avec la généralité des individus ; que les Esprits étrangers y sont attirés par l'identité des goûts et des pensées ; en un mot, que ces réunions aussi bien que les individus, sont plus ou moins bien entourées, assistées, influencées selon la nature des pensées de la multitude.

Chez les peuples, les causes d'attraction des Esprits sont les mœurs, les habitudes, le caractère dominant, les lois surtout, parce que le caractère de la nation se reflète dans ses lois. Les hommes qui font régner la justice entre eux combattent l'influence des mauvais Esprits. Partout où les lois consacrent des choses injustes, contraires à l'humanité, les bons Esprits sont en minorité, et la masse des mauvais qui affluent entretient la nation dans ses idées et paralyse les bonnes influences partielles perdues dans la foule, comme un épi isolé au milieu des ronces. En étudiant les mœurs des peuples ou de toute réunion d'hommes, il est donc aisé de se faire une idée de la population occulte qui s'immisce dans leurs pensées et dans leurs actions.

Pressentiments.

522. Le pressentiment est-il toujours un avertissement de l'Esprit protecteur ?

« Le pressentiment est le conseil intime et occulte d'un Esprit qui vous veut du bien. Il est aussi dans l'intuition du choix que l'on a fait ; c'est la voix de l'instinct. L'Esprit, avant de s'incarner, a connaissance des principales phases de son existence, c'est-à-dire du genre d'épreuves dans lesquelles il s'engage ; lorsque celles-ci ont un caractère saillant, il en conserve une sorte d'impression dans son for intérieur, et cette impression, qui est la voix de l'instinct, se réveillant lorsque le moment approche, devient pressentiment. »

523. Les pressentiments et la voix de l'instinct

ont toujours quelque chose de vague, que devons-nous faire dans l'incertitude ?

« Quand tu es dans le vague, invoque ton bon Esprit, ou *prie notre maître à tous, Dieu, qu'il t'envoie un de ses messagers, l'un de nous.* »

524. Les avertissements de nos Esprits protecteurs ont-ils pour objet unique la conduite morale, ou bien aussi la conduite à tenir dans les choses de la vie privée ?

« Tout ; ils essayent de vous faire vivre le mieux possible ; mais souvent vous fermez l'oreille aux bons avertissements, et vous êtes malheureux par votre faute. »

Les Esprits protecteurs nous aident de leurs conseils par la voix de la conscience qu'ils font parler en nous ; mais comme nous n'y attachons pas toujours l'importance nécessaire, ils nous en donnent de plus directs en se servant des personnes qui nous entourent. Que chacun examine les diverses circonstances heureuses ou malheureuses de sa vie, et il verra qu'en maintes occasions il a reçu des conseils dont il n'a pas toujours profité et qui lui eussent épargné bien des désagréments s'il les eût écoutés.

Influence des Esprits sur les événements de la vie.

525. Les Esprits exercent-ils une influence sur les événements de la vie ?

« Assurément, puisqu'ils te conseillent. »

— Exercent-ils cette influence autrement que par les pensées qu'ils suggèrent, c'est-à-dire ont-ils une action directe sur l'accomplissement des choses ?

« Oui, mais ils n'agissent jamais en dehors des lois de la nature. »

Nous nous figurons à tort que l'action des Esprits ne doit se manifester que par des phénomènes extraordinaires ; nous voudrions qu'ils nous vinssent en aide par des miracles, et nous nous les représentons toujours armés d'une baguette magique. Il n'en est point ainsi ; voilà pourquoi leur intervention nous paraît occulte, et ce qui se fait par leur concours nous semble tout naturel. Ainsi, par exemple, ils provoqueront la réunion de deux personnes qui paraîtront se rencontrer par hasard ; ils inspireront à quelqu'un la pensée de passer par tel endroit ; ils appelleront son attention sur tel point, si cela doit amener le résultat qu'ils veulent obtenir ; de telle sorte que l'homme, ne croyant suivre que sa propre impulsion, conserve toujours son libre arbitre.

526. Les Esprits ayant une action sur la matière peuvent-ils provoquer certains effets en vue de faire accomplir un événement ? Par exemple, un homme doit périr : il monte à une échelle, l'échelle se brise et l'homme se tue ; sont-ce les Esprits qui ont fait briser l'échelle pour accomplir la destinée de cet homme ?

« Il est bien vrai que les Esprits ont une action sur la matière, mais pour l'accomplissement des lois de la nature et non pour y déroger en faisant surgir à point nommé un événement inattendu et contraire à ces lois. Dans l'exemple que tu cites, l'échelle s'est rompue parce qu'elle était vermoulue ou n'était pas assez forte pour supporter le poids de l'homme ; s'il était dans la destinée de cet homme de périr de cette manière, ils lui inspireront la pensée de monter à cette échelle qui devra se rompre sous son poids, et sa mort aura lieu par un effet naturel et sans qu'il soit besoin de faire un miracle pour cela. »

527. Prenons un autre exemple où l'état naturel de la matière ne soit pour rien ; un homme doit périr par la foudre ; il se réfugie sous un arbre, la foudre

éclate et il est tué. Les Esprits ont-ils pu provoquer la foudre et la diriger sur lui ?

« C'est encore la même chose. La foudre a éclaté sur cet arbre et à ce moment, parce qu'il était dans les lois de la nature qu'il en fût ainsi ; elle n'a point été dirigée sur cet arbre parce que l'homme était dessous, mais il a été inspiré à l'homme la pensée de se réfugier sous un arbre sur lequel elle devait éclater ; car l'arbre n'en aurait pas moins été frappé, que l'homme fût ou ne fût pas dessous. »

528. Un homme mal intentionné lance sur quelqu'un un projectile qui l'effleure et ne l'atteint pas. Un Esprit bienveillant peut-il l'avoir détourné ?

« Si l'individu ne doit pas être atteint, l'Esprit bienveillant lui inspirera la pensée de se détourner, ou bien il pourra éblouir son ennemi de manière à le faire mal viser ; car le projectile une fois lancé suit la ligne qu'il doit parcourir. »

529. Que doit-on penser des balles enchantées dont il est question dans certaines légendes, et qui atteignent fatalement un but ?

« Pure imagination ; l'homme aime le merveilleux et ne se contente pas des merveilles de la nature. »

— Les Esprits qui dirigent les événements de la vie peuvent-ils être contrecarrés par des Esprits qui voudraient le contraire ?

« Ce que Dieu veut doit être ; s'il y a retard ou empêchement, c'est par sa volonté. »

530. Les Esprits légers et moqueurs ne peuvent-ils susciter ces petits embarras qui viennent à la traverse de nos projets et dérouter nos prévisions ; en un mot, sont-ils les auteurs de ce que l'on appelle vulgairement les petites misères de la vie humaine ?

« Ils se plaisent à ces tracasseries qui sont pour

vous des épreuves afin d'exercer votre patience ; mais ils se lassent quand ils voient qu'ils ne réussissent pas. Cependant, il ne serait ni juste, ni exact de les charger de tous vos mécomptes, dont vous-mêmes êtes les premiers artisans par votre étourderie ; car crois bien que si ta vaisselle se casse, c'est plutôt le fait de ta maladresse que celui des Esprits. »

— Les Esprits qui suscitent des tracasseries agissent-ils par suite d'une animosité personnelle, ou bien s'attaquent-ils au premier venu, sans motif déterminé, uniquement par malice ?

« L'un et l'autre ; quelquefois, ce sont des ennemis que l'on s'est fait pendant cette vie ou dans une autre, et qui vous poursuivent ; d'autres fois, il n'y a pas de motifs. »

531. La malveillance des êtres qui nous ont fait du mal sur la terre s'éteint-elle avec leur vie corporelle ?

« Souvent, ils reconnaissent leur injustice et le mal qu'ils ont fait ; mais souvent aussi, ils vous poursuivent de leur animosité, si Dieu le permet, pour continuer de vous éprouver. »

— Peut-on y mettre un terme et par quel moyen ?

« Oui, on peut prier pour eux, et en leur rendant le bien pour le mal, ils finissent par comprendre leurs torts ; du reste, si l'on sait se mettre au-dessus de leurs machinations, ils cessent en voyant qu'ils n'y gagnent rien. »

L'expérience prouve que certains Esprits poursuivent leur vengeance d'une existence à l'autre, et que l'on expie ainsi tôt ou tard les torts que l'on peut avoir eus envers quelqu'un.

532. Les Esprits ont-ils le pouvoir de détourner les

maux de dessus certaines personnes, et d'attirer sur elles la prospérité ?

« Pas entièrement, car il est des maux qui sont dans les décrets de la Providence ; mais ils amoindrissent vos douleurs en vous donnant la patience et la résignation.

« Sachez aussi qu'il dépend souvent de vous de détourner ces maux, ou tout au moins de les atténuer ; Dieu vous a donné l'intelligence pour vous en servir, et c'est en cela surtout que les Esprits vous viennent en aide en vous suggérant des pensées propices ; mais ils n'assistent que ceux qui savent s'assister eux-mêmes, c'est le sens de ces paroles : Cherchez et vous trouverez, frappez et l'on vous ouvrira.

» Sachez bien encore que ce qui vous paraît un mal n'est pas toujours un mal ; souvent, un bien doit en sortir qui sera plus grand que le mal, et c'est ce que vous ne comprenez pas, parce que vous ne pensez qu'au moment présent ou à votre personne. »

533. Les Esprits peuvent-ils faire obtenir les dons de la fortune, si on les sollicite à cet effet ?

« Quelquefois comme épreuve, mais souvent ils refusent, comme on refuse à un enfant qui fait une demande inconsidérée. »

— Sont-ce les bons ou les mauvais Esprits qui accordent ces faveurs ?

« Les uns et les autres ; cela dépend de l'intention ; mais plus souvent ce sont les Esprits qui veulent vous entraîner au mal et qui y trouvent un moyen facile dans les jouissances que procure la fortune. »

534. Lorsque des obstacles semblent venir fatalement s'opposer à nos projets, serait-ce par l'influence de quelque Esprit ?

« Quelquefois, les Esprits.; d'autres fois, et le plus souvent, c'est que vous vous y prenez mal. La position et le caractère influent beaucoup. Si vous vous obstinez dans une voie qui n'est pas la vôtre, les Esprits n'y sont pour rien ; c'est vous qui êtes votre propre mauvais génie. »

535. Quand il nous arrive quelque chose d'heureux, est-ce notre esprit protecteur que nous devons remercier ?

« Remerciez surtout Dieu, sans la permission de qui rien ne se fait, puis les bons Esprits qui ont été ses agents. »

— Qu'arriverait-il si on négligeait de le remercier ?

« Ce qui arrive aux ingrats. »

— Cependant, il y a des gens qui ne prient, ni ne remercient, et à qui tout réussit ?

« Oui, mais il faut voir la fin ; ils payeront bien cher ce bonheur passager qu'ils ne méritent pas, car plus ils auront reçu, plus ils auront à rendre. »

Action des Esprits sur les phénomènes de la nature.

536. Les grands phénomènes de la nature, ceux que l'on considère comme une perturbation des éléments, sont-ils dus à des causes fortuites, ou bien ont-ils tous un but providentiel ?

« Tout a une raison d'être, et rien n'arrive sans la permission de Dieu. »

— Ces phénomènes ont-ils toujours l'homme pour objet ?

« Quelquefois, ils ont une raison d'être directe pour l'homme, mais souvent aussi ils n'ont pas d'autre objet que le rétablissement de l'équilibre et de l'harmonie des forces physiques de la nature. »

— Nous concevons parfaitement que la volonté de Dieu soit la cause première, en cela comme en toutes choses, mais comme nous savons que les Esprits ont une action sur la matière, et qu'ils sont les agents de la volonté de Dieu, nous demandons si certains d'entre eux n'exerceraient pas une influence sur les éléments pour les agiter, les calmer ou les diriger.

« Mais c'est évident ; cela ne peut être autrement ; Dieu ne se livre pas à une action directe sur la matière ; il a ses agents dévoués à tous les degrés de l'échelle des mondes. »

537. La mythologie des Anciens est entièrement fondée sur les idées spirites, avec cette différence qu'ils regardaient les Esprits comme des divinités ; or, ils nous représentent ces dieux ou ces Esprits avec des attributions spéciales ; ainsi, les uns étaient chargés des vents, d'autres de la foudre, d'autres de présider à la végétation, etc. ; cette croyance est-elle dénuée de fondement ?

« Elle est si peu dénuée de fondement, qu'elle est encore bien au-dessous de la vérité. »

— Par la même raison, il pourrait donc y avoir des Esprits habitant l'intérieur de la terre et présidant aux phénomènes géologiques ?

« Ces Esprits n'habitent pas positivement la terre, mais ils président et dirigent selon leurs attributions. Un jour, vous aurez l'explication de tous ces phénomènes et vous les comprendrez mieux.

538. Les Esprits qui président aux phénomènes de la nature forment-ils une catégorie spéciale dans le

monde spirite ? Sont-ce des êtres à part ou des Esprits qui ont été incarnés comme nous ?

« Qui le seront ou qui l'ont été. »

— Ces Esprits appartiennent-ils aux ordres supérieurs ou inférieurs de la hiérarchie spirite ?

« C'est selon que leur rôle est plus ou moins matériel ou intelligent ; les uns commandent, les autres exécutent ; ceux qui exécutent les choses matérielles sont toujours d'un ordre inférieur, chez les Esprits, comme chez les hommes. »

539. Dans la production de certains phénomènes, des orages par exemple, est-ce un Esprit qui agit, ou se réunissent-ils en masse ?

« En masses innombrables. »

540. Les Esprits qui exercent une action sur les phénomènes de la nature agissent-ils avec connaissance de cause, en vertu de leur libre arbitre, ou par une impulsion instinctive ou irréfléchie ?

« Les uns oui, les autres non. Je prends une comparaison : figure-toi ces myriades d'animaux qui, peu à peu, font sortir de la mer des îles et des archipels ; crois-tu qu'il n'y ait pas là un but providentiel, et que cette transformation de la surface du globe ne soit pas nécessaire à l'harmonie générale ? Ce ne sont pourtant que des animaux du dernier degré qui accomplissent ces choses tout en pourvoyant à leurs besoins et sans se douter qu'ils sont les instruments de Dieu. Eh bien ! de même, les Esprits les plus arriérés sont utiles à l'ensemble ; tandis qu'ils *s'essayent à la vie,* et avant d'avoir la pleine conscience de leurs actes et leur libre arbitre, ils agissent sur certains phénomènes dont ils sont les agents à leur insu ; ils exécutent d'abord ; plus tard, quand leur intelligence sera plus développée, ils commanderont et dirigeront les choses du monde matériel ; plus tard encore, ils pourront diriger les choses du monde moral. C'est ainsi que tout sert, tout s'enchaîne dans la nature, depuis l'atome primitif jusqu'à l'archange qui, lui-même, a commencé par l'atome ; admirable loi d'harmonie dont votre esprit borné ne peut encore saisir l'ensemble. »

Les Esprits pendant les combats.

541. Dans une bataille y a-t-il des Esprits qui assistent et soutiennent chaque parti ?

« Oui, et qui stimulent leur courage. »

Tels, jadis, les Anciens nous représentaient les dieux prenant parti pour tel ou tel peuple. Ces dieux n'étaient autres que des Esprits représentés sous des figures allégoriques.

542. Dans une guerre, la justice est toujours d'un côté ; comment des Esprits prennent-ils parti pour celui qui a tort ?

« Vous savez bien qu'il y a des Esprits qui ne cherchent que la discorde et la destruction ; pour eux, la guerre, c'est la guerre : la justice de la cause les touche peu. »

543. Certains Esprits peuvent-ils influencer le général dans la conception de ses plans de campagne ?

« Sans aucun doute, les Esprits peuvent influencer pour cet objet comme pour toutes les conceptions. »

544. De mauvais Esprits pourraient-ils lui susciter de mauvaises combinaisons en vue de le perdre ?

« Oui ; mais n'a-t-il pas son libre arbitre ? Si son jugement ne lui permet pas de distinguer une idée juste d'une idée fausse, il en subit les conséquences, et il ferait mieux d'obéir que de commander. »

545. Le général peut-il, quelquefois, être guidé par une sorte de seconde vue, une vue intuitive qui lui montre d'avance le résultat de ses combinaisons ?

« Il en est souvent ainsi chez l'homme de génie ; c'est ce qu'il appelle l'inspiration, et fait qu'il agit avec une sorte de certitude ; cette inspiration lui vient des Esprits qui le dirigent et mettent à profit les facultés dont il est doué. »

546. Dans le tumulte du combat, que deviennent les Esprits qui succombent ? S'y intéressent-ils encore après leur mort ?

« Quelques-uns s'y intéressent, d'autres s'en éloignent. »

Dans les combats, il arrive ce qui a lieu dans tous les cas de mort violente : au premier moment l'Esprit est surpris et comme étourdi, et ne croit pas être mort ; il lui semble encore prendre part à l'action ; ce n'est que peu à peu que la réalité lui apparaît.

547. Les Esprits qui se combattaient étant vivants, une fois morts se reconnaissent-ils pour ennemis et sont-ils encore acharnés les uns contre les autres ?

« L'Esprit, dans ces moments-là, n'est jamais de sang-froid ; au premier moment, il peut encore en vouloir à son ennemi, et même le poursuivre ; mais quand les idées lui sont revenues, il voit que son animosité n'a plus d'objet ; cependant, il peut encore en conserver les traces plus ou moins selon son caractère. »

— Perçoit-il encore le bruit des armes ?

« Oui, parfaitement. »

548. L'Esprit qui assiste de sang-froid à un combat, comme spectateur, est-il témoin de la séparation de l'âme et du corps, et comment ce phénomène se présente-t-il à lui ?

« Il y a peu de morts tout à fait instantanées. La plupart du temps, l'Esprit dont le corps vient d'être frappé mortellement n'en a pas conscience sur le moment ; quand il commence à se reconnaître, c'est alors qu'on peut distinguer l'Esprit qui se meut à côté du cadavre ; cela paraît si naturel que la vue du corps mort ne produit aucun effet désagréable ; toute la vie étant transportée dans l'Esprit, lui seul attire l'attention ; c'est avec lui qui l'on converse, ou à lui que l'on commande. »

Des pactes.

549. Y a-t-il quelque chose de vrai dans les pactes avec les mauvais Esprits ?

« Non, il n'y a pas de pactes, mais une mauvaise nature sympathisant avec de mauvais Esprits. Par exemple : tu veux tourmenter ton voisin, et tu ne sais comment t'y prendre ; alors, tu appelles à toi des Esprits inférieurs qui, comme toi, ne veulent que le mal, et pour t'aider veulent que tu les serves dans leurs mauvais desseins ; mais il ne s'ensuit pas que ton voisin ne puisse se débarrasser d'eux par une conjuration contraire et par sa volonté. Celui qui veut commettre une mauvaise action appelle par cela même de mauvais Esprits à son aide ; il est alors obligé de les servir comme eux le font pour lui, car eux aussi ont besoin de lui pour le mal qu'ils veulent faire. C'est seulement en cela que consiste le pacte. »

La dépendance où l'homme se trouve quelquefois à l'égard des Esprits inférieurs provient de son abandon aux mauvaises pensées qu'ils lui suggèrent, et non de stipulations quelconques entre eux et lui. Le pacte, dans le sens vulgaire attaché à

ce mot, est une allégorie qui peint une mauvaise nature sympathisant avec des Esprits malfaisants.

550. Quel est le sens des légendes fantastiques d'après lesquelles des individus auraient vendu leur âme à Satan pour en obtenir certaines faveurs ?

« Toutes les fables renferment un enseignement et un sens moral ; votre tort est de les prendre à la lettre. Celle-ci est une allégorie qui peut s'expliquer ainsi : celui qui appelle à son aide les Esprits pour en obtenir les dons de la fortune ou toute autre faveur murmure contre la Providence ; il renonce à la mission qu'il a reçue et aux épreuves qu'il doit subir ici-bas, et il en subira les conséquences dans la vie à venir. Ce n'est pas à dire que son âme soit à jamais vouée au malheur ; mais puisque au lieu de se détacher de la matière, il s'y enfonce de plus en plus, ce qu'il aura eu en joie sur la terre, il ne l'aura pas dans le monde des Esprits, jusqu'à ce qu'il l'ait racheté par de nouvelles épreuves, peut-être plus grandes et plus pénibles. Par son amour des jouissances matérielles, il se met sous la dépendance des Esprits impurs ; c'est entre eux et lui un pacte tacite qui le conduit à sa perte, mais qu'il lui est toujours facile de rompre avec l'assistance des bons Esprits, s'il en a la ferme volonté. »

Pouvoir occulte. Talismans. Sorciers.

551. Un homme méchant peut-il, à l'aide d'un mauvais Esprit qui lui est dévoué, faire du mal à son prochain ?

« Non, Dieu ne le permettrait pas. »

552. Que penser de la croyance au pouvoir qu'auraient certaines personnes de jeter des sorts ?

« Certaines personnes ont un pouvoir magnétique très grand dont elles peuvent faire un mauvais usage si leur propre Esprit est mauvais, et dans ce cas elles peuvent être secondées par d'autres mauvais Esprits ; mais ne croyez pas à ce prétendu pouvoir magique qui n'est que dans l'imagination des gens superstitieux, ignorants des véritables lois de la nature. Les faits que l'on cite sont des faits naturels mal observés et surtout mal compris. »

553. Quel peut-être l'effet des formules et pratiques à l'aide desquelles certaines personnes prétendent disposer de la volonté des Esprits ?

« Cet effet est de les rendre ridicules si elles sont de bonne foi ; dans le cas contraire, ce sont des fripons qui méritent un châtiment. Toutes les formules sont de la jonglerie ; il n'y a aucune parole sacramentelle, aucun signe cabalistique, aucun talisman qui ait une action quelconque sur les Esprits, car ceux-ci ne sont attirés que par la pensée et non par les choses matérielles. »

— Certains Esprits n'ont-ils pas eux-mêmes, quelquefois, dicté des formules cabalistiques ?

« Oui, vous avez des Esprits qui vous indiquent des signes, des mots bizarres ou qui vous prescrivent certains actes à l'aide desquels vous faites ce que vous appelez des conjurations ; mais soyez bien assurés que ce sont des Esprits qui se moquent de vous et abusent de votre crédulité. »

554. Celui qui, à tort ou à raison, a confiance dans ce qu'il appelle la vertu d'un talisman, ne peut-il par cette confiance même attirer un Esprit ; car alors c'est la pensée qui agit : le talisman n'est qu'un signe qui aide à diriger la pensée ?

« C'est vrai ; mais la nature de l'Esprit attiré dépend de la pureté de l'intention et de l'élévation des sentiments ; or, il est rare que celui qui est assez simple pour croire à la vertu d'un talisman n'aît pas un but plus matériel que moral ; dans tous les cas, cela annonce une petitesse et une faiblesse d'idées qui donne prise aux Esprits imparfaits et moqueurs. »

555. Quel sens doit-on attacher à la qualification de sorcier ?

« Ceux que vous appelez sorciers sont des gens, quand ils sont de bonne foi, qui sont doués de certaines facultés, comme la puissance magnétique ou la seconde vue ; et alors, comme ils font des choses que vous ne comprenez pas, vous les croyez doués d'une puissance surnaturelle. Vos savants n'ont-ils pas souvent passé pour des sorciers aux yeux des gens ignorants ?

Le spiritisme et le magnétisme nous donnent la clef d'une foule de phénomènes sur lesquels l'ignorance a brodé une infinité de fables où les faits sont exagérés par l'imagination. La connaissance éclairée de ces deux sciences, qui n'en font qu'une pour ainsi dire, en montrant la réalité des choses et leur véritable cause, est le meilleur préservatif contre les idées superstitieuses, parce qu'elle montre ce qui est possible et ce qui est impossible, ce qui est dans les lois de la nature, et ce qui n'est qu'une croyance ridicule.

556. Certaines personnes ont-elles véritablement le don de guérir par le simple attouchement ?

« La puissance magnétique peut aller jusque là quand elle est secondée par la pureté des sentiments et un ardent désir de faire le bien, car alors les bons Esprits viennent en aide ; mais il faut se défier de la manière dont les choses sont racontées par des personnes trop crédules ou trop enthousiastes, toujours disposées à voir du merveilleux dans les choses les plus simples et les plus naturelles. Il faut aussi se défier des récits intéressés de la part de gens qui exploitent la crédulité à leur profit. »

Bénédiction et malédiction.

557. La bénédiction et la malédiction peuvent-elles attirer le bien et le mal sur ceux qui en sont l'objet ?

« Dieu n'écoute point une malédiction injuste, et celui qui la prononce est coupable à ses yeux. Comme nous avons les deux génies opposés, le bien et le mal, il peut y avoir une influence momentanée, même sur la matière ; mais cette influence n'a toujours lieu que par la volonté de Dieu, et comme surcroît d'épreuve pour celui qui en est l'objet. Du reste, le plus souvent on maudit les méchants et l'on bénit les bons. La bénédiction et la malédiction ne peuvent jamais détourner la Providence de la voie de la justice ; elle ne frappe le maudit que s'il est méchant, et sa protection ne couvre que celui qui la mérite. »

CHAPITRE X

OCCUPATIONS ET MISSIONS DES ESPRITS

558. Les Esprits ont-ils autre chose à faire qu'à s'améliorer personnellement ?

« Ils concourent à l'harmonie de l'univers en exécutant les volontés de Dieu dont ils sont les ministres. La vie spirite est une occupation continuelle, mais qui n'a rien de pénible comme sur la terre, parce qu'il n'y a ni fatigue corporelle, ni les angoisses du besoin. »

559. Les Esprits inférieurs et imparfaits remplissent-ils aussi un rôle utile dans l'univers ?

« Tous ont des devoirs à remplir. Est-ce que le dernier maçon ne concourt pas à bâtir l'édifice aussi bien que l'architecte ? » (540).

560. Les Esprits ont-ils chacun des attributs spéciaux ?

« C'est-à-dire que tous nous devons habiter partout, et acquérir la connaissance de toutes choses en présidant successivement à toutes les parties de l'univers. Mais, comme il est dit dans l'Ecclésiaste, il y a un temps pour tout ; ainsi, tel accomplit aujourd'hui sa destinée en ce monde, tel l'accomplira ou l'a accomplie dans un autre temps, sur la terre, dans l'eau, dans l'air, etc. »

561. Les fonctions que remplissent les Esprits dans l'ordre des choses sont-elles permanentes pour cha-

cun, et sont-elles dans les attributions exclusives de certaines classes ?

« Tous doivent parcourir les différents degrés de l'échelle pour se perfectionner. Dieu, qui est juste, n'a pu vouloir donner aux uns la science sans travail, tandis que d'autres ne l'acquièrent qu'avec peine. »

De même parmi les hommes, nul n'arrive au suprême degré d'habileté dans un art quelconque sans avoir puisé les connaissances nécessaires dans la pratique des parties les plus infimes de cet art.

562. Les Esprits de l'ordre le plus élevé n'ayant plus rien à acquérir sont-ils dans un repos absolu, ou bien ont-ils aussi des occupations ?

« Que voudrais-tu qu'ils fissent pendant l'éternité ? L'oisiveté éternelle serait un supplice éternel. »

— Quelle est la nature de leurs occupations ?

« Recevoir directement les ordres de Dieu, les transmettre dans tout l'univers et veiller à leur exécution. »

563. Les occupations des Esprits sont-elles incessantes ?

« Incessantes, oui, si l'on entend que leur pensée est toujours active, car ils vivent par la pensée. Mais il ne faut pas assimiler les occupations des Esprits aux occupations matérielles des hommes ; cette activité même est une jouissance, par la conscience qu'ils ont d'être utiles. »

— Cela se conçoit pour les bons Esprits ; mais en est-il de même des Esprits inférieurs ?

« Les Esprits inférieurs ont des occupations appropriées à leur nature. Confiez-vous au manœuvre et à l'ignorant les travaux de l'homme d'intelligence ? »

564. Parmi les Esprits en est-il qui sont oisifs, ou qui ne s'occupent d'aucune chose utile ?

« Oui, mais cet état est temporaire, et subordonné au développement de leur intelligence. Certes, il y en a comme parmi les hommes, qui ne vivent que pour eux-mêmes ; mais cette oisiveté leur pèse, et tôt ou tard le désir d'avancer leur fait éprouver le besoin de l'activité et ils sont heureux de pouvoir se rendre utiles. Nous parlons des Esprits arrivés au point d'avoir la conscience d'eux-mêmes et leur libre arbitre ; car, à leur origine, ils sont comme des enfants qui viennent de naître, et qui agissent plus par instinct que par une volonté déterminée. »

565. Les Esprits examinent-ils nos travaux d'art et s'y intéressent-ils ?

« Ils examinent ce qui peut prouver l'élévation des Esprits et leur progrès. »

566. Un Esprit qui a eu une spécialité sur la terre, un peintre, un architecte, par exemple, s'intéresse-t-il de préférence aux travaux qui ont fait l'objet de sa prédilection pendant sa vie ?

« Tout se confond dans un but général. S'il est bon, il s'y intéresse tout autant que cela lui permet de s'occuper d'aider les âmes à monter vers Dieu. Vous oubliez d'ailleurs qu'un Esprit qui a pratiqué un art dans l'existence que vous lui connaissez, peut en avoir pratiqué un autre dans une autre existence, car il faut qu'il sache tout pour être parfait ; ainsi, suivant son degré d'avancement, il peut n'y avoir pas de spécialité pour lui ; c'est ce que j'entendais en disant que tout cela se confond dans un but général. Notez encore ceci : ce qui est sublime pour vous, dans votre monde arriéré, n'est que de l'enfantillage auprès des mondes plus avancés. Comment voulez-vous que les Esprits qui habitent ces mondes où il existe des arts inconnus pour vous, admirent ce qui, pour eux, n'est qu'un ouvrage d'écolier ? Je l'ai dit : ils examinent ce qui peut prouver le progrès. »

— Nous concevons qu'il doit en être ainsi pour des Esprits très avancés ; mais nous parlons des Esprits plus vulgaires et qui ne sont point encore élevés au-dessus des idées terrestres ?

« Pour ceux-là, c'est différent ; leur point de vue est plus borné, et ils peuvent admirer ce que vous admirez vous-mêmes. »

567. Les Esprits se mêlent-ils quelquefois à nos occupations et à nos plaisirs ?

« Les Esprits vulgaires, comme tu le dis, oui ; ceux-là sont sans cesse autour de vous et prennent à ce que vous faites une part quelquefois très active, selon leur nature ; et il le faut bien pour pousser les hommes dans les différents sentiers de la vie, exciter ou modérer leurs passions. »

Les Esprits s'occupent des choses de ce monde en raison de leur élévation ou de leur infériorité. Les Esprits supérieurs ont sans doute la faculté de les considérer dans les plus petits détails, mais ils ne le font qu'autant que cela est utile au progrès ; les Esprits inférieurs seuls y attachent une importance relative aux souvenirs qui sont encore présents à leur mémoire, et aux idées matérielles qui ne sont point encore éteintes.

568. Les Esprits qui ont des missions à remplir les accomplissent-ils à l'état errant ou à l'état d'incarnation ?

« Ils peuvent en avoir dans l'un et l'autre état ; pour certains Esprits errants, c'est une grande occupation. »

569. En quoi consistent les missions dont peuvent être chargés les Esprits errants ?

« Elles sont si variées qu'il serait impossible de les décrire ; il en est d'ailleurs que vous ne pouvez comprendre. Les Esprits exécutent les volontés de Dieu, et vous ne pouvez pénétrer tous ses desseins. »

Les missions des Esprits ont toujours le bien pour objet. Soit comme Esprits, soit comme hommes, ils sont chargés d'aider au progrès de l'humanité, des peuples ou des individus, dans un cercle d'idées plus ou moins large, plus ou moins spéciales, de préparer les voies pour certains événements, de veiller à l'accomplissement de certaines choses. Quelques-uns ont des missions plus restreintes et en quelque sorte personnelles ou tout à fait locales, comme d'assister les malades, les agonisants, les affligés, de veiller sur ceux dont ils deviennent les guides et les protecteurs, de les diriger par leurs conseils ou par les bonnes pensées qu'ils suggèrent. On peut dire qu'il y a autant de genres de missions qu'il y a de sortes d'intérêts à surveiller, soit dans le monde physique, soit dans le monde moral. L'Esprit avance selon la manière dont il accomplit sa tâche.

570. Les Esprits pénètrent-ils toujours les desseins qu'ils sont chargés d'exécuter ?

« Non ; il y en a qui sont des instruments aveugles, mais d'autres savent très bien dans quel but ils agissent. »

571. N'y a-t-il que les Esprits élevés qui remplissent des missions ?

« L'importance des missions est en rapport avec les capacités et l'élévation de l'Esprit. L'estafette qui porte une dépêche remplit aussi une mission mais qui n'est pas celle du général. »

572. La mission d'un Esprit lui est-elle imposée, ou dépend-elle de sa volonté ?

« Il la demande, et il est heureux de l'obtenir. »

— La même mission peut-elle être demandée par plusieurs Esprits ?

« Oui, il y a souvent plusieurs candidats, mais tous ne sont pas acceptés. »

573. En quoi consiste la mission des Esprits incarnés ?

« Instruire les hommes, aider à leur avancement, améliorer leurs institutions par des moyens directs et matériels ; mais les missions sont plus ou moins générales et importantes : celui qui cultive la terre accomplit une mission, comme celui qui gouverne ou celui qui instruit. Tout s'enchaîne dans la nature ; en même temps que l'Esprit s'épure par l'incarnation, il concourt, sous cette forme, à l'accomplissement des vues de la Providence. Chacun a sa mission ici-bas, parce que chacun peut être utile à quelque chose. »

574. Quelle peut être la mission des gens volontairement inutiles sur la terre ?

« Il y a effectivement des gens qui ne vivent que pour eux-mêmes et ne savent se rendre utiles à rien. Ce sont de pauvres êtres qu'il faut plaindre, car ils expieront cruellement leur inutilité volontaire, et leur châtiment commence souvent dès ici-bas par l'ennui et le dégoût de la vie. »

— Puisqu'ils avaient le choix, pourquoi ont-ils préféré une vie qui ne pouvait leur profiter en rien ?

« Parmi les Esprits il y a aussi des paresseux qui reculent devant une vie de labeur. Dieu les laisse faire ; ils comprendront plus tard et à leurs dépens les inconvénients de leur inutilité et ils seront les premiers à demander de réparer le temps perdu. Peut-être aussi ont-ils choisi une vie plus utile, mais une fois à l'œuvre ils reculent et se laissent entraîner aux suggestions des Esprits qui les encouragent dans leur oisiveté. »

575. Les occupations vulgaires nous semblent plutôt des devoirs que des missions proprement dites. La mission, selon l'idée attachée à ce mot, a un caractère d'importance moins exclusif et surtout moins personnel. A ce point de vue, comment peut-on reconnaître qu'un homme a une mission réelle sur la terre?

« Aux grandes choses qu'il accomplit, aux progrès qu'il fait faire à ses semblables. »

576. Les hommes qui ont une mission importante y sont-ils prédestinés avant leur naissance, et en ont-ils connaissance ?

« Quelquefois, oui ; mais le plus souvent, ils l'ignorent. Ils n'ont qu'un but vague en venant sur la terre ; leur mission se dessine après leur naissance et selon les circonstances. Dieu les pousse dans la voie où ils doivent accomplir ses desseins. »

577. Quand un homme fait une chose utile, est-ce toujours en vertu d'une mission antérieure et prédestinée, ou peut-il recevoir une mission non prévue ?

« Tout ce qu'un homme fait n'est pas le résultat d'une mission prédestinée ; il est souvent l'instrument dont un Esprit se sert pour faire exécuter une chose qu'il croit utile. Par exemple, un Esprit juge qu'il serait bon d'écrire un livre qu'il ferait lui-même s'il était incarné ; il cherche l'écrivain qui est le plus apte à comprendre sa pensée et à l'exécuter ; il lui en donne l'idée et le dirige dans l'exécution. Ainsi, cet homme n'est point venu sur la terre avec la mission de faire cet ouvrage. Il en est de même de certains travaux d'art ou de découvertes. Il faut dire encore que, pendant le sommeil de son corps, l'Esprit incarné communique directement avec l'Esprit errant et qu'ils s'entendent pour l'exécution. »

578. L'Esprit peut-il faillir à sa mission par sa faute ?

« Oui, si ce n'est pas un Esprit supérieur. »

— Quelles en sont pour lui les conséquences ?

« Il lui faut renouveler sa tâche : c'est là sa punition ; et puis il subira les conséquences du mal dont il aura été cause. »

579. Puisque l'Esprit reçoit sa mission de Dieu, comment Dieu peut-il confier une mission importante et d'un intérêt général à un Esprit qui pourrait y faillir ?

« Dieu ne sait-il pas si son général remportera la victoire ou sera vaincu ? Il le sait, soyez-en sûrs, et ses plans, *quand ils sont importants*, ne reposent point sur ceux qui doivent abandonner leur œuvre au milieu de leur travail. Toute la question est, pour vous, dans la connaissance de l'avenir que Dieu possède, mais qui ne vous est pas donnée. »

580. L'Esprit qui s'incarne pour accomplir une mission a-t-il la même appréhension que celui qui le fait comme épreuve ?

« Non ; il a l'expérience ? »

581. Les hommes qui sont le flambeau du genre humain, qui l'éclairent par leur génie, ont certainement une mission ; mais dans le nombre, il y en a qui se trompent et qui, à côté de grandes vérités, répandent de grandes erreurs. Comment doit-on considérer leur mission ?

« Comme faussée par eux-mêmes. Ils sont au-dessous de la tâche qu'ils ont entreprise. Il faut cependant tenir compte des circonstances ; les hommes de génie ont dû parler selon les temps, et tel enseignement qui paraît erroné ou puéril à une époque avancée pouvait être suffisant pour son siècle. »

582. Peut-on considérer la paternité comme une mission ?

« C'est sans contredit une mission ; c'est en même temps un devoir très grand, et qui engage, plus que l'homme ne le pense, sa responsabilité pour l'avenir. Dieu a mis l'enfant sous la tutelle de ses parents pour que ceux-ci le dirigent dans la voie du bien, et il a facilité leur tâche en lui donnant une organisation frêle et délicate qui le rend accessible à toutes les impressions ; mais il en est qui s'occupent plus de redresser les arbres de leur jardin et de leur faire rapporter beaucoup de bons fruits que de redresser le caractère de leur enfant. Si celui-ci succombe par leur faute, ils en porteront la peine, et les souffrances de l'enfant dans la vie future retomberont sur eux, car ils n'auront pas fait ce qui dépendait d'eux pour son avancement dans la voie du bien. »

583. Si un enfant tourne mal, malgré les soins de ses parents, ceux-ci sont-ils responsables ?

« Non ; mais plus les dispositions de l'enfant sont mauvaises, plus la tâche est lourde, et plus grand sera le mérite s'ils réussissent à le détourner de la mauvaise voie. »

— Si un enfant devient un bon sujet, malgré la négligence ou les mauvais exemples de ses parents, ceux-ci en retirent-ils quelque fruit ?

« Dieu est juste. »

584. Quelle peut être la nature de la mission du conquérant qui n'a en vue que de satisfaire son ambition et qui, pour atteindre ce but, ne recule devant aucune des calamités qu'il entraîne à sa suite ?

« Il n'est, le plus souvent, qu'un instrument dont Dieu se sert pour l'accomplissement de ses desseins, et ces calamités sont quelquefois un moyen de faire avancer un peuple plus vite. »

— Celui qui est l'instrument de ces calamités passagères est étranger au bien qui peut en résulter, puisqu'il ne s'était proposé qu'un but personnel ; néanmoins, profitera-t-il de ce bien ?

« Chacun est récompensé selon ses œuvres, le bien qu'il a *voulu* faire et la droiture de ses intentions. »

Les Esprits incarnés ont des occupations inhérentes à leur existence corporelle. A l'état errant, ou de dématérialisation, ces occupations sont proportionnées au degré de leur avancement.

Les uns parcourent les mondes, s'instruisent et se préparent à une nouvelle incarnation.

D'autres, plus avancés, s'occupent du progrès en dirigeant les événements et en suggérant des pensées propices ; ils assistent les hommes de génie qui concourent à l'avancement de l'humanité.

D'autres s'incarnent avec une mission de progrès.

D'autres prennent sous leur tutelle les individus, les familles, les réunions, les villes et les peuples, dont ils sont les anges gardiens, les génies protecteurs et les Esprits familiers.

D'autres enfin président aux phénomènes de la nature dont ils sont les agents directs.

Les Esprits vulgaires se mêlent à nos occupations et à nos amusements.

Les Esprits impurs ou imparfaits attendent dans les souffrances et les angoisses le moment où il plaira à Dieu de leur procurer les moyens d'avancer. S'ils font le mal, c'est par dépit du bien dont ils ne peuvent encore jouir.

CHAPITRE XI

LES TROIS REGNES

1. Les minéraux et les plantes. — 2. Les animaux et l'homme. 3. Métempsycose.

Les minéraux et les plantes.

585. Que pensez-vous de la division de la nature en trois règnes, ou bien en deux classes : les êtres organiques et les êtres inorganiques ? Quelques-uns font de l'espèce humaine une quatrième classe. Laquelle de ces divisions est préférable ?

« Elles sont toutes bonnes ; cela dépend du point de vue. Sous le rapport matériel, il n'y a que des êtres organiques et des êtres inorganiques ; au point de vue moral, il y a évidemment quatre degrés. »

Ces quatre degrés ont, en effet, des caractères tranchés, quoique leurs limites semblent se confondre ; la matière inerte, qui constitue le règne minéral, n'a en elle qu'une force mécanique ; les plantes, composées de matière inerte, sont douées de vitalité ; les animaux, composés de matière inerte, doués de vitalité, ont de plus une sorte d'intelligence instinctive, limitée, avec la conscience de leur existence et de leur individualité ; l'homme ayant tout ce qu'il y a dans les plantes et dans les animaux, domine toutes les autres classes par une intelligence spéciale, indéfinie, qui lui donne la conscience de son avenir, la perception des choses extra-matérielles et la connaissance de Dieu.

586. Les plantes ont-elles la conscience de leur existence ?

« Non, elles ne pensent pas ; elles n'ont que la vie organique. »

587. Les plantes éprouvent-elles des sensations ? Souffrent-elles quand on les mutile ?

« Les plantes reçoivent des impressions physiques qui agissent sur la matière, mais elles n'ont pas de perceptions ; par conséquent, elles n'ont pas le sentiment de la douleur. »

588. La force qui attire les plantes les unes vers les autres est-elle indépendante de leur volonté ?

« Oui, puisqu'elles ne pensent pas. C'est une force mécanique de la matière qui agit sur la matière : elles ne pourraient pas s'y opposer. »

589. Certaines plantes, telles que la sensitive et la dionée, par exemple, ont des mouvements qui accusent une grande sensibilité, et dans certains cas une sorte de volonté, comme la dernière dont les lobes saisissent la mouche qui vient se poser sur elle pour puiser son suc, et à laquelle elle semble tendre un piège pour ensuite la faire mourir. Ces plantes sont-elles douées de la faculté de penser ? Ont-elles une volonté et forment-elles une classe intermédiaire entre la nature végétale et la nature animale ? Sont-elles une transition de l'une à l'autre ?

« Tout est transition dans la nature, par le fait même que rien n'est semblable et que, pourtant, tout se tient. Les plantes ne pensent pas et, par conséquent, n'ont pas de volonté. L'huître qui s'ouvre et tous les zoophytes n'ont point la pensée : il n'y a qu'un instinct aveugle et naturel. »

L'organisme humain nous fournit des exemples de mouvements analogues sans la participation de la volonté, comme dans les fonctions digestives et circulatoires ; le pylore se resserre au contact de certains corps pour leur refuser le passage.

Il doit en être de même de la sensitive, chez laquelle les mouvements n'impliquent nullement la nécessité d'une perception et encore moins d'une volonté.

590. N'y a-t-il pas dans les plantes, comme dans les animaux, un instinct de conservation qui les porte à rechercher ce qui peut leur être utile et à fuir ce qui peut leur nuire ?

« C'est, si l'on veut, une sorte d'instinct ; cela dépend de l'extension que l'on donne à ce mot ; mais il est purement mécanique. Lorsque, dans les opérations de chimie, vous voyez deux corps se réunir, c'est qu'ils se conviennent, c'est-à-dire qu'il y a entre eux de l'affinité ; vous n'appelez pas cela de l'instinct. »

591. Dans les mondes supérieurs, les plantes sont-elles, comme les autres êtres, d'une nature plus parfaite ?

« Tout est plus parfait ; mais les plantes sont toujours des plantes, comme les animaux sont toujours des animaux et les hommes toujours des hommes. »

Les animaux et l'homme.

592. Si nous comparons l'homme et les animaux sous le rapport de l'intelligence, la ligne de démarcation semble difficile à établir, car certains animaux ont, sous ce rapport, une supériorité notoire sur certains hommes. Cette ligne de démarcation peut-elle être établie d'une manière précise ?

« Sur ce point, vos philosophes ne sont guère d'accord ; les uns veulent que l'homme soit un animal, et d'autres que l'animal soit un homme ; ils ont tous tort ; l'homme est un être à part qui s'abaisse quelquefois bien bas ou qui peut s'élever bien haut. Au physique, l'homme est comme les animaux, et moins bien pourvu que beaucoup d'entre eux ; la nature leur a donné tout ce que l'homme est obligé *d'inventer avec son intelligence* pour ses besoins et sa conservation ; son corps se détruit comme celui des animaux, c'est vrai, mais son Esprit a une destinée que lui seul peut comprendre, parce que lui seul est complètement libre. Pauvres hommes qui vous abaissez au-dessous de la brute ! ne savez-vous pas vous en distinguer ? Reconnaissez l'homme à la pensée de Dieu. »

593. Peut-on dire que les animaux n'agissent que par instinct ?

« C'est encore là un système. Il est bien vrai que l'instinct domine chez la plupart des animaux ; mais n'en vois-tu pas qui agissent avec une volonté déterminée ? C'est de l'intelligence, mais elle est bornée. »

Outre l'instinct, on ne saurait dénier à certains animaux des actes combinés qui dénotent une volonté d'agir dans un sens déterminé et selon les circonstances. Il y a donc en eux une sorte d'intelligence, mais dont l'exercice est plus exclusivement concentré sur les moyens de satisfaire leurs besoins physiques et de pourvoir à leur conservation. Chez eux, nulle création, nulle amélioration ; quel que soit l'art que nous admirons dans leurs travaux, ce qu'ils faisaient jadis, ils le font aujourd'hui, ni mieux, ni plus mal, selon des formes et des proportions constantes et invariables. Le petit, isolé de ceux de son espèce, n'en construit pas moins son nid sur le même modèle sans avoir reçu d'enseignement. Si quelques-uns sont susceptibles d'une certaine éducation, leur développement intellectuel, toujours renfermé dans des bornes étroites, est dû à l'action de l'homme sur une nature flexible, car il n'est aucun progrès qui leur soit propre ; mais ce progrès est éphémère et purement individuel, car l'animal rendu à lui-même ne tarde pas à rentrer dans les limites tracées par la nature.

594. Les animaux ont-ils un langage ?

« Si vous entendez un langage formé de mots et de syllabes, non ; mais un moyen de communiquer entre eux, oui ; ils se disent beaucoup plus de choses que vous ne croyez ; mais leur langage est borné, comme leurs idées, à leurs besoins. »

— Il y a des animaux qui n'ont point de voix ; ceux-là ne paraissent pas avoir de langage ?

« Ils se comprennent par d'autres moyens. Vous autres, hommes, n'avez-vous que la parole pour communiquer ? Et les muets, qu'en dis-tu ? Les animaux étant doués de la vie de relation ont des moyens de s'avertir et d'exprimer les sensations qu'ils éprouvent. Crois-tu que les poissons ne s'entendent pas entre eux ? L'homme n'a donc point le privilège exclusif du langage ; mais celui des animaux est instinctif et limité par le cercle de leurs besoins et de leurs idées, tandis que celui de l'homme est perfectible et se prête à toutes les conceptions de son intelligence. »

Les poissons, en effet, qui émigrent en masse, comme les hirondelles, qui obéissent au guide qui les conduit, doivent avoir des moyens de s'avertir, de s'entendre et de se concerter. Peut-être est-ce par une vue plus perçante qui leur permet de distinguer les signes qu'ils se font ; peut-être aussi l'eau est-elle un véhicule qui leur transmet certaines vibrations. Quel qu'il soit, il est incontestable qu'ils ont un moyen de s'entendre, de même que tous les animaux privés de la voix et qui font des travaux en commun. Doit-on s'étonner, d'après cela, que des Esprits puissent communiquer entre eux sans le secours de la parole articulée ? » (282)

595. Les animaux ont-ils le libre arbitre de leurs actes ?

« Ce ne sont pas de simples machines, comme vous le croyez ; mais leur liberté d'action est bornée à leurs besoins, et ne peut se comparer à celle de l'homme. Etant de beaucoup inférieurs à lui, ils n'ont pas les mêmes devoirs. Leur liberté est restreinte aux actes de la vie matérielle. »

596. D'où vient l'aptitude de certains animaux à imiter le langage de l'homme, et pourquoi cette aptitude se trouve-t-elle plutôt chez les oiseaux que chez le singe, par exemple, dont la conformation a le plus d'analogie avec la sienne ?

« Conformation particulière des organes de la voix, secondée par l'instinct d'imitation ; le singe imite les gestes, certains oiseaux imitent la voix. »

597. Puisque les animaux ont une intelligence qui leur donne une certaine liberté d'action, y a-t-il en eux un principe indépendant de la matière ?

« Oui, et qui survit au corps. »

— Ce principe est-il une âme semblable à celle de l'homme ?

« C'est aussi une âme, si vous voulez ; *cela dépend du sens que l'on attache à ce mot ;* mais elle est inférieure à celle de l'homme. Il y a entre l'âme des animaux et celle de l'homme autant de distance qu'entre l'âme de l'homme et Dieu. »

598. L'âme des animaux conserve-t-elle, après la mort, son individualité et la conscience d'elle-même ?

« Son individualité, oui, mais non la conscience de son *moi.* La vie intelligente reste à l'état latent

599. L'âme des bêtes a-t-elle le choix de s'incarner dans un animal plutôt que dans un autre ?

« Non ; elle n'a pas le libre arbitre. »

600. L'âme de l'animal survivant au corps est-elle après la mort dans un état errant, comme celle de l'homme ?

« C'est une sorte d'erraticité, puisqu'elle n'est pas unie à un corps, mais ce n'est pas un *Esprit errant.* L'Esprit errant est un être qui pense et agit par sa libre volonté ; celui des animaux n'a pas la même faculté ; c'est la conscience de lui-même qui est l'attribut principal de l'Esprit. L'Esprit de l'animal est classé après sa mort par les Esprits que cela concerne, et presque aussitôt utilisé ; il n'a pas le loisir de se mettre en rapport avec d'autres créatures. »

601. Les animaux suivent-ils une loi progressive comme les hommes ?

« Oui, c'est pourquoi dans les mondes supérieurs où les hommes sont plus avancés, les animaux le sont aussi, ayant des moyens de communication plus développés ; mais ils sont toujours inférieurs et soumis à l'homme ; ils sont pour lui des serviteurs intelligents. »

Il n'y a rien là d'extraordinaire : supposons nos animaux les plus intelligents, le chien, l'éléphant, le cheval avec une conformation appropriée aux travaux manuels, que ne pourraient-ils pas faire sous la direction de l'homme ?

602. Les animaux progressent-ils, comme l'homme, par le fait de leur volonté ou par la force des choses ?

« Par la force des choses ; c'est pourquoi il n'y a point pour eux d'expiation. »

603. Dans les mondes supérieurs, les animaux connaissent-ils Dieu ?

« Non, l'homme est un dieu pour eux, comme jadis les Esprits ont été des dieux pour les hommes. »

604. Les animaux, même perfectionnés dans les mondes supérieurs, étant toujours inférieurs à l'homme, il en résulterait que Dieu aurait créé des êtres intellectuels perpétuellement voués à l'infériorité, ce

qui paraît en désaccord avec l'unité de vues et de progrès que l'on remarque dans toutes ses œuvres.

« Tout s'enchaîne dans la nature par des liens que vous ne pouvez encore saisir, et les choses les plus disparates en apparence ont des points de contact que l'homme n'arrivera jamais à comprendre dans son état actuel. Il peut les entrevoir par un effort de son intelligence, mais ce n'est que lorsque cette intelligence aura acquis tout son développement et sera affranchie des préjugés de l'orgueil et de l'ignorance qu'elle pourra voir clairement dans l'œuvre de Dieu ; jusque là, ses idées bornées lui font voir les choses à un point de vue mesquin et rétréci. Sachez bien que Dieu ne peut se contredire, et que tout, dans la nature, s'harmonise par des lois générales qui ne s'écartent jamais de la sublime sagesse du Créateur. »

— L'intelligence est ainsi une propriété commune, un point de contact, entre l'âme des bêtes et celle de l'homme ?

« Oui, mais les animaux n'ont que l'intelligence de la vie matérielle ; chez l'homme, l'intelligence donne la vie morale. »

605. Si l'on considère tous les points de contact qui existent entre l'homme et les animaux, ne pourrait-on pas penser que l'homme possède deux âmes : l'âme animale et l'âme spirite et que, s'il n'avait pas cette dernière, il pourrait vivre, mais comme la brute ; autrement dit, que l'animal est un être semblable à l'homme, moins l'âme spirite ? Il en résulterait que les bons et les mauvais instincts de l'homme seraient l'effet de la prédominance de l'une de ces deux âmes.

« Non, l'homme n'a pas deux âmes ; mais le corps a ses instincts qui sont le résultat de la sensation des organes. Il n'y a en lui qu'une double nature : la nature animale et la nature spirituelle ; par son corps, il participe de la nature des animaux et de leurs instincts ; par son âme, il participe de la nature des Esprits. »

— Ainsi, outre ses propres imperfections dont l'Esprit doit se dépouiller, il a encore à lutter contre l'influence de la matière ?

« Oui, plus il est inférieur, plus les liens entre l'Esprit et la matière sont resserrés ; ne le voyez-vous pas ? Non, l'homme n'a pas deux âmes, l'âme est toujours unique dans un seul être. L'âme de l'animal et celle de l'homme sont distinctes l'une de l'autre, de telle sorte que l'âme de l'un ne peut animer le corps créé pour l'autre. Mais si l'homme n'a pas d'âme animale qui le mette, par ses passions, au niveau des animaux, il a son corps qui le rabaisse souvent jusqu'à eux, car son corps est un être doué de vitalité qui a des instincts, mais inintelligents et bornés au soin de sa conservation. »

L'Esprit, en s'incarnant dans le corps de l'homme, lui apporte le principe intellectuel et moral qui le rend supérieur aux animaux. Les deux natures qui sont en l'homme donnent à ses passions deux sources différentes : les unes provenant des instincts de la nature animale, les autres des impuretés de l'Esprit dont il est l'incarnation et qui sympathise plus ou moins avec la grossièreté des appétits animaux. L'Esprit, en se purifiant, s'affranchit peu à peu de l'influence de la matière ; sous cette influence, il se rapproche de la brute ; dégagé de cette influence, il s'élève à sa véritable destination.

606. Où les animaux puisent-ils le principe intelligent qui constitue l'espèce particulière d'âme dont ils sont doués ?

« Dans l'élément intelligent universel. »

— L'intelligence de l'homme et celle des animaux émanent donc d'un principe unique ?

« Sans aucun doute, mais dans l'homme il a reçu une élaboration qui l'élève au-dessus de celui qui anime la brute. »

607. Il a été dit que l'âme de l'homme, à son origine, est l'état de l'enfance à la vie corporelle, que son intelligence éclôt à peine, et qu'elle s'essaye à la vie (190) ; où l'Esprit accomplit-il cette première phase ?

« Dans une série d'existences qui précèdent la période que vous appelez l'humanité. »

— L'âme semblerait ainsi avoir été le principe intelligent des êtres inférieurs de la création ?

« N'avons-nous pas dit que tout s'enchaîne dans la nature et tend à l'unité ? C'est dans ces êtres, que vous êtes loin de connaître tous, que le principe intelligent s'élabore, s'individualise peu à peu, et s'essaye à la vie, comme nous l'avons dit. C'est, en quelque sorte, un travail préparatoire, comme celui de la germination, à la suite duquel le principe intelligent subit une transformation et devient *Esprit*. C'est alors que commence pour lui la période de l'humanité, et avec elle la conscience de son avenir, la distinction du bien et du mal et la responsabilité de ses actes ; comme après la période de l'enfance vient celle de l'adolescence, puis la jeunesse et enfin l'âge mûr. Il n'y a, du reste, rien, dans cette origine, qui doive humilier l'homme. Les grands génies sont-ils humiliés pour avoir été d'informes fœtus dans le sein de leur mère ? Si quelque chose doit l'humilier, c'est son infériorité devant Dieu, et son impuissance à sonder la profondeur de ses desseins et la sagesse des lois qui règlent l'harmonie de l'univers. Reconnaissez la grandeur de Dieu à cette admirable harmonie qui fait que tout est solidaire dans la nature. Croire que Dieu aurait pu faire quelque chose sans but et créer des êtres intelligents sans avenir, serait blasphémer sa bonté qui s'étend sur toutes ses créatures. »

— Cette période de l'humanié commence-t-elle sur notre terre ?

« La terre n'est pas le point de départ de la première incarnation humaine ; la période de l'humanité commence, en général, dans des mondes encore plus inférieurs ; ceci, cependant, n'est pas une règle absolue, et il pourrait arriver qu'un Esprit, dès son début humain, fût apte à vivre sur la terre. Ce cas n'est pas fréquent, et serait plutôt une exception. »

608. L'Esprit de l'homme, après sa mort, a-t-il la conscience des existences qui ont précédé pour lui la période de l'humanité ?

« Non, car ce n'est pas de cette période que commence pour lui la vie d'Esprit, et c'est même à peine s'il se souvient de ses premières existences comme homme, absolument comme l'homme ne se souvient plus des premiers temps de son enfance et encore moins du temps qu'il a passé dans le sein de sa mère. C'est pourquoi les Esprits vous disent qu'ils ne savent pas comment ils ont commencé (78). »

609. L'Esprit, une fois entré dans la période de l'humanité, conserve-t-il des traces de ce qu'il était précédemment, c'est-à-dire de l'état où il était dans la période qu'on pourrait appeler antéhumaine ?

« C'est selon la distance qui sépare les deux périodes et le progrès accompli. Pendant quelques générations, il peut y avoir un reflet plus ou moins prononcé de l'état primitif, car rien dans la nature ne se fait par brusque transition ; il y a toujours des anneaux qui relient les extrémités de la chaîne des êtres et des événements ; mais ces traces s'effacent avec le développement du libre arbitre. Les premiers progrès s'accomplissent lentement, parce qu'ils ne sont pas encore secondés par la volonté ; ils suivent une progression plus rapide à mesure que l'Esprit acquiert une conscience plus parfaite de lui-même. »

610. Les Esprits qui ont dit que l'homme est un être à part dans l'ordre de la création se sont donc trompés ?

« Non, mais la question n'avait pas été développée, et il est d'ailleurs des choses qui ne peuvent venir qu'en leur temps. L'homme est, en effet, un être à part, car il a des facultés qui le distinguent de tous les autres et il a une autre destinée. L'espèce humaine est celle que Dieu a choisie pour l'incarnation des êtres *qui peuvent le connaître.* »

Métempsycose.

611. La communauté d'origine dans le principe intelligent des êtres vivants n'est-elle pas la consécration de la doctrine de la métempsycose ?

« Deux choses peuvent avoir une même origine et ne se ressembler nullement plus tard. Qui reconnaîtrait l'arbre, ses feuilles, ses fleurs et ses fruits dans le germe informe contenu dans la graine d'où il est sorti ? Du moment que le principe intelligent atteint le degré nécessaire pour être Esprit et entrer dans la période de l'humanité, il n'a plus de rapport avec son état primitif, et n'est pas plus l'âme des bêtes que l'arbre n'est le pépin. Dans l'homme, il n'y a plus de l'animal que le corps, et les passions qui naissent de l'influence du corps et de l'instinct de conservation inhérent à la matière. On ne peut donc pas dire que tel homme est l'incarnation de l'Esprit de tel animal et, par conséquent, la métempsycose, telle qu'on l'entend, n'est pas exacte. »

612. L'Esprit qui a animé le corps d'un homme pourrait-il s'incarner dans un animal ?

« Ce serait rétrograder, et l'Esprit ne rétrograde pas. Le fleuve ne remonte pas à sa source. » (118).

613. Tout erronée que soit l'idée attachée à la métempsycose, ne serait-elle pas le résultat du sentiment intuitif des différentes existences de l'homme ?

« Ce sentiment intuitif se retrouve dans cette croyance comme dans beaucoup d'autres ; mais, comme la plupart de ses idées intuitives, l'homme l'a dénaturé. »

La métempsycose serait vraie si l'on entendait par ce mot la progression de l'âme d'un état inférieur à un état supérieur où elle acquerrait des développements qui transformeraient sa nature ; mais elle est fausse dans le sens de transmigration directe de l'animal dans l'homme et réciproquement, ce qui impliquerait l'idée d'une rétrogradation ou de fusion ; or cette fusion ne pouvant avoir lieu entre les êtres corporels des deux espèces, c'est un indice qu'elles sont à des degrés non assimilables, et qu'il doit en être de même des Esprits qui les animent. Si le même Esprit pouvait les animer alternativement, il s'ensuivrait une identité de nature qui se traduirait par la possibilité de la reproduction matérielle.

La réincarnation enseignée par les Esprits est fondée au contraire sur la marche ascendante de la nature et sur la progression de l'homme dans sa propre espèce, ce qui ne lui ôte rien de sa dignité. Ce qui le rabaisse, c'est le mauvais usage qu'il fait des facultés que Dieu lui a données pour son avancement. Quoi qu'il en soit, l'ancienneté et l'universalité de la doctrine de la métempsycose, et les hommes éminents qui l'ont professée prouvent que le principe de la réincarnation a ses racines dans la nature même ; ce sont donc bien plutôt des arguments en sa faveur qu'ils ne lui sont contraires.

Le point de départ de l'Esprit est une de ces questions qui tiennent au principe des choses, et sont dans le secret de Dieu. Il n'est pas donné à l'homme de les connaître d'une manière absolue, et il ne peut faire, à cet égard, que des suppositions, bâtir des systèmes plus ou moins probables. Les Esprits eux-mêmes sont loin de tout connaître ; sur ce qu'ils ne savent pas ils peuvent aussi avoir des opinions personnelles plus ou moins censées.

C'est ainsi, par exemple, que tous ne pensent pas de même au sujet des rapports qui existent entre l'homme et les animaux. Selon quelques-uns, l'Esprit n'arrive à la période humaine qu'après s'être élaboré et individualisé dans les différents degrés des êtres inférieurs de la création. Selon d'autres, l'Esprit de l'homme aurait toujours appartenu à la race humaine, sans passer par la filière animale.

Le premier de ces systèmes a l'avantage de donner un but à l'avenir des animaux qui formeraient ainsi les premiers anneaux de la chaîne des êtres pensants ; le second est plus conforme à la dignité de l'homme, et peut se résumer ainsi qu'il suit.

Les différentes espèces d'animaux ne procèdent point *intellectuellement* les unes des autres par voie de progression ; ainsi l'esprit de l'huître ne devient point successivement celui du poisson, de l'oiseau, du quadrupède et du quadrumane ; chaque espèce est un type *absolu,* physiquement et moralement, dont chaque individu puise à la source universelle la somme du principe intelligent qui lui est nécessaire, selon la perfection de ses organes, et l'œuvre qu'il doit accomplir dans les phénomènes de la nature, et qu'à sa mort il rend à la masse. Ceux des mondes plus avancés que le nôtre (voir n° 188) sont également des races distinctes, appropriées aux besoins de ces mondes et au degré d'avancement des hommes dont ils sont les auxiliaires, mais qui ne procèdent nullement de ceux de la terre, spirituellement parlant. Il n'en est pas de même de l'homme. Au point de vue physique, il forme évidemment un anneau de la chaîne des êtres vivants ; mais au point de vue moral, entre l'animal et l'homme, il y a solution de continuité ; l'homme possède en propre l'âme ou Esprit, étincelle divine qui lui donne le sens moral et une portée intellectuelle qui manquent aux animaux ; c'est en lui l'être principal, préexistant et survivant au corps en conservant son individualité. Quelle est l'origine de l'Esprit ? Où est son point de départ ? Se forme-t-il du principe intelligent individualisé ? C'est là un mystère qu'il serait inutile de chercher à pénétrer et sur lequel, comme nous l'avons dit, on ne peut que bâtir des systèmes. Ce qui est constant, et ce qui ressort à la fois du raisonnement et de l'expérience, c'est la survivance de l'Esprit, la conservation de son individualité après la mort, sa faculté progressive, son état heureux ou malheureux proportionnés à son avancement dans la voie du bien, et toutes les vérités morales qui sont la conséquence de ce principe. Quant aux rapports mystérieux qui existent entre l'homme et les animaux, c'est là, nous le répétons, le secret de Dieu, comme beaucoup d'autres choses dont la connaissance *actuelle* n'importe point à notre avancement, et sur lesquelles il serait inutile de s'appesantir.

LIVRE TROISIEME

LOIS MORALES

CHAPITRE PREMIER

LOI DIVINE OU NATURELLE

1. Caractères de la loi naturelle. — 2. Source et connaissance de la loi naturelle. — 3. Le bien et le mal. — 4. Division de la loi naturelle.

Caractères de la loi naturelle.

614. Que doit-on entendre par la loi naturelle ?

« La loi naturelle est la loi de Dieu ; c'est la seule vraie pour le bonheur de l'homme ; elle lui indique ce qu'il doit faire ou ne pas faire, et il n'est malheureux que parce qu'il s'en écarte. »

615. La loi de Dieu est-elle éternelle ?

« Elle est éternelle et immuable comme Dieu même. »

616. Dieu a-t-il pu prescrire aux hommes dans un temps ce qu'il leur aurait défendu dans un autre ?

« Dieu ne peut se tromper ; ce sont les hommes qui sont obligés de changer leurs lois, parce qu'elles sont imparfaites ; mais les lois de Dieu sont parfaites

L'harmonie qui règle l'univers matériel et l'univers moral est fondée sur les lois que Dieu a établies de toute éternité. »

617. Quels objets embrassent les lois divines ? Concernent-elles autre chose que la conduite morale ?

« Toutes les lois de la nature sont des lois divines, puisque Dieu est l'auteur de toutes choses. Le savant étudie les lois de la matière, l'homme de bien étudie celles de l'âme et les pratique. »

— Est-il donné à l'homme d'approfondir les unes et les autres ?

« Oui, *mais une seule existence ne suffit pas.* »

Que sont, en effet, quelques années pour acquérir tout ce qui constitue l'être parfait, si l'on ne considère même que la distance qui sépare le sauvage de l'homme civilisé ? La plus longue existence possible est insuffisante, à plus forte raison quand elle est abrégée, comme cela a lieu chez un grand nombre.

Parmi les lois divines, les unes règlent le mouvement et les rapports de la matière brute : ce sont les lois physiques ; leur étude est du domaine de la science.

Les autres concernent spécialement l'homme en lui-même et dans ses rapports avec Dieu et avec ses semblables. Elles comprennent les règles de la vie du corps aussi bien que celles de la vie de l'âme : ce sont les lois morales.

618. Les lois divines sont-elles les mêmes pour tous les mondes ?

« La raison dit qu'elles doivent être appropriées à la nature de chaque monde et proportionnées au degré d'avancement des êtres qui les habitent. »

Connaissance de la loi naturelle.

619. Dieu a-t-il donné à tous les hommes les moyens de connaître sa loi ?

« Tous peuvent la connaître, mais tous ne la comprennent pas ; ceux qui la comprennent le mieux sont les hommes de bien et ceux qui veulent la chercher ; cependant, tous la comprendront un jour, car il faut que le progrès s'accomplisse. »

La justice des diverses incarnations de l'homme est une conséquence de ce principe, puisque à chaque existence nouvelle son intelligence est plus développée et qu'il comprend mieux ce qui est bien et ce qui est mal. Si tout devait s'accomplir pour lui dans une seule existence, quel serait le sort de tant de millions d'êtres qui meurent chaque jour dans l'abrutissement de la sauvagerie, ou dans les ténèbres de l'ignorance, sans qu'il ait dépendu d'eux de s'éclairer ? (171-222)

620. L'âme, avant son union avec le corps, comprend-elle la loi de Dieu mieux qu'après son incarnation ?

« Elle la comprend selon le degré de perfection auquel elle est arrivée, et en conserve le souvenir intuitif après son union avec le corps ; mais les mauvais instincts de l'homme la lui font souvent oublier. »

621. Où est écrite la loi de Dieu ?

« Dans la conscience. »

— Puisque l'homme porte dans sa conscience la loi de Dieu, quelle nécessité y avait-il de la lui révéler ?

« Il l'avait oubliée et méconnue : Dieu a voulu qu'elle lui fût rappelée. »

622. Dieu a-t-il donné à certains hommes la mission de révéler sa loi ?

« Oui, certainement ; dans tous les temps, des hommes ont reçu cette mission. Ce sont des Esprits supérieurs incarnés dans le but de faire avancer l'humanité. »

623. Ceux qui ont prétendu instruire les hommes dans la loi de Dieu ne se sont-ils pas quelquefois trompés et ne les ont-ils pas souvent égarés par de faux principes ?

« Ceux qui n'étaient pas inspirés de Dieu, et qui se sont donné par ambition, une mission qu'ils n'avaient pas, ont certainement pu les égarer ; cependant, comme en définitive c'étaient des hommes de génie, au milieu même des erreurs qu'ils ont enseignées, il se trouve souvent de grandes vérités. »

624. Quel est le caractère du vrai prophète ?

« Le vrai prophète est un homme de bien inspiré de Dieu. On peut le reconnaître à ses paroles et à ses actions. Dieu ne peut se servir de la bouche du menteur pour enseigner la vérité. »

625. Quel est le type le plus parfait que Dieu ait offert à l'homme pour lui servir de guide et de modèle ?

« Voyez Jésus. »

Jésus est pour l'homme le type de la perfection morale à laquelle peut prétendre l'humanité sur la terre. Dieu nous l'offre comme le plus parfait modèle, et la doctrine qu'il a enseignée est la plus pure expression de sa loi, parce qu'il était animé de l'esprit divin, et l'être le plus pur qui ait paru sur la terre.

Si quelques-uns de ceux qui ont prétendu instruire l'homme dans la loi de Dieu l'ont quelquefois égaré par de faux principes, c'est pour s'être laissé dominer eux-mêmes par des sentiments trop terrestres, et pour avoir confondu les lois qui régissent les conditions de la vie de l'âme avec celles qui régissent la vie du corps. Plusieurs ont donné comme lois divines ce qui n'était que des lois humaines créées pour servir les passions et dominer les hommes.

626. Les lois divines et naturelles n'ont-elles été révélées aux hommes que par Jésus et, avant lui, n'en ont-ils eu connaissance que par l'intuition ?

« N'avons-nous pas dit qu'elles sont écrites partout ? Tous les hommes qui ont médité sur la sagesse ont donc pu les comprendre et les enseigner dès les siècles les plus reculés. Par leurs enseignements, même incomplets, ils ont préparé le terrain à recevoir la semence. Les lois divines étant inscrites dans le livre de la nature, l'homme a pu les connaître quand il a voulu les chercher ; c'est pourquoi les préceptes qu'elles consacrent ont été proclamés de tout temps par les hommes de bien, et c'est aussi pourquoi on en trouve les éléments dans la doctrine morale de tous les peuples sortis de la barbarie, mais incomplets ou altérés par l'ignorance et la superstition. »

627. Puisque Jésus a enseigné les véritables lois de Dieu, quelle est l'utilité de l'enseignement donné par les Esprits ? Ont-ils à nous apprendre quelque chose de plus ?

« La parole de Jésus était souvent allégorique et en paraboles, parce qu'il parlait selon les temps et les lieux. Il faut maintenant que la vérité soit intelligible pour tout le monde. Il faut bien expliquer et développer ces lois, puisqu'il y a si peu de gens qui les comprennent et encore moins qui les pratiquent. Notre mission est de frapper les yeux et les oreilles pour confondre les orgueilleux et démasquer les hypocrites : ceux qui affectent les dehors de la vertu et de la religion pour cacher leurs turpitudes. L'enseignement des Esprits doit être clair et sans équivoque, afin que personne ne puisse prétexter l'ignorance et que chacun puisse le juger et l'apprécier avec sa raison. Nous sommes chargés de préparer le règne du bien annoncé par Jésus ; c'est pourquoi il ne faut pas que chacun puisse interpréter la loi de Dieu au gré de ses passions, ni fausser le sens d'une loi toute d'amour et de charité. »

628. Pourquoi la vérité n'a-t-elle pas toujours été mise à la portée de tout le monde ?

« Il faut que chaque chose vienne en son temps. La vérité est comme la lumière : il faut s'y habituer peu à peu, autrement elle éblouit.

» Jamais, il n'est arrivé que Dieu permît à l'homme de recevoir des communications aussi complètes et aussi instructives que celles qu'il lui est donné de recevoir aujourd'hui. Il y avait bien, comme vous le savez, dans les anciens âges, quelques individus qui étaient en possession de ce qu'ils considéraient comme une science sacrée, et dont ils faisaient mystère aux profanes selon eux. Vous devez comprendre, avec ce que vous connaissez des lois qui régissent ces phénomènes, qu'ils ne recevaient que quelques vérités éparses au milieu d'un ensemble équivoque et, la plupart du temps, emblématique. Cependant, il n'y a pour l'homme d'étude aucun ancien système philosophique, aucune tradition, aucune religion à négliger, car tout renferme des germes de grandes vérités qui, bien que paraissant contradictoires les unes avec les autres, éparses qu'elles sont au milieu d'accessoires sans fondement, sont très faciles à coordonner, grâce à la clef que nous donne le spiritisme d'une foule de choses qui ont pu, jusqu'ici, vous paraître sans raison et dont, aujourd'hui, la réalité vous est démontrée d'une manière irrécusable. Ne négligez donc pas de puiser dans ces matériaux des sujets d'étude ; ils en sont très riches et peuvent contribuer puissamment à votre instruction. »

Le bien et le mal.

629. Quelle définition peut-on donner de la morale ?

« La morale est la règle pour se bien conduire, c'est-à-dire la distinction entre le bien et le mal. Elle est fondée sur l'observation de la loi de Dieu. L'homme se conduit bien quand il fait tout en vue et pour le bien de tous, car alors il observe la loi de Dieu. »

630. Comment peut-on distinguer le bien et le mal ?

« Le bien est tout ce qui est conforme à la loi de Dieu, et le mal tout ce qui s'en écarte. Ainsi, faire le bien, c'est se conformer à la loi de Dieu ; faire le mal, c'est enfreindre cette loi. »

631. L'homme a-t-il par lui-même les moyens de distinguer ce qui est bien de ce qui est mal ?

« Oui, quand il croit en Dieu et qu'il veut le savoir. Dieu lui a donné l'intelligence pour discerner l'un de l'autre. »

632. L'homme, qui est sujet à l'erreur, ne peut-il se tromper dans l'appréciation du bien et du mal, et croire qu'il fait bien quand, en réalité, il fait mal ?

« Jésus vous l'a dit : voyez ce que vous voudriez qu'on fît ou ne fît pas pour vous : tout est là. Vous ne vous tromperez pas. »

633. La règle du bien et du mal, qu'on pourrait appeler de *réciprocité* ou de *solidarité*, ne peut s'appliquer à la conduite personnelle de l'homme envers lui-même. Trouve-t-il dans la loi naturelle la règle de cette conduite et un guide sûr ?

« Quand vous mangez trop, cela vous fait mal. Eh bien ! c'est Dieu qui vous donne la mesure de ce qu'il vous faut. Quand vous la dépassez, vous êtes puni. Il en est de même de tout. La loi naturelle trace à l'homme la limite de ses besoins ; quand il la dépasse, il en est puni par la souffrance. Si l'homme écoutait en toutes choses cette voix qui lui dit *assez*, il éviterait la plupart des maux dont il accuse la nature. »

634. Pourquoi le mal est-il dans la nature des choses ? Je parle du mal moral. Dieu ne pouvait-il créer l'humanité dans des conditions meilleures ?

« Nous te l'avons déjà dit : les Esprits ont été créés simples et ignorants (115). Dieu laisse à l'homme le choix de la route ; tant pis pour lui s'il prend la mauvaise : son pèlerinage sera plus long. S'il n'y avait pas de montagnes, l'homme ne pourrait pas comprendre que l'on peut monter et descendre, et s'il n'y avait pas de rochers, il ne comprendrait pas qu'il y a des corps durs. Il faut que l'Esprit acquière de l'expérience, et pour cela il faut qu'il connaisse le bien et le mal ; c'est pourquoi il y a union de l'Esprit et du corps. » (119).

635. Les différentes positions sociales créent des besoins nouveaux qui ne sont pas les mêmes pour tous les hommes. La loi naturelle paraîtrait ainsi n'être pas une règle uniforme ?

« Ces différentes positions sont dans la nature et selon la loi du progrès. Cela n'empêche pas l'unité de la loi naturelle qui s'applique à tout. »

Les conditions d'existence de l'homme changent selon les temps et les lieux ; il en résulte pour lui des besoins différents et des positions sociales appropriées à ces besoins. Puisque cette diversité est dans l'ordre des choses, elle est conforme à la loi de Dieu, et cette loi n'en est pas moins une dans son principe. C'est à la raison de distinguer les besoins réels des besoins factices ou de convention.

636. Le bien et le mal sont-ils absolus pour tous les hommes ?

« La loi de Dieu est la même pour tous ; mais le mal dépend surtout de la volonté qu'on a de le faire. Le bien est toujours bien et le mal est toujours mal, quelle que soit la position de l'homme ; la différence est dans le degré de responsabilité. »

637. Le sauvage qui cède à son instinct en se nourrissant de chair humaine est-il coupable ?

« J'ai dit que le mal dépend de la volonté ; eh bien ! l'homme est plus coupable à mesure qu'il sait mieux ce qu'il fait. »

Les circonstances donnent au bien et au mal une gravité relative. L'homme commet souvent des fautes, qui pour être la suite de la position où l'a placé la société, n'en sont pas moins répréhensibles ; mais la responsabilité est en raison des moyens qu'il a de comprendre le bien et le mal. C'est ainsi que l'homme éclairé qui commet une simple injustice est plus coupable aux yeux de Dieu que le sauvage ignorant qui s'abandonne à ses instincts.

638. Le mal semble, quelquefois, être une conséquence de la force des choses. Telle est, par exemple, dans certains cas, la nécessité de destruction, même sur son semblable. Peut-on dire alors qu'il y ait prévarication à la loi de Dieu ?

« Ce n'en est pas moins le mal, quoique nécessaire ; mais cette nécessité disparaît à mesure que l'âme s'épure en passant d'une existence à l'autre ; et alors, l'homme n'en est que plus coupable lorsqu'il le commet, parce qu'il le comprend mieux. »

639. Le mal que l'on commet n'est-il pas souvent le résultat de la position que nous ont faite les autres hommes ; et dans ce cas, quels sont les plus coupables ?

« Le mal retombe sur celui qui en est cause. Ainsi.

l'homme qui est conduit au mal par la position qui lui est faite par ses semblables est moins coupable que ceux qui en sont cause ; car chacun portera la peine, non seulement du mal qu'il aura fait, mais de celui qu'il aura provoqué. »

640. Celui qui ne fait pas le mal, mais qui profite du mal fait par un autre, est-il coupable au même degré ?

« C'est comme s'il le commettait ; en profiter c'est y participer. Peut-être aurait-il reculé devant l'action ; mais si, la trouvant toute faite, il en use, c'est donc qu'il l'approuve, et qu'il l'eût faite lui-même s'il eût pu, *ou s'il eût osé.* »

641. Le désir du mal est-il aussi répréhensible que le mal même ?

« C'est selon ; il y a vertu à résister volontairement au mal dont on éprouve le désir, quand surtout on a la possibilité de satisfaire ce désir ; si ce n'est que l'occasion qui manque, on est coupable. »

642. Suffit-il de ne point faire de mal pour être agréable à Dieu et assurer sa position à venir ?

« Non, il faut faire le bien dans la limite de ses forces ; car chacun répondra de tout le mal qui aura été fait *à cause du bien qu'il n'aura pas fait.* »

643. Y a-t-il des personnes qui, par leur position, n'aient pas la possibilité de faire du bien ?

« Il n'y a personne qui ne puisse faire du bien : l'égoïste, seul, n'en trouve jamais l'occasion. Il suffit d'être en rapport avec d'autres hommes pour trouver à faire le bien, et chaque jour de la vie en donne la possibilité à quiconque n'est pas aveuglé par l'égoïsme ; car faire le bien, ce n'est pas seulement être charitable, c'est être utile dans la mesure de votre pouvoir toutes les fois que votre secours peut être nécessaire. »

644. Le milieu dans lequel certains hommes se trouvent placés n'est-il pas pour eux la source première de beaucoup de vices et de crimes ?

« Oui, mais c'est encore là une épreuve choisie par l'Esprit à l'état de liberté ; il a voulu s'exposer à la tentation pour avoir le mérite de la résistance. »

645. Quand l'homme est en quelque sorte plongé dans l'atmosphère du vice, le mal ne devient-il pas pour lui un entraînement presque irrésistible ?

« Entraînement, oui ; irrésistible, non ; car, au milieu de cette atmosphère du vice, tu trouves quelquefois de grandes vertus. Ce sont des Esprits qui ont eu la force de résister, et qui ont eu en même temps pour mission d'exercer une bonne influence sur leurs semblables. »

646. Le mérite du bien que l'on fait est-il subordonné à certaines conditions ; autrement dit, y a-t-il différents degrés dans le mérite du bien ?

« Le mérite du bien est dans la difficulté ; il n'y en a point à faire le bien sans peine et quand il ne coûte rien. Dieu tient plus de compte au pauvre qui partage son unique morceau de pain, qu'au riche qui ne donne que son superflu. Jésus l'a dit à propos du denier de la veuve. »

Division de la loi naturelle.

647. Toute la loi de Dieu est-elle renfermée dans la maxime de l'amour du prochain enseignée par Jésus ?

« Certainement, cette maxime renferme tous les devoirs des hommes entre eux ; mais il faut leur en montrer l'application, autrement ils la négligeront comme ils le font aujourd'hui ; d'ailleurs, la loi naturelle comprend toutes les circonstances de la vie, et cette maxime n'en est qu'une partie. Il faut aux hommes des règles précises ; les préceptes généraux et trop vagues laissent trop de portes ouvertes à l'interprétation. »

648. Que pensez-vous de la division de la loi naturelle en dix parties comprenant les lois *sur l'adoration, le travail, la reproduction, la conservation, la destruction, la société, le progrès, l'égalité, la liberté,* enfin celle *de justice, d'amour et de charité ?*

« Cette division de la loi de Dieu en dix parties est celle de Moïse, et peut embrasser toutes les circonstances de la vie, ce qui est essentiel ; tu peux donc la suivre sans qu'elle ait pour cela rien d'absolu, pas plus que tous les autres systèmes de classification qui dépendent du point de vue sous lequel on considère une chose. La dernière loi est la plus importante ; c'est par elle que l'homme peut avancer le plus dans la vie spirituelle, car elle les résume toutes. »

CHAPITRE II

I. — LOI D'ADORATION

1. But de l'adoration. — 2. Adoration extérieure. — 3. Vie contemplative. — 4. De la prière. — 5. Polythéisme. 6. Sacrifices.

But de l'adoration.

649. En quoi consiste l'adoration ?

« C'est l'élévation de la pensée vers Dieu. Par l'adoration, on rapproche son âme de lui. »

650. L'adoration est-elle le résultat d'un sentiment inné, ou le produit d'un enseignement ?

« Sentiment inné, comme celui de la Divinité. La conscience de sa faiblesse porte l'homme à se courber devant celui qui peut le protéger. »

651. Y a-t-il eu des peuples dépourvus de tout sentiment d'adoration ?

« Non, car il n'y a jamais eu de peuples d'athées. Tous comprennent qu'il y a au-dessus d'eux un être suprême. »

652. Peut-on considérer l'adoration comme ayant sa source dans la loi naturelle ?

« Elle est dans la loi naturelle, puisqu'elle est le résultat d'un sentiment inné chez l'homme ; c'est pourquoi on la retrouve chez tous les peuples quoique sous des formes différentes. »

Adoration extérieure.

653. L'adoration a-t-elle besoin de manifestations extérieures ?

« La véritable adoration est dans le cœur. Dans toutes vos actions, songez toujours qu'un maître vous regarde. »

— L'adoration extérieure est-elle utile ?

« Oui, si elle n'est pas un vain simulacre. Il est toujours utile de donner un bon exemple ; mais ceux qui ne le font que par affectation et amour-propre, et dont la conduite dément leur piété apparente, donnent un exemple plus mauvais que bon, et font plus de mal qu'ils ne pensent. »

654. Dieu accorde-t-il une préférence à ceux qui l'adorent de telle ou telle façon ?

« Dieu préfère ceux qui l'adorent du fond du cœur, avec sincérité, en faisant le bien et en évitant le mal, à ceux qui croient l'honorer par des cérémonies qui ne les rendent pas meilleurs pour leurs semblables.

« Tous les hommes sont frères et enfants de Dieu ; il appelle à lui tous ceux qui suivent ses lois, quelle que soit la forme sous laquelle ils les expriment.

« Celui qui n'a que les dehors de la piété est un hypocrite ; celui chez qui l'adoration n'est qu'affectée et en contradiction avec sa conduite, donne un mauvais exemple.

» Celui qui fait profession d'adorer le Christ et qui est orgueilleux, envieux et jaloux, qui est dur et implacable pour autrui, ou ambitieux des biens de ce monde, je vous dis que la religion est sur ses lèvres et non dans son cœur ; Dieu qui voit tout, dira : celui-là qui connaît la vérité est cent fois plus coupable du mal qu'il fait que l'ignorant sauvage du désert, et il sera traité en conséquence, au jour de la justice. Si un aveugle vous renverse en passant, vous l'excusez ; si c'est un homme qui voit clair, vous vous plaignez et vous avez raison.

» Ne demandez donc pas s'il y a une forme d'adoration plus convenable, car ce serait demander s'il est plus agréable à Dieu d'être adoré dans une langue plutôt que dans une autre. Je vous dis encore une fois : les chants n'arrivent à lui que par la porte du cœur. »

655. Est-on blâmable de pratiquer une religion à laquelle on ne croit pas dans le fond de son âme, quand on le fait par respect humain et pour ne pas scandaliser ceux qui pensent autrement ?

« L'intention, en cela comme en beaucoup d'autres choses, est la règle. Celui qui n'a en vue que de respecter les croyances d'autrui ne fait pas mal ; il fait mieux que celui qui les tournerait en ridicule, car il manquerait de charité ; mais celui qui pratique par intérêt et par ambition est méprisable aux yeux de Dieu et des hommes. Dieu ne peut avoir pour agréables ceux qui n'ont l'air de s'humilier devant lui que pour s'attirer l'approbation des hommes. »

656. L'adoration en commun est-elle préférable à l'adoration individuelle ?

« Les hommes réunis par une communion de pensées et de sentiments ont plus de force pour appeler à eux les bons Esprits. Il en est de même quand ils se réunissent pour adorer Dieu. Mais ne croyez pas pour cela que l'adoration particulière soit moins bonne, car chacun peut adorer Dieu en pensant à lui. »

Vie contemplative.

657. Les hommes qui s'adonnent à la vie contemplative, ne faisant aucun mal et ne pensant qu'à Dieu, ont-ils un mérite à ses yeux ?

« Non, car s'ils ne font pas de mal, ils ne font pas de bien et sont inutiles ; d'ailleurs, ne pas faire de bien est déjà un mal. Dieu veut qu'on pense à lui, mais il ne veut pas qu'on ne pense qu'à lui, puisqu'il a donné à l'homme des devoirs à remplir sur la terre. Celui qui se consume dans la méditation et dans la contemplation ne fait rien de méritoire aux yeux de Dieu, parce que sa vie est toute personnelle et inutile à l'humanité et Dieu lui demandera compte du bien qu'il n'aura pas fait. » (640).

De la prière.

658. La prière est-elle agréable à Dieu ?

« La prière est toujours agréable à Dieu quand elle est dictée par le cœur, car l'intention est tout pour lui, et la prière du cœur est préférable à celle que tu peux lire, quelque belle qu'elle soit, si tu la lis plus avec les lèvres qu'avec la pensée. La prière est agréable à Dieu quand elle est dite avec foi, ferveur et sincérité ; mais ne crois pas qu'il soit touché de celle de l'homme vain, orgueilleux et égoïste, à moins que ce ne soit de sa part un acte de sincère repentir et de véritable humilité. »

659. Quel est le caractère général de la prière ?

« La prière est un acte d'adoration. Prier Dieu, c'est penser à lui ; c'est se rapprocher de lui ; c'est se mettre en communication avec lui. Par la prière, on peut se proposer trois choses : louer, demander, remercier. »

660. La prière rend-elle l'homme meilleur ?

« Oui, car celui qui prie avec ferveur et confiance est plus fort contre les tentations du mal, et Dieu lui envoie de bons Esprits pour l'assister. C'est un secours qui n'est jamais refusé quand il est demandé avec sincérité. »

— Comment se fait-il que certaines personnes qui prient beaucoup soient, malgré cela, d'un très mauvais caractère, jalouses, envieuses, acariâtres ; qu'elles manquent de bienveillance et d'indulgence ; qu'elles soient même quelquefois vicieuses ?

« L'essentiel n'est pas de beaucoup prier, mais de bien prier. Ces personnes croient que tout le mérite est dans la longueur de la prière et ferment les yeux sur leurs propres défauts. La prière est, pour elles, une occupation, un emploi du temps, mais non *une étude d'elles-mêmes*. Ce n'est pas le remède qui est inefficace, c'est la manière dont il est employé. »

661. Peut-on prier utilement Dieu de nous pardonner nos fautes ?

« Dieu sait discerner le bien et le mal : la prière ne cache pas les fautes. Celui qui demande à Dieu le pardon de ses fautes ne l'obtient qu'en changeant de conduite. Les bonnes actions sont la meilleure des prières, car les actes valent mieux que les paroles. »

662. Peut-on prier utilement pour autrui ?

« L'Esprit de celui qui prie agit par sa volonté de faire le bien. Par la prière, il attire à lui les bons Esprits qui s'associent au bien qu'il veut faire. »

Nous possédons en nous-mêmes, par la pensée et la volonté, une puissance d'action qui s'étend bien au delà des limites de notre sphère corporelle. La prière pour autrui est un acte de cette volonté. Si elle est ardente et sincère, elle peut appeler à son aide les bons Esprits, afin de lui suggérer de bonnes pensées et lui donner la force du corps et de l'âme dont il a besoin. Mais là encore la prière du cœur est tout, celle des lèvres n'est rien.

663. Les prières que nous faisons pour nous-mêmes peuvent-elles changer la nature de nos épreuves et en détourner le cours ?

« Vos épreuves sont entre les mains de Dieu et il en est qui doivent être subies jusqu'au bout, mais alors Dieu tient toujours compte de la résignation. La prière appelle à vous les bons Esprits qui vous donnent la force de les supporter avec courage, et elles vous paraissent moins dures. Nous l'avons dit, la prière n'est jamais inutile quand elle est bien faite, parce qu'elle donne la force, et c'est déjà un grand résultat. Aide-toi, le Ciel t'aidera, tu sais cela. D'ailleurs, Dieu ne peut changer l'ordre de la nature au gré de chacun, car ce qui est un grand mal à votre point de vue mesquin et à celui de votre vie éphémère est souvent un grand bien dans l'ordre général de l'univers ; et puis, combien n'y a-t-il pas de maux dont l'homme est le propre auteur par son imprévoyance ou par ses fautes ! Il en est puni par où il a péché. Cependant, les demandes justes sont plus souvent exaucées que vous ne pensez ; vous croyez que Dieu ne vous a pas écoutés, parce qu'il n'a pas fait un miracle pour vous, tandis qu'il vous assiste par des moyens tellement naturels qu'ils vous semblent l'effet du hasard ou de la force des choses ; souvent aussi, le plus souvent même, il vous suscite la pensée nécessaire pour vous tirer vous-mêmes d'embarras. »

664. Est-il utile de prier pour les morts et pour

les Esprits souffrants et, dans ce cas, comment nos prières peuvent-elles leur procurer du soulagement et abréger leurs souffrances ; ont-elles le pouvoir de faire fléchir la justice de Dieu ?

« La prière ne peut avoir pour effet de changer les desseins de Dieu, mais l'âme pour laquelle on prie en éprouve du soulagement, parce que c'est un témoignage d'intérêt qu'on lui donne, et que le malheureux est toujours soulagé quand il trouve des âmes charitables qui compatissent à ses douleurs. D'un autre côté, par la prière on l'excite au repentir et au désir de faire ce qu'il faut pour être heureux ; c'est en ce sens qu'on peut abréger sa peine, si de son côté il seconde par sa bonne volonté. Ce désir d'amélioration, excité par la prière, attire près de l'Esprit souffrant des Esprits meilleurs qui viennent l'éclairer, le consoler et lui donner l'espérance. Jésus priait pour les brebis égarées ; il vous montre par là que vous seriez coupables de ne pas le faire pour ceux qui en ont le plus besoin. »

665. Que penser de l'opinion qui rejette la prière pour les morts, par la raison qu'elle n'est pas prescrite dans l'Evangile ?

« Le Christ a dit aux hommes : « Aimez-vous les uns les autres ». Cette recommandation renferme celle d'employer tous les moyens possibles de leur témoigner de l'affection, sans entrer pour cela dans aucun détail sur la manière d'atteindre ce but. S'il est vrai que rien ne peut détourner le Créateur d'appliquer la justice, dont il est le type, à toutes les actions de l'Esprit, il n'en est pas moins vrai que la prière que vous lui adressez pour celui qui vous inspire de l'affection est pour lui un témoignage de souvenir qui ne peut que contribuer à alléger ses souffrances et le consoler. Dès qu'il témoigne le moindre repentir, et alors *seulement*, il est secouru ; mais on ne lui laisse jamais ignorer qu'une âme sympathique s'est occupée de lui, et on lui laisse la douce pensée que son intercession lui a été utile. Il en résulte nécessairement de sa part un sentiment de reconnaissance et d'affection pour celui qui lui a donné cette preuve d'attachement ou de pitié ; par conséquent, l'amour que recommandait le Christ aux hommes n'a fait que s'accroître entre eux ; ils ont donc tous deux obéi à la loi d'amour et d'union de tous les êtres, loi divine qui doit amener l'unité, but et fin de l'Esprit (1). »

666. Peut-on prier les Esprits ?

« On peut prier les bons Esprits comme étant les messagers de Dieu et les exécuteurs de ses volontés ; mais leur pouvoir est en raison de leur supériorité, et relève toujours du maître de toutes choses, sans la permission de qui rien ne se fait ; c'est pourquoi les prières qu'on leur adresse ne sont efficaces que si elles sont agréées par Dieu. »

Polythéisme.

667. Pourquoi le polythéisme est-il une des croyances les plus anciennes et les plus répandues, puisqu'elle est fausse ?

« La pensée d'un Dieu unique ne pouvait être chez l'homme que le résultat du développement de ses idées. Incapable dans son ignorance de concevoir un être immatériel, sans forme déterminée, agissant sur la matière, il lui avait donné les attributs de la

(1) Réponse donnée par l'Esprit de M. Monot, pasteur protestant de Paris, mort en avril 1856. La réponse précédente, n° 664, est de l'Esprit de saint Louis.

nature corporelle, c'est-à-dire une forme et une figure et, dès lors, tout ce qui lui paraissait dépasser les proportions de l'intelligence vulgaire était pour lui une divinité. Tout ce qu'il ne comprenait pas devait être l'œuvre d'une puissance surnaturelle, et de là à croire à autant de puissances distinctes qu'il voyait d'effets, il n'y avait qu'un pas. Mais dans tous les temps, il y a eu des hommes éclairés qui ont compris l'impossibilité de cette multitude de pouvoirs pour gouverner le monde sans une direction supérieure, et se sont élevés à la pensée d'un Dieu unique. »

668. Les phénomènes spirites s'étant produits dans tous les temps, et étant connus dès les premiers âges du monde, n'ont-ils pas pu faire croire à la pluralité des dieux ?

« Sans doute, car les hommes appelant *dieu* tout ce qui était surhumain, les Esprits étaient pour eux des dieux, et c'est pourquoi lorsqu'un homme se distinguait entre tous les autres par ses actions, son génie ou par un pouvoir occulte, incompris du vulgaire, on en faisait un dieu, et on lui rendait un culte après sa mort. » (603).

Le mot *dieu* avait chez les Anciens une acception très étendue ; ce n'était point, comme de nos jours, une personnification du maître de la nature, c'était une qualification générique donnée à tout être placé en dehors des conditions de l'humanité ; or, les manifestations spirites leur ayant révélé l'existence d'êtres incorporels agissant comme puissance de la nature, ils les avaient appelés *dieux*, comme nous les appelons *Esprits*, c'est une simple question de mots, avec cette différence que dans leur ignorance, entretenue à dessein par ceux qui y trouvaient leur intérêt, ils leur élevaient des temples et des autels très lucratifs, tandis que pour nous ce sont des simples créatures comme nous, plus ou moins parfaites, et ayant dépouillé leur enveloppe terrestre. Si l'on étudie avec soin les divers attributs des divinités païennes, on y reconnaîtra sans peine tous ceux de nos Esprits à tous les degrés de l'échelle spirite, leur état physique dans les mondes supérieurs, toutes les propriétés du périsprit et le rôle qu'ils jouent dans les choses de la terre.

Le christianisme, en venant éclairer le monde de sa lumière divine, n'a pu détruire une chose qui est dans la nature, mais il a fait reporter l'adoration vers celui à qui elle appartient. Quant aux Esprits, leur souvenir s'est perpétué sous divers noms, selon les peuples, et leurs manifestations, qui n'ont jamais cessé, ont été diversement interprétées, et souvent exploitées sous l'empire du mystère ; tandis que la religion y a vu des phénomènes miraculeux, les incrédules y ont vu de la jonglerie. Aujourd'hui, grâce à des études plus sérieuses, faites au grand jour, le spiritisme, dégagé des idées superstitieuses qui l'ont obscurci pendant des siècles, nous révèle un des plus grands et des plus sublimes principes de la nature.

Sacrifices.

669. L'usage des sacrifices humains remonte à la plus haute antiquité. Comment l'homme a-t-il pu être porté à croire que de pareilles choses pussent être agréables à Dieu ?

« D'abord, parce qu'il ne comprenait pas Dieu comme étant la source de la bonté ; chez les peuples primitifs, la matière l'emporte sur l'esprit ; ils s'abandonnent aux instincts de la brute, c'est pourquoi ils sont généralement cruels, parce que le sens moral n'est point encore développé en eux. Ensuite, les hommes primitifs devaient croire naturellement qu'une créature animée avait beaucoup plus de prix aux yeux de Dieu qu'un corps matériel. C'est ce qui les a portés à immoler d'abord des animaux, et plus tard des hommes, puisque, suivant leur croyance fausse, ils pensaient que le prix du sacrifice était en rapport avec l'importance de la victime. Dans la vie matérielle, telle que vous la pratiquez pour la plupart, si vous offrez un cadeau à quelqu'un, vous le choisissez toujours d'une valeur d'autant plus grande que vous voulez témoigner à la personne plus d'attachement et de considération. Il devait en être de même des hommes ignorants à l'égard de Dieu. »

— Ainsi, les sacrifices des animaux auraient précédé les sacrifices humains ?

« Cela n'est pas douteux. »

— D'après cette explication, les sacrifices humains n'auraient pas leur source dans un sentiment de cruauté ?

« Non, mais dans une idée fausse d'être agréable à Dieu. Voyez Abraham. Par la suite, les hommes en ont abusé en immolant leurs ennemis, même leurs ennemis particuliers. Du reste, Dieu n'a jamais exigé de sacrifices, pas plus celui des animaux que celui des hommes ; il ne peut être honoré par la destruction inutile de sa propre créature. »

670. Est-ce que les sacrifices humains, accomplis avec une intention pieuse, ont quelquefois pu être agréables à Dieu ?

« Non, jamais ; mais Dieu juge l'intention. Les hommes étant ignorants pouvaient croire qu'ils faisaient une acte louable en immolant un de leurs semblables ; dans ce cas, Dieu ne s'attachait qu'à la pensée et non au fait. Les hommes, en s'améliorant, devaient reconnaître leur erreur et réprouver ces sacrifices qui ne devaient pas entrer dans l'idée d'esprits éclairés ; je dis éclairés, parce que les Esprits étaient alors enveloppés du voile matériel ; mais par le libre arbitre, ils pouvaient avoir un aperçu de leur origine et de leur fin, et beaucoup comprenaient déjà, par intuition, le mal qu'ils faisaient, mais ils ne l'accomplissaient pas moins pour satisfaire leurs passions. »

671. Que devons-nous penser des guerres dites sacrées ? Le sentiment qui porte les peuples fanatiques à exterminer le plus possible, en vue d'être agréables à Dieu, ceux qui ne partagent pas leurs croyances, semblerait avoir la même source que celui qui les excitait jadis aux sacrifices de leurs semblables ?

« Ils sont poussés par les mauvais Esprits, et en faisant la guerre à leurs semblables ils vont contre la volonté de Dieu qui dit qu'on doit aimer son frère comme soi-même. Toutes les religions, ou plutôt tous les peuples, adorant un même Dieu, qu'il porte un nom ou qu'il en porte un autre, pourquoi leur faire une guerre d'extermination, parce que leur religion est différente ou n'a pas encore atteint le progrès de celle des peuples éclairés ? Les peuples sont excusables de ne pas croire à la parole de celui qui était animé de l'Esprit de Dieu et envoyé par lui, surtout lorsqu'ils ne l'ont pas vu et qu'ils n'ont pas été témoins de ses actes ; et comment voulez-vous qu'ils croient à cette parole de paix, quand vous allez la leur donner le fer à la main ? Ils doivent s'éclairer, et nous devons chercher à leur faire connaître sa doctrine par la persuasion et la douceur, et non par la force et le sang. Pour la plupart, vous ne croyez pas aux communications que nous avons avec certains mortels ; pourquoi voudriez-vous que des étrangers vous crussent sur parole, quand vos actes démentent la doctrine que vous prêchez ? »

672. L'offrande des fruits de la terre, faite à Dieu, avait-elle plus de mérite à ses yeux que le sacrifice des animaux ?

« Je vous ai déjà répondu en vous disant que Dieu jugeait l'intention, et que le fait avait peu d'importance pour lui. Il était évidemment plus agréable à Dieu de se voir offrir les fruits de la terre que le sang des victimes. Comme nous vous l'avons dit et vous le répétons toujours, la prière dite du fond du cœur est cent fois plus agréable à Dieu que toutes les offrandes que vous pourriez lui faire. Je répète que l'intention est tout et le fait rien. »

673. N'y aurait-il pas un moyen de rendre ces offrandes plus agréables à Dieu en les consacrant au soulagement de ceux qui manquent du nécessaire, et, dans ce cas, le sacrifice des animaux, accompli dans un but utile, ne serait-il pas méritoire, tandis qu'il était abusif, alors qu'il ne servait à rien, ou ne profitait qu'à des gens qui ne manquaient de rien ? N'y aurait-il pas quelque chose de vraiment pieux à consacrer aux pauvres les prémices des biens que Dieu nous accorde sur la terre ?

« Dieu bénit toujours ceux qui font du bien ; soulager les pauvres et les affligés est le meilleur moyen de l'honorer. Je ne dis pas pour cela que Dieu désapprouve les cérémonies que vous faites pour le prier, mais il y a beaucoup d'argent qui pourrait être employé plus utilement qu'il ne l'est. Dieu aime la simplicité en toutes choses. L'homme qui s'attache au dehors et non au cœur est un esprit à vues étroites ; jugez si Dieu doit s'attacher à la forme plus qu'au fond. »

CHAPITRE III

II. — LOI DU TRAVAIL

1. Nécessité du travail. — 2. Limite du travail. Repos.

Nécessité du travail.

674. La nécessité du travail est-elle une loi de la nature ?

« Le travail est une loi de nature, par cela même qu'il est une nécessité, et la civilisation oblige l'homme à plus de travail, parce qu'elle augmente ses besoins et ses jouissances. »

675. Ne doit-on entendre par le travail que les occupations matérielles ?

« Non ; l'Esprit travaille comme le corps. Toute occupation utile est un travail. »

676. Pourquoi le travail est-il imposé à l'homme ?

« C'est une conséquence de sa nature corporelle. C'est une expiation et en même temps un moyen de perfectionner son intelligence. Sans le travail, l'homme resterait dans l'enfance de l'intelligence ; c'est pourquoi il ne doit, sa nourriture, sa sécurité et son bien-être qu'à son travail et à son activité. A celui qui est trop faible de corps, Dieu a donné l'intelligence pour y suppléer ; mais c'est toujours un travail. »

677. Pourquoi la nature pourvoit-elle d'elle-même à tous les besoins des animaux ?

« Tout travaille dans la nature ; les animaux travaillent comme toi, mais leur travail, comme leur intelligence, est borné au soin de leur conservation ;

voilà pourquoi, chez eux, il n'amène pas le progrès, tandis que chez l'homme il a un double but : la conservation du corps et le développement de la pensée qui est aussi un besoin, et qui l'élève au-dessus de lui-même. Quand je dis que le travail des animaux est borné au soin de leur conservation, j'entends le but qu'ils se proposent en travaillant ; mais ils sont, à leur insu, et tout en pourvoyant à leurs besoins matériels, des agents qui secondent les vues du Créateur, et leur travail n'en concourt pas moins au but final de la nature, bien que, fort souvent, vous n'en découvriez pas le résultat immédiat. »

678. Dans les mondes plus perfectionnés, l'homme est-il soumis à la même nécessité du travail ?

« La nature du travail est relative à la nature des besoins ; moins les besoins sont matériels, moins le travail est matériel ; mais ne crois pas pour cela que l'homme reste inactif et inutile : l'oisiveté serait un supplice au lieu d'être un bienfait. »

679. L'homme qui possède des biens suffisants pour assurer son existence est-il affranchi de la loi du travail ?

« Du travail matériel, peut-être, mais non de l'obligation de se rendre utile selon ses moyens, de perfectionner son intelligence ou celle des autres, ce qui est aussi un travail. Si l'homme à qui Dieu a départi des biens suffisants pour assurer son existence n'est pas contraint de se nourrir à la sueur de son front, l'obligation d'être utile à ses semblables est d'autant plus grande pour lui que la part qui lui est faite d'avance lui donne plus de loisirs pour faire le bien. »

680. N'y a-t-il pas des hommes qui sont dans l'impuissance de travailler à quoi que ce soit, et dont l'existence est inutile ?

« Dieu est juste ; il ne condamne que celui dont l'existence est volontairement inutile ; car celui-là vit aux dépens du travail des autres. Il veut que chacun se rende utile selon ses facultés. » (643).

681. La loi de nature impose-t-elle aux enfants l'obligation de travailler pour leurs parents ?

« Certainement, comme les parents doivent travailler pour leurs enfants ; c'est pourquoi Dieu a fait de l'amour filial et de l'amour paternel un sentiment de nature afin que, par cette affection réciproque, les membres d'une même famille fussent portés à s'entr'aider mutuellement ; c'est ce qui est trop souvent méconnu dans votre société actuelle. » (205).

Limite du travail. Repos.

682. Le repos étant un besoin après le travail, n'est-il pas une loi de nature ?

« Sans doute, le repos sert à réparer les forces du corps, et il est aussi nécessaire afin de laisser un peu plus de liberté à l'intelligence pour s'élever au-dessus de la matière. »

683. Quelle est la limite du travail ?

« La limite des forces ; du reste, Dieu laisse l'homme libre. »

684. Que penser de ceux qui abusent de leur autorité pour imposer à leurs inférieurs un excès de travail ?

« C'est une des plus mauvaises actions. Tout homme qui a le pouvoir de commander est responsable de l'excès de travail qu'il impose à ses inférieurs, car il transgresse la loi de Dieu. » (273).

685. L'homme a-t-il droit au repos dans sa vieillesse ?

« Oui, il n'est obligé que selon ses forces. »

— Mais quelle ressource a le vieillard qui a besoin de travailler pour vivre, et qui ne le peut pas ?

« Le fort doit travailler pour le faible ; à défaut de famille, la société doit lui en tenir lieu : c'est la loi de charité. »

Ce n'est pas tout de dire à l'homme qu'il doit travailler, il faut encore que celui qui attend son existence de son labeur, trouve à s'occuper, et c'est ce qui n'a pas toujours lieu. Quand la suspension du travail se généralise, elle prend les proportions d'un fléau comme la disette. La science économique cherche le remède dans l'équilibre entre la production et la consommation ; mais cet équilibre, à supposer qu'il soit possible, aura toujours des intermittences, et pendant ces intervalles le travailleur n'en doit pas moins vivre. Il est un élément qu'on n'a pas assez fait entrer dans la balance, et sans lequel la science économique n'est qu'une théorie : c'est *l'éducation ;* non pas l'éducation intellectuelle, mais l'éducation morale ; non pas encore l'éducation morale par les livres, mais celle qui consiste dans *l'art de former les caractères,* celle qui *donne des habitudes :* car *l'éducation est l'ensemble des habitudes acquises.* Quand on songe à la masse d'individus jetés chaque jour dans le torrent de la population, sans principes, sans frein et livrés à leurs propres instincts, doit-on s'étonner des conséquences désastreuses qui en résultent ? Quand cet art sera connu, compris et pratiqué, l'homme apportera dans le monde des habitudes *d'ordre et de prévoyance* pour lui-même et les siens, *de respect pour ce qui est respectable,* habitudes qui lui permettront de traverser moins péniblement les mauvais jours inévitables. Le désordre et l'imprévoyance sont deux plaies qu'une éducation *bien entendue* peut seule guérir ; là est le point de départ, l'élément réel du bien-être, le gage de la sécurité de *tous.*

CHAPITRE IV

III. — LOI DE REPRODUCTION

1. Population du globe. — 2. Succession et perfectionnement des races. — 3. Obstacles à la reproduction. — 4. Mariage et célibat. — 5. Polygamie.

Population du globe.

686. La reproduction des êtres vivants est-elle une loi de la nature ?

« Cela est évident ; sans la reproduction, le monde corporel périrait. »

687. Si la population suit toujours la progression croissante que nous voyons, arrivera-t-il un moment où elle sera exubérante sur la terre ?

« Non ; Dieu y pourvoit et maintient toujours l'équilibre ; il ne fait rien d'inutile ; l'homme qui ne voit qu'un coin du tableau de la nature ne peut juger de l'harmonie de l'ensemble. »

Succession et perfectionnement des races.

688. Il y a en ce moment des races humaines qui diminuent évidemment ; arrivera-t-il un moment où elles auront disparu de dessus la terre ?

« C'est vrai, mais c'est que d'autres ont pris leur place comme d'autres prendront la vôtre un jour. »

689. Les hommes actuels sont-ils une nouvelle création, ou les descendants perfectionnés des êtres primitifs ?

« Ce sont les mêmes Esprits qui sont *revenus* se perfectionner dans de nouveaux corps, mais qui sont encore loin de la perfection. Ainsi, la race humaine actuelle qui, par son augmentation, tend à envahir toute la terre et à remplacer les races qui s'éteignent, aura sa période de décroissance et de disparition. D'autres races plus perfectionnées la remplaceront, qui descendront de la race actuelle, comme les hommes civilisés d'aujourd'hui descendent des êtres bruts et sauvages des temps primitifs. »

690. Au point de vue purement physique, les corps de la race actuelle sont-ils une création spéciale, ou procèdent-ils des corps primitifs par voie de reproduction ?

« L'origine des races se perd dans la nuit des temps ; mais comme elles appartiennent toutes à la grande famille humaine, quelle que soit la souche primitive de chacune, elles ont pu s'allier entre elles et produire des types nouveaux. »

691. Quel est, au point de vue physique, le caractère distinctif et dominant des races primitives ?

« Développement de la force brutale aux dépens de la force intellectuelle ; maintenant, c'est le contraire : l'homme fait plus par l'intelligence que par la force du corps, et pourtant il fait cent fois plus, parce qu'il a su mettre à profit les forces de la nature, ce que ne font pas les animaux. »

692. Le perfectionnement des races animales et végétales par la science est-il contraire à la loi de nature ? Serait-il plus conforme à cette loi de laisser les choses suivre leur cours normal ?

« On doit tout faire pour arriver à la perfection, et l'homme lui-même est un instrument dont Dieu se sert pour arriver à ses fins. La perfection étant le but auquel tend la nature, c'est répondre à ses vues que favoriser cette perfection. »

— Mais l'homme n'est généralement mû dans ses efforts pour l'amélioration des races que par un sentiment personnel et n'a d'autre but que l'augmentation de ses jouissances ; cela ne diminue-t-il pas son mérite ?

« Qu'importe que son mérite soit nul, pourvu que le progrès se fasse ? C'est à lui de rendre son travail méritoire par l'intention. D'ailleurs, par ce travail il exerce et développe son intelligence, et c'est sous ce rapport qu'il en profite le plus. »

Obstacles à la reproduction.

693. Les lois et les coutumes humaines qui ont pour but ou pour effet d'apporter des obstacles à la reproduction sont-elles contraires à la loi de nature ?

« Tout ce qui entrave la nature dans sa marche est contraire à la loi générale. »

— Cependant, il y a des espèces d'êtres vivants, animaux et plantes, dont la reproduction indéfinie serait nuisible à d'autres espèces et dont l'homme lui-même serait bientôt la victime ; commet-il un acte répréhensible en arrêtant cette reproduction ?

« Dieu a donné à l'homme sur tous les êtres vivants un pouvoir dont il doit user pour le bien, mais non abuser. Il peut régler la reproduction selon les besoins ; il ne doit pas l'entraver sans nécessité. L'action intelligente de l'homme est un contrepoids établi par Dieu pour ramener l'équilibre entre les forces de la nature, et c'est encore ce qui le distingue des animaux, parce qu'il le fait avec connaissance de cause ; mais les animaux eux-mêmes concourent aussi à cet équilibre, car l'instinct de destruction qui leur a été donné fait que, tout en pourvoyant à leur propre conservation, ils arrêtent le développement excessif, et peut-être dangereux, des espèces animales et végétales dont ils se nourrissent. »

694. Que faut-il penser des usages qui ont pour effet d'arrêter la reproduction en vue de satisfaire la sensualité ?

« Cela prouve la prédominance du corps sur l'âme, et combien l'homme est dans la matière. »

Mariage et célibat.

695. Le mariage, c'est-à-dire l'union permanente de deux êtres, est-il contraire à la loi de nature ?

« C'est un progrès dans la marche de l'humanité. »

696. Quel serait l'effet de l'abolition du mariage sur la société humaine ?

« Le retour à la vie des bêtes. »

L'union libre et fortuite des sexes est l'état de nature. Le mariage est un des premiers actes de progrès dans les sociétés humaines, parce qu'il établit la solidarité fraternelle et se retrouve chez tous les peuples, quoique dans des conditions diverses. L'abolition du mariage serait donc le retour à l'enfance de l'humanité, et placerait l'homme au-dessous même de certains animaux qui lui donnent l'exemple d'unions constantes.

697. L'indissolubilité absolue du mariage est-elle dans la loi de nature ou seulement dans la loi humaine ?

« C'est une loi humaine très contraire à la loi de nature. Mais les hommes peuvent changer leurs lois : celles de la nature sont seules immuables. »

698. Le célibat volontaire est-il un état de perfection méritoire aux yeux de Dieu ?

« Non, et ceux qui vivent ainsi par égoïsme déplaisent à Dieu et trompent tout le monde. »

699. Le célibat n'est-il pas de la part de certaines personnes un sacrifice dans le but de se vouer plus entièrement au service de l'humanité ?

« Cela est bien différent ; j'ai dit : par égoïsme. Tout sacrifice personnel est méritoire quand c'est pour le bien ; plus le sacrifice est grand, plus le mérite est grand. »

Dieu ne peut se contredire, ni trouver mauvais ce qu'il a fait ; il ne peut donc voir un mérite dans la violation de sa loi ; mais si le célibat, par lui-même, n'est pas un état méritoire, il n'en est pas de même lorsqu'il constitue, par la renonciation aux joies de la famille, un sacrifice accompli au profit de l'humanité. Tout sacrifice personnel en vue du bien, *et sans arrière-pensée d'égoïsme,* élève l'homme au-dessus de sa condition matérielle.

Polygamie.

700. L'égalité numérique qui existe, à peu de chose près, entre les sexes est-elle un indice de la proportion selon laquelle ils doivent être unis ?

« Oui, car tout a un but dans la nature. »

701. Laquelle des deux, de la polygamie ou de la monogamie, est la plus conforme à la loi de nature ?

« La polygamie est une loi humaine dont l'abolition marque un progrès social. Le mariage, selon les vues de Dieu, doit être fondé sur l'affection des êtres qui s'unissent. Avec la polygamie, il n'y a pas d'affection réelle : il n'y a que sensualité. »

Si la polygamie était selon la loi de nature, elle devrait pouvoir être universelle, ce qui serait matériellement impossible, vu l'égalité numérique des sexes.

La polygamie doit être considérée comme un usage, ou une législation particulière appropriée à certaines mœurs, et que le perfectionnement social fait peu à peu disparaître.

CHAPITRE V

IV. — LOI DE CONSERVATION

1. Instinct de conservation. — 2. Moyens de conservation. 3. Jouissance des biens de la terre. — 4. Nécessaire et superflu. — 5. Privations volontaires. Mortifications.

Instinct de conservation.

702. L'instinct de conservation est-il une loi de nature ?

« Sans doute, il est donné à tous les êtres vivants, quel que soit le degré de leur intelligence ; chez les uns, il est purement machinal, et chez d'autres, il est raisonné. »

703. Dans quel but Dieu a-t-il donné à tous les êtres vivants l'instinct de leur conservation ?

« Parce que tous doivent concourir aux vues de la Providence ; c'est pour cela que Dieu leur a donné le besoin de vivre. Et puis, la vie est nécessaire au perfectionnement des êtres ; ils le sentent instinctivement sans s'en rendre compte. »

Moyens de conservation.

704. Dieu en donnant à l'homme le besoin de vivre lui en a-t-il toujours fourni les moyens ?

« Oui, et s'il ne les trouve pas, c'est qu'il ne les comprend pas. Dieu n'a pu donner à l'homme le besoin de vivre sans lui en donner les moyens, c'est pourquoi il fait produire à la terre de quoi fournir le nécessaire à tous ses habitants, car le nécessaire seul est utile ; le superflu ne l'est jamais. »

705. Pourquoi la terre ne produit-elle pas toujours assez pour fournir le nécessaire à l'homme ?

« C'est que l'homme la néglige, l'ingrat ! C'est pourtant une excellente mère. Souvent aussi, il accuse la nature de ce qui est le fait de son impéritie ou de son imprévoyance. La terre produirait toujours le nécessaire si l'homme savait s'en contenter. Si elle ne suffit pas à tous les besoins, c'est que l'homme emploie au superflu ce qui pourrait être donné au nécessaire. Vois l'Arabe au désert : il trouve toujours à vivre, parce qu'il ne se crée pas des besoins factices ; mais quand la moitié des produits est gaspillée pour satisfaire des fantaisies, l'homme doit-il s'étonner de ne rien trouver le lendemain, et a-t-il raison de se plaindre d'être au dépourvu quand vient le temps de la disette ? En vérité, je vous le dis, ce n'est pas la nature qui est imprévoyante, c'est l'homme qui ne sait pas se régler. »

706. Les biens de la terre ne doivent-ils s'entendre que des produits du sol ?

« Le sol est la source première d'où découlent toutes les autres ressources, car, en définitive, ces ressources ne sont qu'une transformation des produits du sol ; c'est pourquoi il faut entendre par les biens de la terre tout ce dont l'homme peut jouir ici-bas. »

707. Les moyens d'existence font souvent défaut à certains individus, même au milieu de l'abondance qui les entoure ; à qui doivent-ils s'en prendre ?

« A l'égoïsme des hommes, qui ne font pas toujours ce qu'ils doivent ; ensuite, et le plus souvent, à eux-mêmes. Cherchez et vous trouverez : ces paroles ne veulent point dire qu'il suffit de regarder à terre pour trouver ce qu'on désire, mais qu'il faut le chercher avec ardeur et persévérance et non avec mollesse, sans se laisser décourager par les obstacles qui, bien souvent, ne sont que des moyens de mettre à l'épreuve votre constance, votre patience et votre fermeté. » (534).

Si la civilisation multiplie les besoins, elle multiplie aussi les sources du travail et les moyens de vivre ; mais il faut convenir que sous ce rapport il lui reste encore beaucoup à faire ; quand elle aura accompli son œuvre, personne ne devra pouvoir dire qu'il manque du nécessaire, si ce n'est par sa faute. Le malheur, pour beaucoup, est qu'ils s'engagent dans une voie qui n'est pas celle que la nature leur a tracée ; c'est alors que l'intelligence pour réussir leur fait défaut. Il y a place pour tout le monde au soleil, mais c'est à la condition d'y prendre la sienne, et non celle des autres. La nature ne saurait être responsable des vices de l'organisation sociale et des suites de l'ambition et de l'amour-propre.

Il faudrait être aveugle cependant pour ne pas reconnaitre le progrès qui s'est accompli sous ce rapport chez les peuples les plus avancés. Grâce aux louables efforts que la philanthropie et la science réunies ne cessent de faire pour l'amélioration de l'état matériel des hommes, et malgré l'accroissement incessant des populations, l'insuffisance de la production est atténuée, en grande partie du moins, et les années les plus calamiteuses n'ont rien de comparable à ce qu'elles étaient naguère ; l'hygiène publique, cet élément si essentiel de la force et de la santé, inconnu de nos pères, est l'objet d'une sollicitude éclairée ; l'infortune et la souffrance trouvent des lieux de refuge ; partout la science est mise à contribution pour accroître le bien-être. Est-ce à dire que l'on ait atteint la perfection ? Oh ! certes, non ; mais ce qui s'est fait donne la mesure de ce qui peut se faire avec la persévérance, si l'homme est assez sage pour chercher son bonheur dans les choses positives et sérieuses, et non dans des utopies qui le reculent au lieu de l'avancer.

708. N'y a-t-il pas des positions où les moyens d'existence ne dépendent nullement de la volonté de l'homme, et où la privation du nécessaire le plus im-

périeux est une conséquence de la force des choses ?

« C'est une épreuve souvent cruelle qu'il doit subir, et à laquelle il savait qu'il serait exposé ; son mérite est dans sa soumission à la volonté de Dieu, si son intelligence ne lui fournit aucun moyen de se tirer d'embarras. Si la mort doit l'atteindre, il doit s'y résoudre sans murmure en pensant que l'heure de la véritable délivrance est arrivée et que *le désespoir du dernier moment peut lui faire perdre le fruit de sa résignation.* »

709. Ceux qui, dans certaines positions critiques, se sont trouvés réduits à sacrifier leurs semblables pour s'en repaître ont-ils commis un crime ; s'il y a crime, est-il atténué par le besoin de vivre que leur donne l'instinct de conservation ?

« J'ai déjà répondu en disant qu'il y a plus de mérite à subir toutes les épreuves de la vie avec courage et abnégation. Il y a homicide, et crime de lèse nature, faute qui doit être doublement punie. »

710. Dans les mondes où l'organisation est plus épurée, les êtres vivants ont-ils besoin d'alimentation ?

« Oui, mais leur aliments sont en rapport avec leur nature. Ces aliments ne seraient point assez substantiels pour vos estomacs grossiers ; de même, ils ne pourraient digérer les vôtres. »

Jouissance des biens terrestres.

711. L'usage des biens de la terre est-il un droit pour tous les hommes ?

« Ce droit est la conséquence de la nécessité de vivre. Dieu ne peut avoir imposé un devoir sans avoir donné le moyen de le remplir. »

712. Dans quel but Dieu a-t-il attaché un attrait aux jouissances des biens matériels ?

« C'est pour exciter l'homme à l'accomplissement de sa mission, et aussi pour l'éprouver par la tentation. »

— Quel est le but de cette tentation ?

« Développer sa raison qui doit le préserver des excès. »

Si l'homme n'eût été excité à l'usage des biens de la terre qu'en vue de l'utilité, son indifférence eût pu compromettre l'harmonie de l'univers : Dieu lui a donné l'attrait du plaisir qui le sollicite à l'accomplissement des vues de la Providence. Mais par cet attrait même Dieu a voulu, en outre, l'éprouver par la tentation qui l'entraîne vers l'abus dont sa raison doit le défendre.

713. Les jouissances ont-elles des bornes tracées par la nature ?

« Oui, pour vous indiquer la limite du nécessaire ; mais par vos excès vous arrivez à la satiété et vous vous en punissez vous-mêmes. »

714. Que penser de l'homme qui cherche dans les excès de tous genres un raffinement à ses jouissances ?

« Pauvre nature qu'il faut plaindre et non envier, car il est bien près de la mort ! »

— Est-ce de la mort physique ou de la mort morale qu'il s'approche ?

« De l'une et de l'autre. »

L'homme qui cherche dans les excès de tous genres un raffinement de jouissances se met au-dessous de la brute, car la brute sait s'arrêter à la satisfaction du besoin. Il abdique la raison que Dieu lui a donnée pour guide, et plus ses excès sont grands, plus il donne à sa nature animale d'empire sur sa nature spirituelle. Les maladies, les infirmités, la mort même, qui sont la conséquence de l'abus sont en même temps, la punition de la transgression de la loi de Dieu.

Nécessaire et superflu.

715. Comment l'homme peut-il connaître la limite du nécessaire ?

« Le sage la connaît par intuition ; beaucoup la connaissent par expérience et à leurs dépens. »

716. La nature n'a-t-elle pas tracé la limite de nos besoins par notre organisation ?

« Oui, mais l'homme est insatiable. La nature a tracé la limite de ses besoins par son organisation, mais les vices ont altéré sa constitution et créé pour lui des besoins qui ne sont pas les besoins réels. »

717. Que penser de ceux qui accaparent les biens de la terre pour se procurer le superflu au préjudice de ceux qui manquent du nécessaire ?

« Ils méconnaissent la loi de Dieu et auront à répondre des privations qu'ils auront fait endurer. »

La limite du nécessaire et du superflu n'a rien d'absolu La civilisation a créé des nécessités que n'a pas la sauvagerie, et les Esprits qui ont dicté ces préceptes ne prétendent pas que l'homme civilisé doive vivre comme le sauvage. Tout est relatif, c'est à la raison à faire la part de chaque chose. La civilisation développe le sens moral et en même temps le sentiment de charité qui porte les hommes à se prêter un mutuel appui. Ceux qui vivent aux dépens des privations des autres exploitent les bienfaits de la civilisation à leur profit ; ils n'ont de la civilisation que le vernis, comme il y a des gens qui n'ont de la religion que le masque.

Privations volontaires. Mortifications.

718. La loi de conservation oblige-t-elle à pourvoir aux besoins du corps ?

« Oui, sans la force et la santé le travail est impossible. »

719. L'homme est-il blâmable de rechercher le bien-être ?

« Le bien-être est un désir naturel ; Dieu ne défend que l'abus, parce que l'abus est contraire à la conservation ; il ne fait point un crime de rechercher le bien-être, si ce bien-être n'est acquis aux dépens de personne, et s'il ne doit affaiblir ni vos forces morales, ni vos forces physiques. »

720. Les privations volontaires, en vue d'une expiation également volontaire, ont-elles un mérite aux yeux de Dieu ?

« Faites le bien aux autres et vous mériterez davantage. »

— Y a-t-il des privations volontaires qui soient méritoires ?

« Oui, la privation des jouissances inutiles, parce qu'elle détache l'homme de la matière et élève son âme. Ce qui est méritoire, c'est de résister à la tentation qui sollicite aux excès ou à la jouissance des choses inutiles ; c'est de retrancher de son nécessaire pour donner à ceux qui n'ont pas assez. Si la privation n'est qu'un vain simulacre, c'est une dérision. »

721. La vie de mortifications ascétiques a été pratiquée de toute antiquité et chez différents peuples ; est-elle méritoire à un point de vue quelconque ?

« Demandez-vous à *qui* elle sert et vous aurez la réponse. Si elle ne sert qu'à celui qui la pratique et l'empêche de faire le bien, c'est de l'égoïsme, quel que soit le prétexte dont on la colore. Se priver et travailler pour les autres, c'est la vraie mortification, selon la charité chrétienne. »

722. L'abstention de certains aliments, prescrite chez divers peuples, est-elle fondée en raison ?

« Tout ce dont l'homme peut se nourrir sans préjudice pour sa santé est permis ; mais des législateurs ont pu interdire certains aliments dans un but utile et, pour donner plus de crédit à leurs lois, ils les ont présentées comme venant de Dieu. »

723. La nourriture animale est-elle, chez l'homme, contraire à la loi de nature ?

« Dans votre constitution physique, la chair nourrit la chair, autrement l'homme dépérit. La loi de conservation fait à l'homme un devoir d'entretenir ses forces et sa santé pour accomplir la loi du travail. Il doit donc se nourrir selon que le veut son organisation. »

724. L'abstention de nourriture animale ou autre, comme expiation, est-elle méritoire ?

« Oui, si l'on se prive pour les autres ; mais Dieu ne peut voir une mortification quand il n'y a pas privation *sérieuse et utile ;* c'est pourquoi nous disons que ceux qui ne se privent qu'en apparence sont des hypocrites. » (720).

725. Que penser des mutilations opérées sur le corps de l'homme ou des animaux ?

« A quoi bon une pareille question ? Demandez-vous donc encore une fois si une chose est utile. Ce qui est inutile ne peut être agréable à Dieu, et ce qui est nuisible lui est toujours désagréable ; car, sachez-le bien, Dieu n'est sensible qu'aux sentiments qui élèvent l'âme vers lui ; c'est en pratiquant sa loi que vous pourrez secouer votre matière terrestre et non en la violant. »

726. Si les souffrances de ce monde nous élèvent par la manière dont on les supporte, est-on élevé par celles que l'on se crée volontairement ?

« Les seules souffrances qui élèvent sont les souffrances naturelles, parce qu'elles viennent de Dieu ; les souffrances volontaires ne servent à rien quand elles ne font rien pour le bien d'autrui. Crois-tu que ceux qui abrègent leur vie dans des rigueurs surhumaines, comme le font les bonzes, les fakirs et certains fanatiques de plusieurs sectes, avancent dans leur voie ? Que ne travaillent-ils plutôt au bien de leurs semblables ? Qu'ils vêtent l'indigent ; qu'ils consolent celui qui pleure ; qu'ils travaillent pour celui qui est infirme ; qu'ils endurent des privations pour le soulagement des malheureux, alors leur vie sera utile et agréable à Dieu. Lorsque, dans les souffrances volontaires que l'on endure, on n'a en vue que soi, c'est de l'égoïsme ; lorsqu'on souffre pour les autres, c'est de la charité : tels sont les préceptes du Christ. »

727. Si l'on ne doit pas se créer des souffrances volontaires qui ne sont d'aucune utilité pour autrui, doit-on chercher à se préserver de celles qu'on prévoit ou qui nous menacent ?

« L'instinct de conservation a été donné à tous les êtres contre les dangers et les souffrances. Fustigez votre esprit et non votre corps, mortifiez votre orgueil, étouffez votre égoïsme semblable à un serpent qui vous ronge le cœur, et vous ferez plus pour votre avancement que par des rigueurs qui ne sont plus de ce siècle. »

CHAPITRE VI

V. — LOI DE DESTRUCTION

1. Destruction nécessaire et destruction abusive. 2. Fléaux destructeurs. — 3. Guerres. — 4. Meurtre. 5. Cruauté. — 6. Duel. — 7. Peine de mort.

Destruction nécessaire et destruction abusive.

728. La destruction est-elle une loi de nature ?

« Il faut que tout se détruise pour renaître et se régénérer ; car ce que vous appelez destruction n'est qu'une tranformation qui a pour but le renouvellement et l'amélioration des êtres vivants. »

— L'instinct de destruction aurait ainsi été donné aux êtres vivants dans des vues providentielles ?

« Les créatures de Dieu sont les instruments dont il se sert pour arriver à ses fins. Pour se nourrir, les êtres vivants se détruisent entre eux, et cela dans le double but de maintenir l'équilibre dans la reproduction, qui pourrait devenir excessive, et d'utiliser les débris de l'enveloppe extérieure. Mais ce n'est toujours que cette enveloppe qui est détruite, et cette enveloppe n'est que l'accessoire et non la partie essentielle, c'est le principe intelligent qui est indestructible, et qui s'élabore dans les différentes métamorphoses qu'il subit. »

729. Si la destruction est nécessaire pour la régénération des êtres, pourquoi la nature les entoure-t-elle des moyens de préservation et de conservation ?

« C'est afin que la destruction n'arrive pas avant le temps nécessaire. Toute destruction anticipée entrave le développement du principe intelligent ; c'est pourquoi Dieu a donné à chaque être le besoin de vivre et de se reproduire. »

730. Puisque la mort doit nous conduire à une vie meilleure, qu'elle nous délivre des maux de celle-ci, et qu'ainsi elle est plus à désirer qu'à redouter, pourquoi l'homme en a-t-il une horreur instinctive qui la lui fait appréhender ?

« Nous l'avons dit, l'homme doit chercher à prolonger sa vie pour accomplir sa tâche ; c'est pourquoi Dieu lui a donné l'instinct de conservation, et cet instinct le soutient dans les épreuves ; sans cela il se laisserait trop souvent aller au découragement. La voix secrète qui lui fait repousser la mort lui dit qu'il peut encore faire quelque chose pour son avancement. Quand un péril le menace, c'est un avertissement pour qu'il ait à mettre à profit le répit que Dieu lui accorde ; mais, l'ingrat ! il en rend plus souvent grâce à son étoile qu'à son Créateur. »

731. Pourquoi, à côté des moyens de conservation, la nature a-t-elle en même temps placé les agents destructeurs ?

« Le remède à côté du mal ; nous l'avons dit, c'est pour maintenir l'équilibre et servir de contrepoids. »

732. Le besoin de destruction est-il le même dans tous les mondes ?

« Il est proportionné à l'état plus ou moins matériel des mondes, il cesse avec un état physique et moral plus épuré. Dans les mondes plus avancés que le vôtre, les conditions d'existence sont tout autres. »

733. La nécessité de la destruction existera-t-elle toujours parmi les hommes sur la terre ?

« Le besoin de destruction s'affaiblit chez l'homme à mesure que l'Esprit l'emporte sur la matière ; c'est pourquoi vous voyez l'horreur de la destruction suivre le développement intellectuel et moral. »

734. Dans son état actuel, l'homme a-t-il un droit illimité de destruction sur les animaux ?

« Ce droit est réglé par la nécessité de pourvoir à sa nourriture et à sa sécurité ; l'abus n'a jamais été un droit. »

735. Que penser de la destruction qui dépasse les limites des besoins et de la sécurité ; de la chasse, par exemple, quand elle n'a pour but que le plasir de détruire sans utilité ?

« Prédominance de la bestialité sur la nature spirituelle. Toute destruction qui dépasse les limites du besoin est une violation de la loi de Dieu. Les animaux ne détruisent que pour leurs besoins ; mais l'homme, qui a le libre arbitre, détruit sans nécessité ; il devra compte de l'abus de la liberté qui lui a été accordée, car ce sont alors les mauvais instincts auxquels il cède. »

736. Les peuples qui poussent à l'excès le scrupule relatif à la destruction des animaux ont-ils un mérite particulier ?

« C'est un excès dans un sentiment louable en lui-même, mais qui devient abusif, et dont le mérite est neutralisé par des abus de bien d'autres sortes. Il y a chez eux plus de crainte superstitieuse que de véritable bonté. »

Fléaux destructeurs.

737. Dans quel but Dieu frappe-t-il l'humanité par des fléaux destructeurs ?

« Pour la faire avancer plus vite. N'avons-nous pas dit que la destruction est nécessaire à la régénération morale des Esprits qui puisent dans chaque nouvelle existence un nouveau degré de perfection ? Il faut voir la fin pour en apprécier les résultats. Vous ne les jugez qu'à votre point de vue personnel, et vous les appelez fléaux à cause du préjudice qu'ils vous occasionnent ; mais ces bouleversements sont souvent nécessaires pour faire arriver plus promptement un ordre de choses meilleur, et en quelques années ce qui eut exigé bien des siècles. » (744).

738. Dieu ne pouvait-il employer pour l'amélioration de l'humanité d'autres moyens que les fléaux destructeurs ?

« Oui, et il les emploie tous les jours, puisqu'il a donné à chacun les moyens de progresser par la connaissance du bien et du mal. C'est l'homme qui n'en profite pas ; il faut bien le châtier dans son orgueil et lui faire sentir sa faiblesse. »

— Mais dans ces fléaux l'homme de bien succombe comme le pervers ; cela est-il juste ?

« Pendant la vie, l'homme rapporte tout à son corps ; mais après la mort, il pense autrement et comme nous l'avons dit : la vie du corps est peu de chose ; un siècle de votre monde est *un éclair dans l'éternité ;* donc les souffrances de ce que vous appelez de quelques mois ou de quelques jours ne sont rien ; c'est un enseignement pour vous, et qui vous sert dans l'avenir. Les Esprits, voilà le monde réel, préexistant et survivant à tout (85) ; ce sont les enfants de Dieu et l'objet de toute sa sollicitude ; les corps ne sont que les déguisements sous lesquels ils apparaissent dans le monde. Dans les grandes calamités qui déciment les hommes, c'est comme une armée qui, pendant la guerre, voit ses vêtements usés, déchirés ou perdus. Le général a plus de souci de ses soldats que de leurs habits. »

— Mais les victimes de ces fléaux n'en sont pas moins des victimes ?

« Si l'on considérait la vie pour ce qu'elle est, et combien elle est peu de chose par rapport à l'infini, on y attacherait moins d'importance. Ces victimes trouveront dans une autre existence une large compensation à leurs souffrances si elles savent les supporter sans murmure. »

Que la mort arrive par un fléau ou par une cause ordinaire, il n'en faut pas moins mourir quand l'heure du départ a sonné : la seule différence est qu'il en part un plus grand nombre à la fois.

Si nous pouvions nous élever par la pensée de manière à dominer l'humanité et à l'embrasser tout entière, ces fléaux si terribles ne nous paraîtraient plus que des orages passagers dans la destinée du monde.

739. Les fléaux destructeurs ont-ils une utilité au point de vue physique, malgré les maux qu'ils occasionnent ?

« Oui, ils changent quelquefois l'état d'une contrée ; mais le bien qui en résulte n'est souvent ressenti que par les générations futures. »

740. Les fléaux ne seraient-ils pas également pour l'homme des épreuves morales qui le mettent aux prises avec les plus dures nécessités ?

« Les fléaux sont des épreuves qui fournissent à

l'homme l'occasion d'exercer son intelligence, de montrer sa patience et sa résignation à la volonté de Dieu, et le mettent à même de déployer ses sentiments d'abnégation, de désintéressement et d'amour du prochain, s'il n'est pas dominé par l'égoïsme. »

741. Est-il donné à l'homme de conjurer les fléaux dont il est affligé ?

« Oui, d'une partie ; mais pas comme on l'entend généralement. Beaucoup de fléaux sont la suite de son imprévoyance ; à mesure qu'il acquiert des connaissances et de l'expérience, il peut les conjurer, c'est-à-dire les prévenir s'il sait en rechercher les causes. Mais parmi les maux qui affligent l'humanité, il en est de généraux qui sont dans les décrets de la Providence, et dont chaque individu reçoit plus ou moins le contre-coup ; à ceux-là l'homme ne peut opposer que la résignation à la volonté de Dieu ; et encore ces maux sont souvent aggravés par son insouciance. »

Parmi les fléaux destructeurs, naturels et indépendants de l'homme, il faut ranger en première ligne la peste, la famine, les inondations, les intempéries fatales aux productions de la terre. Mais l'homme n'a-t-il pas trouvé dans la science, dans les travaux d'art, dans le perfectionnement de l'agriculture, dans les assolements et les irrigations, dans l'étude des conditions hygiéniques, les moyens de neutraliser, ou tout au moins d'atténuer bien des désastres ? Certaines contrées jadis ravagées par de terribles fléaux n'en sont-elles pas préservées aujourd'hui ? Que ne fera donc pas l'homme pour son bien-être matériel quand il saura mettre à profit toutes les ressources de son intelligence, et quand au soin de sa conservation personnelle il saura allier le sentiment d'une véritable charité pour ses semblables ? (707)

Guerres.

742. Quelle est la cause qui porte l'homme à la guerre ?

« Prédominance de la nature animale sur la nature spirituelle et assouvissement des passions. Dans l'état de barbarie, les peuples ne connaissent que le droit du plus fort ; c'est pourquoi la guerre est pour eux un état normal. A mesure que l'homme progresse, elle devient moins fréquente, parce qu'il en évite les causes ; et quand elle est nécessaire, il sait y allier l'humanité. »

743. La guerre disparaîtra-t-elle un jour de dessus la terre ?

« Oui, quand les hommes comprendront la justice et pratiqueront la loi de Dieu ; alors, tous les peuples seront frères. »

744. Quel a été le but de la Providence en rendant la guerre nécessaire ?

« La liberté et le progrès. »

— Si la guerre doit avoir pour effet d'arriver à la liberté, comment se fait-il qu'elle ait souvent pour but et pour résultat l'asservissement ?

« Asservissement momentané pour *tasser* les peuples, afin de les faire arriver plus vite. »

745. Que penser de celui qui suscite la guerre à son profit ?

« Celui-là est le vrai coupable, et lui faudra *bien des existences* pour expier tous les meurtres dont il aura été la cause, car il répondra de chaque homme dont il aura causé la mort pour satisfaire son ambition. »

Meurtre.

746. Le meurtre est-il un crime aux yeux de Dieu ?

« Oui, un grand crime ; car celui qui ôte la vie à son semblable tranche *une vie d'expiation ou de mission,* et là est le mal. »

747. Le meurtre a-t-il toujours le même degré de culpabilité ?

« Nous l'avons déjà dit, Dieu est juste ; il juge l'intention plus que le fait. »

748. Dieu excuse-t-il le meurtre en cas de légitime défense ?

« La nécessité seule peut l'excuser ; mais si l'on peut préserver sa vie sans porter atteinte à celle de son agresseur, on doit le faire. »

749. L'homme est-il coupable des meurtres qu'il commet pendant la guerre ?

« Non, lorsqu'il y est contraint par la force ; mais il est coupable des cruautés qu'il commet, et il lui sera tenu compte de son humanité. »

750. Quel est le plus coupable aux yeux de Dieu, du parricide ou de l'infanticide ?

« Tous deux le sont également, car tout crime est un crime. »

751. D'où vient que chez certains peuples déjà avancés au point de vue intellectuel, l'infanticide soit dans les mœurs et consacré par la législation ?

« Le développement intellectuel n'entraîne pas la nécessité du bien ; l'Esprit supérieur en intelligence peut être mauvais ; c'est celui qui a beaucoup vécu sans s'améliorer : il sait. »

Cruauté.

752. Peut-on rattacher le sentiment de cruauté à l'instinct de destruction ?

« C'est l'instinct de destruction dans ce qu'il a de plus mauvais, car si la destruction est quelquefois une nécessité, la cruauté ne l'est jamais ; elle est toujours le résultat d'une mauvaise nature. »

753. D'où vient que la cruauté est le caractère dominant des peuples primitifs ?

« Chez les peuples primitifs, comme tu les appelles, la matière l'emporte sur l'Esprit ; ils s'abandonnent aux instincts de la brute et, comme ils n'ont pas d'autres besoins que ceux de la vie du corps, ils ne songent qu'à leur conservation personnelle, c'est ce qui les rend généralement cruels. Et puis les peuples dont le développement est imparfait sont sous l'empire d'Esprits également imparfaits qui leur sont sympathiques, jusqu'à ce que des peuples plus avancés viennent détruire ou affaiblir cette influence. »

754. La cruauté ne tient-elle pas à l'absence du sens moral ?

« Dis que le sens moral n'est pas développé, mais ne dis pas qu'il est absent, car il existe en principe chez tous les hommes ; c'est ce sens moral qui en fait plus tard des êtres bons et humains. Il existe donc chez le sauvage, mais il y est comme le principe du parfum est dans le germe de la fleur avant qu'elle soit épanouie. »

Toutes les facultés existent chez l'homme à l'état rudimentaires ou latent ; elles se développent selon que les circonstances leur sont plus ou moins favorables. Le développement excessif des unes arrête ou neutralise celui des autres. La surexcitation des instincts matériels étouffe pour ainsi dire le sens moral, comme le développement du sens moral affaiblit peu à peu les facultés purement animales.

755. Comment se fait-il qu'au sein de la civilisation la plus avancée il se trouve des êtres quelquefois aussi cruels que des sauvages ?

« Comme, sur un arbre chargé de bons fruits, il se trouve des avortons. Ce sont, si tu veux, des sauvages qui n'ont de la civilisation que l'habit, des loups égarés au milieu des moutons. Des Esprits d'un ordre inférieur et très arriérés peuvent s'incarner parmi les hommes avancés dans l'espoir d'avancer eux-mêmes ; mais si l'épreuve est trop lourde, le naturel primitif l'emporte. »

756. La société des hommes de bien sera-t-elle un jour purgée des êtres malfaisants ?

« L'humanité progresse ; ces hommes dominés par l'instinct du mal, et qui sont déplacés parmi les gens de bien, disparaîtront peu à peu, comme le mauvais grain se sépare du bon après que celui-ci a été vanné, mais pour renaître sous une autre enveloppe ; et, comme ils auront plus d'expérience, ils comprendront mieux le bien et le mal. Tu en as un exemple dans les plantes et les animaux que l'homme a trouvé l'art de perfectionner, et chez lesquels il développe des qualités nouvelles. Eh bien ! ce n'est qu'après plusieurs générations que le perfectionnement devient complet. C'est l'image des différentes existences de l'homme. »

Duel.

757. Le duel peut-il être considéré comme un cas de légitime défense ?

« Non, c'est un meurtre et une habitude absurde, digne des barbares. Avec une civilisation plus avancée *et plus morale,* l'homme comprendra que le duel est aussi ridicule que les combats que l'on regardait jadis comme le jugement de Dieu. »

758. Le duel peut-il être considéré comme un meurtre de la part de celui qui, connaissant sa propre faiblesse, est à peu près sûr de succomber ?

« C'est un suicide. »

— Et quand les chances sont égales, est-ce un meurtre ou un suicide ?

« C'est l'un et l'autre. »

Dans tous les cas, même dans celui où les chances sont égales, le duelliste est coupable, d'abord parce qu'il attente froidement et de propos délibéré à la vie de son semblable ; secondement parce qu'il expose sa propre vie inutilement et sans profit pour personne.

759. Quelle est la valeur de ce qu'on appelle *le point d'honneur* en matière de duel ?

« L'orgueil et la vanité : deux plaies de l'humanité. »

— Mais n'est-il pas des cas où l'honneur se trouve véritablement engagé et où un refus serait une lâcheté ?

« Cela dépend des mœurs et des usages ; chaque pays et chaque siècle ont là-dessus une manière de voir différente ; lorsque les hommes seront meilleurs et plus avancés en morale, ils comprendront que le véritable point d'honneur est au-dessus des passions terrestres, et que ce n'est point en tuant ou en se faisant tuer qu'on répare un tort. »

Il y a plus de grandeur et de véritable honneur à s'avouer coupable si l'on a tort, ou à pardonner si l'on a raison, et dans tous les cas à mépriser les insultes qui ne peuvent nous atteindre.

Peine de mort.

760. La peine de mort disparaîtra-t-elle un jour de la législation humaine ?

« La peine de mort disparaîtra incontestablement, et sa suppression marquera un progrès dans l'humanité. Lorsque les hommes seront plus éclairés, la peine de mort sera complètement abolie sur la terre ; les hommes n'auront plus besoin d'être jugés par les hommes. Je parle d'un temps qui est encore assez éloigné de vous. »

Le progrès social laisse sans doute encore beaucoup à désirer, mais on serait injuste envers la société moderne si l'on ne voyait un progrès dans les restrictions apportées à la peine de mort chez les peuples les plus avancés et dans la nature des crimes auxquels on en borne l'application. Si l'on compare les garanties dont la justice, chez ces mêmes peuples, s'efforce d'entourer l'accusé, l'humanité dont elle use envers lui, alors même qu'il est reconnu coupable, avec ce qui se pratiquait dans des temps qui ne sont pas encore très éloignés, on ne peut méconnaître la voie progressive dans laquelle marche l'humanité.

761. La loi de conservation donne à l'homme le droit de préserver sa propre vie ; n'use-t-il pas de ce droit quand il retranche de la société un membre dangereux ?

« Il y a d'autres moyens de se préserver du danger

que de le tuer. Il faut d'ailleurs ouvrir au criminel la porte du repentir et non la lui fermer. »

762. Si la peine de mort peut être bannie des sociétés civilisées, n'a-t-elle pas été une nécessité dans des temps moins avancés ?

« Nécessité n'est pas le mot ; l'homme croit toujours une chose nécessaire quand il ne trouve rien de mieux ; à mesure qu'il s'éclaire, il comprend mieux ce qui est juste ou injuste et répudie les excès commis dans les temps d'ignorance au nom de la justice. »

763. La restriction des cas où l'on applique la peine de mort est-elle un indice de progrès dans la civilisation ?

« Peux-tu en douter ? Ton Esprit ne se révolte-t-il pas en lisant le récit des boucheries humaines que l'on faisait jadis au nom de la justice, et souvent en l'honneur de la Divinité ; des tortures que l'on faisait subir au condamné, et même à l'accusé pour lui arracher, par l'excès des souffrances, l'aveu d'un crime que souvent il n'avait pas commis ? Eh bien ! si tu avais vécu dans ces temps-là, tu aurais trouvé cela tout naturel, et peut-être toi, juge, en aurais-tu fait tout autant. C'est ainsi que ce qui paraissait juste dans un temps paraît barbare dans un autre. Les lois divines sont seules éternelles ; les lois humaines changent avec le progrès ; elles changeront encore jusqu'à ce qu'elles soient mises en harmonie avec les lois divines. »

764. Jésus a dit : *Qui a tué par l'épée périra par l'épée.* Ces paroles ne sont-elles pas la consécration de la peine du talion, et la mort infligée au meurtrier n'est-elle pas l'application de cette peine ?

« Prenez garde ! vous vous êtes mépris sur ces

paroles *comme sur beaucoup d'autres.* La peine du talion, c'est la justice de Dieu ; c'est lui qui l'applique. Vous tous subissez à chaque instant cette peine, car vous êtes punis par où vous avez péché, dans cette vie *ou dans une autre ;* celui qui a fait souffrir ses semblables sera dans une position où il subira lui-même ce qu'il aura fait endurer ; c'est le sens de ces paroles de Jésus ; mais ne vous a-t-il pas dit aussi : Pardonnez à vos ennemis ; et ne vous a-t-il pas enseigné à demander à Dieu de vous pardonner vos offenses comme vous aurez pardonné vous-mêmes ; c'est-à-dire *dans la même proportion* que vous aurez pardonné : comprenez bien cela. »

765. Que penser de la peine de mort infligée au nom de Dieu ?

« C'est prendre la place de Dieu dans la justice. Ceux qui agissent ainsi montrent combien ils sont loin de comprendre Dieu, et qu'ils ont encore bien des choses à expier. La peine de mort est un crime quand elle est appliquée au nom de Dieu, et ceux qui l'infligent en sont chargés comme d'autant de meurtres. »

CHAPITRE VII

VI. — LOI DE SOCIETE

1. Nécessité de la vie sociale. — 2. Vie d'isolement. Vœu de silence. — 3. Liens de famille.

Nécessité de la vie sociale.

766. La vie sociale est-elle dans la nature ?

« Certainement ; Dieu a fait l'homme pour vivre en société. Dieu n'a pas donné inutilement à l'homme la parole et toutes les autres facultés nécessaires à la vie de relation. »

767. L'isolement absolu est-il contraire à la loi de nature ?

« Oui, puisque les hommes cherchent la société par instinct et qu'ils doivent tous concourir au progrès en s'aidant mutuellement. »

768. L'homme, en recherchant la société, ne fait-il qu'obéir à un sentiment personnel, ou bien y a-t-il dans ce sentiment un but providentiel plus général ?

« L'homme doit progresser ; seul, il ne le peut pas, parce qu'il n'a pas toutes les facultés ; il lui faut le contact des autres hommes. Dans l'isolement, il s'abrutit et s'étiole. »

Nul homme n'a des facultés complètes ; par l'union sociale ils se complètent les uns par les autres pour assurer leur bien-être et progresser : c'est pourquoi, ayant besoin les uns des autres, ils sont faits pour vivre en société et non isolés.

Vie d'isolement. Vœu de silence.

769. On conçoit que, comme principe général, la vie sociale soit dans la nature ; mais comme tous les goûts sont aussi dans la nature, pourquoi celui de l'isolement absolu serait-il condamnable, si l'homme y trouve sa satisfaction ?

« Satisfaction d'égoïste. Il y a aussi des hommes qui trouvent une satisfaction à s'enivrer ; les approuves-tu ? Dieu ne peut avoir pour agréable une vie par laquelle on se condamne à n'être utile à personne. »

770. Que penser des hommes qui vivent dans la réclusion absolue pour fuir le contact pernicieux du monde ?

« Double égoïsme. »

— Mais si cette retraite a pour but une expiation en s'imposant une privation pénible, n'est-elle pas méritoire ?

« Faire plus de bien qu'on n'a fait de mal, c'est la meilleure expiation. En évitant un mal, il tombe dans un autre, puisqu'il oublie la loi d'amour et de charité. »

771. Que penser de ceux qui fuient le monde pour se vouer au soulagement des malheureux ?

« Ceux-là s'élèvent en s'abaissant. Ils ont le double mérite de se placer au-dessus des jouissances matérielles, et de faire le bien par l'accomplissement de la loi du travail. »

— Et ceux qui cherchent dans la retraite la tranquillité que réclament certains travaux ?

« Ce n'est point là la retraite absolue de l'égoïste ;

ils ne s'isolent pas de la société, puisqu'ils travaillent pour elle. »

772. Que penser du vœu de silence prescrit par certaines sectes dès la plus haute antiquité ?

« Demandez-vous plutôt si la parole est dans la nature, et pourquoi Dieu l'a donnée. Dieu condamne l'abus et non l'usage des facultés qu'il a accordées. Cependant, le silence est utile ; car dans le silence tu te recueilles ; ton esprit devient plus libre et peut alors entrer en communication avec nous ; mais *vœu* de silence est une sottise. Sans doute, ceux qui regardent ces privations volontaires comme des actes de vertu ont une bonne intention ; mais ils se trompent parce qu'ils ne comprennent pas suffisamment les véritables lois de Dieu. »

Le vœu de silence absolu, de même que le vœu d'isolement, prive l'homme des relations sociales qui peuvent lui fournir les occasions de faire le bien et d'accomplir la loi du progrès.

Liens de famille.

773. Pourquoi, chez les animaux, les parents et les enfants ne se reconnaissent-ils plus lorsque ceux-ci n'ont plus besoin de soins ?

« Les animaux vivent de la vie matérielle, et non de la vie morale. La tendresse de la mère pour ses petits a pour principe l'instinct de conservation des êtres auxquels elle a donné le jour ; quand ces êtres peuvent se suffire à eux-mêmes, sa tâche est remplie, la nature ne lui en demande pas davantage ; c'est pourquoi elle les abandonne pour s'occuper des nouveaux venus. »

774. Il y a des personnes qui infèrent de l'abandon

des petits des animaux par leurs parents que, chez l'homme, les liens de famille ne sont qu'un résultat des mœurs sociales et non une loi de nature ; qu'en devons-nous penser ?

« L'homme a une autre destinée que les animaux : pourquoi donc toujours vouloir l'assimiler à eux ? Chez lui, il y a autre chose que des besoins physiques : il y a la nécessité du progrès ; les liens sociaux sont nécessaires au progrès, et les liens de famille resserrent les liens sociaux : voilà pourquoi les liens de famille sont une loi de nature. Dieu a voulu que les hommes apprissent ainsi à s'aimer comme des frères. » (205).

775. Quel serait, pour la société, le résultat du relâchement des liens de famille ?

« Une recrudescence d'égoïsme. »

CHAPITRE VIII

VII. — LOI DU PROGRES

1. Etat de nature. — 2. Marche du progrès. 3. Peuples dégénérés. — 4. Civilisation. — 5. Progrès de la législation humaine. — 6. Influence du spiritisme sur le progrès.

Etat de nature.

776. L'état de nature et la loi naturelle sont-ils la même chose ?

« Non, l'état de nature est l'état primitif. La civilisation est incompatible avec l'état de nature, tandis que la loi naturelle contribue au progrès de l'humanité. »

L'état de nature est l'enfance de l'humanité et le point de départ de son développement intellectuel et moral. L'homme étant perfectible, et portant en soi le germe de son amélioration, il n'est point destiné à vivre perpétuellement dans l'état de nature, pas plus qu'il n'est destiné à vivre perpétuellement dans l'enfance ; l'état de nature est transitoire, l'homme en sort par le progrès et la civilisation. La loi naturelle, au contraire, régit l'humanité entière, et l'homme s'améliore à mesure qu'il comprend mieux et pratique mieux cette loi.

777. Dans l'état de nature, l'homme ayant moins de besoins, n'a pas toutes les tribulations qu'il se crée dans un état plus avancé ; que penser de l'opinion de ceux qui regardent cet état comme celui de la plus parfaite félicité sur la terre ?

« Que veux-tu ! c'est le bonheur de la brute ; il y a des gens qui n'en comprennent pas d'autre. C'est être heureux à la manière des bêtes. Les enfants aussi sont plus heureux que les hommes faits. »

778. L'homme peut-il rétrograder vers l'état de nature ?

« Non, l'homme doit progresser sans cesse, et il ne peut retourner à l'état d'enfance. S'il progresse, c'est que Dieu le veut ainsi ; penser qu'il peut rétrograder vers sa condition primitive serait nier la loi du progrès. »

Marche du progrès.

779. L'homme puise-t-il en lui la force progressive, ou bien le progrès n'est-il que le produit d'un enseignement ?

« L'homme se développe lui-même naturellement ; mais tous ne progressent pas en même temps et de la même manière ; c'est alors que les plus avancés aident au progrès des autres par le contact social. »

780. Le progrès moral suit-il toujours le progrès intellectuel ?

« Il en est la conséquence, mais il ne le suit pas toujours *immédiatement.* » (192-365).

— Comment le progrès intellectuel peut-il conduire au progrès moral ?

« En faisant comprendre le bien et le mal : l'homme, alors, peut choisir. Le développement du libre arbitre suit le développement de l'intelligence et augmente la responsabilité des actes. »

— Comment se fait-il alors que les peuples les plus éclairés soient souvent les plus pervertis ?

Le progrès complet est le but, mais les peuples,

comme les individus, n'y arrivent que pas à pas. Jusqu'à ce que le sens moral se soit développé en eux, ils peuvent même se servir de leur intelligence pour faire le mal. Le moral et l'intelligence sont deux forces qui ne s'équilibrent qu'à la longue. » (365-751).

781. Est-il donné à l'homme de pouvoir arrêter la marche du progrès ?

« Non, mais de l'entraver quelquefois. »

— Que penser des hommes qui tentent d'arrêter la marche du progrès et de faire rétrograder l'humanité ?

« Pauvres êtres que Dieu châtiera ; ils seront renversés par le torrent qu'ils veulent arrêter. »

Le progrès étant une condition de la nature humaine, il n'est au pouvoir de personne de s'y opposer. C'est une *force vive* que de mauvaises lois peuvent retarder, mais non étouffer. Lorsque ces lois lui deviennent incompatibles, il les brise avec tous ceux qui tentent de les maintenir, et il en sera ainsi jusqu'à ce que l'homme ait mis ses lois en rapport avec la justice divine qui veut le bien pour tous, et non des lois faites par le fort au préjudice du faible.

782. N'y a-t-il pas des hommes qui entravent le progrès de bonne foi, en croyant le favoriser parce qu'ils le voient à leur point de vue, et souvent là où il n'est pas ?

« Petite pierre mise sous la roue d'une grosse voiture, et qui ne l'empêche pas d'avancer. »

783. Le perfectionnement de l'humanité suit-il toujours une marche progressive et lente ?

« Il y a le progrès régulier et lent qui résulte de la force des choses ; mais quand un peuple n'avance pas assez vite, Dieu lui suscite, de temps à autre, une secousse physique ou morale qui le transforme. »

L'homme ne peut rester perpétuellement dans l'ignorance,

parce qu'il doit arriver au but marqué par la Providence : il s'éclaire par la force des choses. Les révolutions morales, comme les révolutions sociales, s'infiltrent peu à peu dans les idées ; elles germent pendant des siècles, puis tout à coup éclatent et font écrouler l'édifice vermoulu du passé qui n'est plus en harmonie avec les besoins nouveaux et les aspirations nouvelles.

L'homme n'aperçoit souvent dans ces commotions que le désordre et la confusion momentanés qui le frappent dans ses intérêts matériels ; celui qui élève sa pensée au-dessus de la personnalité admire les desseins de la Providence qui du mal fait sortir le bien. C'est la tempête et l'orage qui assainissent l'atmosphère après l'avoir bouleversée.

784. La perversité de l'homme est bien grande, et ne semble-t-il pas marcher à reculons au lieu d'avancer, du moins au point de vue moral ?

« Tu te trompes ; observe bien l'ensemble et tu verras qu'il avance, puisqu'il comprend mieux ce qui est mal, et que chaque jour il réforme des abus. Il faut l'excès du mal pour faire comprendre la nécessité du bien et des réformes. »

785. Quel est le plus grand obstacle au progrès ?

« L'orgueil et l'égoïsme ; je veux parler du progrès moral, car le progrès intellectuel marche toujours ; il semble même, au premier abord, donner à ces vices un redoublement d'activité en développant l'ambition et l'amour des richesses qui, à leur tour, excitent l'homme aux recherches qui éclairent son Esprit. C'est ainsi que tout se tient dans le monde moral comme dans le monde physique, et que du mal même peut sortir le bien ; mais cet état de choses n'aura qu'un temps ; il changera à mesure que l'homme comprendra mieux qu'il y a en dehors de la jouissance des biens terrestres un bonheur infiniment plus grand et infiniment plus durable. » (Voyez *Egoïsme*, chap. XII).

Il y a deux espèces de progrès qui se prêtent un mutuel appui, et pourtant ne marchent pas de front, c'est le progrès intellectuel et le progrès moral. Chez les peuples civilisés, le premier reçoit, dans ce siècle-ci, tous les encouragements désirables ; aussi a-t-il atteint un degré inconnu jusqu'à nos jours. Il s'en faut que le second soit au même niveau, et cependant, si l'on compare les mœurs sociales à quelques siècles de distance, il faudrait être aveugle pour nier le Progrès. Pourquoi donc la marche ascendante s'arrêterait-elle plutôt pour le moral que pour l'intelligence ? Pourquoi n'y aurait-il pas entre le dix-neuvième et le vingt-quatrième siècle autant de différence qu'entre le quatorzième et le dix-neuvième ? En douter serait prétendre que l'humanité est à l'apogée de la perfection, ce qui serait absurde, ou qu'elle n'est pas perfectible moralement, ce qui est démenti par l'expérience.

Peuples dégénérés.

786. L'histoire nous montre une foule de peuples qui, après les secousses qui les ont bouleversés, sont retombés dans la barbarie ; où est le progrès dans ce cas ?

« Quand ta maison menace ruine, tu l'abats pour en reconstruire une plus solide et plus commode ; mais, jusqu'à ce qu'elle soit reconstruite, il y a trouble et confusion dans ta demeure.

» Comprends encore cela : tu étais pauvre et tu habitais une masure ; tu deviens riche et tu la quittes pour habiter un palais. Puis, un pauvre diable comme tu étais vient prendre ta place dans ta masure, et il est encore très content, car avant il n'avait pas d'abri. Eh bien ! apprends donc que les Esprits qui se sont incarnés dans ce peuple dégénéré ne sont pas ceux qui le composaient au temps de sa splendeur ; ceux d'alors qui étaient avancés sont allés dans des habitations plus parfaites et ont progressé.

tandis que d'autres moins avancés ont pris leur place qu'ils quitteront à leur tour. »

787. N'y a-t-il pas des races rebelles au progrès par leur nature ?

« Oui, mais celles-là s'anéantissent, chaque jour, *corporellement.* »

— Quel sera le sort à venir des âmes qui animent ces races ?

« Elles arriveront comme toutes les autres à la perfection en passant par d'autres existences : Dieu ne déshérite personne. »

— Ainsi, les hommes les plus civilisés ont pu être sauvages et anthropophages ?

« Toi-même, tu l'as été plus d'une fois avant d'être ce que tu es. »

788. Les peuples sont des individualités collectives qui, comme les individus, passent par l'enfance, l'âge mûr et la décrépitude ; cette vérité constatée par l'histoire ne peut-elle faire penser que les peuples les plus avancés de ce siècle auront leur déclin et leur fin, comme ceux de l'antiquité ?

« Les peuples qui ne vivent que de la vie du corps, ceux dont la grandeur n'est fondée que sur la force et l'étendue, naissent, croissent et meurent, parce que la force d'un peuple s'épuise comme celle d'un homme ; ceux dont les lois égoïstes jurent avec le progrès des lumières et la charité meurent, parce que la lumière tue les ténèbres et la charité tue l'égoïsme ; mais il y a pour les peuples comme pour les individus, la vie de l'âme ; ceux dont les lois s'harmonisent avec les lois éternelles du Créateur vivront et seront le flambeau des autres peuples. »

789. Le progrès réunira-t-il un jour tous les peuples de la terre en une seule nation ?

« Non, pas en une seule nation, cela est impossible, car de la diversité des climats naissent des mœurs et des besoins différents qui constituent les nationalités ; c'est pourquoi il leur faudra toujours des lois appropriées à ces mœurs et à ces besoins ; mais la charité ne connaît point de latitudes et ne fait pas de distinction entre la couleur des hommes. Quand la loi de Dieu sera partout la base de la loi humaine, les peuples pratiqueront la charité de l'un à l'autre, comme les individus d'homme à homme ; alors, ils vivront heureux et en paix, parce que nul ne cherchera à faire du tort à son voisin, ni à vivre à ses dépens. »

L'humanité progresse par les individus qui s'améliorent peu à peu et s'éclairent ; alors, quand ceux-ci l'emportent en nombre, ils prennent le dessus et entraînent les autres. De temps en temps surgissent parmi eux des hommes de génie qui donnent un élan, puis des hommes ayant l'autorité, instruments de Dieu, qui en quelques années la font avancer de plusieurs siècles.

Le progrès des peuples fait encore ressortir la justice de la réincarnation. Les hommes de bien font de louables efforts pour faire avancer une nation moralement et intellectuellement ; la nation transformée sera plus heureuse en ce monde et en l'autre, soit ; mais pendant sa marche lente à travers les siècles, des milliers d'individus meurent chaque jour ; quel est le sort de tous ceux qui succombent dans le trajet ? Leur infériorité relative les prive-t-elle du bonheur réservé aux derniers arrivés ? Ou bien leur bonheur est-il relatif ? La justice divine ne saurait consacrer une telle injustice. Par la pluralité des existences, le droit au bonheur est le même pour tous, car nul n'est déshérité du progrès ; ceux qui ont vécu au temps de la barbarie, pouvant revenir au temps de la civilisation, chez le même peuple ou chez un autre, il en résulte que tous profitent de la marche ascendante.

Mais le système de l'unité des existences présente ici une autre difficulté. Avec ce système l'âme est créée au moment de la naissance ; donc si un homme est plus avancé qu'un autre, c'est que Dieu crée pour lui une âme plus avancée. Pourquoi cette faveur ? Quel mérite a-t-il, lui qui n'a pas vécu plus qu'un autre, moins qu'un autre souvent, pour être doué d'une âme supérieure ? Mais là n'est pas la principale difficulté. Une nation passe, en mille ans, de la barbarie à la civilisation. Si les hommes vivaient mille ans on concevrait que dans cet intervalle ils eussent le temps de progresser ; mais tous les jours il en meurt à tout âge ; ils se renouvellent sans cesse, de telle sorte que chaque jour en voit paraître et disparaître. Au bout des mille ans, il n'y a plus trace des anciens habitants ; la nation, de barbare qu'elle était, est devenue policée ; qu'est-ce qui a progressé ? Sont-ce les individus jadis barbares ? mais ils sont morts depuis longtemps. Sont-ce les nouveaux venus ? mais si leur âme est créée au moment de leur naissance, ces âmes n'existaient pas au temps de la barbarie, et il faut alors admettre que *les efforts que l'on fait pour civiliser un peuple ont le pouvoir, non pas d'améliorer des âmes imparfaites, mais de faire créer par Dieu des âmes plus parfaites.*

Comparons cette théorie du progrès avec celle donnée par les Esprits. Les âmes venues au temps de la civilisation ont eu leur enfance comme toutes les autres, mais *elles ont déjà vécu,* et sont venues avancées par un progrès antérieur ; elles viennent, attirées par un milieu qui leur est sympathique, et qui est en rapport avec leur état actuel ; de sorte que les soins donnés à la civilisation d'un peuple n'ont pas pour effet de faire créer pour l'avenir des âmes plus parfaites, mais d'attirer celles qui ont déjà progressé, soit qu'elles aient déjà vécu chez ce même peuple au temps de sa barbarie, soit qu'elles viennent d'autre part. Là encore est la clef du progrès de l'humanité tout entière ; quand tous les peuples seront au même niveau pour le sentiment du bien, la terre ne sera le rendez-vous que de bons Esprits qui vivront entre eux dans une union fraternelle, et les mauvais s'y trouvant repoussés et déplacés iront chercher dans des mondes inférieurs le milieu qui leur convient, jusqu'à ce qu'ils soient dignes de venir dans le nôtre transformé. La théorie vulgaire a encore cette conséquence, que les travaux d'amélioration sociale ne profitent qu'aux générations présentes et futures ; leur résultat est nul pour les générations passées qui ont eu le tort de venir trop tôt, et qui deviennent ce qu'elles peuvent, chargées qu'elles sont de leurs actes de barbarie. Selon la doctrine des Esprits, les progrès ultérieurs profitent également à ces générations qui revivent dans des conditions meilleures et peuvent ainsi se perfectionner au foyer de la civilisation. (222)

Civilisation.

790. La civilisation est-elle un progrès ou, selon quelques philosophes, une décadence de l'humanité ?

« Progrès incomplet ; l'homme ne passe pas subitement de l'enfance à l'âge mûr. »

— Est-il rationnel de condamner la civilisation ?

« Condamnez plutôt ceux qui en abusent, et non pas l'œuvre de Dieu. »

791. La civilisation s'épurera-t-elle un jour de manière à faire disparaître les maux qu'elle aura produits ?

« Oui, quand le moral sera aussi développé que l'intelligence. Le fruit ne peut venir avant la fleur. »

792. Pourquoi la civilisation ne réalise-t-elle pas immédiatement tout le bien qu'elle pourrait produire ?

« Parce que les hommes ne sont pas encore prêts, ni disposés à obtenir ce bien. »

— Ne serait-ce pas aussi parce qu'en créant de nouveaux besoins, elle surexcite des passions nouvelles ?

« Oui, et parce que toutes les facultés de l'Esprit ne progressent pas en même temps ; il faut le temps pour tout. Vous ne pouvez attendre des fruits parfaits d'une civilisation incomplète. » (751-780).

793. A quels signes peut-on reconnaître une civilisation complète ?

« Vous la reconnaîtrez au développement moral. Vous vous croyez bien avancés, parce que vous avez fait de grandes découvertes et des inventions merveilleuses ; que vous êtes mieux logés et mieux vêtus que des sauvages ; mais vous n'aurez vraiment le droit de vous dire civilisés que lorsque vous aurez banni de votre société les vices qui la déshonorent, et que vous vivrez entre vous comme des frères en pratiquant la charité chrétienne ; jusque là, vous n'êtes que des peuples éclairés, n'ayant parcouru que la première phase de la civilisation. »

La civilisation a ses degrés comme toutes choses. Une civilisation incomplète est un état de transition qui engendre des maux spéciaux, inconnus à l'état primitif ; mais elle n'en constitue pas moins un progrès naturel, nécessaire, qui porte avec soi le remède au mal qu'il fait. A mesure que la civilisation se perfectionne, elle fait cesser quelques-uns des maux qu'elle a engendrés, et ces maux disparaîtront avec le progrès moral.

De deux peuples arrivés au sommet de l'échelle sociale, celui-là seul peut se dire le plus civilisé, dans la véritable acception du mot, chez lequel on trouve le moins d'égoïsme, de cupidité et d'orgueil ; où les habitudes sont plus intellectuelles et morales que matérielles ; où l'intelligence peut se développer avec le plus de liberté ; où il y a le plus de bonté, de bonne foi, de bienveillance et de générosité réciproques ; où les préjugés de caste et de naissance sont le moins enracinés, car ces préjugés sont incompatibles avec le véritable amour du prochain ; où les lois ne consacrent aucun privilège et sont les mêmes pour le dernier comme pour le premier ; où la justice s'exerce avec le moins de partialité ; où le faible trouve toujours appui contre le fort ; où la vie de l'homme, ses croyances et ses opinions sont le mieux respectées, où il y a le moins de malheureux et, enfin, où tout homme de bonne volonté est toujours sûr de ne point manquer du nécessaire.

Progrès de la législation humaine.

794. La société pourrait-elle être régie par les seules lois naturelles sans le secours des lois humaines ?

« Elle le pourrait si on les comprenait bien, et si on avait la volonté de les pratiquer ,elles suffiraient ; mais la société a ses exigences, et il lui faut des lois particulières. »

795. Quelle est la cause de l'instabilité des lois humaines ?

« Dans les temps de barbarie, ce sont les plus forts qui ont fait les lois, et ils les ont faites pour eux. Il a bien fallu les modifier à mesure que les hommes ont mieux compris la justice. Les lois humaines sont plus stables à mesure qu'elles se rapprochent de la véritable justice, c'est-à-dire à mesure qu'elles sont faites pour tous, et qu'elles s'identifient avec la loi naturelle. »

La civilisation a créé pour l'homme de nouveaux besoins, et ces besoins sont relatifs à la position sociale qu'il s'est faite. Il a dû régler les droits et les devoirs de cette position par les lois humaines ; mais sous l'influence de ses passions, il a souvent créé des droits et des devoirs imaginaires que condamne la loi naturelle et que les peuples effacent de leurs codes à mesure qu'ils progressent. La loi naturelle est immuable et la même pour tous ; la loi humaine est variable et progressive ; elle seule a pu consacrer, dans l'enfance des sociétés, le droit du plus fort.

796. La sévérité des lois pénales n'est-elle pas une nécessité dans l'état actuel de la société ?

« Une société dépravée a certainement besoin de lois plus sévères ; malheureusement, ces lois s'attachent plus à punir le mal quand il est fait qu'à tarir la source du mal. Il n'y a que l'éducation qui puisse réformer les hommes ; alors, ils n'auront plus besoin de lois aussi rigoureuses. »

797. Comment l'homme pourra-t-il être amené à réformer ses lois ?

« Cela vient naturellement par la force des choses et l'influence des gens de bien qui le conduisent dans la voie du progrès. Il en a déjà beaucoup réformé et il en réformera bien d'autres. Attends ! »

Influence du spiritisme sur le progrès.

798. Le spiritisme deviendra-t-il une croyance vulgaire ou restera-t-il le partage de quelques personnes ?

« Certainement, il deviendra une croyance vulgaire, et il marquera une nouvelle ère dans l'histoire de l'humanité, parce qu'il est dans la nature et que le temps est venu où il doit prendre rang parmi les connaissances humaines ; cependant, il aura de grandes luttes à soutenir, plus encore contre l'intérêt que contre la conviction, car il ne faut pas se dissimuler qu'il y a des gens intéressés à le combattre, les uns par amour-propre, les autres pour des causes toutes matérielles ; mais les contradicteurs se trouvant de plus en plus isolés seront bien forcés de penser comme tout le monde, sous peine de se rendre ridicules. »

Les idées ne se transforment qu'à la longue et jamais subitement ; elles s'affaiblissent de génération en génération et finissent par disparaître peu à peu avec ceux qui les professaient, et qui sont remplacés par d'autres individus imbus de nouveaux principes, comme cela a lieu pour les idées politiques. Voyez le paganisme ; il n'est certes personne aujourd'hui qui professe les idées religieuses de ces temps-là ;

cependant, plusieurs siècles après l'avènement du christianisme, elles ont laissé des traces que la complète rénovation des races a seule pu effacer. Il en sera de même du spiritisme ; il fait beaucoup de progrès ; mais il y aura encore pendant deux ou trois générations un levain d'incrédulité que le temps seul dissipera. Toutefois sa marche sera plus rapide que celle du christianisme, parce que c'est le christianisme lui-même qui lui ouvre les voies et sur lequel il s'appuie. Le christianisme avait à détruire ; le spiritisme n'a qu'à édifier.

799. De quelle manière, le spiritisme peut-il contribuer au progrès ?

« En détruisant le matérialisme qui est une des plaies de la société, il fait comprendre aux hommes où est leur véritable intérêt. La vie future n'étant plus voilée par le doute, l'homme comprendra mieux qu'il peut assurer son avenir par le présent. En détruisant les préjugés de sectes, de castes et de couleurs, il apprend aux hommes la grande solidarité qui doit les unir comme des frères. »

800. N'est-il pas à craindre que le spiritisme ne puisse triompher de l'insouciance des hommes et de leur attachement aux choses matérielles ?

« Ce serait bien peu connaître les hommes, si l'on pensait qu'une cause quelconque pût les transformer comme par enchantement. Les idées se modifient peu à peu selon les individus, et il faut des générations pour effacer complètement les traces des vieilles habitudes. La transformation ne peut donc s'opérer qu'à la longue, graduellement et de proche en proche ; à chaque génération, une partie du voile se dissipe ; le spiritisme vient le déchirer tout à fait ; mais en attendant, n'aurait-il pour effet, chez un homme, que de le corriger d'un seul défaut, ce serait un pas qu'il lui aurait fait faire, et par cela même un grand bien, car ce premier pas lui rendra les autres plus faciles. »

801. Pourquoi les Esprits n'ont-ils pas enseigné de tout temps ce qu'ils enseignent aujourd'hui ?

« Vous n'enseignez pas aux enfants ce que vous enseignez aux adultes, et vous ne donnez pas au nouveau-né une nourriture qu'il ne pourrait pas digérer ; chaque chose a son temps. Ils ont enseigné beaucoup de choses que les hommes n'ont pas comprises ou qu'ils ont dénaturées, mais qu'ils peuvent comprendre maintenant. Par leur enseignement, même incomplet, ils ont préparé le terrain à recevoir la semence qui va fructifier aujourd'hui. »

802. Puisque le spiritisme doit marquer un progrès dans l'humanité, pourquoi les Esprits ne hâtent-ils pas ce progrès par des manifestations tellement générales et tellement patentes que la conviction serait portée chez les plus incrédules ?

« Vous voudriez des miracles ; mais Dieu les sème à pleines mains sous vos pas, et vous avez encore des hommes qui le renient. Le Christ lui-même a-t-il convaincu ses contemporains par les prodiges qu'il a accomplis ? Ne voyez-vous pas aujourd'hui des hommes nier les faits les plus patents qui se passent sous leurs yeux ? N'en avez-vous pas qui disent qu'ils ne croiraient pas quand même ils verraient ? Non ; ce n'est pas par des prodiges que Dieu veut ramener les hommes ; dans sa bonté, il veut leur laisser le mérite de se convaincre par la raison. »

CHAPITRE IX

VIII. — LOI D'EGALITE

1. Egalité naturelle. — 2. Inégalité des aptitudes. 3. Inégalités sociales. — 4. Inégalité des richesses. 5. Epreuves de la richesse et de la misère. — 6. Egalité des droits de l'homme et de la femme. — 7. Egalité devant la tombe.

Egalité naturelle.

803. Tous les hommes sont-ils égaux devant Dieu ?

« Oui, tous tendent au même but, et Dieu a fait ses lois pour tout le monde. Vous dites souvent : Le soleil luit pour tous, et vous dites là une vérité plus grande et plus générale que vous ne pensez. »

Tous les hommes sont soumis aux mêmes lois de la nature ; tous naissent avec la même faiblesse, sont sujets aux mêmes douleurs, et le corps du riche se détruit comme celui du pauvre. Dieu n'a donc donné à aucun homme de supériorité naturelle, ni par la naissance, ni par la mort : tous sont égaux devant lui.

Inégalité des aptitudes.

804. Pourquoi Dieu n'a-il-pas donné les mêmes aptitudes à tous les hommes ?

« Dieu a créé tous les Esprits égaux, mais chacun d'eux a plus ou moins vécu et, par conséquent, plus ou moins acquis ; la différence est dans le degré de leur expérience, et dans leur volonté, qui est le libre arbitre : de là, les uns se perfectionnent plus rapidement, ce qui leur donne des aptitudes diverses. Le mélange des aptitudes est nécessaire, afin que chacun puisse concourir aux vues de la Providence dans la limite du développement de ses forces physiques et intellectuelles : ce que l'un ne fait pas, l'autre le fait ; c'est ainsi que chacun a son rôle utile. Puis, tous les mondes étant *solidaires les uns des autres,* il faut bien que les habitants des mondes supérieurs et qui, pour la plupart, sont créés avant le vôtre, viennent y habiter pour vous donner l'exemple. » (361).

805. En passant d'un monde supérieur dans un monde inférieur, l'Esprit conserve-t-il l'intégralité des facultés acquises ?

« Oui, nous l'avons déjà dit, l'Esprit qui a progressé ne rechute point ; il peut choisir, dans son état d'Esprit, une enveloppe plus engourdie ou une position plus précaire que celle qu'il a eue, mais tout cela toujours pour lui servir d'enseignement et l'aider à progresser. » (180).

Ainsi la diversité des aptitudes de l'homme ne tient pas à la nature intime de sa création, mais au degré de perfectionnement auquel sont arrivés les Esprits incarnés en lui. Dieu n'a donc pas créé l'inégalité des facultés, mais il a permis que les différents degrés de développement fussent en contact, afin que les plus avancés pussent aider au progrès des plus arriérés, et aussi afin que les hommes, ayant besoin les uns des autres, comprissent la loi de charité qui doit les unir.

Inégalités sociales.

806. L'inégalité des conditions sociales est-elle une loi de nature ?

« Non, elle est l'œuvre de l'homme et non celle de Dieu. »

— Cette inégalité disparaîtra-t-elle un jour ?

« Il n'y a d'éternel que les lois de Dieu. Ne la vois-tu pas s'effacer peu à peu chaque jour ? Cette inégalité disparaîtra avec la prédominance de l'orgueil et de l'égoïsme, il ne restera que l'inégalité du mérite. Un jour viendra où les membres de la grande famille des enfants de Dieu ne se regarderont plus comme de sang plus ou moins pur ; il n'y a que l'Esprit qui est plus ou moins pur, et cela ne dépend pas de la position sociale. »

807. Que penser de ceux qui abusent de la supériorité de leur position sociale pour opprimer le faible à leur profit ?

« Ceux-là méritent l'anathème ; malheur à eux ! ils seront opprimés à leur tour, et ils *renaîtront* dans une existence où ils endureront tout ce qu'ils ont fait endurer. » (684).

Inégalité des richesses.

808. L'inégalité des richesses n'a-t-elle pas sa source dans l'inégalité des facultés qui donne aux uns plus de moyens d'acquérir qu'aux autres ?

« Oui et non ; et la ruse et le vol, qu'en dis-tu ? »

— La richesse héréditaire n'est pourtant pas le fruit des mauvaises passions ?

« Qu'en sais-tu ? Remonte à la source et tu verras si elle est toujours pure. Sais-tu si dans le principe elle n'a pas été le fruit d'une spoliation ou d'une injustice ? Mais sans parler de l'origine, qui peut être mauvaise, crois-tu que la convoitise du bien, même le mieux acquis, les désirs secrets que l'on conçoit de le posséder plus tôt, soient des sentiments louables ? C'est là ce que Dieu juge, et je t'assure que son jugement est plus sévère que celui des hommes. »

809. Si une fortune a été mal acquise dans l'origine, ceux qui en héritent plus tard en sont-ils responsables ?

« Sans doute, ils ne sont pas responsables du mal que d'autres ont pu faire, d'autant moins qu'ils peuvent l'ignorer ; mais sache bien que souvent une fortune n'échoit à un homme que pour lui fournir l'occasion de réparer une injustice. Heureux pour lui s'il le comprend ! S'il le fait au nom de celui qui a commis l'injustice, il sera tenu compte à tous deux de la réparation, car souvent c'est ce dernier qui la provoque. »

810. Sans s'écarter de la légalité, on peut disposer de ses biens d'une manière plus ou moins équitable. Est-on responsable après sa mort des dispositions que l'on a faites ?

« Toute action porte ses fruits ; les fruits des bonnes actions sont doux ; ceux des autres sont toujours amers ; *toujours*, entendez bien cela. »

811. L'égalité absolue des richesses est-elle possible, et a-t-elle jamais existé ?

« Non, elle n'est pas possible. La diversité des facultés et des caractères s'y oppose. »

— Il y a pourtant des hommes qui croient que là est le remède aux maux de la société ; qu'en pensez-vous ?

« Ce sont des systématiques ou des ambitieux jaloux ; ils ne comprennent pas que l'égalité qu'ils rêvent serait bientôt rompue par la force des choses. Combattez l'égoïsme, c'est là votre plaie sociale, et ne cherchez pas des chimères.»

812. Si l'égalité des richesses n'est pas possible, en est-il de même du bien-être ?

« Non, mais le bien-être est relatif, et chacun pourrait en jouir si l'on s'entendait bien... car le véritable bien-être consiste dans l'emploi de son temps à sa guise, et non à des travaux pour lesquels on ne se sent aucun goût ; et comme chacun a des aptitudes différentes, aucun travail utile ne resterait à faire. L'équilibre existe en tout, c'est l'homme qui veut le déranger. »

— Est-il possible de s'entendre ?

« Les hommes s'entendront quand ils pratiqueront la loi de justice. »

813. Il y a des gens qui tombent dans le dénûment et la misère par leur faute ; la société ne peut en être responsable ?

« Si ; nous l'avons déjà dit, elle est souvent la première cause de ces fautes ; et d'ailleurs ne doit-elle pas veiller à leur éducation morale ? C'est souvent la mauvaise éducation qui a faussé leur jugement au lieu d'étouffer chez eux les tendances pernicieuses. » (685).

Epreuves de la richesse et de la misère.

814. Pourquoi Dieu a-t-il donné aux uns les richesses et la puissance, et aux autres la misère ?

« Pour les éprouver chacun d'une manière différente. D'ailleurs, vous le savez, ces épreuves, ce sont les Esprits eux-mêmes qui les ont choisies, et souvent ils y succombent. »

815. Laquelle des deux épreuves est la plus redoutable pour l'homme, celle du malheur ou celle de la fortune ?

« Elles le sont autant l'une que l'autre : la misère provoque le *murmure* contre la Providence ; la richesse excite à tous les excès. »

816. Si le riche a plus de tentations, n'a-t-il pas aussi plus de moyens de faire le bien ?

« C'est justement ce qu'il ne fait pas toujours ; il devient égoïste, orgueilleux et insatiable ; ses besoins augmentent avec sa fortune, et il croit n'en avoir jamais assez pour lui seul. »

L'élévation dans ce monde et l'autorité sur ses semblables sont des épreuves tout aussi grandes et tout aussi glissantes que le malheur ; car plus on est riche et puissant, *plus on a d'obligations à remplir*, et plus sont grands les moyens de faire le bien et le mal. Dieu éprouve le pauvre par la résignation, et le riche par l'usage qu'il fait de ses biens et de sa puissance.

La richesse et le pouvoir font naître toutes les passions qui nous attachent à la matière et nous éloignent de la perfection spirituelle ; c'est pourquoi Jésus a dit : « Je vous le dis, en vérité, il est plus facile à un chameau de passer par le trou d'une aiguille qu'à un riche d'entrer dans le royaume des cieux ». (266)

Egalité des droits de l'homme et de la femme.

817. L'homme et la femme sont-ils égaux devant Dieu et ont-ils les mêmes droits ?

« Dieu n'a-t-il pas donné à tous les deux l'intelligence du bien et du mal et la faculté de progresser ? »

818. D'où vient l'infériorité morale de la femme en certaines contrées ?

« C'est par l'empire injuste et cruel que l'homme a pris sur elle. C'est un résultat des institutions sociales, et de l'abus de la force sur la faiblesse.

Chez les hommes peu avancés au point de vue moral, la force fait le droit ».

819. Dans quel but la femme a-t-elle plus de faiblesse physique que l'homme ?

« Pour lui assigner des fonctions particulières. L'homme est pour les travaux rudes, comme étant le plus fort ; la femme pour les travaux doux, et tous les deux pour s'entr'aider à passer les épreuves d'une vie pleine d'amertume ».

820. La faiblesse physique de la femme ne la place-t-elle pas naturellement sous la dépendance de l'homme ?

« Dieu a donné aux uns la force pour protéger le faible et non pour l'asservir ».

Dieu a approprié l'organisation de chaque être aux fonctions qu'il doit accomplir. S'il a donné à la femme une moins grande force physique, il l'a douée en même temps d'une plus grande sensibilité en rapport avec la délicatesse des fonctions maternelles et la faiblesse des êtres confiés à ses soins.

821. Les fonctions auxquelles la femme est destinée par la nature ont-elles une importance aussi grande que celles qui sont dévolues à l'homme ?

« Oui, et plus grande ; c'est elle qui lui donne les premières notions de la vie ».

822. Les hommes étant égaux devant la loi de Dieu doivent-ils l'être également devant la loi des hommes ?

« C'est le premier principe de justice : Ne faites pas aux autres ce que vous ne voudriez pas qu'on vous fît ».

— D'après cela, une législation, pour être parfaitement juste, doit-elle consacrer l'égalité des droits entre l'homme et la femme ?

« Des droits, oui ; des fonctions, non ; il faut que chacun ait une place attitrée ; que l'homme s'occupe du dehors et la femme du dedans ; chacun selon son aptitude. La loi humaine, pour être équitable, doit consacrer l'égalité des droits entre l'homme et la femme ; tout privilège accordé à l'un ou à l'autre est contraire à la justice. *L'émancipation de la femme suit le progrès de la civilisation ;* son asservissement marche avec la barbarie. Les sexes, d'ailleurs, n'existent que par l'organisation physique ; puisque les Esprits peuvent prendre l'un et l'autre, il n'y a point de différence entre eux sous ce rapport et, par conséquent, ils doivent jouir des mêmes droits ».

Egalité devant la tombe.

823. D'où vient le désir de perpétuer sa mémoire par des monuments funèbres ?

« Dernier acte d'orgueil ».

« Mais la somptuosité des monuments funèbres n'est-elle pas plus souvent le fait des parents qui veulent honorer la mémoire du défunt que celui du défunt lui-même ?

» Orgueil des parents qui veulent se glorifier eux-mêmes. Oh ! Oui, ce n'est pas toujours pour le mort que l'on fait toutes ces démonstrations : c'est par amour-propre et pour le monde, et pour faire parade de sa richesse. Crois-tu que le souvenir d'un être chéri soit moins durable dans le cœur du pauvre, parce que celui-ci ne peut mettre qu'une fleur sur sa tombe ? Crois-tu que le marbre sauve de l'oubli celui qui a été inutile sur la terre ? »

824. Blâmez-vous d'une manière absolue la pompe des funérailles ?

« Non ; quand elle honore la mémoire d'un homme de bien, elle est juste et d'un bon exemple ».

La tombe est le rendez-vous de tous les hommes ; là finissent impitoyablement toutes distinctions humaines. C'est en vain que le riche veut perpétuer sa mémoire par de fastueux monuments : le temps les détruira comme le corps ; ainsi le veut la nature. Le souvenir de ses bonnes et de ses mauvaises actions sera moins périssable que son tombeau ; la pompe des funérailles ne le lavera pas de ses turpitudes et ne le fera pas monter d'un échelon dans la hiérarchie spirituelle. (320 et suiv.)

CHAPITRE X

IX. — LOI DE LIBERTE

1. Liberté naturelle. — 2. Esclavage. — 3. Liberté de penser 4. Liberté de conscience. — 5. Libre arbitre. — 6. Fatalité. 7. Connaissance de l'avenir. — 8. Résumé théorique du mobile des actions de l'homme.

Liberté naturelle.

825. Est-il des positions dans le monde où l'homme puisse se flatter de jouir d'une liberté absolue ?

« Non, parce que tous vous avez besoin les uns des autres, les petits comme les grands ».

826. Quelle serait la condition dans laquelle l'homme pourrait jouir d'une liberté absolue ?

« L'ermite dans un désert. *Dès qu'il y a deux hommes ensemble, ils ont des droits à respecter et n'ont par conséquent, plus de liberté absolue* ».

827. L'obligation de respecter les droits d'autrui ôte-t-elle à l'homme le droit de s'appartenir à lui-même ?

« Nullement, car c'est un droit qu'il tient de la nature ».

828. Comment concilier les opinions libérales de certains hommes avec le despotisme qu'ils exercent souvent eux-mêmes dans leur intérieur et sur leurs subordonnés ?

« Ils ont l'intelligence de la loi naturelle, mais elle est contre-balancée par l'orgueil et l'égoïsme.

Ils comprennent ce qui doit être, quand leurs principes ne sont pas une comédie jouée par calcul, mais ils ne le font pas. »

— Leur sera-t-il tenu compte dans l'autre vie des principes qu'ils ont professés ici-bas ?

« Plus on a d'intelligence pour comprendre un principe, moins on est excusable de ne pas l'appliquer à soi-même. Je vous dis, en vérité, que l'homme simple, mais sincère, est plus avancé dans la voie de Dieu que celui qui veut paraître ce qu'il n'est pas. »

Esclavage.

829. Y a-t-il des hommes qui soient, par la nature, voués à être la propriété d'autres hommes ?

« Toute sujétion absolue d'un homme à un autre homme est contraire à la loi de Dieu. L'esclavage est un abus de la force ; il disparaît avec le progrès comme disparaîtront peu à peu tous les abus. »

La loi humaine qui consacre l'esclavage est une loi contre nature, puisqu'elle assimile l'homme à la brute et le dégrade moralement et physiquement.

830. Lorsque l'esclavage est dans les mœurs d'un peuple, ceux qui en profitent sont-ils répréhensibles, puisqu'ils ne font que se conformer à un usage qui leur paraît naturel ?

« Le mal est toujours le mal, et tous vos sophismes ne feront pas qu'une mauvaise action devienne bonne ; mais la responsabilité du mal est relative aux moyens qu'on a de le comprendre. Celui qui tire profit de la loi de l'esclavage est toujours coupable d'une violation de la loi de nature ; mais en cela, comme en toutes choses, la culpabilité est relative. L'esclavage étant passé dans les mœurs de certains peuples, l'homme a pu en profiter de bonne foi et comme d'une chose qui lui semblait naturelle ; mais dès que sa raison plus développée, et surtout éclairée par les lumières du christianisme, lui a montré dans l'esclave son égal devant Dieu, il n'a plus d'excuse. »

831. L'inégalité naturelle des aptitudes ne place-t-elle pas certaines races humaines sous la dépendance des races les plus intelligentes ?

« Oui, pour les relever, et non pour les abrutir encore davantage par la servitude. Les hommes ont trop longtemps regardé certaines races humaines comme des animaux travailleurs munis de bras et de mains qu'ils se sont cru le droit de vendre comme des bêtes de somme. Ils se croient d'un sang plus pur ; insensés qui ne voient que la matière ! Ce n'est pas le sang qui est plus ou moins pur, mais bien l'Esprit. » (361-803).

832. Il y a des hommes qui traitent leurs esclaves avec humanité ; qui ne les laissent manquer de rien et pensent que la liberté les exposerait à plus de privations ; qu'en dites-vous ?

« Je dis que ceux-là comprennent mieux leurs intérêts ; ils ont aussi grand soin de leurs bœufs et de leurs chevaux, afin d'en tirer plus de profit au marché. Ils ne sont pas aussi coupables que ceux qui les maltraitent, mais ils n'en disposent pas moins comme d'une marchandise en les privant du droit de s'appartenir. »

Liberté de penser.

833. Y a-t-il en l'homme quelque chose qui échappe à toute contrainte, et pour laquelle il jouisse d'une liberté absolue ?

« C'est dans la pensée que l'homme jouit d'une liberté sans limite, car elle ne connaît pas d'entraves. On peut en arrêter l'essor, mais non l'anéantir. »

834. L'homme est-il responsable de sa pensée ?

« Il en est responsable devant Dieu ; Dieu seul pouvant la connaître, il la condamne ou l'absout selon la justice. »

Liberté de conscience.

835. La liberté de conscience est-elle une conséquence de la liberté de penser ?

« La conscience est une pensée intime qui appartient à l'homme, comme toutes les autres pensées. »

836. L'homme a-t-il le droit de mettre des entraves à la liberté de conscience ?

« Pas plus qu'à la liberté de penser, car à Dieu seul appartient le droit de juger la conscience. Si l'homme règle par ses lois les rapports d'homme à homme, Dieu, par ses lois de la nature, règle les rapports de l'homme avec Dieu. »

837. Quel est le résultat des entraves mises à la liberté de conscience ?

« Contraindre les hommes à agir autrement qu'ils ne pensent, c'est en faire des hypocrites. La liberté de conscience est un des caractères de la vraie civilisation et du progrès. »

838. Toute croyance est-elle respectable, alors même qu'elle serait notoirement fausse ?

« Toute croyance est respectable quand elle est sincère et qu'elle conduit à la pratique du bien. Les croyances blâmables sont celles qui conduisent au mal. »

839. Est-on répréhensible de scandaliser dans sa croyance celui qui ne pense pas comme nous ?

« C'est manquer de charité et porter atteinte à la liberté de penser. »

840. Est-ce porter atteinte à la liberté de conscience que d'apporter des entraves à des croyances de nature à troubler la société ?

« *On peut réprimer les actes, mais la croyance intime est inaccessible.* »

Réprimer les actes extérieurs d'une croyance quand ces actes portent un préjudice quelconque à autrui, ce n'est point porter atteinte à la liberté de conscience, car cette repression laisse à la croyance son entière liberté.

841. Doit-on, par respect pour la liberté de conscience, laisser se propager des doctrines pernicieuses, ou bien peut-on, sans porter atteinte à cette liberté, chercher à ramener dans la voie de la vérité ceux qui sont égarés par de faux principes ?

« Certainement on le peut, et même on le doit ; mais enseignez, à l'exemple de Jésus, *par la douceur et la persuasion*, et non par la force, ce qui serait pis que la croyance de celui que l'on voudrait convaincre. S'il y a quelque chose qu'il soit permis d'imposer, c'est le bien et la fraternité ; mais nous ne croyons pas que le moyen de les faire admettre soit d'agir avec violence : la conviction ne s'impose pas. »

842. Toutes les doctrines ayant la prétention

d'être l'unique expression de la vérité, à quels signes peut-on reconnaître celle qui a le droit de se poser comme telle ?

« Ce sera celle qui fait le plus d'hommes de bien et le moins d'hypocrites, c'est-à-dire pratiquant la loi d'amour et de charité dans sa plus grande pureté et dans son application la plus large. A ce signe vous reconnaîtrez qu'une doctrine est bonne, car toute doctrine qui aurait pour conséquence de semer la désunion et d'établir une démarcation entre les enfants de Dieu ne peut être que fausse et pernicieuse. »

Libre arbitre.

843. L'homme a-t-il le libre arbitre de ses actes ?

« Puisqu'il a la liberté de penser, il a celle d'agir. Sans libre arbitre l'homme serait une machine. »

844. L'homme jouit-il du libre arbitre depuis sa naissance ?

« Il y a liberté d'agir dès qu'il y a volonté de faire. Dans les premiers temps de la vie la liberté est à peu près nulle ; elle se développe et change d'objet avec les facultés. L'enfant ayant des pensées en rapport avec les besoins de son âge, il applique son libre arbitre aux choses qui lui sont nécessaires. »

845. Les prédispositions instinctives que l'homme apporte en naissant ne sont-elles pas un obstacle à l'exercice du libre arbitre ?

« Les prédispositions instinctives sont celles de l'Esprit avant son incarnation ; selon qu'il est plus ou moins avancé, elles peuvent le solliciter à des actes répréhensibles, et il sera secondé en cela par les Esprits qui sympathisent avec ces dispositions mais il n'y a point d'entraînement irrésistible quand on a la volonté de résister. Rappelez-vous que vouloir c'est pouvoir. » (N° 361).

846. L'organisation est-elle sans influence sur les actes de la vie, et si elle a une influence, n'est-ce pas aux dépens du libre arbitre ?

« L'Esprit est certainement influencé par la matière qui peut l'entraver dans ses manifestations ; voilà pourquoi, dans les mondes où les corps sont moins matériels que sur la terre, les facultés se déploient avec plus de liberté, mais l'instrument ne donne pas la faculté. Au reste, il faut distinguer ici les facultés morales des facultés intellectuelles ; si un homme a l'instinct du meurtre, c'est assurément son propre Esprit qui le possède et qui le lui donne, mais non pas ses organes. Celui qui annihile sa pensée pour ne s'occuper que de la matière devient semblable à la brute, et pire encore, car il ne songe plus à se prémunir contre le mal, et c'est en cela qu'il est fautif, puisqu'il agit ainsi par sa volonté. » (Voyez n°s 367 et suivants. *Influence de l'organisme).*

847. L'aberration des facultés ôte-t-elle à l'homme le libre arbitre ?

« Celui dont l'intelligence est troublée par une cause quelconque n'est plus le maître de sa pensée, et dès lors n'a plus de liberté. Cette aberration est souvent une punition pour l'Esprit qui, dans une autre existence, peut avoir été vain et orgueilleux et avoir fait un mauvais usage de ses facultés. Il peut renaître dans le corps d'un idiot, comme le despote dans le corps d'un esclave, et le mauvais riche dans celui d'un mendiant ; mais l'Esprit souffre de cette contrainte dont il a parfaite conscience ; c'est là qu'est l'action de la matière. » (371 et suiv.).

848. L'aberration des facultés intellectuelles par l'ivresse excuse-t-elle les actes répréhensibles ?

« Non, car l'ivrogne s'est volontairement privé de sa raison pour satisfaire des passions brutales : au lieu d'une faute il en commet deux. »

849. Quelle est, chez l'homme à l'état sauvage, la faculté dominante : l'instinct ou le libre arbitre ?

« L'instinct ; ce qui ne l'empêche pas d'agir avec une entière liberté pour certaines choses ; mais, comme l'enfant, il applique cette liberté à ses besoins, et elle se développe avec l'intelligence ; par conséquent, toi qui es plus éclairé qu'un sauvage, tu es aussi plus responsable de ce que tu fais. »

850. La position sociale n'est-elle pas quelquefois un obstacle à l'entière liberté des actes ?

« Le monde a sans doute ses exigences ; Dieu est juste : il tient compte de tout, mais il vous laisse la responsabilité du peu d'efforts que vous faites pour surmonter les obstacles. »

Fatalité.

851. Y a-t-il une fatalité dans les événements de la vie, selon le sens attaché à ce mot, c'est-à-dire tous les évènements sont-ils arrêtés d'avance, et dans ce cas, que devient le libre arbitre ?

« La fatalité n'existe que par le choix qu'a fait l'Esprit en s'incarnant de subir telle ou telle épreuve ; en la choisissant, il se fait une sorte de destin qui est la conséquence même de la position où il se trouve placé ; je parle des épreuves physiques, car pour ce qui est des épreuves morales et des tentations, l'Esprit, conservant son libre arbitre sur le bien et sur le mal, est toujours le maître de céder ou de résister. Un bon Esprit, en le voyant faiblir, peut venir à son aide, mais ne peut influer sur lui de manière à maîtriser sa volonté. Un Esprit mauvais, c'est-à-dire inférieur, en lui montrant, en lui exagérant un péril physique, peut l'ébranler et l'effrayer ; mais la volonté de l'Esprit incarné n'en reste pas moins libre de toute entrave. »

852. Il y a des gens qu'une fatalité semble poursuivre indépendamment de leur manière d'agir ; le malheur n'est-il pas dans leur destinée ?

« Ce sont peut-être des épreuves qu'ils doivent subir et qu'ils ont choisies ; mais, encore une fois, vous mettez sur le compte de la destinée ce qui n'est le plus souvent que la conséquence de votre propre faute. Dans les maux qui t'affligent, tâche que ta conscience soit pure, et tu seras à moitié consolé. »

Les idées justes ou fausses que nous nous faisons des choses nous font réussir ou échouer selon notre caractère et notre position sociale. Nous trouvons plus simple et moins humiliant pour notre amour-propre d'attribuer nos échecs au sort ou à la destinée qu'à notre propre faute. Si l'influence des Esprits y contribue quelquefois, nous pouvons toujours nous soustraire à cette influence en repoussant les idées qu'ils nous suggèrent, quand elles sont mauvaises.

853. Certaines personnes n'échappent à un danger mortel que pour tomber dans un autre ; il semble qu'elles ne pouvaient échapper à la mort. N'y a-t-il pas fatalité ?

« Il n'y a de fatal, dans le vrai sens du mot, que l'instant de la mort ; quand ce moment est venu, que ce soit par un moyen ou par un autre, vous ne pouvez vous y soustraire. »

— Ainsi, quel que soit le danger qui nous menace, nous ne mourrons pas si l'heure n'est pas arrivée ?

« Non, tu ne périras pas, et tu en as des milliers d'exemples ; mais quand ton heure est venue de partir, rien ne peut t'y soustraire. Dieu sait à l'avance de quel genre de mort tu partiras d'ici, et souvent ton Esprit le sait aussi, car cela lui est révélé quand il fait choix de telle ou telle existence. »

854. De l'infaillibilité de l'heure de la mort suit-il que les précautions que l'on prend pour l'éviter sont inutiles ?

« Non, car les précautions que vous prenez vous sont suggérées en vue d'éviter la mort qui vous menace ; elles sont un des moyens pour qu'elle n'ait pas lieu. »

855. Quel est le but de la Providence en nous faisant courir des dangers qui ne doivent pas avoir de suite ?

« Lorsque ta vie est mise en péril, c'est un avertissement que toi-même as désiré afin de te détourner du mal et te rendre meilleur. Lorsque tu échappes à ce péril, encore sous l'influence du danger que tu as couru, tu songes plus ou moins fortement, selon l'action plus ou moins forte des bons Esprits, à devenir meilleur. Le mauvais Esprit survenant (je dis mauvais, sous-entendant le mal qui est encore en lui), tu penses que tu échapperas de même à d'autres dangers, et tu laisses de nouveau tes passions se déchaîner. Par les dangers que vous courez, Dieu vous rappelle votre faiblesse et la fragilité de votre existence. Si l'on examine la cause et la nature du péril, on verra que, le plus souvent, les conséquences eussent été la punition d'une faute commise ou *d'un devoir négligé.* Dieu vous avertit ainsi de rentrer en vous-mêmes et de vous amender. » (526-532).

856. L'Esprit sait-il d'avance le genre de mort auquel il doit succomber ?

« Il sait que le genre de vie qu'il choisit l'expose à mourir de telle manière plutôt que de telle autre ; mais il sait également les luttes qu'il aura à soutenir pour l'éviter, et que, si Dieu le permet, il ne succombera pas. »

857. Il y a des hommes qui affrontent les périls des combats avec cette persuation que leur heure n'est pas venue ; y a-t-il quelque chose de fondé dans cette confiance ?

« Très souvent l'homme a le pressentiment de sa fin, comme il peut avoir celui qu'il ne mourra pas encore. Ce pressentiment lui vient de ses Esprits protecteurs qui veulent l'avertir de se tenir prêt à partir, ou qui relèvent son courage dans les moments où il lui est plus nécessaire. Il peut lui venir encore de l'intuition qu'il a de l'existence qu'il a choisie, ou de la mission qu'il a acceptée, et qu'il sait devoir accomplir. » (411-522).

858. D'où vient que ceux qui pressentent leur mort la redoutent généralement moins que les autres ?

« C'est l'homme qui redoute la mort et non l'Esprit ; celui qui la pressent pense plus comme Esprit que comme homme : il comprend sa délivrance, et il attend. »

859. Si la mort ne peut être évitée quand elle doit avoir lieu, en est-il de même de tous les accidents qui nous arrivent dans le cours de la vie ?

« Ce sont souvent d'assez petites choses pour que nous puissions vous en prévenir, et quelquefois vous les faire éviter en dirigeant votre pensée, car nous n'aimons pas la souffrance matérielle ; mais cela est peu important à la vie que vous avez choisie. La fatalité, véritablement, ne consiste que dans l'heure où vous devez apparaître et disparaître ici-bas. »

— Y a-t-il des faits devant forcément arriver et que la volonté des Esprits ne puisse conjurer ?

« Oui, mais que toi, à l'état d'Esprit, tu as vus et pressentis quand tu as fait ton choix. Cependant ne crois pas que tout ce qui arrive soit écrit, comme on le dit ; un événement est souvent la conséquence d'une chose que tu as faite par un acte de ta libre volonté, de telle sorte que si tu n'avais pas fait cette chose l'événement n'aurait pas eu lieu. Si tu te brûles le doigt, ce n'est rien ; c'est la suite de ton imprudence et la conséquence de la matière ; il n'y a que les grandes douleurs, les événements importants et pouvant influer sur le moral qui sont prévus par Dieu, parce qu'ils sont utiles à ton épuration et à ton instruction. »

860. L'homme, par sa volonté et par ses actes, peut-il faire que des événements qui devraient avoir lieu ne soient pas, et réciproquement ?

« Il le peut, si cette déviation apparente peut entrer dans la vie qu'il a choisie. Puis, pour faire le bien, comme ce doit être, et comme c'est le seul but de la vie, il peut empêcher le mal, surtout celui qui pourrait contribuer à un mal plus grand. »

861. L'homme qui commet un meurtre sait-il, en choisissant son existence, qu'il deviendra assassin ?

« Non ; il sait que, choisissant une vie de lutte, il y a *chance* pour lui de tuer un de ses semblables, mais il ignore s'il le fera, car il y a presque toujours en lui délibération avant de commettre le crime ; or, celui qui délibère sur une chose est toujours libre de la faire ou de ne pas la faire. Si l'Esprit savait d'avance que, comme homme, il doit commettre un meurtre, c'est qu'il y serait prédestiné. Sachez donc qu'il n'y a personne de prédestiné au crime, et que tout crime ou tout acte quelconque est toujours le fait de la volonté et du libre arbitre.

« Au reste, vous confondez toujours deux choses bien distinctes : les événements matériels de la vie et les actes de la vie morale. S'il y a fatalité quelquefois, c'est dans ces événements matériels dont la cause est en dehors de vous et qui sont indépendants de votre volonté. Quant aux actes de la vie morale, ils émanent toujours de l'homme même, qui a toujours, par conséquent, la liberté du choix ; pour ces actes il n'y a donc *jamais* fatalité. »

862. Il y a des personnes auxquelles rien ne réussit, et qu'un mauvais génie semble poursuivre dans toutes leurs entreprises ; n'est-ce pas là ce qu'on peut appeler la fatalité ?

« C'est bien de la fatalité, si tu veux l'appeler ainsi, mais elle tient au choix du genre d'existence; parce que ces personnes ont voulu être éprouvées par une vie de déception, afin d'exercer leur patience et leur résignation. Cependant ne crois pas que cette fatalité soit absolue ; elle est souvent le résultat de la fausse route qu'elles ont prise, et qui n'est pas en rapport avec leur intelligence et leurs aptitudes. Celui qui veut traverser une rivière à la nage sans savoir nager a grande chance de se noyer ; il en est ainsi dans la plupart des événements de la vie. Si l'homme n'entreprenait que des choses en rapport avec ses facultés, il réussirait presque toujours ; ce qui le perd, c'est son amour-propre et son ambition, qui le font sortir de sa voie et prendre pour une vocation le désir de satisfaire certaines passions. Il échoue et c'est sa faute ; mais au lieu de s'en prendre à lui, il aime mieux en accuser son étoile. Tel eût fait un bon ouvrier et gagné honorablement sa vie, qui sera un mauvais poète et mourra de faim. Il y aurait place pour tout le monde si chacun savait se mettre à sa place. »

863. Les mœurs sociales n'obligent-elles pas souvent un homme à suivre telle voie plutôt que telle autre, et n'est-il pas soumis au contrôle de l'opinion dans le choix de ses occupations ? Ce qu'on appelle le respect humain, n'est-il pas un obstacle à l'exercice du libre arbitre ?

« Ce sont les hommes qui font les mœurs sociales et non Dieu ; s'ils s'y soumettent, c'est que cela leur convient, et c'est encore là un acte de leur libre arbitre, puisque, s'ils le voulaient, ils pourraient s'en affranchir ; alors pourquoi se plaindre ? Ce ne sont pas les mœurs sociales qu'ils doivent accuser, mais leur sot amour-propre qui leur fait préférer mourir de faim plutôt que de déroger. Personne ne leur tient compte de ce sacrifice fait à l'opinion, tandis que Dieu leur tiendra compte du sacrifice de leur vanité. Ce n'est pas à dire qu'il faille braver cette opinion sans nécessité, comme certaines gens qui ont plus d'originalité que de véritable philosophie ; il y a autant de déraison à se faire montrer au doigt ou regarder comme une bête curieuse, qu'il y a de sagesse à descendre volontairement et sans murmure, quand on ne peut se maintenir sur le haut de l'échelle. »

864. S'il y a des gens auxquels le sort est contraire, d'autres semblent être favorisés, car tout leur réussit ; à quoi cela tient-il ?

« C'est souvent parce qu'ils savent mieux s'y prendre ; mais ce peut être aussi un genre d'épreuve ; le succès les enivre ; ils se fient à leur destinée, et ils payent souvent plus tard ces mêmes succès par de cruels revers qu'ils eussent pu éviter avec de la prudence. »

865. Comment expliquer la chance qui favorise certaines personnes dans les circonstances où la volonté ni l'intelligence ne sont pour rien : au jeu, par exemple ?

« Certains Esprits ont choisi d'avance certaines sortes de plaisir ; la chance qui les favorise est une tentation. Celui qui gagne comme homme perd comme Esprit : c'est une épreuve pour son orgueil et sa cupidité. »

866. La fatalité qui semble présider aux destinées matérielles de notre vie serait donc encore l'effet de notre libre arbitre ?

« Toi-même as choisi ton épreuve : plus elle est rude, mieux tu la supportes, plus tu t'élèves. Ceux-là qui passent leur vie dans l'abondance et le bonheur humain sont de lâches Esprits qui demeurent stationnaires. Ainsi le nombre des infortunés l'emporte de beaucoup sur celui des heureux de ce monde, attendu que les Esprits cherchent, pour la plupart, l'épreuve qui leur sera la plus fructueuse. Ils voient trop bien la futilité de vos grandeurs et de vos jouissances. D'ailleurs, la vie la plus heureuse est toujours agitée, toujours troublée : ne serait-ce que par l'absence de la douleur. » (525 et suiv.).

867. D'où vient l'expression : Etre né sous une heureuse étoile ?

« Vieille superstition qui rattachait les étoiles à la destinée de chaque homme ; allégorie que certaines gens ont la sottise de prendre à la lettre. »

Connaissance de l'avenir.

868. L'avenir peut-il être révélé à l'homme ?

« En principe, l'avenir lui est caché, et ce n'est que dans des cas rares et exceptionnels que Dieu en permet la révélation. »

869. Dans quel but l'avenir est-il caché à l'homme ?

« Si l'homme connaissait l'avenir, il négligerait le présent et n'agirait pas avec la même liberté, parce qu'il serait dominé par la pensée que, si une chose doit arriver, il n'a pas à s'en occuper, ou bien il chercherait à l'entraver. Dieu n'a pas voulu qu'il en fût ainsi, afin que chacun concourût à l'accomplissement des choses, *même de celles auxquelles il voudrait s'opposer ;* ainsi, toi-même, tu prépares souvent, sans t'en douter, les événements qui surviendront dans le cours de ta vie. »

870. Puisqu'il est utile que l'avenir soit caché, pourquoi Dieu en permet-il quelquefois la révélation ?

« C'est lorsque cette connaissance préalable doit faciliter l'accomplissement de la chose au lieu de l'entraver, en engageant à agir autrement qu'on n'eût fait sans cela. Et puis, souvent c'est une épreuve. La perspective d'un événement peut éveiller des pensées plus ou moins bonnes ; si un homme doit savoir, par exemple, qu'il fera un héritage sur lequel il ne compte pas, il pourra être sollicité par le sentiment de la cupidité, par la joie d'augmenter ses jouissances terrestres, par le désir de posséder plus tôt en souhaitant peut-être la mort de celui qui doit lui laisser sa fortune ; ou bien cette perspective éveillera en lui de bons sentiments et des pensées généreuses. Si la prédiction ne s'accomplit pas, c'est une autre épreuve ; celle de la manière dont il supportera la déception ; mais il n'en aura pas moins le mérite ou le tort des pensées bonnes ou mauvaises que la croyance à l'événement a fait naître en lui. »

871. Puisque Dieu sait tout, il sait également si un homme doit succomber ou non dans une épreuve ; dès lors, quelle est la nécessité de cette épreuve, puisqu'elle ne peut rien apprendre à Dieu qu'il ne sache déjà sur le compte de cet homme ?

« Autant vaudrait demander pourquoi Dieu n'a pas créé l'homme parfait et accompli (119) ; pourquoi l'homme passe par l'enfance avant d'arriver à l'état d'adulte (379). L'épreuve n'a pas pour but d'éclairer Dieu sur le mérite de cet homme, car Dieu sait parfaitement ce qu'il vaut, mais de laisser à cet homme toute la responsabilité de son action, puisqu'il est libre de la faire ou de ne pas la faire. L'homme ayant le choix entre le bien et le mal, l'épreuve a pour effet de le mettre aux prises avec la tentation du mal et de lui laisser tout le mérite de la résistance ; or, quoique Dieu sache très bien d'avance s'il réussira ou non, il ne peut, dans sa justice, ni le punir ni le récompenser pour un acte qui n'a pas été accompli. » (258).

Il en est ainsi parmi les hommes. Quelque capable que soit un aspirant, quelque certitude qu'on ait de le voir réussir, on ne lui confère aucun grade sans examen, c'est-à-dire sans épreuve ; de même le juge ne condamne un accusé que sur un acte consommé et non sur la prévision qu'il peut ou doit consommer cet acte.

Plus on réfléchit aux conséquences qui résulteraient pour l'homme de la connaissance de l'avenir, plus on voit combien la Providence a été sage de le lui cacher. La certitude d'un événement heureux le plongerait dans l'inaction ; celle d'un événement malheureux, dans le découragement ; dans l'un ou l'autre cas ses forces seraient paralysées. C'est pourquoi l'avenir n'est montré à l'homme que comme *un but* qu'il doit atteindre par ses efforts, mais sans connaître la filière par laquelle il doit passer pour l'atteindre. La connaissance de tous les incidents de la route lui ôterait son initiative et l'usage de son libre arbitre ; il se laisserait entraîner à la pente fatale des événements sans exercer ses facultés. Quand le succès d'une chose est assuré, on ne s'en préoccupe plus.

Résumé théorique du mobile des actions de l'homme.

872. La question du libre arbitre peut se résumer ainsi : L'homme n'est point fatalement conduit au mal ; les actes qu'il accomplit ne sont points écrits d'avance ; les crimes qu'il commet ne sont point le fait d'un arrêt du destin. Il peut, comme épreuve et comme expiation, choisir une existence où il aura les entraînements du crime, soit par le milieu où il se trouve placé, soit par des circonstances qui surviennent, mais il est toujours libre d'agir ou de ne pas agir. Ainsi le libre arbitre existe à l'état d'Esprit dans le choix de l'existence et des épreuves, et à l'état corporel dans la faculté de céder ou de résister aux entraînements auxquels nous nous sommes volontairement soumis. C'est à l'éducation à combattre ces mauvaises tendances ; elle le fera utilement quand elle sera basée sur l'étude approfondie de la nature morale de l'homme. Par la connaissance des lois qui régissent cette nature morale, on parviendra à la modifier, comme on modifie l'intelligence par l'instruction et le tempérament par l'hygiène.

L'Esprit dégagé de la matière, et à l'état errant, fait choix de ses existences corporelles futures selon le degré de perfection auquel il est arrivé, et c'est en cela, comme nous l'avons dit, que consiste surtout son libre arbitre. Cette liberté n'est point annulée par l'incarnation ; s'il cède à l'influence de la matière, c'est qu'il succombe sous les épreuves mêmes qu'il a choisies, et c'est pour l'aider à les surmonter qu'il peut invoquer l'assistance de Dieu et des bons Esprits (337).

Sans le libre arbitre l'homme n'a ni tort dans le mal, ni mérite dans le bien ; et cela est tellement reconnu que, dans le monde, on proportionne toujours le blâme ou l'éloge à l'intention, c'est-à-dire à la volonté ; or, qui dit volonté dit liberté. L'homme ne saurait donc chercher une excuse de ses méfaits dans son organisation, sans abdiquer sa raison et sa condition d'être humain, pour s'assimiler à la brute. S'il en était ainsi pour le mal, il en serait de même pour le bien ; mais quand l'homme fait le bien il a grand soin de s'en faire un mérite et n'a garde d'en gratifier ses organes, ce qui prouve qu'instinctivement il ne renonce pas, malgré l'opinion de quelques systématiques, au plus beau privilège de son espèce : la liberté de penser.

La fatalité, telle qu'on l'entend vulgairement, suppose la décision préalable et irrévocable de tous les événements de la vie, quelle qu'en soit l'importance. Si tel était l'ordre des choses, l'homme serait une machine sans volonté. A quoi lui servirait son intelligence, puisqu'il serait invariablement dominé dans tous ses actes par la puissance du destin ? Une telle doctrine, si elle était vraie, serait la destruction de toute liberté morale ; il n'y aurait plus pour l'homme de responsabilité, et par conséquent ni bien, ni mal, ni crimes, ni vertus. Dieu, souverainement juste, ne pourrait châtier sa créature pour des fautes qu'il n'aurait pas dépendu d'elle de ne pas commettre, ni la récompenser pour des vertus dont elle n'aurait pas le mérite. Une pareille loi serait en outre la négation de la loi du progrès, car l'homme qui attendrait tout du sort ne tenterait rien pour améliorer sa position, puisqu'il n'en serait ni plus ni moins.

La fatalité n'est pourtant pas un vain mot ; elle existe dans la position que l'homme occupe sur la terre et dans les fonctions qu'il y remplit, par suite du genre d'existence dont son Esprit a fait choix, comme *épreuve, expiation* ou *mission ;* il subit fatalement toutes les vicissitudes de cette existence, et toutes les *tendances* bonnes ou mauvaises qui y sont inhérentes ; mais là s'arrête la fatalité, car il dépend de sa volonté de céder ou non à ces tendances. *Le détail des événements est subordonné aux circonstances qu'il provoque lui-même par ses actes,* et sur lesquelles peuvent influer les Esprits par les pensées qu'ils lui suggèrent. (459).

La fatalité est donc dans les événements qui se présentent, puisqu'ils sont la conséquence du choix de l'existence fait par l'Esprit ; elle peut ne pas être dans le résultat de ces événements, puisqu'il peut dépendre de l'homme d'en modifier le cours par sa prudence ; *elle n'est jamais dans les actes de la vie morale.*

C'est dans la mort que l'homme est soumis d'une manière absolue à l'inexorable loi de la fatalité ; car il ne peut échapper à l'arrêt qui fixe le terme de son existence, ni au genre de mort qui doit en interrompre le cours.

Selon la doctrine vulgaire, l'homme puiserait tous

ses instincts en lui-même ; ils proviendraient, soit de son organisation physique dont il ne saurait être responsable, soit de sa propre nature dans laquelle il peut chercher une excuse à ses propres yeux, en disant que ce n'est pas sa faute s'il est ainsi fait. La doctrine spirite est évidemment plus morale : elle admet chez l'homme le libre arbitre dans toute sa plénitude ; et en lui disant que, s'il fait mal, il cède à une mauvaise suggestion étrangère, elle lui en laisse toute la responsabilité, puisqu'elle lui reconnaît le pouvoir de résister, chose évidemment plus facile que s'il avait à lutter contre sa propre nature. Ainsi, selon la doctrine spirite, il n'y a pas d'entraînement irrésistible : l'homme peut toujours fermer l'oreille à la voix occulte qui le sollicite au mal dans son for intérieur, comme il peut la fermer à la voix matérielle de celui qui lui parle ; il le peut par sa volonté, en demandant à Dieu la force nécessaire, et en réclamant à cet effet l'assistance des bons Esprits. C'est ce que Jésus nous apprend dans la sublime prière de l'*Oraison dominicale,* quand il nous fait dire : « Ne nous laissez pas succomber à la tentation, mais délivrez-nous du mal ».

Cette théorie de la cause excitante de nos actes ressort évidemment de tout l'enseignement donné par les Esprits ; non seulement elle est sublime de moralité, mais nous ajouterons qu'elle relève l'homme à ses propres yeux ; elle le montre libre de secouer un joug obsesseur, comme il est libre de fermer sa maison aux importuns ; ce n'est plus une machine agissant par une impulsion indépendante de sa volonté, c'est un être de raison, qui écoute, qui juge et qui choisit librement entre deux conseils. Ajoutons que, malgré cela, l'homme n'est point privé de son initiative ; il n'en agit pas moins de son propre mouvement, puisqu'en définitive il n'est qu'un Esprit incarné qui conserve, sous l'enveloppe corporelle, les qualités et les défauts qu'il avait comme Esprit. Les fautes que nous commettons ont donc leur source première dans l'imperfection de notre propre Esprit, qui n'a pas encore atteint la supériorité morale qu'il aura un jour, mais qui n'en a pas moins son libre abitre ; la vie corporelle lui est donnée pour se purger de ses imperfections par les épreuves qu'il y subit, et ce sont précisément ces imperfections qui le rendent plus faible et plus accessible aux suggestions des autres Esprits imparfaits, qui en profitent pour tâcher de le faire succomber dans la lutte qu'il a entreprise. S'il sort vainqueur de cette lutte il s'élève ; s'il échoue, il reste ce qu'il était, ni plus mauvais, ni meilleur : c'est une épreuve à recommencer, et cela peut durer longtemps ainsi. Plus il s'épure, plus ces côtés faibles diminuent, et moins il donne de prise à ceux qui le sollicitent au mal ; sa force morale croît en raison de son élévation, et les mauvais Esprits s'éloignent de lui.

Tous les Esprits, plus ou moins bons, alors qu'ils sont incarnés, constituent l'espèce humaine ; et, comme notre terre est un des mondes les moins avancés, il s'y trouve plus de mauvais Esprits que de bons, voilà pourquoi nous y voyons tant de perversité. Faisons donc tous nos efforts pour n'y pas revenir après cette station, et pour mériter d'aller nous reposer dans un monde meilleur, dans un de ces mondes privilégiés où le bien règne sans partage, et où nous ne nous souviendrons de notre passage ici-bas que comme d'un temps d'exil.

CHAPITRE XI

X. — LOI DE JUSTICE, D'AMOUR ET DE CHARITE

1. Justice et droits naturels. — 2. Droit de propriété. Vol. 3. Charité et amour du prochain. — 4. Amour maternel et filial.

Justice et droits naturels.

873. Le sentiment de la justice est-il dans la nature ou le résultat d'idées acquises ?

« Il est tellement dans la nature que vous vous révoltez à la pensée d'une injustice. Le progrès moral développe sans doute ce sentiment, mais il ne le donne pas : Dieu l'a mis dans le cœur de l'homme ; voilà pourquoi vous trouverez souvent chez des hommes simples et primitifs des notions plus exactes de la justice que chez ceux qui ont beaucoup de savoir. »

874. Si la justice est une loi de nature, comment se fait-il que les hommes l'entendent d'une manière si différente, et que l'un trouve juste ce qui paraît injuste à l'autre ?

« C'est qu'il s'y mèle souvent des passions qui altèrent ce sentiment, comme la plupart des autres sentiments naturels, et font voir les choses sous un faux point de vue. »

875. Comment peut-on définir la justice ?

« La justice consiste dans le respect des droits de chacun. »

— Qu'est-ce qui détermine ces droits ?

« Ils le sont par deux choses : la loi humaine et la loi naturelle. Les hommes ayant fait des lois appropriées à leurs mœurs et à leur caractère, ces lois ont établi des droits qui ont pu varier avec le progrès des lumières. Voyez si vos lois d'aujourd'hui, sans être parfaites, consacrent les mêmes droits qu'au moyen âge ; ces droits surannés, qui vous paraissent monstrueux, semblaient justes et naturels à cette époque. Le droit établi par les hommes n'est donc pas toujours conforme à la justice ; il ne règle d'ailleurs que certains rapports sociaux, tandis que, dans la vie privée, il est une foule d'actes qui sont uniquement du ressort du tribunal de la conscience. »

876. En dehors du droit consacré par la loi humaine, quelle est la base de la justice fondée sur la loi naturelle ?

« Le Christ vous l'a dit : *Vouloir pour les autres ce que vous voudriez pour vous-mêmes.* Dieu a mis dans le cœur de l'homme la règle de toute véritable justice, par le désir de chacun de voir respecter ses droits. Dans l'incertitude de ce qu'il doit faire à l'égard de son semblable dans une circonstance donnée, que l'homme se demande comment il voudrait qu'on en usât envers lui en pareille circonstance : Dieu ne pouvait lui donner un guide plus sûr que sa propre conscience. »

Le critérium de la véritable justice est, en effet, de vouloir pour les autres ce qu'on voudrait pour soi-même et non de vouloir pour soi ce qu'on voudrait pour les autres, ce qui n'est pas du tout la même chose. Comme il n'est pas naturel de se vouloir du mal, en prenant son désir personnel pour type ou point de départ, on est certain de ne jamais vouloir que du bien pour son prochain. De tout temps, et dans toutes les croyances, l'homme a toujours cherché à faire prévaloir son droit personnel ; *le sublime de la religion chrétienne a été de prendre le droit personnel pour base du droit du prochain.*

877. La nécessité pour l'homme de vivre en société entraîne-t-elle pour lui des obligations particulières ?

« Oui, et la première de toutes est de respecter les droits de ses semblables ; celui qui respectera ces droits sera toujours juste. Dans votre monde où tant d'hommes ne pratiquent pas la loi de justice, chacun use de représailles, et c'est là ce qui fait le trouble et la confusion de votre société. La vie sociale donne des droits et impose des devoirs réciproques.

878. L'homme pouvant se faire illusion sur l'étendue de son droit, qu'est-ce qui peut lui en faire connaître la limite ?

« La limite du droit qu'il reconnaît à son semblable envers lui dans la même circonstance et réciproquement. »

— Mais si chacun s'attribue les droits de son semblable, que devient la subordination envers les supérieurs ? N'est-ce pas l'anarchie de tous les pouvoirs ?

« Les droits naturels sont les mêmes pour tous les hommes depuis le plus petit jusqu'au plus grand ; Dieu n'a pas fait les uns d'un limon plus pur que les autres, et tous sont égaux devant lui. Ces droits sont éternels ; ceux que l'homme a établis périssent avec ses institutions. Du reste, chacun sent bien sa force ou sa faiblesse, et saura toujours avoir une sorte de déférence pour celui qui le méritera par sa vertu et sa sagesse. C'est important de mettre cela, afin que ceux qui se croient supérieurs connaissent leurs devoirs pour mériter ces déférences. La subordination ne sera point compromise quand l'autorité sera donnée à la sagesse. »

879. Quel serait le caractère de l'homme qui pratiquerait la justice dans toute sa pureté ?

« Le vrai juste, à l'exemple de Jésus ; car il pratiquerait aussi l'amour du prochain et la charité, sans lesquels il n'y a pas de véritable justice. »

Droit de propriété. Vol.

880. Quel est le premier de tous les droits naturels de l'homme ?

« C'est de vivre ; c'est pourquoi nul n'a le droit d'attenter à la vie de son semblable, ni de rien faire qui puisse compromettre son existence corporelle. »

881. Le droit de vivre donne-t-il à l'homme le droit d'amasser de quoi vivre pour se reposer quand il ne pourra plus travailler ?

« Oui, mais il doit le faire en famille, comme l'abeille, par un travail honnête, et ne pas amasser comme un égoïste. Certains animaux même lui donnent l'exemple de la prévoyance. »

882. L'homme a-t-il le droit de défendre ce qu'il a amassé par le travail ?

« Dieu n'a-t-il pas dit : Tu ne déroberas point ; et Jésus : Il faut rendre à César ce qui appartient à César ? »

Ce que l'homme amasse par un travail *honnête* est une propriété légitime qu'il a le droit de défendre, car la propriété qui est le fruit du travail est un droit naturel aussi sacré que celui de travailler et de vivre.

883. Le désir de posséder est-il dans la nature ?

« Oui ; mais quand c'est pour soi seul et pour sa satisfaction personnel, c'est de l'égoïsme. »

— Cependant le désir de posséder n'est-il pas légitime, puisque celui qui a de quoi vivre n'est à charge à personne ?

« Il y a des hommes insatiables et qui accumulent sans profit pour personne, ou pour assouvir leurs passions. Crois-tu que cela soit bien vu de Dieu ? Celui, au contraire, qui amasse par son travail, en vue de venir en aide à ses semblables, pratique la loi d'amour et de charité, et son travail est béni de Dieu. »

884. Quel est le caractère de la propriété légitime ?

« Il n'y a de propriété légitime que celle qui a été acquise sans préjudice pour autrui. » (808).

La loi d'amour et de justice défendant de faire à autrui ce que nous ne voudrions pas qu'on nous fît, condamne par cela même tout moyen d'acquérir qui serait contraire à cette loi.

885. Le droit de propriété est-il indéfini ?

« Sans doute, tout ce qui est acquis légitimement est une propriété ; mais, comme nous l'avons dit, la législation des hommes étant imparfaite consacre souvent des droits de convention que la justice naturelle réprouve. C'est pourquoi ils réforment leurs lois à mesure que le progrès s'accomplit et qu'ils comprennent mieux la justice. Ce qui semble parfait dans un siècle semble barbare dans le siècle suivant. » (795).

Charité et amour du prochain.

886. Quel est le véritable sens du mot *charité* tel que l'entendait Jésus ?

« Bienveillance pour tout le monde, indulgence pour les imperfections d'autrui, pardon des offenses. »

L'amour et la charité sont le complément de la loi de justice, car aimer son prochain, c'est lui faire tout le bien qui est en notre pouvoir et que nous voudrions qui nous fût fait à nous-mêmes. Tel est le sens des paroles de Jésus : *Aimez-vous les uns les autres, comme des frères.*

La charité, selon Jésus, n'est pas restreinte à l'aumône ; elle embrasse tous les rapports que nous avons avec nos semblables, qu'ils soient nos inférieurs, nos égaux ou nos supérieurs. Elle nous commande l'indulgence, parce que nous en avons besoin nous-mêmes ; elle nous défend d'humilier l'infortune, contrairement à ce qui se pratique trop souvent. Qu'une personne riche se présente, on a pour elle mille égards, mille prévenances ; si elle est pauvre, on semble n'avoir pas besoin de se gêner avec elle. Plus sa position est à plaindre, plus on doit craindre au contraire d'ajouter à son malheur par l'humiliation. L'homme vraiment bon cherche à relever l'inférieur à ses propres yeux, en diminuant la distance.

887. Jésus a dit aussi : *Aimez même vos ennemis*. Or, l'amour pour nos ennemis n'est-il pas contraire à nos tendances naturelles, et l'inimitié ne provient-elle pas du défaut de sympathie entre les Esprits ?

« Sans doute on ne peut pas avoir pour ses ennemis un amour tendre et passionné ; ce n'est pas ce qu'il a voulu dire ; aimer ses ennemis, c'est leur pardonner et leur rendre le bien pour le mal ; par là on leur devient supérieur ; par la vengeance on se place au-dessous d'eux. »

888. Que penser de l'aumône ?

« L'homme réduit à demander l'aumône se dégrade au moral et au physique : il s'abrutit. Dans une société basée sur la loi de Dieu et la justice, il doit être pourvu à la vie du *faible* sans humiliation pour lui. Elle doit assurer l'existence de ceux qui ne peuvent travailler, sans laisser leur vie *à la merci du hasard* et de la bonne volonté. »

— Est-ce que vous blâmez l'aumône ?

« Non ; ce n'est pas l'aumône qui est blâmable, c'est souvent la manière dont elle est faite. L'homme de bien qui comprend la charité selon Jésus va au-devant du malheureux sans attendre qu'il lui tende la main.

« La vraie charité est toujours bonne et bienveillante ; elle est autant dans la manière que dans le fait. Un service rendu avec délicatesse double de prix ; s'il l'est avec hauteur, le besoin peut le faire accepter, mais le cœur en est peu touché.

« Souvenez-vous aussi que l'ostentation enlève aux yeux de Dieu le mérite du bienfait. Jésus a dit : Que votre main gauche ignore ce que donne votre main droite ; il vous apprend par là à ne point ternir la charité par l'orgueil.

« Il faut distinguer l'aumône proprement dite de la bienfaisance. Le plus nécessiteux n'est pas toujours celui qui demande ; la crainte d'une humiliation retient le vrai pauvre, et souvent il souffre sans se plaindre ; c'est celui-là que l'homme vraiment humain sait aller chercher sans ostentation.

« Aimez-vous les uns les autres, c'est toute la loi ; loi divine par laquelle Dieu gouverne les mondes. L'amour est la loi d'attraction pour les êtres vivants et organisés ; l'attraction est la loi d'amour pour la matière organique.

« N'oubliez jamais que l'Esprit, quel que soit son degré d'avancement, sa situation comme réincarnation ou erraticité, est *toujours* placé entre un supérieur qui le guide et le perfectionne, et un inférieur vis-à-vis duquel il a les mêmes devoirs à remplir. Soyez donc charitables, non seulement de cette charité qui vous porte à tirer de votre bourse l'obole que vous donnez froidement à celui qui ose vous la demander, mais allez au-devant des misères cachées. Soyez indulgents pour les travers de vos semblables ; au lieu de mépriser l'ignorance et le vice, instruisez-les et moralisez-les ; soyez doux et bienveillants pour tout ce qui vous est inférieur ; soyez le même à à l'égard des êtres les plus infimes de la création, et vous aurez obéi à la loi de Dieu. »

SAINT VINCENT DE PAUL.

889. N'y a-t-il pas des hommes réduits à la mendicité par leur faute ?

« Sans doute, mais si une bonne éducation morale leur eût appris à pratiquer la loi de Dieu, ils ne tomberaient pas dans les excès qui causent leur perte ; c'est de là surtout que dépend l'amélioration de votre globe. » (707).

Amour maternel et filial.

890. L'amour maternel est-il une vertu ou un sentiment instinctif commun aux hommes et aux animaux ?

« C'est l'un et l'autre. La nature a donné à la mère l'amour de ses enfants dans l'intérêt de leur conservation ; mais chez l'animal cet amour est limité aux besoins matériels : il cesse quand les soins deviennent inutiles ; chez l'homme il persiste toute la vie, et comporte un dévouement et une abnégation qui sont de la vertu ; il survit même à la mort, et suit l'enfant au delà du tombeau ; vous voyez bien qu'il y a en lui autre chose que chez l'animal. » (205-385).

891. Puisque l'amour maternel est dans la nature,

pourquoi y a-t-il des mères qui haïssent leurs enfants, et cela souvent dès leur naissance ?

« C'est quelquefois une épreuve choisie par l'Esprit de l'enfant, ou une expiation si lui-même a été mauvais père ou mauvaise mère, ou mauvais fils, dans une autre existence (392). Dans tous les cas, la mauvaise mère ne peut être animée que par un mauvais Esprit qui tâche d'entraver celui de l'enfant afin qu'il succombe sous l'épreuve qu'il a voulue ; mais cette violation des lois de la nature ne sera pas impunie, et l'Esprit de l'enfant sera récompensé des obstacles qu'il aura surmontés. »

892. Lorsque des parents ont des enfants qui leur causent des chagrins, ne sont-ils pas excusables de n'avoir pas pour eux la tendresse qu'ils auraient eue dans le cas contraire ?

« Non, car c'est une charge qui leur est confiée, et leur mission est de faire tous leurs efforts pour les ramener au bien (582-583). Mais ces chagrins sont souvent la suite du mauvais pli qu'ils leur ont laissé prendre dès le berceau : ils récoltent alors ce qu'ils ont semé. »

CHAPITRE XII

PERFECTION MORALE

**1. Les vertus et les vices. — 2. Des passions.
3. De l'égoïsme. — 4. Caractère de l'homme de bien
5. Connaissance de soi-même.**

Les vertus et les vices.

893. Quelle est la plus méritoire de toutes les vertus ?

« Toutes les vertus ont leur mérite, parce que toutes sont des signes de progrès dans la voie du bien. Il y a vertu toutes les fois qu'il y a résistance volontaire à l'entraînement des mauvais penchants ; mais le sublime de la vertu consiste dans le sacrifice de l'intérêt personnel pour le bien de son prochain sans arrière-pensée ; la plus méritoire est celle qui est fondée sur la charité la plus désintéressée. »

894. Il y a des gens qui font le bien par un mouvement spontané, sans qu'ils aient à vaincre aucun sentiment contraire ; ont-ils autant de mérite que ceux qui ont à lutter contre leur propre nature et qui la surmontent ?

« Ceux qui n'ont point à lutter, c'est que chez eux le progrès est accompli : ils ont lutté jadis et ils ont triomphé ; c'est pourquoi les bons sentiments ne leur coûtent aucun effort, et leurs actions leur paraissent toutes simples : le bien est devenu pour eux une habitude. On doit donc les honorer comme de vieux guerriers qui ont conquis leurs grades.

« Comme vous êtes encore loin de la perfection, ces exemples vous étonnent par le contraste, et vous les admirez d'autant plus qu'ils sont plus rares ; mais sachez bien que dans les mondes plus avancés que le vôtre, ce qui chez vous est une exception est la règle. Le sentiment du bien y est partout spontané, parce qu'ils ne sont habités que par de bons Esprits, et une seule mauvaise intention y serait une exception monstrueuse. Voilà pourquoi les hommes y sont heureux ; il en sera ainsi sur la terre quand l'humanité se sera transformée, et quand elle comprendra et pratiquera la charité dans sa véritable acception. »

895. A part les défauts et les vices sur lesquels personne ne saurait se méprendre, quel est le signe le plus caractéristique de l'imperfection ?

« C'est l'intérêt personnel. Les qualités morales sont souvent comme la dorure mise sur un objet de cuivre et qui ne résiste pas à la pierre de touche. Un homme peut posséder des qualités réelles qui en font, pour tout le monde, un homme de bien ; mais ces qualités, quoiqu'elles soient un progrès, ne supportent pas toujours certaines épreuves et il suffit quelquefois de toucher à la corde de l'intérêt personnel pour mettre le fond à découvert. Le véritable désintéressement est même chose si rare sur la terre, qu'on l'admire comme un phénomène quand il se présente.

« L'attachement aux choses matérielles est un signe notoire d'infériorité, parce que plus l'homme tient aux biens de ce monde, moins il comprend sa destinée ; par le désintéressement, au contraire, il prouve qu'il voit l'avenir d'un point plus élevé. »

896. Il y a des gens désintéressés sans discernement, qui prodiguent leur avoir sans profit réel, faute d'en faire un emploi raisonné ; ont-ils un mérite quelconque ?

« Ils ont le mérite du désintéressement, mais ils n'ont pas celui du bien qu'ils pourraient faire. Si le désintéressement est une vertu, la prodigalité irréfléchie est toujours au moins un manque de jugement. La fortune n'est pas plus donnée à quelques-uns pour être jetée au vent, qu'à d'autres pour être enterrée dans un coffre-fort ; c'est un dépôt dont ils auront à rendre compte, car ils auront à répondre de tout le bien qu'il était en leur pouvoir de faire, et qu'ils n'auront pas fait ; de toutes les larmes qu'ils auraient pu sécher avec l'argent qu'ils ont donné à ceux qui n'en avaient pas besoin. »

897. Celui qui fait le bien, non en vue d'une récompense sur la terre, mais dans l'espoir qu'il lui en sera tenu compte dans l'autre vie, et que sa position y sera d'autant meilleure, est-il répréhensible, et cette pensée lui nuit-elle pour son avancement ?

« Il faut faire le bien par charité, c'est-à-dire avec désintéressement. »

— Cependant chacun a le désir bien naturel de s'avancer pour sortir de l'état pénible de cette vie ; les Esprits eux-mêmes nous enseignent à pratiquer le bien dans ce but ; est-ce donc un mal de penser qu'en faisant le bien on peut espérer mieux que sur la terre ?

« Non, certainement ; mais celui qui fait le bien sans arrière-pensée, et pour le seul plaisir d'être agréable à Dieu et à son prochain souffrant, est déjà à un certain degré d'avancement qui lui permettra d'arriver beaucoup plus tôt au bonheur que son frère qui, plus positif, fait le bien par raisonnement, et n'y est pas poussé par la chaleur naturelle de son cœur. » (894).

— N'y a-t-il pas ici une distinction à faire entre le bien que l'on peut faire à son prochain et le soin que l'on met à se corriger de ses défauts ? Nous concevons que faire le bien avec la pensée qu'il en sera tenu compte dans l'autre vie est peu méritoire ; mais s'amender, vaincre ses passions, corriger son caractère en vue de se rapprocher des bons Esprits et de s'élever, est-ce également un signe d'infériorité ?

« Non, non ; par faire le bien, nous voulons dire être charitable. Celui qui calcule ce que chaque bonne action peut lui rapporter dans la vie future, aussi bien que dans la vie terrestre, agit en égoïste ; mais il n'y a aucun égoïsme à s'améliorer en vue de se rapprocher de Dieu, puisque c'est le but auquel chacun doit tendre. »

898. Puisque la vie corporelle n'est qu'un séjour temporaire ici-bas, et que notre avenir doit être notre principale préoccupation, est-il utile de s'efforcer d'acquérir des connaissances scientifiques qui ne touchent qu'aux choses et aux besoins matériels ?

« Sans doute ; d'abord cela vous met à même de soulager vos frères ; puis, votre Esprit montera plus vite s'il a déjà progressé en intelligence ; dans l'intervalle des incarnations, vous apprendrez en une heure ce qui vous demanderait des années sur votre terre. Aucune connaissance n'est inutile ; toutes contribuent plus ou moins à l'avancement, parce que l'Esprit parfait doit tout savoir, et que le progrès devant s'accomplir en tous sens, toutes les idées acquises aident au développement de l'Esprit. »

899. De deux hommes riches, l'un est né dans l'opulence et n'a jamais connu le besoin ; l'autre doit sa fortune à son travail ; tous les deux l'emploient exclusivement à leur satisfaction personnelle ; quel est le plus coupable ?

« Celui qui a connu les souffrances ; il sait ce que c'est de souffrir ; il connaît la douleur qu'il ne soulage pas, mais trop souvent pour lui il ne s'en souvient plus. »

900. Celui qui accumule sans cesse et sans faire de bien à personne, trouve-t-il une excuse valable dans la pensée qu'il amasse pour laisser davantage à ses héritiers ?

« C'est un compromis avec la mauvaise conscience. »

901. De deux avares, le premier se refuse le nécessaire et meurt de besoin sur son trésor ; le second n'est avare que pour les autres : il est prodigue pour lui-même ; tandis qu'il recule devant le plus léger sacrifice pour rendre service ou faire une chose utile, rien ne lui coûte pour satisfaire ses goûts et ses passions. Lui demande-t-on un service, il est toujours gêné ; veut-il se passer une fantaisie, il a toujours assez. Quel est le plus coupable, et quel est celui qui aura la plus mauvaise place dans le monde des Esprits ?

« Celui qui jouit : il est plus égoïste qu'avare : l'autre a déjà trouvé une partie de sa punition. »

902. Est-on répréhensible d'envier la richesse, quand c'est par le désir de faire le bien ?

« Le sentiment est louable, sans doute, quand il est pur ; mais ce désir est-il toujours bien désintéressé et ne cache-t-il aucune arrière-pensée personnelle ? La première personne à qui l'on souhaite faire du bien, n'est-ce pas souvent soi-même ? »

903. Est-on coupable d'étudier les défauts des autres ?

« Si c'est pour les critiquer et les divulguer on est très coupable, car c'est manquer de charité ; si c'est pour en faire son profit personnel et les éviter soi-même, cela peut quelquefois être utile ; mais il ne faut pas oublier que l'indulgence pour les défauts d'autrui est une des vertus comprises dans la charité. Avant de faire aux autres un reproche de leurs imperfections, voyez si l'on ne peut dire de vous la même chose. Tâchez donc d'avoir les qualités opposées aux défauts que vous critiquez dans autrui, c'est le moyen de vous rendre supérieur ; lui reprochez-vous d'être avare, soyez généreux ; d'être orgueilleux, soyez humble et modeste ; d'être dur, soyez doux ; d'agir avec petitesse, soyez grand dans toutes vos actions ; en un mot, faites en sorte qu'on ne puisse vous appliquer cette parole de Jésus : Il voit une paille dans l'œil de son voisin, et ne voit pas une poutre dans le sien. »

904. Est-on coupable de sonder les plaies de la société et de les dévoiler ?

« Cela dépend du sentiment qui porte à le faire ; si l'écrivain n'a en vue que de produire du scandale, c'est une jouissance personnelle qu'il se procure en présentant des tableaux qui sont souvent plutôt un mauvais qu'un bon exemple. L'Esprit apprécie, mais il peut être puni de cette sorte de plaisir qu'il prend à révéler le mal. »

— Comment, dans ce cas, juger de la pureté des intentions et de la sincérité de l'écrivain ?

« Cela n'est pas toujours utile ; s'il écrit de bonnes

choses, faites-en votre profit ; s'il fait mal, c'est une question de conscience qui le regarde. Du reste, s'il tient à prouver sa sincérité, c'est à lui d'appuyer le précepte par son propre exemple. »

905. Certains auteurs ont publié des œuvres très belles et très morales qui aident au progrès de l'humanité, mais dont eux-mêmes n'ont guère profité ; leur est-il tenu compte, comme Esprits, du bien qu'ont fait leurs œuvres ?

« La morale sans les actions, c'est la semence sans le travail. Que vous sert la semence si vous ne la faites pas fructifier pour vous nourrir ? Ces hommes sont plus coupables, parce qu'ils avaient l'intelligence pour comprendre ; en ne pratiquant pas les maximes qu'ils donnaient aux autres, ils ont renoncé à en cueillir les fruits. »

906. Celui qui fait bien est-il répréhensible d'en avoir conscience, et de se l'avouer à lui-même ?

« Puisqu'il peut avoir la conscience du mal qu'il fait, il doit avoir aussi celle du bien, afin de savoir s'il agit bien ou mal. C'est en pesant toutes ses actions dans la balance de la loi de Dieu, et surtout dans celle de la loi de justice, d'amour et de charité, qu'il pourra se dire si elles sont bonnes ou mauvaises, les approuver ou les désapprouver. Il ne peut donc être répréhensible de reconnaître qu'il a triomphé des mauvaises tendances et d'en être satisfait, pourvu qu'il n'en tire pas vanité, car alors il tomberait dans un autre travers. » (919).

Des passions.

907. Puisque le principe des passions est dans la nature, est-il mauvais en lui-même ?

« Non ; la passion est dans l'excès joint à la volonté, car le principe a été donné à l'homme pour le bien, et elles peuvent le porter à de grandes choses, c'est l'abus qu'il en fait qui cause le mal. »

908. Comment définir la limite où les passions cessent d'être bonnes ou mauvaises ?

« Les passions sont comme un cheval qui est utile quand il est maîtrisé, et qui est dangereux quand c'est lui qui maîtrise Reconnaissez donc qu'une passion devient pernicieuse du moment que vous cessez de pouvoir la gouverner et qu'elle a pour résultat un préjudice quelconque pour vous ou pour autrui. »

Les passions sont des leviers qui décuplent les forces de l'homme et l'aident à l'accomplissement des vues de la Providence ; mais si, au lieu de les diriger, l'homme se laisse diriger par elles, il tombe dans les excès, et la force même qui, dans sa main, pouvait faire le bien, retombe sur lui et l'écrase.

Toutes les passions ont leur principe dans un sentiment ou besoin de nature. Le principe des passions n'est donc point un mal, puisqu'il repose sur une des conditions providentielles de notre existence. La passion, proprement dite, est l'exagération d'un besoin ou d'un sentiment ; elle est dans l'excès et non dans la cause ; et cet excès devient un mal quand il a pour conséquence un mal quelconque.

Toute passion qui rapproche l'homme de la nature animale l'éloigne de la nature spirituelle.

Tout sentiment qui élève l'homme au-dessus de la nature animale annonce la prédominance de l'Esprit sur la matière et le rapproche de la perfection.

909. L'homme pourrait-il toujours vaincre ses mauvais penchants par ses efforts ?

« Oui, et quelquefois par de faibles efforts ; c'est la volonté qui lui manque. Hélas ! combien peu de vous font des efforts ! »

910. L'homme peut-il trouver dans les Esprits une assistance efficace pour surmonter ses passions ?

« S'il prie Dieu et son bon génie avec sincérité, les bons Esprits lui viendront certainement en aide, car c'est leur mission. » (459).

911. N'y a-t-il pas des passions tellement vives et irrésistibles que la volonté est impuissante pour les surmonter ?

« Il y a beaucoup de personnes qui disent : *Je veux,* mais la volonté n'est que sur les lèvres ; elles veulent, et elles sont bien aises que cela ne soit pas. Quand on croit ne pas pouvoir vaincre ses passions, c'est que l'Esprit s'y complaît par suite de son infériorité. Celui qui cherche à les réprimer comprend sa nature spirituelle ; les vaincre est pour lui un triomphe de l'Esprit sur la matière. »

912. Quel est le moyen le plus efficace de combattre la prédominance de la nature corporelle ?

« Faire abnégation de soi-même. »

De l'égoïsme.

913. Parmi les vices, quel est celui qu'on peut regarder comme radical ?

« Nous l'avons dit bien des fois, c'est l'*égoïsme :* de là dérive tout le mal. Etudiez tous les vices, et vous verrez qu'au fond de tous il y a l'égoïsme ; vous aurez beau les combattre, vous ne parviendrez pas à les extirper tant que vous n'aurez pas attaqué le mal dans sa racine, tant que vous n'aurez pas détruit la cause. Que tous vos efforts tendent donc vers ce but, car là est la véritable plaie de la société. Quiconque veut approcher, dès cette vie ,de la perfection morale, doit extirper de son cœur tout sentiment d'égoïsme, car l'égoïsme est incompatible avec la justice, l'amour et la charité : il neutralise toutes les autres qualités. »

914. L'égoïsme étant fondé sur le sentiment de l'intérêt personnel, il paraît bien difficile de l'extirper entièrement du cœur de l'homme ; y parviendra-t-on ?

« A mesure que les hommes s'éclairent sur les choses spirituelles, il attachent moins de prix aux choses matérielles ; et puis il faut réformer les institutions humaines qui l'entretiennent et l'excitent. Cela dépend de l'éducation. »

915. L'égoïsme, étant inhérent à l'espèce humaine, ne sera-t-il pas toujours un obstacle au règne du bien absolu sur la terre ?

« Il est certain que l'égoïsme est votre plus grand mal, mais il tient à l'infériorité des Esprits incarnés sur la terre, et non à l'humanité en elle-même ; or les Esprits, en s'épurant par des incarnations successives, perdent l'égoïsme comme ils perdent leurs autres impuretés. N'avez-vous sur la terre aucun homme dépourvu d'égoïsme et pratiquant la charité ? Il y en a plus que vous ne croyez, mais vous les connaissez peu, parce que la vertu ne cherche pas l'éclat du grand jour ; s'il y en a un, pourquoi n'y en aurait-il pas dix ; s'il y en a dix, pourquoi n'y en aurait-il pas mille, et ainsi de suite ? »

916. L'égoïsme, loin de diminuer, croît avec la civilisation qui semble l'exciter et l'entretenir ; comment la cause pourra-t-elle détruire l'effet ?

« Plus le mal est grand plus il devient hideux ; il fallait que l'égoïsme fit beaucoup de mal pour faire comprendre la nécessité de l'extirper. Lorsque les hommes auront dépouillé l'égoïsme qui les domine, ils vivront comme des frères, ne se faisant point de mal, s'entr'aidant réciproquement par le sentiment mutuel de la *solidarité* ; alors le fort sera l'appui et non l'oppresseur du faible, et l'on ne verra plus d'hommes manquer du nécessaire, parce que tous pratiqueront la loi de justice. C'est le règne du bien que sont chargés de préparer les Esprits. »(784).

917. Quel est le moyen de détruire l'égoïsme ?

« De toutes les imperfections humaines, la plus difficile à déraciner c'est l'égoïsme, parce qu'il tient à l'influence de la matière dont l'homme, *encore trop voisin de son origine,* n'a pu s'affranchir, et cette influence, tout concourt à l'entretenir : ses lois, son organisation sociale, son éducation. L'égoïsme s'affaiblira avec la prédominance de la vie morale sur la vie matérielle, et surtout avec l'intelligence que le spiritisme vous donne de votre état futur *réel,* et non dénaturé par les fictions allégoriques ; le spiritisme bien compris, lorsqu'il se sera identifié avec les mœurs et les croyances, transformera les habitudes, les usages, les relations sociales. L'égoïsme est fondé sur l'importance de la personnalité ; or le spiritisme bien compris, je le répète, fait voir les choses de si haut que le sentiment de la personnalité disparaît en quelque sorte devant l'immensité. En détruisant cette importance, ou tout au moins en la faisant voir pour ce qu'elle est, il combat nécessairement l'égoïsme.

« C'est le froissement que l'homme éprouve de l'égoïsme des autres qui le rend souvent égoïste lui-même, parce qu'il sent le besoin de se tenir sur la défensive. En voyant que les autres pensent à eux et non à lui, il est conduit à s'occuper de lui plus que des autres. Que le principe de la charité et de la fraternité soit la base des institutions sociales, des rapports *légaux* de peuple à peuple et d'homme à homme, et l'homme songera moins à sa personne quand il verra que d'autres y ont songé ; il subira l'influence moralisatrice de l'exemple et du contact. En présence de ce débordement d'égoïsme, il faut une véritable vertu pour faire abnégation de sa personnalité au profit des autres qui souvent n'en savent aucun gré ; c'est à ceux surtout qui posssèdent cette vertu que le royaume des cieux est ouvert ; à eux surtout est réservé le bonheur des élus, car je vous dis en vérité, qu'au jour de la justice, quiconque n'aura pensé qu'à soi sera mis de côté, et souffrira de son délaissement. » (785). FÉNELON.

On fait sans doute de louables efforts pour faire avancer l'humanité ; on encourage, on stimule, on honore les bons sentiments plus qu'à aucune autre époque, et pourtant le ver rongeur de l'égoïsme est toujours la plaie sociale. C'est un mal réel qui rejaillit sur tout le monde, dont chacun est plus ou moins victime ; il faut donc le combattre comme on combat une maladie épidémique. Pour cela, il faut procéder à la manière des médecins : remonter à la source. Qu'on recherche donc dans toutes les parties de l'organisation sociale, depuis la famille jusqu'aux peuples, depuis la chaumière jusqu'au palais, toutes les causes, toutes les influences patentes ou cachées, qui excitent, entretiennent et développent le sentiment de l'égoïsme ; une fois les causes connues, le remède se présentera de lui-même ; il ne s'agira plus que de les combattre, sinon toutes à la fois, au moins partiellement, et peu à peu le venin sera extirpé. La guérison pourra être longue, car les causes sont nombreuses, mais elle n'est pas impossible. On n'y parviendra, du reste, qu'en prenant le mal dans sa racine, c'est-à-dire par l'éducation ; non cette éducation qui tend à faire des hommes instruits, mais celle qui tend à faire des hommes de bien. L'éducation, si elle est bien entendue, est la clef du progrès moral ; quand on connaîtra l'art de manier les caractères comme on connaît celui de manier les intelligences, on pourra les redresser comme on redresse de jeunes plantes ; mais cet art demande beaucoup de tact, beaucoup d'expérience, et une profonde observation ; c'est une grave erreur de croire qu'il suffise d'avoir de la science pour l'exercer avec fruit. Quiconque suit l'enfant du riche aussi bien que celui du pauvre depuis l'instant de sa naissance et observe toutes les influences pernicieuses qui réagissent sur lui par suite de la faiblesse, de l'incurie et de l'ignorance de ceux qui le dirigent, combien souvent les moyens que l'on emploie pour le moraliser portent à faux, ne peut s'étonner de rencontrer dans le monde tant de travers. Que l'on fasse pour le moral autant que l'on fait pour l'intelligence et l'on verra que, s'il est des natures réfractaires, il y en a plus qu'on ne le croit qui ne demandent qu'une bonne culture pour rapporter de bons fruits. (872)

L'homme veut être heureux, ce sentiment est dans la nature ; c'est pourquoi il travaille sans cesse à améliorer sa position sur la terre ; il cherche les causes de ses maux afin d'y remédier. Quand il comprendra bien que l'égoïsme est une de ces causes, celle qui engendre l'orgueil, l'ambition, la cupidité, l'envie, la haine, la jalousie, dont il est à chaque instant froissé, qui porte le trouble dans toutes les relations sociales, provoque les dissensions, détruit la confiance, oblige à se tenir constamment sur la défensive avec son voisin, celle enfin qui de l'ami fait un ennemi, alors il comprendra aussi que ce vice est incompatible avec sa propre félicité ; nous ajoutons même avec sa propre sécurité ; plus il en aura souffert, plus il sentira la nécessité de le combattre, comme il combat la peste, les animaux nuisibles et tous les autres fléaux ; il y sera sollicité par son propre intérêt. (784)

L'égoïsme est la source de tous les vices, comme la charité est la source de toutes les vertus ; détruire l'un, développer l'autre, tel doit être le but de tous les efforts de l'homme s'il veut assurer son bonheur ici-bas aussi bien que dans l'avenir.

Caractères de l'homme de bien.

918. A quels signes peut-on reconnaître chez un homme le progrès réel qui doit élever son Esprit dans la hiérarchie spirite ?

« L'Esprit prouve son élévation lorsque tous les actes de sa vie corporelle sont la pratique de la loi de Dieu et lorsqu'il comprend par anticipation la vie spirituelle. »

Le véritable homme de bien est celui qui pratique la loi de justice, d'amour et de charité dans sa plus grande pureté. S'il interroge sa conscience sur les actes accomplis, il se demandera s'il n'a point violé cette loi ; s'il n'a point fait de mal ; s'il a fait tout le bien *qu'il a pu ;* si nul n'a eu à se plaindre de lui, enfin s'il a fait à autrui tout ce qu'il eût voulu qu'on fît pour lui.

L'homme pénétré du sentiment de charité et d'amour du prochain fait le bien pour le bien, sans espoir de retour, et sacrifie son intérêt à la justice.

Il est bon, humain et bienveillant pour tout le monde, parce qu'il voit des frères dans tous les hommes sans acception de races ni de croyances.

Si Dieu lui a donné la puissance et la richesse, il regarde ces choses comme UN DÉPOT dont il doit faire usage pour le bien ; il n'en tire pas vanité, car il sait que Dieu qui les lui a données peut les lui retirer.

Si l'ordre social a placé des hommes sous sa dépendance, il les traite avec bonté et bienveillance, parce qu'ils sont ses égaux devant Dieu ; il use de son autorité pour relever leur moral, et non pour les écraser par son orgueil.

Il est indulgent pour les faiblesses d'autrui, parce qu'il sait que lui-même a besoin d'indulgence et se rapelle cette parole du Christ : *Que celui qui est sans péché lui jette la première pierre.*

Il n'est point vindicatif : à l'exemple de Jésus il pardonne les offenses pour ne se souvenir que des bienfaits ; car il sait qu'*il lui sera pardonné comme il aura pardonné lui-même.*

Il respecte dans ses semblables tous les droits que donnent les lois de la nature, comme il voudrait qu'on les respectât envers lui.

Connaissance de soi-même.

919. Quel est le moyen pratique le plus efficace pour s'améliorer en cette vie et résister à l'entraînement du mal ?

« Un sage de l'antiquité vous l'a dit : *Connais-toi toi-même.* »

— Nous concevons toute la sagesse de cette maxime, mais la difficulté est précisément de se connaître soi-même ; quel est le moyen d'y parvenir ?

« Faites ce que je faisais moi-même de mon vivant sur la terre : à la fin de la journée, j'interrogeais ma conscience, je passais en revue ce que j'avais fait et me demandais si je n'avais pas manqué à quelque devoir ; si personne n'avait eu à se plaindre de moi. C'est ainsi que j'étais parvenu à me connaître et à voir ce qu'il y avait à réformer en moi. Celui qui, chaque soir, rappellerait toutes ses actions de la journée et se demanderait ce qu'il a fait de bien ou de mal, priant Dieu et son ange gardien de l'éclairer, acquerrait une grande force pour se perfectionner ; car, croyez-moi, Dieu l'assistera. Posez-vous donc des questions, et demandez-vous ce que vous avez fait et dans quel but vous avez agi en telle circonstance ; si vous avez fait quelque chose que vous blâmeriez de la part d'autrui ; si vous avez fait une action que vous n'oseriez avouer. Demandez-vous encore ceci : s'il plaisait à Dieu de me rappeler en ce moment, aurais-je en rentrant dans le monde des Esprits, où rien n'est caché, à redouter la vue de quelqu'un ?

Examinez ce que vous pouvez avoir fait contre Dieu, puis contre votre prochain, et enfin contre vous-même. Les réponses seront un repos pour votre conscience, ou l'indication d'un mal qu'il faut guérir.

« La connaissance de soi-même est donc la clef de l'amélioration individuelle ; mais, direz-vous, comment se juger ? N'a-t-on pas l'illusion de l'amour-propre qui amoindrit les fautes et les fait excuser ? L'avare se croit simplement économe et prévoyant ; l'orgueilleux croit n'avoir que de la dignité. Cela n'est que trop vrai, mais vous avez un moyen de contrôle qui ne peut vous tromper. Quand vous êtes indécis sur la valeur d'une de vos actions, demandez-vous comment vous la qualifieriez si elle était le fait d'une autre personne ; si vous la blâmez en autrui, elle ne saurait être plus légitime en vous, car Dieu n'a pas deux mesures pour la justice. Cherchez aussi à savoir ce qu'en pensent les autres, et ne négligez pas l'opinion de vos ennemis, car ceux-là n'ont aucun intérêt à farder la vérité, et souvent Dieu les place à côté de vous comme un miroir pour vous avertir avec plus de franchise que ne le ferait un ami. Que celui qui a la volonté sérieuse de s'améliorer explore donc sa conscience afin d'en arracher les mauvais penchants, comme il arrache les mauvaises herbes de son jardin ; qu'il fasse la balance de sa journée morale, comme le marchand fait celle de ses pertes et bénéfices, et je vous assure que l'une lui rapportera plus que l'autre. S'il peut se dire que sa journée a été bonne, il peut dormir en paix et attendre sans crainte le réveil d'une autre vie.

« Posez-vous donc des questions nettes et précises et ne craignez pas de les multiplier : on peut bien donner quelques minutes pour conquérir un bonheur éternel. Ne travaillez-vous pas tous les jours en vue d'amasser de quoi vous donner le repos sur vos vieux jours ? Ce repos n'est-il pas l'objet de tous vos désirs, le but qui vous fait endurer des fatigues et des privations momentanées ? Eh bien ! qu'est-ce que c'est que ce repos de quelques jours, troublé par les infirmités du corps, à côté de celui qui attend l'homme de bien ? Cela ne vaut-il pas la peine de faire quelques efforts ? Je sais que beaucoup disent que le présent est positif et l'avenir incertain ; or, voilà précisément la pensée que nous sommes chargés de détruire en vous, car nous voulons vous faire comprendre cet avenir de manière à ce qu'il ne puisse laisser aucun doute dans votre âme ; c'est pourquoi nous avons d'abord appelé votre attention par des phénomènes de nature à frapper vos sens, puis nous vous donnons des instructions que chacun de vous est chargé de répandre. C'est dans ce but que nous avons dicté le Livre des Esprits. »

SAINT AUGUSTIN.

Beaucoup de fautes que nous commetttons passent inaperçues pour nous ; si, en effet, suivant le conseil de saint Augustin, nous interrogions plus souvent notre conscience, nous verrions combien de fois nous avons failli sans y penser, faute par nous de scruter la nature et le mobile de nos actes. La forme interrogative a quelque chose de plus précis qu'une maxime que souvent on ne s'applique pas. Elle exige des réponses catégoriques par oui ou par non qui ne laissent pas d'alternative ; ce sont autant d'arguments personnels, et par la somme des réponses on peut supputer la somme du bien et du mal qui est en nous.

LIVRE QUATRIEME

ESPERANCES ET CONSOLATIONS

CHAPITRE PREMIER

PEINES ET JOUISSANCES TERRESTRES

1. Bonheur et malheur relatifs.
2. Perte des personnes aimées. — 3. Déceptions. Affections brisées. — 4. Unions antipathiques.
5. Appréhension de la mort. — 6. Dégoût de la vie. Suicide.

Bonheur et malheur relatifs.

920. L'homme peut-il jouir sur la terre d'un bonheur complet ?

« Non, puisque la vie lui a été donnée comme épreuve ou expiation ; mais il dépend de lui d'adoucir ses maux et d'être aussi heureux qu'on le peut sur la terre. »

921. On conçoit que l'homme sera heureux sur la terre lorsque l'humanité aura été transformée ; mais en attendant, chacun peut-il s'assurer un bonheur relatif ?

« L'homme est le plus souvent l'artisan de son propre malheur. En pratiquant la loi de Dieu, il s'épargne bien des maux et se procure une félicité aussi grande que le comporte son existence grossière. »

L'homme qui est bien pénétré de sa destinée future ne voit dans la vie corporelle qu'une station temporaire. C'est pour lui une halte momentanée dans une mauvaise hôtellerie ; il se console aisément de quelques désagréments passagers d'un voyage qui doit le conduire à une position d'autant meilleure qu'il aura mieux fait d'avance ses préparatifs.

Nous sommes punis dès cette vie de l'infraction aux lois de l'existence corporelle par les maux qui sont la suite de cette infraction et de nos propres excès. Si nous remontons de proche en proche à l'origine de ce que nous appelons nos malheurs terrestres nous les verrons, pour la plupart, être la suite d'une première déviation du droit chemin. Par cette déviation nous sommes entrés dans une mauvaise voie, et de conséquence en conséquence nous tombons dans le malheur.

922. Le bonheur terrestre est relatif à la position de chacun ; ce qui suffit au bonheur de l'un fait le malheur de l'autre. Y a-t-il cependant une mesure de bonheur commune à tous les hommes ?

« Pour la vie matérielle, c'est la possession du nécessaire ; pour la vie morale : la bonne conscience et la foi en l'avenir. »

923. Ce qui serait du superflu pour l'un ne devient-il pas nécessaire pour d'autres, et réciproquement, suivant la position ?

« Oui, selon vos idées matérielles, vos préjugés, votre ambition et tous vos travers ridicules dont l'avenir fera justice quand vous comprendrez la vérité. Sans doute, celui qui avait cinquante mille livres de revenu et se trouve réduit à dix se croit bien malheureux, parce qu'il ne peut plus faire une aussi grande figure, tenir ce qu'il appelle son rang, avoir des chevaux, des laquais, satisfaire toutes ses passions, etc. Il croit manquer du nécessaire ; mais, franchement, le crois-tu bien à plaindre, quand à côté de lui il y en a qui meurent de faim et de froid, et n'ont pas un abri pour reposer leur tête ? Le sage, pour être heureux, regarde au-dessous de lui, et jamais au-dessus, si ce n'est pour élever son âme. vers l'infini. » (715).

924. Il est des maux qui sont indépendants de la manière d'agir et qui frappent l'homme le plus juste ; n'a-t-il aucun moyen de s'en préserver ?

« Il doit alors se résigner et les subir *sans murmure,* s'il veut progresser ; mais il puise toujours une consolation dans sa conscience qui lui donne l'espoir d'un meilleur avenir, s'il fait ce qu'il faut pour l'obtenir. »

925. Pourquoi Dieu favorise-t-il des dons de la fortune certains hommes qui ne semblent pas l'avoir mérité ?

« C'est une faveur aux yeux de ceux qui ne voient que le présent ; mais, sache-le bien, la fortune est une épreuve souvent plus dangereuse que la misère. » (814 et suiv.).

926. La civilisation, en créant de nouveaux besoins, n'est-elle pas la source d'afflictions nouvelles ?

« Les maux de ce monde sont en raison des besoins *factices* que vous vous créez. Celui qui sait borner ses désirs et voit sans envie ce qui est au-dessus de lui s'épargne bien des mécomptes dans cette vie. Le plus riche est celui qui a le moins de besoins.

« Vous enviez les jouissances de ceux qui vous paraissent les heureux du monde ; mais savez-vous ce qui leur est réservé ? S'ils ne jouissent que pour eux, ils sont égoïstes, alors viendra le revers. Plaignez-les plutôt. Dieu permet quelquefois que le méchant prospère, mais son bonheur n'est pas à envier, car il le payera avec des larmes amères. Si le juste est malheureux, c'est une épreuve dont il lui sera tenu compte s'il la supporte avec courage. Souvenez-vous de ces paroles de Jésus : Heureux ceux qui souffrent, car ils seront consolés. »

927. Le superflu n'est certainement pas indispensable au bonheur, mais il n'en est pas ainsi du nécessaire ; or le malheur de ceux qui sont privés de ce nécessaire n'est-il pas réel ?

« L'homme n'est véritablement malheureux que lorsqu'il souffre du manque de ce qui est nécessaire à la vie et à la santé du corps. Cette privation est peut-être sa faute ; alors il ne doit s'en prendre qu'à lui-même ; si elle est la faute d'autrui, la responsabilité retombe sur celui qui en est la cause. »

928. Par la spécialité des aptitudes naturelles, Dieu indique évidemment notre vocation en ce monde. Beaucoup de maux ne viennent-ils pas de ce que nous ne suivons pas cette vocation ?

« C'est vrai, et ce sont souvent les parents qui, par orgueil ou par avarice, font sortir leurs enfants de la voie tracée par la nature, et, par ce déplacement, compromettent leur bonheur ; ils en seront responsables. »

— Ainsi vous trouveriez juste que le fils d'un homme haut placé dans le monde fît des sabots, par exemple, s'il avait de l'aptitude pour cet état ?

« Il ne faut pas tomber dans l'absurde, ni rien exagérer : la civilisation a ses nécessités. Pourquoi le fils d'un homme haut placé, comme tu le dis, ferait-il des sabots s'il peut faire autre chose ? Il pourra toujours se rendre utile dans la mesure de ses facultés, si elles ne sont pas appliquées à contre-sens.

Ainsi, par exemple, au lieu d'un mauvais avocat, il pourrait peut-être faire un bon mécanicien, etc. »

Le déplacement des hommes hors de leur sphère intellectuelle est assurément une des causes les plus fréquentes de déception. L'inaptitude pour la carrière embrassée est une source intarissable de revers ; puis l'amour-propre, venant s'y joindre, empêche l'homme tombé de chercher une ressource dans une profession plus humble et lui montre le suicide comme remède pour échapper à ce qu'il croit une humiliation. *Si une éducation morale l'avait élevé au-dessus des sots préjugés de l'orgueil, il ne serait jamais pris au dépourvu.*

929. Il y a des gens qui, étant dénués de toutes ressources, alors même que l'abondance règne autour d'eux, n'ont que la mort en perspective ; quel parti doivent-ils prendre ? Doivent-ils se laisser mourir de faim ?

« On ne doit jamais avoir l'idée de se laisser mourir de faim ; on trouverait toujours moyen de se nourrir, si l'orgueil ne s'interposait entre le besoin et le travail. On dit souvent : Il n'y a point de sot métier ; ce n'est pas l'état qui déshonore ; on le dit pour les autres et non pour soi. »

930. Il est évident que, sans les préjugés sociaux par lesquels on se laisse dominer, on trouverait toujours un travail quelconque qui pût aider à vivre, dût-on déroger de sa position ; mais parmi les gens qui n'ont point de préjugés, ou qui les mettent de côté, il en est qui sont dans l'impossibilité de subvenir à leurs besoins, par suite de maladies ou autres causes indépendantes de leur volonté.

« Dans une société organisée selon la loi du Christ, personne ne doit mourir de faim. »

Avec une organisation sociale sage et prévoyante, l'homme ne peut manquer du nécessaire que par sa faute ; mais ses fautes mêmes sont souvent le résultat du milieu où il se trouve placé. Lorsque l'homme pratiquera la loi de Dieu, il aura un ordre social fondé sur la justice et la solidarité, et lui-même aussi sera meilleur. (793)

931. Pourquoi, dans la société, les classes souffrantes sont-elles plus nombreuses que les classes heureuses ?

« Aucune n'est parfaitement heureuse, et ce que l'on croit le bonheur cache souvent de poignants chagrins : la souffrance est partout. Cependant, pour répondre à ta pensée, je dirai que les classes que tu appelles souffrantes sont plus nombreuses, parce que la terre est un lieu d'expiation. Quand l'homme en aura fait le séjour du bien et des bons Esprits, il n'y sera plus malheureux, et elle sera pour lui le paradis terrestre. »

932. Pourquoi, dans le monde, les méchants l'emportent-ils si souvent en influence sur les bons ?

« C'est par la faiblesse des bons ; les méchants sont intrigants et audacieux, les bons sont timides ; quand ceux-ci le voudront, ils prendront le dessus. »

933. Si l'homme est souvent l'artisan de ses souffrances matérielles, en est-il de même des souffrances morales ?

« Plus encore, car les souffrances matérielles sont quelquefois indépendantes de la volonté ; mais l'orgueil blessé, l'ambition déçue, l'anxiété de l'avarice, l'envie, la jalousie, toutes les passions, en un mot, sont des tortures de l'âme.

» L'envie et la jalousie ! Heureux ceux qui ne connaissent pas ces deux vers rongeurs ! Avec l'envie et la jalousie, point de calme, point de repos possible pour celui qui est atteint de ce mal : les objets de sa convoitise, de sa haine, de son dépit se dressent devant lui comme des fantômes qui ne lui laissent aucune trêve et le poursuivent jusque dans son sommeil. L'envieux et le jaloux sont dans un état de fièvre continuelle. Est-ce donc là une situation désirable, et ne comprenez-vous pas qu'avec ses passions, l'homme se crée des supplices volontaires, et que la terre devient pour lui un véritable enfer ? »

Plusieurs expressions peignent énergiquement les effets de certaines passions ; on dit : être bouffi d'orgueil, mourir d'envie, sécher de jalousie ou de dépit, en perdre le boire et le manger, etc. ; ce tableau n'est que trop vrai. Quelquefois même la jalousie n'a pas d'objet déterminé. Il y a des gens jaloux, par nature, de tout ce qui s'élève, de tout ce qui sort de la ligne vulgaire, alors même qu'ils n'y ont aucun intérêt direct, mais uniquement parce qu'ils n'y peuvent atteindre ; tout ce qui paraît au-dessus de l'horizon les offusque, et s'ils étaient en majorité dans la société, ils voudraient tout ramener à leur niveau. C'est la jalousie jointe à la médiocrité.

L'homme n'est souvent malheureux que par l'importance qu'il attache aux choses d'ici-bas ; c'est la vanité, l'ambition et la cupidité déçues qui font son malheur. S'il se place au-dessus du cercle étroit de la vie matérielle, s'il élève ses pensées vers l'infini qui est sa destinée, les vicissitudes de l'humanité lui semblent alors mesquines et puériles, comme les chagrins de l'enfant qui s'afflige de la perte d'un jouet dont il faisait son bonheur suprême.

Celui qui ne voit de félicité que dans la satisfaction de l'orgueil et des appétits grossiers est malheureux quand il ne peut les satisfaire, tandis que celui qui ne demande rien au superflu est heureux de ce que d'autres regardent comme des calamités.

Nous parlons de l'homme civilisé, car le sauvage ayant des besoins plus bornés n'a pas les mêmes sujets de convoitise et d'angoisses : sa manière de voir les choses est tout autre. Dans l'état de civilisation, l'homme raisonne son malheur et l'analyse ; c'est pourquoi il en est plus affecté ; mais il peut aussi raisonner et analyser les moyens de consolation. Cette consolation, il la puise dans *le sentiment chrétien qui lui donne l'espérance d'un avenir meilleur, et dans le spiritisme qui lui donne la certitude de cet avenir.*

Perte des personnes aimées.

934. La perte des personnes qui nous sont chères n'est-elle pas une de celles qui nous causent un chagrin d'autant plus légitime que cette perte est irréparable, et qu'elle est indépendante de notre volonté ?

« Cette cause de chagrin atteint le riche comme le pauvre : c'est une épreuve ou expiation, et la loi commune ; mais c'est une consolation de pouvoir communiquer avec vos amis par les moyens que vous avez, *en attendant que vous en ayez d'autres plus directs et plus accessibles à vos sens.* »

935. Que penser de l'opinion des personnes qui regardent les communications d'outre-tombe comme une profanation ?

« Il ne peut y avoir profanation quand il y a recueillement, et quand l'évocation est faite avec respect et convenance ; ce qui le prouve, c'est que les Esprits qui vous affectionnent viennent avec plaisir ; ils sont heureux de votre souvenir et de s'entretenir avec vous ; il y aurait profanation à le faire avec légèreté. »

La possibilité d'entrer en communication avec les Esprits est une bien douce consolation, puisqu'elle nous procure le moyen de nous entretenir avec nos parents et nos amis qui ont quitté la terre avant nous. Par l'évocation nous les rapprochons de nous, ils sont à nos côtés, nous entendent et nous répondent ; il n'y a pour ainsi dire plus de séparation entre eux et nous. Ils nous aident de leurs conseils, nous témoignent leur affection et le contentement qu'ils éprouvent de notre souvenir. C'est pour nous une satisfaction de les savoir heureux, d'apprendre *par eux-mêmes* les détails de leur nouvelle existence et d'acquérir la certitude de les rejoindre à notre tour.

936. Comment les douleurs inconsolables des survivants affectent-elles les Esprits qui en sont l'objet ?

« L'Esprit est sensible au souvenir et aux regrets de ceux qu'il a aimés, mais une douleur incessante et déraisonnable l'affecte péniblement, parce qu'il voit dans cette douleur excessive, un manque de foi en l'avenir et de confiance en Dieu et, par conséquent, un obstacle à l'avancement et, peut-être, à la réunion. »

L'Esprit étant plus heureux que sur terre, regretter pour lui la vie, c'est regretter qu'il soit heureux. Deux amis sont prisonniers et enfermés dans le même cachot ; tous les deux doivent avoir un jour leur liberté, mais l'un d'eux l'obtient avant l'autre. Serait-il charitable à celui qui reste d'être fâché que son ami soit délivré avant lui ? N'y aurait-il pas plus d'égoïsme que d'affection de sa part à vouloir qu'il partage sa captivité et ses souffrances aussi longtemps que lui ? Il en est de même de deux êtres qui s'aiment sur la terre ; celui qui part le premier est le premier délivré, et nous devons l'en féliciter, en attendant avec patience le moment où nous le serons à notre tour.

Nous ferons sur ce sujet une autre comparaison. Vous avez un ami qui, auprès de vous, est dans une situation très pénible ; sa santé ou son intérêt exige qu'il aille dans un autre pays où il sera mieux sous tous les rapports. Il ne sera plus auprès de vous momentanément, mais vous serez toujours en correspondance avec lui : la séparation ne sera que matérielle. Serez-vous fâché de son éloignement, puisque c'est pour son bien ?

La doctrine spirite, par les preuves patentes qu'elle donne de la vie future, de la présence autour de nous de ceux que nous avons aimés, de la continuité de leur affection et de leur sollicitude, par les relations qu'elle nous met à même d'entretenir avec eux, nous offre une suprême consolation dans une des causes les plus légitimes de douleur. Avec le spirtisme, plus de solitude, plus d'abandon ; l'homme le plus isolé a toujours des amis près de lui, avec lesquels il peut s'entretenir.

Nous supportons impatiemment les tribulations de la vie ; elles nous paraissent si intolérables que nous ne comprenons pas que nous les puissions endurer ; et pourtant, si nous les avons supportées avec courage, si nous avons su imposer silence à nos murmures, nous nous en féliciterons quand nous serons hors de cette prison terrestre, comme le patient qui souffre se félicite, quand il est guéri, de s'être résigné à un traitement douloureux.

Déception. Ingratitude. Affections brisées.

937. Les déceptions que nous font éprouver l'ingratitude et la fragilité des liens de l'amitié ne sont-elles pas aussi pour l'homme de cœur une source d'amertume ?

« Oui ; mais nous vous apprenons à plaindre les ingrats et les amis infidèles : ils seront plus malheureux que vous. L'ingratitude est fille de l'égoïsme, et l'égoïste trouvera plus tard des cœurs insensibles comme il l'a été lui-même. Songez à tous ceux qui ont fait plus de bien que vous, qui valurent mieux que vous, et qui ont été payés par l'ingratitude. Songez que Jésus lui-même a été bafoué et méprisé de son vivant, traité de fourbe et d'imposteur, et ne vous étonnez pas qu'il en soit de même à votre égard. Que le bien que vous avez fait soit votre récompense en ce monde, et ne regardez pas ce qu'en disent ceux qui l'ont reçu. L'ingratitude est une épreuve pour votre persistance à faire le bien ; il vous en sera tenu compte, et ceux qui vous ont méconnu en seront punis d'autant plus que leur ingratitude aura été plus grande. »

938. Les déceptions causées par l'ingratitude ne

sont-elles pas faites pour endurcir le cœur et le fermer à la sensibilité ?

« Ce serait un tort ; car l'homme de cœur, comme tu dis, est toujours heureux du bien qu'il fait. Il sait que si l'on ne s'en souvient pas en cette vie, on s'en souviendra dans une autre, et que l'ingrat en aura de la honte et des remords. »

— Cette pensée n'empêche pas son cœur d'être ulcéré ; or, cela ne peut-il faire naître en lui l'idée qu'il serait plus heureux s'il était moins sensible ?

« Oui, s'il préfère le bonheur de l'égoïste ; c'est un triste bonheur que celui-là ! Qu'il sache donc que les amis ingrats qui l'abandonnent ne sont pas dignes de son amitié, et qu'il s'est trompé sur leur compte ; dès lors, il ne doit pas les regretter. Plus tard, il en trouvera qui sauront mieux le comprendre. Plaignez ceux qui ont pour vous de mauvais procédés que vous n'avez pas mérités, car il y aura pour eux un triste retour ; mais ne vous en affectez pas : c'est le moyen de vous mettre au-dessus d'eux. »

La nature a donné à l'homme le besoin d'aimer et d'être aimé. Une des plus grandes jouissances qui lui soit accordée sur la terre, c'est de rencontrer des cœurs qui sympathisent avec le sien ; elle lui donne ainsi les prémices du bonheur qui lui est réservé dans le monde des Esprits parfaits où tout est amour et bienveillance : c'est une jouissance qui est refusée à l'égoïste.

Unions antipathiques.

939. Puisque les Esprits sympathiques sont portés à s'unir, comment se fait-il que, parmi les Esprits incarnés, l'affection ne soit souvent que d'un côté, et que l'amour le plus sincère soit accueilli avec indif-

férence et même répulsion ? Comment, en outre, l'affection la plus vive de deux êtres peut-elle se changer en antipathie et, quelquefois, en haine ?

« Tu ne comprends donc pas que c'est une punition, mais qui n'est que passagère. Puis, combien n'y en a-t-il pas qui croient aimer éperdument, parce qu'ils ne jugent que sur les apparences, et quand ils sont obligés de vivre avec les personnes, ils ne tardent pas à reconnaître que ce n'est qu'un engouement matériel ! Il ne suffit pas d'être épris d'une personne qui vous plaît et à qui vous croyez de belles qualités ; c'est en vivant réellement avec elle que vous pourrez l'apprécier. Combien aussi n'y a-t-il pas de ces unions qui, tout d'abord, paraissent ne devoir jamais être sympathiques, et quand l'un et l'autre se sont bien connus et bien étudiés, finissent pas s'aimer d'un amour tendre et durable, parce qu'il repose sur l'estime ! Il ne faut pas oublier que c'est l'Esprit qui aime et non le corps, et quand l'illusion matérielle est dissipée, l'Esprit voit la réalité.

» Il y a deux sortes d'affections : celle du corps et celle de l'âme, et l'on prend souvent l'une pour l'autre. L'affection de l'âme. quand elle est pure et sympathique, est durable ; celle du corps est périssable ; voilà pourquoi souvent, ceux qui croyaient s'aimer d'un amour éternel se haïssent quand l'illusion est tombée. »

940. Le défaut de sympathie entre les êtres destinés à vivre ensemble n'est-il pas également une source de chagrins d'autant plus amers qu'ils empoisonnent toute l'existence ?

« Très amers, en effet ; mais c'est un de ces malheurs dont vous êtes le plus souvent la première cause ; d'abord, ce sont vos lois qui ont tort, car crois-tu que Dieu t'astreigne à rester avec ceux qui te déplaisent ? et puis, dans ces unions, vous cherchez souvent plus la satisfaction de votre orgueil et de votre ambition que le bonheur d'une affection mutuelle ; vous subissez alors la conséquence de vos préjugés. »

— Mais dans ce cas, n'y a-t-il pas presque toujours **une victime innocente** ?

« Oui, et c'est pour elle une dure expiation ; mais la responsabilité de son malheur retombera sur ceux qui en auront été la cause. Si la lumière de la vérité a pénétré son âme, elle puisera sa consolation dans sa foi en l'avenir ; du reste, à mesure que les préjugés s'affaibliront, les causes de ces malheurs privés disparaîtront aussi. »

Appréhension de la mort.

941. L'appréhension de la mort est pour beaucoup de gens une cause de perplexité ; d'où vient cette appréhension, puisqu'ils ont devant eux l'avenir ?

« C'est à tort qu'ils ont cette appréhension ; mais que veux-tu ! on cherche à leur persuader dans leur jeunesse qu'il y a un enfer et un paradis, mais qu'il est plus certain qu'ils iront en enfer, parce qu'on leur dit que ce qui est dans la nature est un péché mortel pour l'âme : alors, quand ils deviennent grands, s'ils ont un peu de jugement, ils ne peuvent admettre cela, et ils deviennent athées ou matérialistes ; c'est ainsi qu'on les amène à croire qu'en dehors de la vie présente, il n'y a plus rien. Quant à ceux qui ont persisté dans leurs croyances d'enfance, ils redoutent ce feu éternel qui doit les brûler sans les anéantir. »

« La mort n'inspire au juste aucune crainte, parce qu'avec *la foi* il a la certitude de l'avenir ; *l'espérance* lui fait attendre une vie meilleure, et *la charité* dont il a pratiqué la loi lui donne l'assurance qu'il ne rencontrera dans le monde où il va entrer aucun être dont il ait à redouter le regard. » (730).

L'homme charnel, plus attaché à la vie corporelle qu'à la vie spirituelle, a, sur la terre, des peines et des jouissances matérielles ; son bonheur est dans la satisfaction fugitive de tous ses désirs. Son âme, constamment préoccupée et affectée des vicissitudes de la vie, est dans une anxiété et une torture perpétuelles. La mort l'effraye, parce qu'il doute de son avenir et qu'il laisse sur la terre toutes ses affections et toutes ses espérances.

L'homme moral, qui s'est élevé au-dessus des besoins factices créés par les passions, a, dès ici-bas, des jouissances inconnues à l'homme matériel. La modération de ses désirs donne à son Esprit le calme et la sérénité. Heureux du bien qu'il fait, il n'est point pour lui de déceptions, et les contrariétés glissent sur son âme sans y laisser d'empreinte douloureuse.

942. Certaines personnes ne trouveront-elles pas ces conseils pour être heureux sur la terre un peu banaux ; n'y verront-elles pas ce qu'elles appellent les lieux communs, des vérités rebattues ; et ne diront-elles pas qu'en définitive le secret pour être heureux, c'est de savoir supporter son malheur ?

« Il y en a qui diront cela, et beaucoup ; mais il en est d'eux comme de certains malades à qui le médecin prescrit la diète : ils voudraient être guéris sans remèdes et en continuant à se donner des indigestions. »

Dégoût de la vie. Suicide.

943. D'où vient le dégoût de la vie qui s'empare de certains individus, sans motifs plausibles ?

« Effet de l'oisiveté, du manque de foi et souvent de la satiété.

» Pour celui qui exerce ses facultés dans un but utile et *selon ses aptitudes naturelles*, le travail n'a rien d'aride, et la vie s'écoule plus rapidement ; il en supporte les vicissitudes avec d'autant plus de patience et de résignation, qu'il agit en vue du bonheur plus solide et plus durable qui l'attend. »

944. L'homme a-t-il le droit de disposer de sa propre vie ?

« Non, Dieu seul a ce droit. Le suicide volontaire est une transgression de cette loi. »

— Le suicide n'est il pas toujours volontaire ?

« Le fou qui se tue ne sait ce qu'il fait. »

945. Que penser du suicide qui a pour cause le dégoût de la vie ?

« Insensés ! pourquoi ne travaillaient-ils pas ? L'existence ne leur aurait pas été à charge ! »

946. Que penser du suicide qui a pour but d'échapper aux misères et aux déceptions de ce monde ?

« Pauvres Esprits, qui n'ont pas le courage de supporter les misères de l'existence ! Dieu aide ceux qui souffrent, et non pas ceux qui n'ont ni force, ni courage. Les tribulations de la vie sont des épreuves ou des expiations ; heureux ceux qui les supportent sans murmurer, car ils en seront récompensés ! Malheur, au contraire, à ceux qui attendent leur salut de ce que, dans leur impiété, ils appellent le hasard ou la fortune ! Le hasard ou la fortune, pour me servir de leur langage, peuvent, en effet, les favoriser un instant, mais c'est pour leur faire sentir plus tard et plus cruellement le néant de ces mots. »

— Ceux qui ont conduit un malheureux à cet acte de désespoir en subiront-ils les conséquences ?

« Oh ! ceux-là, malheur à eux ! *car ils en répondront comme d'un meurtre.* »

947. L'homme qui est aux prises avec le besoin et qui se laisse mourir de désespoir peut-il être considéré comme se suicidant ?

« C'est un suicide, mais ceux qui en sont cause ou qui pourraient l'empêcher sont plus coupables que lui, et l'indulgence l'attend. Pourtant, ne croyez pas qu'il soit entièrement absous s'il a manqué de fermeté et de persévérance, et s'il n'a pas fait usage de toute son intelligence pour se tirer du bourbier. Malheur surtout à lui si son désespoir naît de l'orgueil ; je veux dire s'il est de ces hommes en qui l'orgueil paralyse les ressources de l'intelligence, qui rougiraient de devoir leur existence au travail de leurs mains, et qui préfèrent mourir de faim plutôt que de déroger à ce qu'ils appellent leur position sociale ! N'y a-t-il pas cent fois plus de grandeur et de dignité à lutter contre l'adversité, à braver la critique d'un monde futile et égoïste qui n'a de bonne volonté que pour ceux qui ne manquent de rien, et vous tourne le dos dès que vous avez besoin de lui ? Sacrifier sa vie à la considération de ce monde est une chose stupide, car il n'en tient aucun compte. »

948. Le suicide qui a pour but d'échapper à la honte d'une mauvaise action est-il aussi répréhensible que celui qui est causé par le désespoir ?

« Le suicide n'efface pas la faute, au contraire, il y en a deux au lieu d'une. Quand on a eu le courage de faire le mal, il faut avoir celui d'en subir les conséquences. Dieu juge, et selon la cause peut quelquefois diminuer ses rigueurs. »

949. Le suicide est-il excusable lorsqu'il a pour

but d'empêcher la honte de rejaillir sur les enfants ou la famille ?

« Celui qui agit ainsi ne fait pas bien, mais il le croit, et Dieu lui en tient compte, car c'est une expiation qu'il s'impose lui-même. Il atténue sa faute par l'intention, mais il n'en commet pas moins une faute. Du reste, abolissez les abus de votre société et vos préjugés, et vous n'aurez plus de ces suicides. »

Celui qui s'ôte la vie pour échapper à la honte d'une mauvaise action, prouve qu'il tient plus à l'estime des hommes qu'à celle de Dieu, car il va rentrer dans la vie spirituelle chargé de ses iniquités, et il s'est ôté les moyens de les réparer pendant la vie. Dieu est souvent moins inexorable que les hommes ; il pardonne au repentir sincère et nous tient compte de la réparation ; le suicide ne répare rien.

950. Que penser de celui qui s'ôte la vie dans l'espoir d'arriver plus tôt à une meilleure ?

« Autre folie ! qu'il fasse le bien et il sera plus sûr d'y arriver ; car il retarde son entrée dans un monde meilleur, et lui-même demandera à venir *finir cette vie* qu'il a tranchée par une fausse idée. Une faute, quelle qu'elle soit, n'ouvre jamais le sanctuaire des élus. »

951. Le sacrifice de sa vie n'est-il pas quelquefois méritoire quand il a pour but de sauver celle d'autrui ou d'être utile à ses semblables ?

« Cela est sublime, selon l'intention, et le sacrifice de sa vie n'est pas un suicide ; mais Dieu s'oppose à un sacrifice inutile et ne peut le voir avec plaisir s'il est terni par l'orgueil. Un sacrifice n'est méritoire que par le désintéressement, et celui qui l'accomplit a quelquefois une arrière-pensée qui en diminue la valeur aux yeux de Dieu. »

Tout sacrifice fait aux dépens de son propre bonheur est un acte souverainement méritoire aux yeux de Dieu, car c'est la pratique de la loi de charité. Or, la vie étant le bien terrestre auquel l'homme attache le plus de prix, celui qui y renonce pour le bien de ses semblables ne commet point un attentat : c'est un sacrifice qu'il accomplit. Mais avant de l'accomplir, il doit réfléchir si sa vie ne peut pas être plus utile que sa mort.

952. L'homme qui périt victime de l'abus de passions qu'il sait devoir hâter sa fin, mais auxquelles il n'a plus le pouvoir de résister, parce que l'habitude en a fait de véritables besoins physiques, commet-il un suicide ?

« C'est un suicide moral. Ne comprenez-vous pas que l'homme est doublement coupable dans ce cas ? Il y a chez lui défaut de courage et bestialité, et de plus oubli de Dieu. »

— Est-il plus ou moins coupable que celui qui s'ôte la vie par désespoir ?

« Il est plus coupable, parce qu'il a le temps de raisonner son suicide ; chez celui qui le fait instantanément, il y a quelquefois une sorte d'égarement qui tient de la folie ; l'autre sera beaucoup plus puni, car les peines sont toujours proportionnées à la conscience que l'on a des fautes commises. »

953. Lorsqu'une personne voit devant elle une mort inévitable et terrible, est-elle coupable d'abréger de quelques instants ses souffrances par une mort volontaire ?

« On est toujours coupable de ne pas attendre le terme fixé par Dieu. Est-on d'ailleurs bien certain que ce terme soit arrivé malgré les apparences, et ne peut-on recevoir un secours inespéré au dernier moment ?»

— On conçoit que dans les circonstances ordinaires le suicide soit répréhensible, mais nous supposons le cas où la mort est inévitable, et où la vie n'est abrégée que de quelques instants ?

« C'est toujours un manque de résignation et de soumission à la volonté du Créateur. »

— Quelles sont, dans ce cas, les conséquences de cette action ?

« Une expiation proportionnée à la gravité de la faute, selon les circonstances, comme toujours. »

954. Une imprudence qui compromet la vie sans nécessité est-elle répréhensible ?

« Il n'y a pas culpabilité quand il n'y a pas intention ou conscience positive de faire le mal. »

955. Les femmes qui, dans certains pays, se brûlent volontairement sur le corps de leur mari, peuvent-elles être considérées comme se suicidant, et en subissent-elles les conséquences ?

« Elles obéissent à un préjugé, et souvent plus à la force qu'à leur propre volonté. Elles croient accomplir un devoir, et ce n'est pas là le caractère du suicide. Leur excuse est dans la nullité morale de la plupart d'entre elles et dans leur ignorance. Ces usages barbares et stupides disparaissent avec la civilisation. »

956. Ceux qui, ne pouvant supporter la perte de personnes qui leur sont chères, se tuent dans l'espoir d'aller les rejoindre, atteignent-ils leur but ?

« Le résultat pour eux est tout autre que celui qu'ils attendent, et au lieu d'être réunis à l'objet de leur affection, ils s'en éloignent pour plus longtemps, car Dieu ne peut récompenser un acte de lâcheté, et l'insulte qui lui est faite en doutant de sa providence. Ils payeront cet instant de folie par des chagrins plus grands que ceux qu'ils croient abréger et n'auront pas pour les compenser la satisfaction qu'ils espéraient. » (934 et suiv.).

957. Quelles sont, en général, les conséquences du suicide sur l'état de l'Esprit ?

« Les conséquences du suicide sont très diverses : il n'y a pas de peines fixées, et dans tous les cas elles sont toujours relatives aux causes qui l'ont amené ; mais une conséquence à laquelle le suicidé ne peut échapper, c'est *le désappointement*. Du reste, le sort n'est pas le même pour tous : il dépend des circonstances ; quelques-uns expient leur faute immédiatement, d'autres dans une nouvelle existence qui sera pire que celle dont ils ont interrompu le cours. »

L'observation montre, en effet, que les suites de suicide ne sont pas toujours les mêmes ; mais il en est qui sont communes à tous les cas de mort violente, et la conséquence de l'interruption brusque de la vie. C'est d'abord la persistance plus prolongée et plus tenace du lien qui unit l'Esprit et le corps, ce lien étant presque toujours dans toute sa force au moment où il a été brisé, tandis que dans la mort naturelle il s'affaiblit graduellement, et souvent est dénoué avant que la vie soit complètement éteinte. Les conséquences de cet état de choses sont la prolongation du trouble spirite, puis l'illusion qui, pendant un temps plus ou moins long, fait croire à l'Esprit qu'il est encore au nombre des vivants. (155 et 165)

L'affinité qui persiste entre l'Esprit et le corps produit, chez quelques suicidés, une sorte de répercussion de l'état du corps sur l'Esprit qui ressent ainsi malgré lui les effets de la décomposition, et en éprouve une sensation pleine d'angoisses et d'horreur, et cet état peut persister aussi longtemps qu'aurait dû durer la vie qu'ils ont interrompue. Cet effet n'est pas général ; mais dans aucun cas le suicidé n'est affranchi des conséquences de son manque de courage, et tôt ou tard il expie sa faute d'une manière ou d'une autre. C'est ainsi que certains Esprits, qui avaient été malheureux sur la terre, ont dit s'être suicidés dans leur précédente existence et s'être volontairement soumis à de nouvelles épreuves pour essayer de les supporter avec plus de résignation. Chez quelques-uns c'est une sorte d'attachement à la matière dont ils cherchent en vain à se débarrasser pour s'envoler vers des mondes meilleurs, mais dont l'accès leur est interdit ; chez la plupart, c'est le regret d'avoir fait une chose inutile, puisqu'ils n'en éprouvent que de la déception.

La religion, la morale, toutes les philosophies condamnent le suicide comme contraire à la loi de nature ; toutes nous disent en principe qu'on n'a pas le droit d'abréger volontairement sa vie ; mais pourquoi n'a-t-on pas ce droit ? Pourquoi n'est-on pas libre de mettre un terme à ses souffrances ? Il était réservé au spiritisme de démontrer, par l'exemple de ceux qui ont succombé, que ce n'est pas seulement une faute comme infraction à une loi morale, considération de peu de poids pour certains individus, mais un acte stupide, puisqu'on n'y gagne rien, loin de là ; ce n'est pas la théorie qu'il nous enseigne, ce sont les faits qu'il met sous nos yeux.

CHAPITRE II

PEINES ET JOUISSANCES FUTURES

1. Néant. Vie future. — 2. Intuition des peines et jouissances futures. — 3. Intervention de Dieu dans les peines et récompenses. — 4. Nature des peines et jouissances futures. — 5. Peines temporelles. — 6. Expiation et repentir. 7. Durée des peines futures. — 8. Paradis, enfer et purgatoire.

Néant. Vie future.

958. Pourquoi l'homme a-t-il instinctivement horreur du néant ?

« Parce que le néant n'existe pas. »

959. D'où vient à l'homme le sentiment instinctif de la vie future ?

« Nous l'avons déjà dit : avant son incarnation, l'Esprit connaissait toutes ces choses, et l'âme garde un vague souvenir de ce qu'elle sait et de ce qu'elle a vu dans son état spirituel. » (393).

Dans tous les temps l'homme s'est préoccupé de son avenir d'outre-tombe, et cela est fort naturel. Quelque importance qu'il attache à la vie présente, il ne peut s'empêcher de considérer combien elle est courte, et surtout précaire, puisqu'elle peut être brisée à chaque instant, et qu'il n'est jamais sûr du lendemain. Que devient-il après l'instant fatal ? La question est grave, car il ne s'agit pas de quelques années, mais de l'éternité. Celui qui doit passer de longues années dans un pays étranger s'inquiète de la position qu'il y aura ; comment donc ne nous préoccuperions-nous pas de celle que nous aurons en quittant ce monde, puisque c'est pour toujours ?

L'idée du néant a quelque chose qui répugne à la raison. L'homme le plus insouciant pendant sa vie, arrivé au moment suprême, se demande ce qu'il va devenir, et involontairement il espère.

Croire en Dieu sans admettre la vie future serait un non-sens. Le sentiment d'une existence meilleure est dans le for intérieur de tous les hommes ; Dieu n'a pu l'y placer en vain.

La vie future implique la conservation de notre individualité après la mort ; que nous importerait, en effet, de survivre à notre corps, si notre essence morale devait se perdre dans l'océan de l'infini ? Les conséquences pour nous seraient les mêmes que le néant.

Intuition des peines et jouissances futures.

960. D'où vient la croyance, que l'on retrouve chez tous les peuples, de peines et de récompenses à venir ?

« C'est toujours la même chose : Pressentiment de la réalité apporté à l'homme par l'Esprit incarné en lui ; car, sachez-le bien, ce n'est pas en vain qu'une voix intérieure vous parle ; votre tort est de ne pas assez l'écouter. Si vous y pensiez bien et souvent, vous deviendriez meilleurs. »

961. Au moment de la mort, quel est le sentiment qui domine chez le plus grand nombre des hommes, est-ce le doute, la crainte ou l'espérance ?

« Le doute pour les sceptiques endurcis, la crainte pour les coupables, l'espérance pour les hommes de bien. »

962. Pourquoi y a-t-il des sceptiques, puisque l'âme apporte à l'homme le sentiment des choses spirituelles ?

« Il y en a moins qu'on ne le croit ; beaucoup font les Esprits forts pendant leur vie par orgueil, mais au moment de mourir, ils ne sont pas si fanfarons. »

La conséquence de la vie future est la responsabilité de nos actes. La raison et la justice nous disent que, dans la répartition du bonheur auquel tout homme aspire, les bons et les méchants ne sauraient être confondus. Dieu ne peut vouloir que les uns jouissent sans peine de biens auxquels d'autres n'atteignent qu'avec effort et persévérance.

L'idée que Dieu nous donne de sa justice et de sa bonté par la sagesse de ses lois ne nous permet pas de croire que le juste et le méchant soient au même rang à ses yeux, ni de douter qu'ils ne reçoivent un jour, l'un la récompense, l'autre le châtiment du bien ou du mal qu'ils auront fait ; c'est pourquoi le sentiment inné que nous avons de la justice nous donne l'intuition des peines et des récompenses futures.

Intervention de Dieu dans les peines et récompenses.

963. Dieu s'occupe-t-il personnellement de chaque homme ? N'est-il pas trop grand et nous trop petits pour que chaque individu en particulier ait quelque importance à ses yeux ?

« Dieu s'occupe de tous les êtres qu'il a créés, quelque petits qu'ils soient ; rien n'est trop peu pour sa bonté. »

964 .Dieu a-t-il besoin de s'occuper de chacun de nos actes pour nous récompenser ou nous punir, et la plupart de ces actes ne sont-ils pas insignifiants pour lui ?

« Dieu a ses lois qui règlent toutes vos actions ; si vous les violez, c'est votre faute. Sans doute, quand un homme commet un excès, Dieu ne rend pas un jugement contre lui pour lui dire, par exemple : Tu as été gourmand, je vais te punir ; mais il a tracé une limite ; les maladies et souvent la mort sont la conséquence des excès : voilà la punition ; elle est le résultat de l'infraction à la loi. Il en est ainsi en tout. »

Toutes nos actions sont soumises aux lois de Dieu ; il n'en est aucune, *quelque insignifiante qu'elle nous paraisse,* qui ne puisse en être la violation. Si nous subissons les conséquences de cette violation, nous ne devons nous en prendre qu'à nous-mêmes qui nous faisons ainsi les propres artisans de notre bonheur ou de notre malheur à venir.

Cette vérité est rendue sensible par l'apologue suivant :

« Un père a donné à son enfant l'éducation et l'instruction, c'est-à-dire les moyens de savoir se conduire. Il lui cède un champ à cultiver et lui dit : Voilà la règle à suivre, et tous les instruments nécessaires pour rendre ce champ fertile et assurer ton existence. Je t'ai donné l'instruction pour comprendre cette règle ; si tu la suis, ton champ te produira beaucoup et te procurera le repos sur tes vieux jours ; sinon il ne te produira rien et tu mourras de faim. Cela dit, il le laisse agir à son gré ».

N'est-il pas vrai que ce champ produira en raison des soins donnés à la culture, et que toute négligence sera au détriment de la récolte ? Le fils sera donc, sur ses vieux jours, heureux ou malheureux selon qu'il aura suivi ou négligé la règle tracée par son père. Dieu est encore plus prévoyant, car il nous avertit à chaque instant si nous faisons bien ou mal : il nous envoie les Esprits pour nous inspirer, mais nous ne les écoutons pas. Il y a encore cette différence, que Dieu donne toujours à l'homme une ressource dans ses nouvelles existences pour réparer ses erreurs passées, tandis que le fils dont nous parlons n'en a plus s'il a mal employé son temps.

Nature des peines et jouissances futures.

965. Les peines et les jouissances de l'âme après la mort ont-elles quelque chose de matériel ?

« Elles ne peuvent être matérielles, puisque l'âme n'est pas matière : le bon sens le dit. Ces peines et ces jouissances n'ont rien de charnel, et pourtant elles sont mille fois plus vives que celles que vous éprouvez sur la terre, parce que l'Esprit, une fois dégagé, est plus impressionnable ; la matière n'émousse plus ses sensations. » (237 à 257).

966. Pourquoi l'homme se fait-il des peines et des jouissances de la vie future une idée souvent si grossière et si absurde ?

« Intelligence qui n'est point encore assez développée. L'enfant comprend-il comme l'adulte ? D'ailleurs, cela dépend aussi de ce qu'on lui a enseigné : c'est là qu'il a besoin d'une réforme.

» Votre langage est trop incomplet pour exprimer ce qui est en dehors de vous ; alors, il a bien fallu des comparaisons, et ce sont ces images et ces figures que vous avez prises pour la réalité ; mais à mesure que l'homme s'éclaire, sa pensée comprend les choses que son langage ne peut rendre. »

967. En quoi consiste le bonheur des bons Esprits ?

« Connaître toutes choses ; n'avoir ni haine, ni jalousie, ni envie, ni ambition, ni aucune des passions qui font le malheur des hommes. L'amour qui les unit est pour eux la source d'une suprême félicité. Ils n'éprouvent ni les besoins, ni les souffrances, ni les angoisses de la vie matérielle ; ils sont heureux du bien qu'ils font ; du reste, le bonheur des Esprits est toujours proportionné à leur élévation. Les purs Esprits jouissent seuls, il est vrai, du bonheur suprême, mais tous les autres ne sont pas malheureux ; entre les mauvais et les parfaits, il y a une infinité de degrés où les jouissances sont relatives à l'état moral. Ceux qui sont assez avancés comprennent le bonheur de ceux qui sont arrivés avant eux : ils y aspirent ; mais c'est pour eux un sujet d'émulation et non de jalousie ; ils savent qu'il dépend d'eux d'y atteindre et travaillent à cette fin, mais avec le calme de la bonne conscience, et ils sont heureux de n'avoir pas à souffrir ce qu'endurent les mauvais. »

968. Vous placez l'absence des besoins matériels au nombre des conditions de bonheur pour les Esprits ; mais la satisfaction de ces besoins n'est-elle pas, pour l'homme, une source de jouissances ?

« Oui, les jouissances de la bête ; et quand tu ne peux satisfaire ces besoins, c'est une torture. »

969. Que faut-il entendre quand on dit que les purs Esprits sont réunis dans le sein de Dieu et occupés à chanter ses louanges ?

« C'est une allégorie qui peint l'intelligence qu'ils ont des perfections de Dieu, parce qu'ils le voient et le comprennent, mais qu'il ne faut pas plus prendre à la lettre que beaucoup d'autres. Tout dans la nature, depuis le grain de sable, chante, c'est-à-dire proclame la puissance, la sagesse et la bonté de Dieu ; mais ne crois pas que les Esprits bienheureux soient en contemplation pendant l'éternité ; ce serait un bonheur stupide et monotone ; ce serait de plus, celui de l'égoïste, puisque leur existence serait une inutilité sans terme. Ils n'ont plus les tribulations de l'existence corporelle : c'est déjà une jouissance ; et puis, comme nous l'avons dit, ils connaissent et savent toutes choses ; ils mettent à profit l'intelligence qu'ils ont acquise pour aider aux progrès des autres Esprits : c'est leur occupation et en même temps une jouissance. »

970. En quoi consistent les souffrances des Esprits inférieurs ?

« Elles sont aussi variées que les causes qui les ont produites, et proportionnées au degré d'infériorité comme les jouissances le sont au degré de supériorité ; elles peuvent se résumer ainsi : Envier tout ce qui leur manque pour être heureux et ne pouvoir l'obtenir ; voir le bonheur et n'y pouvoir atteindre ; regret, jalousie, rage, désespoir de ce qui les empêche d'être heureux ; remords, anxiété morale indéfinissable. Ils ont le désir de toutes les jouissances et ne peuvent les satisfaire, et c'est ce qui les torture. »

971. L'influence que les Esprits exercent les uns sur les autres est-elle toujours bonne ?

« Toujours bonne de la part des bons Esprits, cela va sans dire, mais les Esprits pervers cherchent à détourner de la voie du bien et du repentir ceux qu'ils croient susceptibles de se laisser entraîner, et que souvent ils ont entraînés au mal pendant la vie. »

— Ainsi, la mort ne nous délivre pas de la tentation ?

« Non, mais l'action des mauvais Esprits est beaucoup moins grande sur les autres Esprits que sur les hommes, parce qu'ils n'ont pas pour auxiliaires les passions matérielles. » (996).

972. Comment les mauvais Esprits s'y prennent-ils pour tenter les autres Esprits, puisqu'ils n'ont pas le secours des passions ?

« Si les passions n'existent pas matériellement, elles existent encore dans la pensée chez les Esprits arriérés ; les mauvais entretiennent ces pensées en entraînant leurs victimes dans les lieux où ils ont le spectacle de ces passions et de tout ce qui peut les exciter. »

— Mais à quoi bon ces passions, puisqu'elles n'ont plus d'objet réel ?

« C'est précisément là leur supplice : l'avare voit de l'or qu'il ne peut posséder ; le débauché des orgies auxquelles il ne peut prendre part ; l'orgueilleux des honneurs qu'il envie et dont il ne peut jouir. »

937. Quelles sont les plus grandes souffrances que puissent endurer les mauvais Esprits ?

« Il n'y a pas de description possible des tortures morales qui sont la punition de certains crimes ; celui-là même qui les éprouve aurait de la peine à vous en donner une idée ; mais assurément la plus affreuse est la pensée qu'il a d'être condamné sans retour. »

L'homme se fait des peines et des jouissances de l'âme après la mort une idée plus ou moins élevée, selon l'état de son intelligence. Plus il se développe, plus cette idée s'épure et se dégage de la matière ; il comprend les choses sous un point de vue plus rationnel, il cesse de prendre à la lettre les images d'un langage figuré. La raison plus éclairée nous apprenant que l'âme est un être tout spirituel nous dit, par cela même, qu'elle ne peut être affectée par les impressions qui n'agissent que sur la matière ; mais il ne s'ensuit pas pour cela qu'elle soit exempte de souffrances, ni qu'elle ne reçoive pas la punition de ses fautes. (237)

Les communications spirites ont pour résultat de nous montrer l'état futur de l'âme, non plus comme une théorie, mais comme une réalité ; elles mettent sous nos yeux toutes les péripéties de la vie d'outre-tombe ; mais elles nous les montrent en même temps comme des conséquences parfaitement logiques de la vie terrestre, et, quoique dégagées de l'appareil fantastique créé par l'imagination des hommes, elles n'en sont pas moins pénibles pour ceux qui ont fait un mauvais usage de leurs facultés. La diversité de ces conséquences est infinie ; mais on peut dire, en thèse générale : chacun est puni par où il a péché : c'est ainsi que les uns le sont par la vue incessante du mal qu'ils ont fait ; d'autres par les regrets, la crainte, la honte, le doute, l'isolement, les ténèbres, la séparation des êtres qui leur sont chers, etc.

974. D'où vient la doctrine du feu éternel ?

« Image, comme tant d'autres choses, prise pour la réalité. »

— Mais cette crainte ne peut-elle avoir un bon résultat ?

« Vois donc si elle en retient beaucoup, même parmi ceux qui l'enseignent. Si vous enseignez des choses que la raison rejette plus tard, vous ferez une impression qui ne sera ni durable ni salutaire. »

L'homme, impuissant à rendre, par son langage, la nature de ces souffrances, n'a pas trouvé de comparaison plus énergique que celle du feu, car, pour lui le feu est le type du plus cruel supplice et le symbole de l'action la plus énergique ; c'est pourquoi la croyance au feu éternel remonte à la plus haute antiquité, et les peuples modernes en ont hérité des peuples anciens ; c'est pourquoi aussi, dans son langage figuré, il dit : le feu des passions ; brûler d'amour, de jalousie, etc., etc.

975. Les Esprits inférieurs comprennent-ils le bonheur du juste ?

« Oui, et c'est ce qui fait leur supplice ; car ils comprennent qu'ils en sont privés par leur faute : c'est pourquoi l'Esprit, dégagé de la matière, aspire après une nouvelle existence corporelle, parce que chaque existence peut abréger la durée de ce supplice, *si elle est bien employée*. C'est alors qu'il fait choix des épreuves par lesquelles il pourra expier ses fautes ; car, sachez-le bien, l'Esprit souffre de tout le mal qu'il a fait ou dont il a été la cause volontaire, de tout le bien qu'il aurait pu faire et qu'il n'a pas fait *et de tout le mal qui résulte du bien qu'il n'a pas fait.*

« L'Esprit errant n'a plus de voile ; *il est comme sorti du brouillard* et voit ce qui l'éloigne du bonheur ; alors, il souffre davantage, car il comprend combien il a été coupable. Pour lui, *il n'y a plus d'illusion :* il voit la réalité des choses. »

L'Esprit à l'état errant embrasse d'un côté toutes ses existences passées, de l'autre il voit l'avenir promis et comprend ce qui lui manque pour l'atteindre. Tel un voyageur parvenu au faîte d'une montagne voit la route parcourue et celle qui lui reste à parcourir pour arriver à son but.

976. La vue des Esprits qui souffrent n'est-elle pas pour les bons une cause d'affliction, et alors que devient leur bonheur si ce bonheur est troublé ?

« Ce n'est point une affliction, puisqu'ils savent que le mal aura une fin ; ils aident les autres à s'améliorer et leur tendent la main : c'est là leur occupation, et une jouissance quand ils réussissent. »

— Cela se conçoit de la part d'Esprits étrangers ou indifférents ; mais la vue des chagrins et des souffrances de ceux qu'ils ont aimés sur la terre ne trouble-t-elle pas leur bonheur ?

« S'ils ne voyaient pas ces souffrances, c'est qu'ils vous seraient étrangers après la mort ; or, la religion vous dit que les âmes vous voient ; mais ils considèrent vos afflictions à un autre point de vue ; ils savent que ces souffrances sont utiles à votre avancement, si vous les supportez avec résignation ; ils s'affligent donc plus du manque de courage qui vous retarde que des souffrances en elles-mêmes, qui ne sont que passagères. »

977 Les Esprits ne pouvant se cacher réciproque-

ment leurs pensées, et tous les actes de la vie étant connus, il s'ensuivrait que le coupable est en présence perpétuelle de sa victime ?

« Cela ne peut être autrement, le bon sens le dit. »

— Cette divulgation de tous nos actes répréhensibles, et la présence perpétuelle de ceux qui en ont été les victimes sont-elles un châtiment pour le coupable ?

« Plus grand qu'on ne pense, mais seulement jusqu'à ce qu'il ait expié ses fautes, soit comme Esprit, soit comme homme dans de nouvelles existences corporelles. »

Lorsque nous sommes nous-mêmes dans le monde des Esprits, tout notre passé étant à découvert, le bien et le mal que nous aurons faits seront également connus. C'est en vain que celui qui a fait le mal voudra échapper à la vue de ses victimes : leur présence inévitable sera pour lui un châtiment et un remords incessant jusqu'à ce qu'il ait expié ses torts tandis que l'homme de bien, au contraire, ne rencontrera partout que des regards amis et bienveillants.

Pour le méchant, il n'est pas de plus grand tourment sur terre que la présence de ses victimes ; c'est pourquoi il les évite sans cesse. Que sera-ce quand, l'illusion des passions étant dissipée, il comprendra le mal qu'il a fait, verra ses actes les plus secrets dévoilés, son hypocrisie démasquée, et qu'il ne pourra se soustraire à leur vue ?

Tandis que l'âme de l'homme pervers est en proie à la honte, au regret et au remords, celle du juste jouit d'une sénérité parfaite.

978. Le souvenir des fautes que l'âme a pu commettre, alors qu'elle était imparfaite, ne trouble-t-il pas son bonheur, même après qu'elle s'est épurée ?

« Non, parce qu'elle a racheté ses fautes et qu'elle

est sortie victorieuse des épreuves auxquelles elle s'était soumise *dans ce but.* »

979. Les épreuves qui restent à subir pour achever la purification ne sont-elles pas pour l'âme une appréhension pénible qui trouble son bonheur ?

« Pour l'âme qui est encore souillée, oui ; c'est pourquoi elle ne peut jouir d'un bonheur parfait que lorsqu'elle sera tout à fait pure ; mais pour celle qui est déjà élevée, la pensée des épreuves qui lui restent à subir n'a rien de pénible. »

L'âme qui est arrivée à un certain degré de pureté goûte déjà le bonheur ; un sentiment de douce satisfaction la pénètre elle est heureuse de tout ce qu'elle voit, de tout ce qui l'entoure ; le voile se lève pour elle sur les mystères et les merveilles de la création, et les perfections divines lui apparaissent dans toute leur splendeur.

980. Le lien sympathique qui unit les Esprits du même ordre est-il pour eux une source de félicité ?

« L'union des Esprits qui sympathisent *pour le bien* est, pour eux, une des plus grandes jouissances ; car ils ne craignent pas de voir cette union troublée par l'égoïsme. Ils forment, dans le monde tout à fait spirituel, des familles de même sentiment, et c'est en cela que consiste le bonheur spirituel, comme dans ton monde vous vous groupez par catégories, et vous goûtez un certain plaisir quand vous êtes réunis. L'affection pure et sincère qu'ils éprouvent et dont ils sont l'objet est une source de félicité, car il n'y a point là de faux amis ni d'hypocrites. »

L'homme goûte les prémices de ce bonheur sur la terre quand il rencontre des âmes avec lesquelles il peut se confondre dans une union pure et sainte. Dans une vie plus épurée, cette jouissance sera ineffable et sans bornes, parce qu'il ne rencontrera que des âmes sympathiques *que l'égoïsme ne refroidira pas ;* car tout est amour dans la nature : c'est l'égoïsme qui le tue.

981. Y a-t-il, pour l'état futur de l'Esprit, une différence entre celui qui, de son vivant, redoutait la mort, et celui qui la voit avec indifférence, et même avec joie ?

« La différence peut être très grande ; cependant, elle s'efface souvent devant les causes qui donnent cette crainte ou ce désir. Soit qu'on la redoute, soit qu'on la souhaite, on peut être mû par des sentiments très divers, et ce sont ces sentiments qui influent sur l'état de l'Esprit. Il est évident, par exemple, que chez celui qui désire la mort uniquement parce qu'il y voit le terme de ses tribulations, c'est une sorte de murmure contre la Providence et contre les épreuves qu'il doit subir. »

982. Est-il nécessaire de faire profession de spiritisme et de croire aux manifestations pour assurer notre sort dans la vie future ?

« S'il en était ainsi, il s'ensuivrait que tous ceux qui ne croient pas ou qui n'ont pas été à même de s'éclairer sont déshérités, ce qui serait absurde. C'est le bien qui assure le sort à venir ; or, le bien est toujours le bien, quelle que soit la voie qui y conduit. » (165-799).

La croyance au spiritisme aide à s'améliorer en fixant les idées sur certains points de l'avenir ; elle hâte l'avancement des individus et des masses, parce qu'elle permet de se rendre compte de ce que nous serons un jour ; c'est un point d'appui, une lumière qui nous guide. Le spiritisme apprend à supporter les épreuves avec patience et résignation ; il détourne des actes qui peuvent retarder le bonheur futur ; c'est ainsi qu'il contribue à ce bonheur, mais il n'est pas dit que sans cela on n'y puisse arriver.

Peines temporelles.

983. L'Esprit qui expie ses fautes dans une nouvelle existence n'a-t-il pas des souffrances matérielles et, dès lors, est-il exact de dire qu'après la mort, l'âme n'a que des souffrances morales ?

« Il est bien vrai que lorsque l'âme est réincarnée, les tribulations de la vie sont, pour elle, une souffrance ; mais il n'y a que le corps qui souffre matériellement. »

« Vous dites souvent de celui qui est mort qu'il n'a plus à souffrir ; cela n'est pas toujours vrai. Comme Esprit, il n'a plus de douleurs physiques ; mais selon les fautes qu'il a commises, il peut avoir des douleurs morales plus cuisantes et dans une nouvelle existence il peut être encore plus malheureux. Le mauvais riche y demandera l'aumône et sera en proie à toutes les privations de la misère, l'orgueilleux à toutes les humiliations ; celui qui abuse de son autorité et traite ses subordonnés avec mépris et dureté y sera forcé d'obéir à un maître plus dur qu'il ne l'a été. Toutes les peines et les tribulations de la vie sont l'expiation des fautes d'une autre existence, lorsqu'elles ne sont pas la conséquence des fautes de la vie actuelle. Quand vous serez sortis d'ici vous le comprendrez. (273, 393, 399).

» L'homme qui se croit heureux sur la terre, parce qu'il peut satisfaire ses passions, est celui qui fait le moins d'efforts pour s'améliorer. Il expie souvent dès cette vie ce bonheur éphémère, mais il l'expiera certainement dans une autre existence tout aussi matérielle. »

984. Les vicissitudes de la vie sont-elles toujours la punition des fautes actuelles ?

« Non ; nous l'avons déjà dit : ce sont des épreuves imposées par Dieu, ou choisies par vous-mêmes à l'état d'Esprit et avant votre réincarnation pour expier les fautes commises dans une autre existence ; car jamais l'infraction aux lois de Dieu, et surtout à la loi de justice, ne reste impunie ; si ce n'est dans cette vie, ce sera nécessairement dans une autre ; c'est pourquoi celui qui est juste à vos yeux est souvent frappé pour son passé. » (393).

985. La réincarnation de l'âme dans un monde moins grossier est-elle une récompense ?

« C'est la conséquence de son épuration ; car, à mesure que les Esprits s'épurent, ils s'incarnent dans des mondes de plus en plus parfaits, jusqu'à ce qu'ils aient dépouillé toute matière et se soient lavés de toutes leurs souillures, pour jouir éternellement de la félicité des purs Esprits dans le sein de Dieu. »

Dans les mondes où l'existence est moins matérielle qu'ici-bas, les besoins sont moins grossiers et toutes les souffrances physiques moins vives. Les hommes ne connaissent plus les mauvaises passions qui, dans les mondes inférieurs, les font ennemis les uns des autres. N'ayant aucun sujet de haine ni de jalousie ils vivent entre eux en paix, parce qu'ils pratiquent la loi de justice, d''amour et de charité ; ils ne connaissent point les ennuis et les soucis qui naissent de l'envie, de l'orgueil et de l'égoïsme, et qui font le tourment de notre existence terrestre (172-182).

986. L'Esprit qui a progressé dans son existence terrestre peut-il être quelquefois réincarné dans le même monde ?

« Oui, s'il n'a pu accomplir sa mission, et lui-même peut demander à la compléter dans une nouvelle existence ; mais alors ce n'est plus pour lui une expiation. » (173).

987. Que devient l'homme qui, sans faire de mal, ne fait rien pour secouer l'influence de la matière ?

« Puisqu'il ne fait aucun pas vers la perfection, il doit recommencer une existence de la nature de celle qu'il quitte ; il reste stationnaire, et c'est ainsi qu'il peut prolonger les souffrances de l'expiation. »

988. Il y a des gens dont la vie s'écoule dans un calme parfait ; qui, n'ayant besoin de rien faire par eux-mêmes, sont exempts de soucis. Cette existence heureuse est-elle une preuve qu'ils n'ont rien à expier d'une existence antérieure ?

« En connais-tu beaucoup ? Si tu le crois, tu te trompes ; souvent, le calme n'est qu'apparent. Ils peuvent avoir choisi cette existence, mais quand ils la quittent, ils s'aperçoivent qu'elle ne leur a point servi à progresser ; et alors, comme le paresseux, ils regrettent le temps perdu. Sachez bien que l'Esprit ne peut acquérir des connaissances et s'élever que par l'activité ; s'il s'endort dans l'insouciance, il n'avance pas. Il est semblable à celui qui a besoin (d'après vos usages) de travailler, et qui va se promener ou se coucher, et cela dans l'intention de ne rien faire. *Sachez bien aussi que chacun aura à rendre compte de l'inutilité volontaire de son existence ; cette inutilité est toujours fatale au bonheur à venir.* La somme du bonheur futur est en raison de la somme du bien que l'on a fait ; celle du malheur est en raison du mal et des malheureux que l'on a faits. »

989. Il y a des gens qui, sans être positivement méchants, rendent malheureux tous ceux qui les entourent, par leur caractère ; quelle en est pour eux la conséquence ?

« Ces gens-là, assurément, ne sont pas bons et ils

l'expieront par la vue de ceux qu'ils ont rendus malheureux, et ce sera pour eux un reproche ; puis, dans une autre existence, ils endureront ce qu'ils ont fait endurer. »

Expiation et repentir.

990. Le repentir a-t-il lieu à l'état corporel ou à l'état spirituel ?

« A l'état spirituel ; mais il peut aussi avoir lieu à l'état corporel quand vous comprenez bien la différence du bien et du mal. »

991. Quelle est la conséquence du repentir à l'état spirituel ?

« Le désir d'une nouvelle incarnation pour se purifier. L'Esprit comprend les imperfections qui le privent d'être heureux, c'est pourquoi il aspire à une nouvelle existence où il pourra expier ses fautes. » (332-975).

992. Quelle est la conséquence du repentir à l'état corporel ?

« Avancer, *dès la vie présente,* si l'on a le temps de réparer ses fautes. Lorsque la conscience fait un reproche et montre une imperfection, on peut toujours s'améliorer. »

993. N'y a-t-il pas des hommes qui n'ont que l'instinct du mal et sont inaccessibles au repentir ?

« Je t'ai dit que l'on doit progresser sans cesse. Celui qui, dans cette vie, n'a que l'instinct du mal, aura celui du bien dans une autre, *et c'est pour cela qu'il renaît plusieurs fois ;* car, il faut que tous avancent et atteignent le but, seulement les uns dans un temps plus court, les autres dans un temps plus long selon leur désir ; celui qui n'a que l'instinct du bien est déjà épuré, car il a pu avoir celui du mal dans une existence antérieure. » (804).

994. L'homme pervers qui n'a point reconnu ses fautes pendant sa vie les reconnaît-il toujours après sa mort ?

« Oui, il les reconnaît toujours, et alors il souffre davantage, car *il ressent tout le mal qu'il a fait* ou dont il a été la cause volontaire. Cependant, le repentir n'est pas toujours immédiat ; il y a des Esprits qui s'obstinent dans la mauvaise voie malgré leurs souffrances ;mais, tôt ou tard, ils reconnaîtront la fausse route dans laquelle ils sont engagés, et le repentir viendra. C'est à les éclairer que travaillent les bons Esprits, et que vous pouvez travailler vous-mêmes. »

995. Y a-t-il des Esprits qui, sans être mauvais, soient indifférents sur leur sort ?

« Il y a des Esprits qui ne s'occupent à rien d'utile : ils sont dans l'expectative ; mais ils souffrent, dans ce cas, en proportion ; et comme il doit y avoir progrès en tout, ce progrès se manifeste par la douleur. »

— N'ont-ils pas le désir d'abréger leurs souffrances ?

« Ils l'ont, sans doute, mais ils n'ont pas assez d'énergie pour vouloir ce qui pourrait les soulager. Combien avez-vous de gens parmi vous qui préfèrent mourir de misère plutôt que de travailler ? »

996. Puisque les Esprits voient le mal qui résulte pour eux de leurs imperfections, comment se fait-il qu'il y en ait qui aggravent leur position et prolongent leur état d'infériorité en faisant le mal comme Esprits, en détournant les hommes de la bonne voie ?

« Ce sont ceux dont le repentir est tardif qui agissent ainsi. L'Esprit qui se repent peut ensuite se laisser entraîner de nouveau dans la voie du mal par d'autres Esprits encore plus arriérés. » (971).

997. On voit des Esprits d'une infériorité notoire accessibles aux bons sentiments et touchés des prières qu'on fait pour eux. Comment se fait-il que d'autres Esprits, qu'on devrait croire plus éclairés, montrent un endurcissement et un cynisme dont rien ne peut triompher ?

« La prière n'a d'effet qu'en faveur de l'Esprit qui se repent ; celui qui, poussé par l'orgueil, se révolte contre Dieu et persiste dans ses égarements en les exagérant encore, comme le font de malheureux Esprits, sur ceux-là la prière ne peut rien et ne pourra rien que du jour où une lueur de repentir se sera manifestée chez eux. » (664).

On ne doit pas perdre de vue que l'Esprit, après la mort du corps, n'est pas subitement transformé ; si sa vie a été répréhensible, c'est parce qu'il était imparfait ; or la mort ne rend pas immédiatement parfait ; il peut persister dans ses erreurs dans ses fausses opinions, dans ses préjugés, jusqu'à ce qu'il se soit éclairé par l'étude, la réflexion et la souffrance.

998. L'expiation s'accomplit-elle à l'état corporel ou à l'état d'Esprit ?

« L'expiation s'accomplit pendant l'existence corporelle par les épreuves auxquelles l'Esprit est soumis, et dans la vie spirituelle par les souffrances morales attachées à l'état d'infériorité de l'Esprit. »

999. Le repentir sincère pendant la vie suffit-il pour effacer les fautes, et faire trouver grâce devant Dieu ?

« Le repentir aide à l'amélioration de l'Esprit, mais le passé doit être expié. »

— Si, d'après cela, un criminel disait que, puisqu'il doit, en tout état de cause, expier son passé, il n'a pas besoin de repentir, qu'en résulterait-il pour lui ?

« S'il s'endurcit dans la pensée du mal, son expiation sera plus longue et plus pénible. »

1000. Pouvons-nous, dès cette vie, racheter nos fautes ?

« Oui, en les réparant ; mais ne croyez pas les racheter par quelques privations puériles, ou en donnant après votre mort quand vous n'aurez plus besoin de rien. Dieu ne tient aucun compte d'un repentir stérile, toujours facile, et qui ne coûte que la peine de se frapper la poitrine. La perte d'un petit doigt en rendant service efface plus de fautes que le supplice de la chair enduré pendant des années sans autre but que *soi-même (726)*.

» Le mal n'est réparé que par le bien, et la réparation n'a aucun mérite si elle n'atteint l'homme *ni dans son orgueil, ni dans ses intérêts matériels.*

» Que lui sert, pour sa justification, de restituer après sa mort le bien mal acquis, alors qu'il lui devient inutile et qu'il en a profité ?

» Que lui sert la privation de quelques jouissances futiles et de quelques superfluités, si le tort qu'il a fait à autrui reste le même ?

» Que lui sert enfin de s'humilier devant Dieu, s'il conserve son orgueil devant les hommes. » (720-721).

1001. N'y a-t-il aucun mérite à assurer après sa mort un emploi utile des biens que nous possédons ?

« Aucun mérite n'est pas le mot ; cela vaut toujours mieux que rien ; mais le malheur est que celui qui ne donne qu'après sa mort est souvent plus égoïste que généreux ; il veut avoir l'honneur du bien sans en avoir la peine. Celui qui se prive, de son vivant, a double profit : le mérite du sacrifice et le plaisir de voir les heureux qu'il fait. Mais l'égoïsme est là qui lui dit : Ce que tu donnes, c'est autant de retranché sur tes jouissances ; et comme l'égoïsme crie plus fort que le désintéressement et la charité, il garde, sous prétexte de ses besoins et des nécessités de sa position. Ah ! plaignez celui qui ne connaît pas le plaisir de donner ; celui-là est vraiment déshérité d'une des plus pures et des plus suaves jouissances. Dieu, en le soumettant à l'épreuve de la fortune, si glissante et si dangereuse pour son avenir, a voulu lui donner pour compensation le bonheur de la générosité dont il peut jouir dès ici-bas. » (814).

1002. Que doit faire celui qui, à l'article de la mort, reconnaît ses fautes, mais n'a pas le temps de les réparer ? Se repentir suffit-il dans ce cas ?

« Le repentir hâte sa réhabilitation, mais il ne l'absout pas. N'a-t-il pas l'avenir devant lui qui ne lui est jamais fermé ? »

Durée des peines futures.

1003. La durée des souffrances du coupable, dans la vie future, est-elle arbitraire ou subordonnée à une loi quelconque ?

« Dieu n'agit jamais par caprice et tout, dans l'univers, est régi par des lois où se révèlent sa sagesse et sa bonté. »

1004. Sur quoi est basée la durée des souffrances du coupable ?

« Sur le temps nécessaire à son amélioration. L'état de souffrance et de bonheur étant proportionné au degré d'épuration de l'Esprit, la durée et la nature de ses souffrances dépendent du temps qu'il met à s'améliorer. A mesure qu'il progresse et que ses sentiments s'épurent, ses souffrances diminuent et changent de nature. » SAINT LOUIS

1005. Pour l'Esprit souffrant, le temps paraît-il aussi long ou moins long que s'il était vivant ?

« Il lui paraît plutôt plus long : le sommeil n'existe pas pour lui. Ce n'est que pour les Esprits arrivés à un certain degré d'épuration que le temps s'efface, pour ainsi dire, devant l'infini. » (240).

1006. La durée des souffrances de l'Esprit peut-elle être éternelle ?

« Sans doute, s'il était éternellement mauvais, c'est-à-dire s'il ne devait jamais se repentir ni s'améliorer, il souffrirait éternellement ; mais Dieu n'a pas créé des êtres pour qu'ils soient voués au mal à perpétuité ; il ne les a créés que simples et ignorants, et tous doivent progresser dans un temps plus ou moins long, selon leur volonté. La volonté peut être plus ou moins tardive, comme il y a des enfants plus ou moins précoces, mais elle vient tôt ou tard par l'irrésistible besoin qu'éprouve l'Esprit de sortir de son infériorité et d'être heureux. La loi qui régit la durée des peines est donc éminemment sage et bienveillante, puisqu'elle subordonne cette durée aux efforts de l'Esprit ; elle ne lui enlève jamais son libre arbitre : s'il en fait un mauvais usage, il en subit les conséquences. » SAINT LOUIS.

1007. Y a-t-il des Esprits qui ne se repentent jamais ?

« Il y en a dont le repentir est très tardif ; mais prétendre qu'ils ne s'amélioreront jamais, ce serait nier la loi du progrès, et dire que l'enfant ne peut devenir adulte. » SAINT LOUIS.

1008. La durée des peines dépend-elle toujours de la volonté de l'Esprit, et n'y en a-t-il pas qui lui sont imposées pour un temps donné ?

« Oui, des peines peuvent lui être imposées pour un temps, mais Dieu, qui ne veut que le bien de ses créatures, accueille toujours le repentir, et le désir de s'améliorer n'est jamais stérile. » SAINT LOUIS.

1009. D'après cela, les peines imposées ne le seraient jamais pour l'éternité ?

« Interrogez votre bon sens, votre raison, et demandez-vous si une condamnation perpétuelle pour quelques moments d'erreur ne serait pas la négation de la bonté de Dieu ? Qu'est-ce, en effet, que la durée de la vie, fût-elle de cent ans, par rapport à l'éternité ? Eternité ! comprenez-vous bien ce mot ? souffrances, tortures sans fin, sans espoir, pour quelques fautes ! Votre jugement ne repousse-t-il pas une pareille pensée ? Que les anciens aient vu dans le maître de l'univers un Dieu terrible, jaloux et vindicatif, cela se conçoit ; dans leur ignorance, ils ont prêté à la divinité les passions des hommes ; mais ce n'est pas là le Dieu des chrétiens, qui place l'amour, la charité, la miséricorde, l'oubli des offenses au rang des premières vertus : pourrait-il manquer lui-même des qualités dont il fait un devoir ? N'y a-t-il pas contradiction à lui attribuer la bonté infinie et la vengeance infinie ? Vous dites qu'avant tout il est juste, et que l'homme ne comprend pas sa justice, mais la justice n'exclut pas la bonté, et il ne serait pas bon s'il vouait à des peines horribles, perpétuelles, la plus grande partie de ses créatures. Pourrait-il faire à ses enfants une obligation de la justice, s'il ne leur avait pas donné les moyens de la comprendre ? D'ailleurs, n'est-ce pas le sublime de la justice, unie à la bonté, de faire dépendre la durée des peines des efforts du coupable pour s'améliorer ? Là est la vérité de cette parole : « A chacun selon ses œuvres. » SAINT AUGUSTIN.

« Attachez-vous par tous les moyens qui sont en votre pouvoir, à combattre, à anéantir l'idée de l'éternité des peines, pensée blasphématoire envers la justice et la bonté de Dieu, source la plus féconde de l'incrédulité, du matérialisme et de l'indifférence qui ont envahi les masses depuis que leur intelligence a commencé à se développer. L'Esprit, près de s'éclairer, ne fût-il que même dégrossi, en a bientôt saisi la monstrueuse injustice ; sa raison la repousse, et alors il manque rarement de confondre dans un même ostracisme et la peine qui le révolte et le Dieu auquel il l'attribue ; de là, les maux sans nombre qui sont venus fondre sur vous et auxquels nous venons vous apporter remède. La tâche que nous vous signalons vous sera d'autant plus facile que les autorités sur lesquelles s'appuient les défenseurs de cette croyance ont toutes évité de se prononcer formellement ; ni les conciles, ni les Pères de l'Eglise n'ont tranché cette grave question. Si, d'après les Evangélistes eux-mêmes, et en prenant au pied de la lettre, les paroles emblématiques du Christ, il a menacé les coupables d'un feu qui ne s'éteint pas, d'un feu éternel, il n'est absolument rien dans ses paroles qui prouve qu'il les ait condamnés *éternellement*.

« Pauvres brebis égarées, sachez voir venir à vous le bon Pasteur qui, loin de vouloir vous bannir à tout jamais de sa présence, vient lui-même à votre rencontre pour vous ramener au bercail. Enfants prodigues, quittez votre exil volontaire ; tournez vos pas vers la demeure paternelle : le père vous tend les bras et se tient toujours prêt à fêter votre retour en famille. » LAMMENAIS.

« Guerres de mots ! guerres de mots ! n'avez-vous pas fait assez verser de sang ! faut-il donc encore rallumer les bûchers ? On discute sur les mots éternité des peines, éternité des châtiments ; ne savez-vous donc pas que ce que vous entendez aujourd'hui par *éternité,* les anciens ne l'entendaient pas comme vous ? Que le théologien consulte les sources, et comme vous tous il y découvrira que le texte hébreu ne donnait pas au mot que les Grecs, les Latins et les modernes ont traduit par *peines sans fin, irrémissibles,* la même signification. Eternité des châtiments correspond à l'éternité du mal. Oui, tant que le mal existera parmi les hommes, les châtiments subsisteront ; c'est dans le sens relatif qu'il importe d'interpréter les textes sacrés. L'éternité des peines n'est donc que relative et non absolue. Qu'un jour advienne où tous les hommes se revêtiront, par la repentance, de la robe d'innocence, et ce jour-là plus de gémissements, plus de grincements de dents. Votre raison humaine est bornée, il est vrai, mais telle qu'elle est, c'est un présent de Dieu, et avec cette aide de la raison, il n'est pas un seul homme de bonne foi qui comprenne autrement l'éternité des châtiments. L'éternité des châtiments ! Quoi ! Il faudrait donc admettre que le mal sera éternel. Dieu seul est éternel et n'a pu créer le mal éternel, sans cela il faudrait lui arracher le plus magnifique de ses attributs : la souveraine puissance, car celui-là n'est pas souverainement puissant qui peut créer un élément destructeur de ses œuvres. Humanité ! Humanité ! ne plonge donc plus tes mornes regards dans les profondeurs de la terre pour y chercher les châtiments ; pleure, espère, expie et réfugie-toi dans la pensée d'un Dieu intimement bon, absolument puissant, essentiellement juste. » PLATON.

« Graviter vers l'unité divine, tel est le but de l'humanité ; pour y atteindre, trois choses sont nécessaires : la justice, l'amour et la science ; trois choses y sont opposées et contraires : l'ignorance, la haine et l'injustice. Eh bien ! je vous dis, en vérité, vous mentez à ces principes fondamentaux en compromettant l'idée de Dieu par l'exagération de sa sévérité ; vous la compromettez doublement en laissant pénétrer dans l'Esprit de la créature qu'il y a en elle plus de clémence, de mansuétude, d'amour et de véritable justice que vous n'en attribuez à l'être infini ; vous détruisez même l'idée de l'enfer en le rendant ridicule et inadmissible à vos croyances, comme l'est à vos cœurs le hideux spectacle des bourreaux, des bûchers et des tortures du moyen âge ! Quoi donc ! Est-ce quand l'ère des représailles aveugles est à jamais bannie des législations humaines que vous espérez la maintenir dans l'idéal ? Oh ! croyez-moi, croyez-moi, frères en Dieu et en Jésus-Christ, croyez-moi, ou résignez-vous à laisser périr entre vos mains tous vos dogmes plutôt que de les laisser varier, ou bien revivifiez-les en les ouvrant aux bienfaisantes effluves que les Bons y versent en ce moment. L'idée de l'enfer avec ses fournaises ardentes, avec ses chaudières bouillantes, put être tolérée, c'est-à-dire pardonnable dans un siècle de fer ; mais au dix-neuvième, ce n'est plus qu'un vain fantôme propre tout au plus à effrayer les petits enfants, et auquel les enfants ne croient plus quand ils sont grands. En persistant dans cette mythologie effrayante, vous engendrez l'incrédulité, mère de toute désorganisation sociale ; car je tremble en voyant tout un ordre social ébranlé et croulant sur sa base faute de sanction pénale. Hommes de foi ardente et vive, avant-garde du jour de la lumière, à l'œuvre donc ! non pour maintenir des fables vieillies et désormais sans crédit, mais pour raviver, revivifier la véritable sanction pénale, sous des formes en rapport avec vos mœurs, vos sentiments et les lumières de votre époque.

« Qu'est-ce, en effet, que le coupable ? Celui qui, par un écart, par un faux mouvement de l'âme s'éloigne du but de la création, qui consiste dans le culte harmonieux du beau, du bien, idéalisés par l'archétype humain, par l'Homme-Dieu, par Jésus-Christ.

» Qu'est-ce que le châtiment ? La conséquence naturelle, dérivative de ce faux mouvement ; une somme de douleurs nécessaires pour le dégoûter de sa difformité, par l'expérimentation de la souffrance. Le châtiment, c'est l'aiguillon qui excite l'âme, par l'amertume, à se replier sur elle-même, et à revenir au rivage du salut. Le but du châtiment n'est autre que la réhabilitation, l'affranchissement. Vouloir que le châtiment soit éternel, pour une faute qui n'est pas éternelle, c'est lui nier toute raison d'être.

» Oh ! je vous le dis en vérité, cessez, cessez de mettre en parallèle, dans leur éternité, le Bien, essence du Créateur, avec le Mal, essence de la créature ; ce serait créer là une pénalité injustifiable. Affirmez, au contraire, l'amortissement graduel des châtiments et des peines par les transmigrations, et vous consacrerez avec la raison unie au sentiment, l'unité divine. »

PAUL, APOTRE.

On veut exciter l'homme au bien, et le détourner du mal par l'appât de récompenses et la crainte de châtiments ; mais si ces châtiments sont présentés de manière à ce que la raison se refuse à y croire, ils n'auront sur lui aucune influence ; loin de là, il rejettera tout : la forme et le fond. Qu'on lui présente au contraire, l'avenir d'une manière logique, et alors il ne le repoussera pas. Le spiritisme lui donne cette explication.

La doctrine de l'éternité des peines, dans le sens absolu, fait de l'être suprême un Dieu implacable. Serait-il logique de dire d'un souverain qu'il est très bon, très bienveillant, très indulgent, qu'il ne veut que le bonheur de ceux qui l'entourent, mais qu'en même temps il est jaloux, vindicatif, inflexible dans sa rigueur, et qu'il punit du dernier supplice les trois quarts de ses sujets pour une offense ou une infraction à ses lois, ceux mêmes qui ont failli pour ne les avoir pas connues ? Ne serait-ce pas là une contradiction ? Or, Dieu peut-il être moins bon que ne le serait un homme ?

Une autre contradiction se présente ici. Puisque Dieu sait tout, il savait donc en créant une âme qu'elle faillirait ; elle a donc été, dès sa formation, vouée au malheur éternel : cela est-il possible, rationnel ? Avec la doctrine des peines relatives, tout est justifié. Dieu savait sans doute qu'elle faillirait, mais il lui donne les moyens de s'éclairer par sa propre expérience, par ses fautes mêmes ; il est nécessaire qu'elle expie ses erreurs pour être mieux affermie dans le bien, mais la porte de l'espérance ne lui est pas fermée à tout jamais, et Dieu fait dépendre le moment de sa délivrance des efforts qu'elle fait pour y arriver. Voilà ce que tout le monde peut comprendre, ce que la logique la plus méticuleuse peut admettre. Si les peines futures eussent été présentées sous ce point de vue, il y aurait bien moins de sceptiques.

Le mot *éternel* est souvent employé, dans le langage vulgaire, comme figure, pour désigner une chose de longue durée et dont on ne prévoit pas le terme, quoique l'on sache très bien que ce terme existe.

Nous disons, par exemple, les glaces éternelles des hautes montagnes, des pôles, quoique nous sachions, d'un côté, que le monde physique peut avoir une fin, et, d'autre part que l'état de ces régions peut changer par le déplacement normal de l'axe ou par un cataclysme. Le mot éternel, dans ce cas, ne veut donc pas dire perpétuel jusqu'à l'infini. Quand nous souffrons d'une longue maladie, nous disons que notre mal est éternel ; qu'y a-t-il donc d'étonnant à ce que des Esprits qui souffrent depuis des années, des siècles, des milliers d'années même, en disent autant ? N'oublions pas surtout que leur infériorité ne leur permettant pas de voir l'extrémité de la route, ils croient souffrir toujours, et que c'est pour eux une punition.

Au reste, la doctrine du feu matériel, des fournaises et des tortures empruntées au Tartare du paganisme, est aujourd'hui complètement abandonnée par la haute théologie et ce n'est plus que dans les écoles que ces effrayants tableaux allégoriques sont encore donnés comme des vérités positives, par quelques hommes plus zélés qu'éclairés, et cela bien à tort, car ces jeunes imaginations, une fois revenues de leur terreur, pourront augmenter le nombre des incrédules. La théologie reconnaît aujourd'hui que le mot *feu* est employé au figuré, et doit s'entendre d'un feu moral (974). Ceux qui ont suivi comme nous les péripéties de la vie et des souffrances d'outre tombe, dans les communications spirites, ont pu se convaincre que, pour n'avoir rien de matériel, elles n'en sont pas moins poignantes. A l'égard même de leur durée, certains théologiens commencent à admettre dans le sens restrictif indiqué ci-dessus, et pensent qu'en effet le mot *éternel* peut s'entendre des peines en elles-mêmes, comme conséquences d'une loi immuable, et non de leur application à chaque individu. Le jour où la religion admettra cette interprétation, ainsi que quelques autres qui sont également la conséquence du progrès des lumières, elle ralliera bien des brebis égarées.

Résurrection de la chair.

1010. Le dogme de la résurrection de la chair est-il la consécration de celui de la réincarnation enseignée par les Esprits ?

« Comment voulez-vous qu'il en soit autrement ? Il en est de ces paroles comme de tant d'autres qui ne paraissent déraisonnables aux yeux de certaines personnes que parce qu'on les prend à la lettre, c'est pourquoi elles conduisent à l'incrédulité ; mais donnez-leur une interprétation logique, et ceux que vous appelez les libres penseurs les admettront sans difficulté, précisément parce qu'ils réfléchissent ; car, ne vous y trompez pas, ces libres penseurs ne demandent pas mieux que de croire ; ils ont, comme les autres, plus que d'autres peut-être, soif de l'avenir, mais ils ne peuvent admettre ce qui est controuvé par la science. La doctrine de la pluralité des existences est conforme à la justice de Dieu ; elle seule peut expliquer ce qui, sans elle, est inexplicable ; comment voudriez-vous que le principe n'en fût pas dans la religion elle-même ? »

— Ainsi l'Eglise, par le dogme de la résurrection de la chair, enseigne elle-même la doctrine de la réincarnation ?

« Cela est évident ; cette doctrine est d'ailleurs la conséquence de bien des choses qui ont passé inaperçues et que l'on ne tardera pas à comprendre dans ce sens ; avant peu, on reconnaîtra que le spiritisme ressort à chaque pas du texte même des Ecritures sacrées. Les Esprits ne viennent donc pas renverser la religion, comme quelques-uns le prétendent ; ils viennent, au contraire, la confirmer, la sanctionner par des preuves irrécusables ; mais, comme le temps est venu de ne plus employer le langage figuré, ils s'expriment sans allégorie ; et donnent aux choses un sens clair et précis qui ne puisse être sujet à aucune fausse interprétation. Voilà pourquoi dans quelque temps, vous aurez plus de gens sincèrement religieux et croyants que vous n'en avez aujourd'hui. » SAINT LOUIS.

La science, en effet, démontre l'impossibilité de la résurrection selon l'idée vulgaire. Si les débris du corps humain restaient homogènes, fussent-ils dispersés et réduits en poussière, on concevrait encore leur réunion à un temps donné ; mais les choses ne se passent point ainsi. Le corps est formé d'éléments divers oxygène, hydrogène, azote, carbone, etc. ; par la décomposition ces éléments se dispersent, mais pour servir à la formation de nouveaux corps ; de telle sorte que la même molécule, de carbone par exemple, sera entrée dans la composition de plusieurs milliers de corps différents (nous ne parlons que des corps humains sans compter tous ceux des animaux) ; que tel individu a peut-être dans son corps des molécules ayant appartenu aux hommes des premiers âges ; que ces mêmes molécules organiques que vous absorbez dans votre nourriture proviennent peut-être du corps de tel autre individu que vous avez connu, et ainsi de suite. La matière étant en quantité définie, et ses transformations en quantités indéfinies, comment chacun de ces corps pourrait-il se reconstituer des mêmes éléments ? Il y a là une impossibilité matérielle. On ne peut donc rationnellement admettre la résurrection de la chair que comme une figure symbolisant le phénomène de la réincarnation, et alors rien qui choque la raison rien qui soit en contradiction avec les données de la science.

Il est vrai que, selon le dogme, cette résurrection ne doit avoir lieu qu'à la fin des temps, tandis que, selon la doctrine spirite, elle a lieu tous les jours ; mais n'y a-t-il pas encore dans ce tableau du jugement dernier une grande et belle figure qui cache, sous le voile de l'allégorie, une de ces vérités immuables qui ne trouvera plus de sceptiques quand elle sera ramenée à sa véritable signification ? Qu'on veuille bien méditer la théorie spirite sur l'avenir des âmes et sur leur sort à la suite des différentes épreuves qu'elles doivent subir, et l'on verra qu'à l'exception de la simultanéité, le jugement qui condamne ou qui les absout n'est point une fiction, ainsi que le pensent les incrédules. Remarquons encore qu'elle est la conséquence naturelle de la pluralité des mondes, aujourd'hui parfaitement admise, tandis que, selon la doctrine du jugement dernier, la terre est censée le seul monde habité.

Paradis, enfer et purgatoire.

1012. Un lieu circonscrit dans l'univers est-il affecté aux peines et aux jouissances des Esprits, selon leurs mérites ?

« Nous avons déjà répondu à cette question. Les peines et les jouissances sont inhérentes au degré de perfection des Esprits ; chacun puise en soi-même le principe de son propre bonheur ou malheur ; et comme ils sont partout, aucun lieu circonscrit ni fermé n'est affecté à l'un plutôt qu'à l'autre. Quant aux Esprits incarnés, ils sont plus ou moins heureux ou malheureux selon que le monde qu'ils habitent est plus ou moins avancé. »

— D'après cela, l'enfer et le paradis n'existeraient pas tels que l'homme se les représente ?

« Ce ne sont que des figures : il y a partout des Esprits heureux et malheureux. Cependant, comme nous l'avons dit aussi, les Esprits du même ordre se réunissent par sympathie ; mais ils peuvent se réunir où ils veulent quand ils sont parfaits. »

La localisation absolue des lieux de peines et de récompenses n'existe que dans l'imagination de l'homme ; elle provient de la tendance à *matérialiser* et à *circonscrire* les choses dont il ne peut comprendre l'essence infinie.

1013. Que doit-on entendre par le *purgatoire* ?

« Douleurs physiques et morales : c'est le temps de l'expiation. C'est presque toujours sur terre que vous faites votre purgatoire et que Dieu vous fait expier vos fautes. »

Ce que l'homme appelle *purgatoire* est de même une figure par laquelle on doit entendre, non pas un lieu déterminé quelconque, mais l'état des Esprits imparfaits qui sont en expiation jusqu'à la purification complète qui doit les élever au rang des Esprits bienheureux. Cette purification s'opérant dans les diverses incarnations, le purgatoire consiste dans les épreuves de la vie corporelle.

1014. Comment se fait-il que des Esprits qui, par leur langage, révèlent leur supériorité, aient répondu à des personnes très sérieuses, au sujet de l'enfer et du purgatoire, selon l'idée que l'on s'en fait vulgairement ?

« Ils parlent un langage compris des personnes qui les interrogent ; quand ces personnes sont trop imbues de certaines idées, ils ne veulent pas les heurter trop brusquement pour ne pas froisser leurs convictions. Si un Esprit allait dire, sans précautions oratoires, à un musulman que Mahomet n'est pas un prophète, il serait très mal reçu. »

— On conçoit qu'il puisse en être ainsi de la part des Esprits qui veulent nous instruire ; mais comment se fait-il que des Esprits interrogés sur leur situation aient répondu qu'ils souffraient les tortures de l'enfer ou du purgatoire ?

« Quand ils sont inférieurs, et pas complètement dématérialisés, ils conservent une partie de leurs idées terrestres, et ils rendent leurs impressions par les termes qui leur sont familiers. Ils se trouvent dans un milieu qui ne leur permet qu'à demi de sonder l'avenir, c'est ce qui est cause que souvent des Esprits errants, ou nouvellement dégagés, parleront comme ils l'auraient fait de leur vivant. *Enfer* peut se traduire par une vie d'épreuve extrêmement pénible, avec l'*incertitude* d'une meilleure ; *purgatoire*, une vie aussi d'épreuve, mais avec conscience d'un avenir meilleur. Lorsque tu éprouves une grande douleur, ne dis-tu pas toi-même que tu souffres comme un damné ? Ce ne sont que des mots, et toujours au figuré. »

1015. Que doit-on entendre par une âme en peine ?

« Une âme errante et souffrante, incertaine de son avenir, et à laquelle vous pouvez procurer un soulagement que souvent elle sollicite en venant se communiquer à vous. » (664).

1016. Dans quel sens doit-on entendre le mot *ciel ?*

« Crois-tu que ce soit un lieu, comme les Champs-Elysées des anciens, où tous les bons Esprits sont entassés pêle-mêle sans autre souci que de goûter pendant l'éternité une félicité passive ? Non ; c'est l'espace universel ; ce sont les planètes, les étoiles et tous les mondes supérieurs où les Esprits jouissent de toutes leurs facultés, sans avoir les tribulations de la vie matérielle, ni les angoisses inhérentes à l'infériorité. »

1017. Des Esprits ont dit habiter le 4me, le 5me ciel, etc. ; qu'entendaient-ils par là ?

« Vous leur demandez quel ciel ils habitent, parce que vous avez l'idée de plusieurs ciels placés comme les étages d'une maison ; alors, ils vous répondent selon votre langage ; mais pour eux, ces mots, 4me,

5me ciel expriment différents degrés d'épuration, et par conséquent de bonheur. C'est absolument comme quand on demande à un Esprit s'il est dans l'enfer ; s'il est malheureux, il dira oui, parce que pour lui *enfer* est synonyme de souffrance ; mais il sait très bien que ce n'est pas une fournaise. Un païen aurait dit qu'il était dans *le Tartare.* »

Il en est de même d'autres expressions analogues, telles que celles de cité des fleurs, cité des élus, première, seconde ou troisième sphère, etc., qui ne sont que des allégories employées par certains Esprits, soit comme figures, soit quelquefois par ignorance de la réalité des choses et même des plus simples notions scientifiques.

Selon l'idée restreinte qu'on se faisait autrefois des lieux de peines et de récompenses, et surtout dans l'opinion que la terre était le centre de l'univers, que le ciel formait une voûte et qu'il y avait une région des étoiles, on plaçait *le ciel en haut et l'enfer en bas* ; de là les expressions : monter au ciel, être au plus haut des cieux, être précipité dans les enfers. Aujourd'hui que la science a démontré que la terre n'est qu'un des plus petits mondes parmi tant de millions d'autres, sans importance spéciale ; qu'elle a tracé l'histoire de sa formation et décrit sa constitution, prouvé que l'espace est infini, qu'il n'y a ni haut ni bas dans l'univers, il a bien fallu renoncer à placer le ciel au-dessus des nuages et l'enfer dans les lieux bas. Quant au purgatoire, aucune place ne lui avait été assignée. Il était réservé au spiritisme de donner sur toutes ces choses l'explication la plus rationnelle, la plus grandiose et en même temps la plus consolante pour l'humanité. Ainsi l'on peut dire que nous portons en nous-mêmes notre enfer et notre paradis : notre purgatoire, nous le trouvons dans notre incarnation, dans nos vies corporelles ou physiques.

1018. Dans quel sens faut-il entendre ces paroles du Christ : Mon royaume n'est pas de ce monde ?

« Le Christ, en répondant ainsi, parlait dans un sens figuré. Il voulait dire qu'il ne règne que sur les cœurs purs et désintéressés. Il est partout où domine l'amour du bien ; mais les hommes avides des choses de ce monde et attachés aux biens de la terre ne sont pas avec lui. »

1019. Le règne du bien pourra-t-il jamais avoir lieu sur la terre ?

« Le bien régnera sur la terre quand, parmi les Esprits qui viennent l'habiter, les bons l'emporteront sur les mauvais ; alors, ils y feront régner l'amour et la justice qui sont la source du bien et du bonheur. C'est par le progrès moral et par la pratique des lois de Dieu que l'homme attirera sur la terre les bons Esprits, et qu'il en éloignera les mauvais ; mais les mauvais ne la quitteront que lorsqu'il en aura banni l'orgueil et l'égoïsme.

» La transformation de l'humanité a été prédite, et vous touchez à ce moment que hâtent tous les hommes qui aident au progrès ; elle s'accomplira par l'incarnation des Esprits meilleurs qui constitueront sur la terre une nouvelle génération. Alors, les Esprits des méchants que la mort moissonne chaque jour, et tous ceux qui tentent d'arrêter la marche des choses en seront exclus, car ils seraient déplacés parmi les hommes de bien dont ils troubleraient la félicité. Ils iront dans des mondes nouveaux, moins avancés, remplir des missions *pénibles* où ils pourront travailler à leur propre avancement en même temps qu'ils travailleront à l'avancement de leurs frères encore plus arriérés. Ne voyez-vous pas dans cette exclusion de la terre transformée la sublime figure du *Paradis perdu,* et dans l'homme venu sur la terre dans de semblables conditions, et portant en soi le germe de ses passions et les traces de son infériorité primitive, la figure non moins sublime du *péché originel ?* Le péché originel, considéré sous ce point de vue, tient à la nature encore imparfaite de l'homme qui n'est ainsi responsable que de lui-même et de ses propres fautes, et non de celles de ses pères.

» Vous tous, hommes de foi et de bonne volonté, travaillez donc avec zèle et courage au grand œuvre de la régénération, car vous recueillerez au centuple le grain que vous aurez semé. Malheur à ceux qui ferment les yeux à la lumière, car ils se préparent de longs siècles de ténèbres et de déceptions ; malheur à ceux qui mettent toutes leurs joies dans les biens de ce monde, car ils endureront plus de privations qu'ils n'auront eu de jouissances ; malheur surtout aux égoïstes, car ils ne trouveront personne pour les aider à porter le fardeau de leurs misères. ».

SAINT LOUIS.

CONCLUSION

I

Celui qui ne connaîtrait en fait de magnétisme terrestre que le jeu des petits canards aimantés qu'on fait manœuvrer sur l'eau d'une cuvette pourrait difficilement comprendre que ce joujou renferme le secret du mécanisme de l'univers et du mouvement des mondes. Il en est de même de celui qui ne connaît du spiritisme que le mouvement des tables ; il n'y voit qu'un amusement, qu'un passe-temps de société, et ne comprend pas que ce phénomène si simple et si vulgaire, connu de l'antiquité et même des peuples à demi sauvages, puisse se rattacher aux questions les plus graves de l'ordre social. Pour l'observateur superficiel, en effet, quel rapport une table qui tourne peut-elle avoir avec la morale et l'avenir de l'humanité ? Mais quiconque réfléchit, se rappelle que de la simple marmite qui, elle aussi, a bouilli de toute antiquité, est sorti le puissant moteur avec lequel l'homme franchit l'espace et supprime les distances. Eh bien ! vous, qui ne croyez à rien en dehors du monde matériel, sachez donc que de cette table qui tourne et provoque vos sourires dédaigneux, est sortie toute une science ainsi que la solution des problèmes qu'aucune philosophie n'avait encore pu résoudre. J'en appelle à tous les adversaires de bonne foi, et je les adjure de dire s'ils se sont donné la peine d'étudier ce qu'ils critiquent ; car, en bonne logique, la critique n'a de valeur qu'autant que celui qui la fait connaît ce dont il parle. Se railler d'une chose qu'on ne connaît pas, qu'on n'a pas sondée avec le scalpel de l'observateur consciencieux, ce n'est pas critiquer, c'est faire preuve de légèreté et donner une pauvre idée de son propre jugement. Assurément, si nous eussions présenté cette philosophie comme étant l'œuvre d'un cerveau humain, elle eut rencontré moins de dédains, et aurait eu les honneurs de l'examen de ceux qui prétendent diriger l'opinion ; mais elle vient des Esprits ; quelle absurdité ! C'est à peine si elle mérite un de leurs regards ; on la juge sur le titre, comme le singe de la fable jugeait la noix sur l'écorce. Faites, si vous le voulez, abstraction de l'origine : supposez que ce *livre* soit l'œuvre d'un homme, et dites en votre âme et conscience si, après l'avoir lu *sérieusement*, vous y trouvez matière à raillerie.

II

Le spiritisme est l'antagoniste le plus redoutable du matérialisme ; il n'est donc pas étonnant qu'il ait les matérialistes pour adversaires ; mais comme le matérialisme est une doctrine que l'on ose à peine avouer (preuve que ceux qui la professent ne se croient pas bien forts, et qu'ils sont dominés par leur conscience), il se couvre du manteau de la raison et de la science ; et, chose bizarre, les plus sceptiques parlent même au nom de la religion qu'ils ne connaissent et ne comprennent pas mieux que le spiritisme. Leur point de mire est surtout le *merveilleux* et le *surnaturel* qu'ils n'admettent pas ; or, selon eux, le spiritisme, étant fondé sur le merveilleux, ne peut être qu'une supposition ridicule. Ils ne réfléchissent pas qu'en faisant, sans restriction, le procès du merveilleux et du surnaturel, ils font celui de la religion ; en effet, la religion est fondée sur la révélation et les miracles ; or, qu'est-ce que la révélation, sinon des communications extra-humaines ? Tous les auteurs sacrés, depuis Moïse, ont parlé de ces sortes de communications. Qu'est-ce que les miracles sinon des faits merveilleux et surnaturels par excellence, puisque ce sont, dans le sens liturgique, des dérogations aux lois de la nature ; donc, en rejetant le merveilleux et le surnaturel, ils rejettent les bases mêmes de la religion. Mais ce n'est pas à ce point de vue que nous devons envisager la chose. Le spiritisme n'a pas à examiner s'il y a ou non des miracles, c'est-à-dire si Dieu a pu, dans certains cas, déroger aux lois éternelles qui régissent l'univers ; il laisse, à cet égard, toute liberté de croyance ; il dit et il prouve que les phénomènes sur lesquels il s'appuie n'ont de surnaturel que l'apparence ; ces phénomènes ne sont tels aux yeux de certaines gens que parce qu'ils sont insolites et en dehors des faits connus ; mais ils ne sont pas plus surnaturels que tous les phénomènes dont la science donne aujourd'hui la solution, et qui paraissaient merveilleux à une autre époque. Tous les phénomènes spirites, *sans exception*, sont la conséquence de lois générales ; ils nous révèlent une des puissances de la nature, puissance inconnue, ou pour mieux dire incomprise jusqu'ici, mais que l'observation démontre être dans l'ordre des choses. Le spiritisme repose donc moins sur le merveilleux et le surnaturel que la religion elle-même ; ceux qui l'attaquent sous ce rapport, c'est donc qu'ils ne le connaissent pas, et fussent-ils les hommes les plus savants, nous leur dirons : si votre science, qui vous a appris tant de choses, ne vous a pas appris que le domaine de la nature est infini, vous n'êtes savants qu'à demi.

III

Vous voulez, dites-vous, guérir votre siècle d'une manie qui menace d'envahir le monde. Aimeriez-vous mieux que le monde fût envahi par l'incrédulité que vous cherchez à propager ? N'est-ce pas à l'absence de toute croyance qu'il faut attribuer le relâchement des liens de famille et la plupart des désordres qui minent la société ? En démontrant l'existence et l'immortalité de l'âme, le spiritisme ranime la foi en l'avenir, relève les courages abattus, fait supporter avec résignation les vicissitudes de la vie ; oseriez-vous appeler cela un mal ? Deux doctrines sont en présence : l'une qui nie l'avenir, l'autre qui le proclame et le prouve ; l'une qui n'explique rien, l'autre qui explique tout et par cela même s'adresse à la raison ; l'une est la sanction de l'égoïsme, l'autre donne une base à la justice, à la charité et à l'amour de ses semblables ; la première ne montre que le présent et anéantit toute espérance, la seconde console et montre le vaste champ de l'avenir ; quelle est la plus pernicieuse ?

Certaines gens, et parmi les plus sceptiques, se font les apôtres de la fraternité et du progrès ; mais la fraternité suppose le désintéressement, l'abnégation de la personnalité ; avec la véritable fraternité, l'orgueil est une anomalie. De quel droit imposez-vous un sacrifice à celui à qui vous dites que quand il est mort tout est fini pour lui ; que demain peut-être il ne sera pas plus qu'une vieille machine disloquée et jetée à la borne ? Quelle raison a-t-il de s'imposer une privation quelconque ? N'est-il pas plus naturel que pendant les courts instants que vous lui accordez, il cherche à vivre le mieux possible ? De là, le désir de posséder beaucoup pour mieux jouir ; de ce désir naît la jalousie contre ceux qui possèdent plus que lui ; et de cette jalousie à l'envie de prendre ce qu'ils ont, il n'y a qu'un pas. Qu'est-ce qui le retient ? Est-ce la loi ? Mais la loi n'atteint pas tous les cas. Direz-vous que c'est la conscience, le sentiment du devoir ? Mais sur quoi basez-vous le sentiment du devoir ? Ce sentiment a-t-il une raison d'être avec la croyance que tout finit avec la vie ? Avec cette croyance une seule maxime est rationnelle : chacun pour soi ; les idées de fraternité, de conscience, de devoir, d'humanité, de progrès même, ne sont que de vains mots. Oh ! vous qui proclamez de semblables doctrines, vous ne savez pas tout le mal que vous faites à la société, ni de combien de crimes vous assumez la responsabilité ! Mais que parlé-je de responsabilité ? Pour le sceptique, il n'y en a point ; il ne rend hommage qu'à la matière.

IV

Le progrès de l'humanité a son principe dans l'application de la loi de justice, d'amour et de charité ; cette loi est fondée sur la certitude de l'avenir ; ôtez cette certitude, vous lui ôtez sa pierre fondamentale. De cette loi dérivent toutes les autres, car elle renferme toutes les conditions du bonheur de l'homme ; elle seule peut guérir les plaies de la société, et il peut juger, par la comparaison des âges et *des peuples,* combien sa condition s'améliore à mesure que cette loi est mieux comprise et mieux pratiquée. Si une application partielle et incomplète produit un bien réel, que sera-ce donc quand il en aura fait la base de toutes ses institutions sociales ! Cela est-il possible ? Oui ; car puisqu'il a fait dix pas, il peut en faire vingt, et ainsi de suite. On peut donc juger de l'avenir par le passé. Déjà, nous voyons s'éteindre peu à peu les antipathies de peuple à peuple ; les barrières qui les séparaient s'abaissent devant la civilisation ; ils se donnent la main d'un bout du monde à l'autre ; une plus grande justice préside aux lois internationales ; les guerres deviennent de plus en plus rares, et elles n'excluent point les sentiments d'humanité ; l'uniformité s'établit dans les relations ; les distinctions de races et de castes s'effacent, et les hommes de croyances différentes font taire les préjugés de sectes pour se confondre dans l'adoration d'un seul Dieu. Nous parlons des peuples qui marchent à la tête de la civilisation (789-793). Sous tous ces rapports, on est encore loin de la perfection, et il y a encore bien des vieilles ruines à abattre, jusqu'à ce qu'aient disparu les derniers vestiges de la barbarie ; mais ces ruines pourront-elles tenir contre la puissance irrésistible du progrès, contre cette force vive qui est elle-même une loi de la nature ? Si la génération présente est plus avancée que la génération passée, pourquoi celle qui nous succédera ne le serait-elle pas plus que la nôtre ? Elle le sera par la force des choses ; d'abord, parce qu'avec les générations s'éteignent chaque jour quelques champions des vieux abus, et qu'ainsi la société se forme peu à peu d'éléments nouveaux qui se sont dépouillés des vieux préjugés ; en second lieu, parce que l'homme voulant le progrès, il étudie les obstacles et s'attache à les renverser. Dès lors que le mouvement progressif est incontestable, le progrès à venir ne saurait être douteux. L'homme veut être heureux, c'est dans la nature ; or, il ne cherche le progrès que pour augmenter la somme de son bonheur, sans cela le progrès serait sans objet ; où serait le progrès pour lui, si ce progrès ne devait pas améliorer sa position ? Mais quand il aura la somme de jouissances que peut donner le progrès intellectuel, il s'apercevra qu'il n'a pas le bonheur complet ; il reconnaîtra que ce bonheur est impossible sans la sécurité des relations sociales ; et cette sécurité, il ne peut la trouver que dans le progrès moral ; donc, par la force des choses, il poussera lui-même le progrès dans cette voie, et le spiritisme lui offrira le plus puissant levier pour atteindre ce but.

V

Ceux qui disent que les croyances spirites menacent d'envahir le monde, en proclament par cela même la puissance, car une idée sans fondement et dénuée de logique ne saurait devenir universelle ; si donc le spiritisme s'implante partout, s'il se recrute surtout dans les classes éclairées, ainsi que chacun le reconnaît, c'est qu'il a un fond de vérité. Contre cette tendance, tous les efforts de ses détracteurs seront vains, et ce qui le prouve, c'est que le ridicule même dont ils ont cherché à le couvrir, loin d'en arrêter l'essor, semble lui avoir donné une nouvelle vie. Ce résultat justifie pleinement ce que nous ont maintes fois dit les Esprits : « Ne vous inquiétez pas de l'opposition, tout ce que l'on fera contre vous tournera pour vous, et *vos plus grands adversaires serviront votre cause sans le vouloir*. Contre la volonté de Dieu, la mauvaise volonté des hommes ne saurait prévaloir. »

Par le spiritisme, l'humanité doit entrer dans une phase nouvelle, celle du progrès moral qui en est la conséquence inévitable. Cessez donc de vous étonner de la rapidité avec laquelle se propagent les idées spirites ; la cause en est dans la satisfaction qu'elles procurent à tous ceux qui les approfondissent, et qui y voient autre chose qu'un futile passe-temps ; or, comme on veut son bonheur avant tout, il n'est pas étonnant qu'on s'attache à une idée qui rend heureux.

Le développement de ces idées présente trois périodes distinctes : la première est celle de la curiosité provoquée par l'étrangeté des phénomènes qui se sont produits ; la seconde, celle du raisonnement et de la philosophie ; la troisième, celle de l'application et des conséquences. La période de la curiosité est passée ; la curiosité n'a qu'un temps : une fois satisfaite, on en quitte l'objet pour passer à un autre ; il n'en est pas de même de ce qui s'adresse à la pensée sérieuse et au jugement. La seconde période a commencé, la troisième suivra inévitablement. Le spiritisme a surtout progressé depuis qu'il est mieux compris dans son essence intime, depuis qu'on en voit la portée, parce qu'il touche à la corde la plus sensible de l'homme : celle de son bonheur, même en ce monde ; là est la cause de sa propagation, le secret de la force qui le fera triompher. Il rend heureux ceux qui le comprennent, en attendant que son influence s'étende sur les masses. Celui même qui n'a été témoin d'aucun phénomène matériel de manifestations se dit : en dehors de ces phénomènes, il y a la philosophie ; cette philosophie m'explique ce que NULLE autre ne m'avait expliqué ; j'y trouve, par le seul raisonnement, une démonstration *rationnelle* des problèmes qui intéressent au plus haut point mon avenir ; elle me procure le calme, la sécurité, la confiance ; elle me délivre du tourment de l'incertitude : à côté de cela, la question des faits matériels est une question secondaire. Vous tous qui l'attaquez, voulez-vous un moyen de le combattre avec succès ? Le voici. Remplacez-le par quelque chose de mieux ; trouvez une solution PLUS PHILOSOPHIQUE à toutes les questions qu'il résout ; donnez à l'homme une AUTRE CERTITUDE qui le rende plus heureux, et comprenez bien la portée de ce mot *certitude,* car l'homme n'accepte comme *certain* que ce qui lui paraît *logique ;* ne vous contentez pas de dire cela n'est pas, c'est trop facile ; prouvez, non par une négation, mais par des faits, que cela n'est pas, n'a jamais été et ne PEUT pas être ; si cela n'est pas, dites surtout ce qu'il y aurait à la place ; prouvez enfin que les conséquences du spiritisme ne sont pas de rendre les hommes meilleurs, et partant plus heureux, par la pratique de la plus pure morale évangélique, morale qu'on loue beaucoup, mais qu'on pratique si peu. Quand vous aurez fait cela, vous aurez le droit de l'attaquer. Le spiritisme est fort parce qu'il s'appuie sur les bases mêmes de la religion : Dieu, l'âme, les peines et les récompenses futures ; parce que surtout, il montre ces peines et ces récompenses comme des conséquences naturelles de la vie terrestre, et que rien, dans le tableau qu'il offre de l'avenir, ne peut être désavoué par la raison la plus exigeante. Vous, dont toute la doctrine consiste dans la négation de l'avenir, quelle compensation offrez-vous pour les souffrances d'ici-bas ? Vous vous appuyez sur l'incrédulité, il s'appuie sur la confiance en Dieu ; tandis qu'il convie les hommes au bonheur, à l'espérance, à la véritable fraternité, vous, vous lui offrez le NEANT pour perspective, et l'EGOISME pour consolation ; il explique tout, vous n'expliquez rien ; il prouve par les faits, et vous ne prouvez rien ; comment voulez-vous qu'on balance entre les deux doctrines ?

VI

Ce serait se faire une bien fausse idée du spiritisme de croire qu'il puise sa force dans la pratique des manifestations matérielles et qu'ainsi en entravant ces manifestations on peut le miner dans sa base. Sa force est dans sa philosophie, dans l'appel qu'il fait à la raison, au bon sens. Dans l'antiquité, il était l'objet d'études mystérieuses, soigneusement cachées au vulgaire ; aujourd'hui, il n'a de secrets pour personne ; il parle un langage clair, sans ambiguïté ; chez lui, rien de mystique, point d'allégories susceptibles de fausses interprétations : il veut être compris de tous, parce que le temps est venu de faire connaître la vérité aux hommes ; loin de s'opposer à la diffusion de la lumière, il la veut pour tout le monde ; il ne réclame pas une croyance aveugle, il veut que l'on sache pourquoi l'on croit ; en s'appuyant sur la raison, il sera toujours plus fort que ceux qui s'appuient sur le néant. Les entraves que l'on tenterait d'apporter à la liberté des manifestations pourraient-elles les étouffer ? Non, car elles produiraient l'effet de toutes les persécutions : celui d'exciter la curiosité et le désir de connaître ce qui serait défendu. D'un autre côté, si les manifestations spirites étaient le privilège d'un seul homme, nul doute qu'en mettant cet homme de côté, on ne mît fin aux manifestations ; malheureusement pour les adversaires, elles sont à la disposition de tout le monde, et l'on en use depuis le plus petit jusqu'au plus grand, depuis le palais jusqu'à la mansarde. On peut en interdire l'exercice public ; mais on sait précisément que ce n'est pas en public qu'elles se produisent le mieux : c'est dans l'intimité ; or, chacun pouvant être médium, qui peut empêcher une famille dans son intérieur, un individu dans le silence du cabinet, le prisonnier sous les verrous, d'avoir des communications avec les Esprits, à l'insu et à la face même des sbires ? Si on les interdit dans un pays, les empêchera-t-on dans les pays voisins, dans le monde entier, puisqu'il n'y a pas une contrée, dans les deux continents, où il n'y ait des médiums ? Pour incarcérer tous les médiums, il faudrait incarcérer la moitié du genre humain ; en vint-on même, ce qui ne serait guère plus facile, à brûler tous les livres spirites, que le lendemain ils seraient reproduits, parce que la source en est inattaquable, et qu'on ne peut ni incarcérer ni brûler les Esprits qui en sont les véritables auteurs.

Le spiritisme n'est pas l'œuvre d'un homme ; nul ne peut s'en dire le créateur, car il est aussi ancien que la création ; il se trouve partout, dans toutes les religions et dans la religion catholique plus encore, et avec plus d'autorité que dans toutes les autres, car on y trouve le principe de tout : les Esprits de tous les degrés, leurs rapports occultes et patents avec les hommes, les anges gardiens, la réincarnation, l'émancipation de l'âme pendant la vie, la double vue, les visions, les manifestations de tout genre, les apparitions et même les apparitions tangibles. A l'égard des démons, ce ne sont autre chose que les mauvais Esprits et, sauf la croyance que les premiers sont voués au mal à perpétuité, tandis que la voie du progrès n'est pas interdite aux autres, il n'y a entre eux qu'une différence de nom.

Que fait la science spirite moderne ? Elle rassemble en un corps ce qui était épars ; elle explique en termes propres ce qui ne l'était qu'en langage allégorique ; elle élague ce que la superstition et l'ignorance ont enfanté pour ne laisser que la réalité et le positif : voilà son rôle ; mais celui de fondatrice ne lui appartient pas ; elle montre ce qui est, elle coordonne, mais elle ne crée rien, car ses bases sont de tous les temps et de tous les lieux ; qui donc oserait se croire assez fort pour l'étouffer sous les sarcasmes et même sous la persécution ? Si on la proscrit d'un côté, elle renaîtra en d'autres lieux, sur le terrain même d'où on l'aura bannie, parce qu'elle est dans la nature et qu'il n'est pas donné à l'homme d'anéantir une puissance de la nature, ni de mettre son *veto* sur les décrets de Dieu.

Quel intérêt, du reste, aurait-on à entraver la propagation des idées spirites ? Ces idées, il est vrai, s'élèvent contre les abus qui naissent de l'orgueil et de l'égoïsme ; mais ces abus, dont quelques-uns profitent, nuisent à la masse ; il aura donc pour lui la masse et n'aura pour adversaires sérieux que ceux qui sont intéressés à maintenir ces abus. Par leur influence, au contraire, ces idées, rendant les hommes meilleurs les uns pour les autres, moins avides des intérêts matériels et plus résignés aux décrets de la Providence, sont un gage d'ordre et de tranquillité.

VII

Le spiritisme se présente sous trois aspects différents : le fait des manifestations, les principes de philosophie et de morale qui en découlent et l'application de ces principes ; de là, trois classes, ou plutôt trois degrés parmi les adeptes : 1° ceux qui croient aux manifestations et se bornent à les constater : c'est pour eux une science d'expérimentation ; 2° ceux qui en comprennent les conséquences morales ; 3° ceux qui pratiquent ou s'efforcent de pratiquer cette morale. Quel que soit le point de vue, scientifique ou moral, sous lequel on envisage ces phénomènes étranges, chacun comprend que c'est tout un nouvel ordre d'idées qui surgit, dont les conséquences ne peuvent être qu'une profonde modification dans l'état de l'humanité, et chacun comprend aussi que cette modification ne peut avoir lieu que dans le sens du bien.

Quant aux adversaires, on peut aussi les classer en trois catégories : 1° ceux qui nient par système tout ce qui est nouveau ou ne vient pas d'eux, et qui en parlent sans connaissance de cause. A cette classe, appartiennent tous ceux qui n'admettent rien en dehors du témoignage des sens ; ils n'ont rien vu, ne veulent rien voir, et encore moins approfondir ; ils seraient même fâchés de voir trop clair, de peur d'être forcés de convenir qu'ils n'ont pas raison; pour eux, le spiritisme est une chimère, une folie, une utopie, il n'existe pas : c'est plus tôt dit. Ce sont les incrédules de parti pris. A côté d'eux, on peut placer ceux qui ont daigné jeter un coup d'œil pour l'acquit de leur conscience, afin de pouvoir dire : J'ai voulu voir et je n'ai rien vu ; ils ne comprennent pas qu'il faille plus d'une demi-heure pour se rendre compte de toute une science. — 2° Ceux qui, sachant très bien à quoi s'en tenir sur la réalité des faits, les combattent néanmoins par des motifs d'intérêt personnel. Pour eux, le spiritisme existe, mais ils ont peur de ses conséquences ; ils l'attaquent comme un ennemi. — 3° Ceux qui trouvent dans la morale spirite une censure trop sévère de leurs actes ou de leurs tendances. Le spiritisme pris au sérieux les gênerait ; ils ne rejettent ni n'approuvent : ils préfèrent fermer les yeux. Les premiers sont sollicités par l'orgueil et la présomption ; les seconds par l'ambition ; les troisièmes, par l'égoïsme. On conçoit que ces causes d'opposition, n'ayant rien de solide, doivent disparaître avec le temps, car nous chercherions en vain une quatrième classe d'antagonistes, celle qui s'appuierait sur des preuves contraires patentes, et attestant une étude consciencieuse et laborieuse de la question ; tous n'opposent que la négation, aucun n'apporte de démonstration sérieuse et irréfutable.

Ce serait trop présumer de la nature humaine de croire qu'elle puisse se transformer subitement par les idées spirites. Leur action n'est assurément ni la même, ni au même degré chez tous ceux qui les professent ; mais, quel qu'il soit, le résultat, tant faible soit-il, est toujours une amélioration, ne fût-ce que de donner la preuve de l'existence d'un monde extracorporel, ce qui implique la négation des doctrines matérialistes. Ceci est la conséquence même de l'observation des faits ; mais chez ceux qui comprennent le spiritisme philosophique et y voient autre chose que des phénomènes plus ou moins curieux, il a d'autres effets ; le premier, et le plus général, est de développer le sentiment religieux chez celui même qui, sans être matérialiste, n'a que de l'indifférence pour les choses spirituelles. Il en résulte chez lui le mépris de la mort ; nous ne disons pas le désir de la mort, loin de là, car le spirite défendra sa vie comme un autre, mais une indifférence qui fait accepter, sans murmure et sans regret, une mort inévitable, comme une chose plutôt heureuse que redoutable, par la certitude de l'état qui lui succède. Le second effet, presque aussi général que le premier, est la résignation dans les vicissitudes de la vie. Le spiritisme fait voir les choses de si haut, que la vie terrestre perdant les trois quarts de son importance, on ne s'affecte plus autant des tribulations qui l'accompagnent : de là, plus de courage dans les afflictions, plus de modération dans les désirs ; de là aussi l'éloignement de la pensée d'abréger ses jours, car la science spirite apprend que, par le suicide, on perd toujours ce qu'on voulait gagner. La certitude d'un avenir qu'il dépend de nous de rendre heureux, la possibilité d'établir des rapports avec des êtres qui nous sont chers, offrent au spirite une supême consolation ; son horizon grandit jusqu'à l'infini par le spectacle incessant qu'il a de la vie d'outre-tombe, dont il peut sonder les mystérieuses profondeurs. Le troisième effet est d'exciter à l'indulgence pour les défauts d'autrui ; mais, il faut bien le dire, le principe égoïste et tout ce qui en découle sont ce qu'il y a de plus tenace en l'homme et, par conséquent, de plus difficile à déraciner ; on fait volontiers des sacrifices, pourvu qu'ils ne coûtent rien, et surtout ne privent de rien ; l'argent a encore pour le plus grand nombre un irrésistible attrait, et bien peu comprennent le mot superflu, quand il s'agit de leur personne ; aussi, l'abnégation de la personnalité est-elle le signe du progrès le plus éminent.

VIII

Les Esprits, disent certaines personnes, nous enseignent-ils une morale nouvelle, quelque chose de supérieur à ce qu'a dit le Christ ? Si cette morale n'est autre que celle de l'Evangile, à quoi bon le spiritisme ? Ce raisonnement ressemble singulièrement à celui du calife Omar parlant de la bibliothèque d'Alexandrie : « Si elle ne contient, disait-il, que ce qu'il y a dans le Koran elle est inutile, donc il faut la brûler ; si elle renferme autre chose, elle est mauvaise, donc il faut encore la brûler. » Non, le spiritisme ne renferme pas une morale différente de celle de Jésus ; mais nous demanderons à notre tour si, avant le Christ, les hommes n'avaient pas la loi donnée par Dieu à Moïse ? Sa doctrine ne se trouve-t-elle pas dans le Décalogue ? Dira-t-on pour cela que la morale de Jésus était inutile ? Nous demanderons encore à ceux qui dénient l'utilité de la morale spirite, pourquoi celle du Christ est si peu pratiquée, et pourquoi ceux-là mêmes qui en proclament à juste titre la sublimité sont les premiers à violer la première de ses lois : *La Charité universelle*. Les Esprits viennent non seulement la confirmer, mais ils nous en montrent l'utilité pratique ; ils rendent intelligibles et patentes des vérités qui n'avaient été enseignées que sous la forme allégorique ; et à côté de la morale, ils viennent définir les problèmes les plus abstraits de la psychologie.

Jésus est venu montrer aux hommes la route du vrai bien ; pourquoi Dieu, qui l'avait envoyé pour rappeler sa loi méconnue, n'enverrait-il pas aujourd'hui les Esprits pour la leur rappeler de nouveau et avec plus de précision, alors qu'ils l'oublient pour tout sacrifier à l'orgueil et à la cupidité ? Qui oserait poser des bornes à la puissance de Dieu et lui tracer ses voies ? Qui dit que, comme l'affirment les Esprits, les temps prédits ne sont pas accomplis, et que nous ne touchons pas à ceux où des vérités mal comprises ou faussement interprétées doivent être ostensiblement révélées au genre humain pour hâter son avancement ? N'y a-t-il pas quelque chose de providentiel dans ces manifestations qui se produisent simultanément sur tous les points du globe ? Ce n'est pas un seul homme, un prophète qui vient nous avertir, c'est de partout que la lumière surgit ; c'est tout un monde nouveau qui se déroule à nos yeux. Comme l'invention du microscope nous a découvert le monde des infiniment petits que nous ne soupçonnions pas ; comme le télescope nous a découvert les milliers de mondes que nous ne soupçonnions pas davantage, les communications spirites nous révèlent le monde invisible qui nous entoure, nous coudoie sans cesse, et prend à notre insu part à tout ce que nous faisons. Quelque temps encore et l'existence de ce monde, qui est celui qui nous attend, sera aussi incontestable que celle du monde microscopique et des globes perdus dans l'espace. N'est-ce donc rien que de nous avoir fait connaître tout un monde ; de nous avoir initiés aux mystères de la vie d'outre-tombe ? Il est vrai que ces découvertes, si l'on peut y donner ce nom, contrarient quelque peu certaines idées reçues ; mais est-ce que toutes les grandes découvertes scientifiques n'ont pas également modifié, bouleversé même les idées les plus accréditées, et n'a-t-il pas fallu que notre amour-propre se courbât devant l'évidence ? Il en sera de même à l'égard du spiritisme et, avant peu, il aura droit de cité parmi les connaissances humaines.

Les communications avec les êtres d'outre-tombe ont eu pour résultat de nous faire comprendre la vie future, de nous la faire voir, de nous initier aux peines et aux jouissances qui nous y attendent selon nos mérites, et par cela même de ramener au *spiritualisme* ceux qui ne voyaient en nous que de la matière, qu'une machine organisée ; aussi avons-nous eu raison de dire que le spiritisme a tué le matérialisme par les faits. N'eût-il produit que ce résultat, l'ordre social lui en devrait de la reconnaissance ; mais il fait plus : il montre les inévitables effets du mal et, par conséquent, la nécessité du bien. Le nombre de ceux qu'il a ramenés à des sentiments meilleurs, dont il a neutralisé les tendances mauvaises et détourné du mal, est plus grand qu'on ne croit, et s'augmente tous les jours ; c'est que pour eux l'avenir n'est plus dans le vague ; ce n'est plus une simple espérance, c'est une vérité que l'on comprend, que l'on s'explique, quand on *voit* et qu'on *entend* ceux qui nous ont quittés se lamenter ou se féliciter de ce qu'ils ont fait sur la terre. Quiconque en est témoin se prend à réfléchir, et sent le besoin de se connaître, de se juger et de s'amender.

IX

Les adversaires du spiritisme n'ont pas manqué de s'armer contre lui de quelques divergences d'opinions sur certains points de la doctrine. Il n'est pas étonnant qu'au début d'une science, alors que les observations sont encore incomplètes, et que chacun l'envisage à son point de vue, des systèmes contradictoires aient pu se produire ; mais déjà les trois quarts de ces systèmes sont, aujourd'hui, tombés devant une étude plus approfondie, à commencer par celui qui attribuait toutes les communications à l'Esprit du mal, comme s'il eut été impossible à Dieu d'envoyer aux hommes de bons Esprits : doctrine absurde, parce qu'elle est démentie par les faits ; impie, parce qu'elle est la négation de la puissance et de la bonté du Créateur. Les Esprits nous ont toujours dit de ne pas nous inquiéter de ces divergences et que l'unité se ferait : or, l'unité s'est déjà faite sur la plupart des points, et les divergences tendent chaque jour à s'effacer. A cette question : En attendant que l'unité se fasse, sur quoi l'homme impartial et désintéressé peut-il se baser pour porter un jugement ? Voici leur réponse :

« La lumière la plus pure n'est obscurcie par aucun nuage ; le diamant sans tache est celui qui a le plus de valeur ; jugez donc les Esprits à la pureté de leur enseignement. N'oubliez pas que parmi les Esprits il y en a qui n'ont point encore dépouillé les idées de la vie terrestre ; sachez les distinguer à leur langage ; jugez-les par l'ensemble de ce qu'ils vous disent ; voyez s'il y a enchaînement logique dans les idées ; si rien n'y décèle l'ignorance, l'orgueil, ou la malveillance ; en un mot, si leurs paroles sont toujours empreintes du cachet de sagesse qui décèle la véritable supériorité. Si votre monde était inaccessible à l'erreur, il serait parfait, et il est loin de là ; vous en êtes encore à apprendre à distinguer l'erreur de la vérité ; il vous faut des leçons de l'expérience pour exercer votre jugement et vous faire avancer.

L'unité se fera du côté où le bien n'a jamais été mélangé au mal ; c'est de ce côté que les hommes se rallieront par la force des choses, car ils jugeront que là est la vérité.

» Qu'importent, d'ailleurs, quelques dissidences, qui sont plus dans la forme que dans le fond ! Remarquez que les principes fondamentaux sont partout les mêmes et doivent vous unir dans une pensée commune : l'amour de Dieu et la pratique du bien. Quels que soient donc le mode de progression que l'on suppose ou les conditions normales de l'existence future, le but final est le même : faire le bien ; or, il n'y a pas deux manières de le faire. »

Si, parmi les adeptes du spiritisme, il en est qui diffèrent d'opinion sur quelques points de la théorie, tous s'accordent sur les points fondamentaux ; il y a donc unité, si ce n'est de la part de ceux, en très petit nombre, qui n'admettent pas encore l'intervention des Esprits dans les manifestations, et qui les attribuent, ou à des causes purement physiques, ce qui est contraire à cet axiome que : Tout effet intelligent doit avoir une cause intelligente ; ou au reflet de notre propre pensée, ce qui est démenti par les faits. Les autres points ne sont que secondaires et n'attaquent en rien les bases fondamentales. Il peut donc y avoir des écoles qui cherchent à s'éclairer sur les parties encore controversées de la science ; il ne doit pas y avoir de sectes rivales les unes des autres ; il n'y aurait antagonisme qu'entre ceux qui veulent le bien et ceux qui feraient ou voudraient le mal : or, il n'est pas un spirite sincère et pénétré des grandes maximes morales enseignées par les Esprits qui puisse vouloir le mal, ni souhaiter le mal de son prochain, sans distinction d'opinion. Si l'une d'elles est dans l'erreur, la lumière, tôt ou tard, se fera pour elle, si elle la cherche de bonne foi et sans prévention ; en attendant, toutes ont un lien commun qui doit les unir dans une même pensée ; toutes ont un même but ; peu importe donc la route, pourvu que cette route y conduise ; nulle ne doit s'imposer par la contrainte matérielle ou morale et celle-là seule serait dans le faux qui jetterait l'anathème à l'autre, car elle agirait évidemment sous l'influence de mauvais Esprits. La raison doit être le suprême argument, et la modération assurera mieux le triomphe de la vérité que les diatribes envenimées par l'envie et la jalousie. Les bons Esprits ne prêchent que l'union et l'amour du prochain et, jamais, une pensée malveillante ou contraire à la charité n'a pu venir d'une source pure. Ecoutons sur ce sujet, et pour terminer, les conseils de l'Esprit de saint Augustin.

« Assez longtemps, les hommes se sont entre-déchirés et renvoyé l'anathème au nom d'un Dieu de paix et de miséricorde, et Dieu s'offense d'un tel sacrilège. Le spiritisme est le lien qui les unira un jour, parce qu'il leur montrera où est la vérité et où est l'erreur ; mais il y aura longtemps encore des scribes et des pharisiens qui le dénieront, comme ils ont dénié le Christ. Voulez-vous donc savoir sous l'influence de quels Esprits sont les diverses sectes qui se partagent le monde ? Jugez-les à leurs œuvres et à leurs principes. Jamais, les bons Esprits n'ont été les instigateurs du mal ; jamais, ils n'ont conseillé ni légitimé le meurtre et la violence ; jamais, ils n'ont excité les haines des partis ni la soif des richesses et des honneurs, ni l'avidité des biens de la terre ; ceux-là, seuls, qui sont bons, humains et bienveillants pour tout le monde, sont leurs préférés et sont aussi les préférés de Jésus, car ils suivent la route qu'il leur a montrée pour arriver à lui. »

SAINT AUGUSTIN.

TABLE DES MATIERES

LIVRE DEUXIEME

MONDE SPIRITE OU DES ESPRITS

LIVRE TROISIEME

LOIS MORALES

PAGES

LIVRE QUATRIEME

ESPERANCES ET CONSOLATIONS

Cet ouvrage
a été achevé d'imprimer
par l'imprimerie SAGIM
sur système Variquik à Courtry
en avril 1995
pour le compte des Editions Dervy

Imprimé en France

Dépôt légal : avril 1995
N° d'impression : 1219